［美］理查德·霍夫施塔特 ——————————— 著

张　晨 ——————————————————— 译

ANTI-INTELLECTUALISM IN AMERICAN LIFE

美国的反智主义

RICHARD HOFSTADTER

上海译文出版社

自 序

　　我将写作此书的缘起、目的以及核心词这些通常是前言里的内容，写入了前两章。但有一点需要开宗明义：我所做的，仅仅是将反智主义观点当成一条主线，以此检视美国社会与文化中多个不那么令人欣赏的层面。虽然书里记载了不少史料，但绝对算不上正规的史书，而只是一部个人作品；其中事实的细节是基于我个人的看法连缀起来的。这一主题本身是我冲动之下的选择，在必要性上也只是管中窥豹罢了。

　　要在几百页纸上，从基层审视我们的社会，必是决意即使冒着伤及民族自尊的风险，也要揭示我们文化中的弊端，哪怕这只够让注意力暂时从手头的事务上移开而已。需要更坚定的意志去承担的风险是，这可能会助长当今欧洲反美主义的夜郎自大，它历来藏在对美国似乎无所不知的批评的假面之下。美国人既夸夸其谈，又极其敏感，但他们即使称不上最善于自我批评，至少也是世界上最焦虑且自知的群体，永远都在为这样那样的缺憾——民族道德观、民族文化和民族使命——而殚精竭虑。正是这种惶惑不安，赋予美国知识分子重要的职能和别样的兴趣。这些自我批评，被国外的别有用心之人挪为它用，偏离原本的范畴和初衷，这样的风险无可避免。但被偷听和滥用的可能性不能成为将自我修正的进取思想束之高阁的理由。在这点上，我敬仰爱默生的精神，他曾写道："我们要诚实地叙述事实，美国人确然背负着肤浅的骂名。伟大的人民、伟大的国家，绝非自我标榜之人，亦非跳梁小丑，而是对生活的可怖了然于心，并且振作起来坦然面对的人。"

R. H.

目　录

第一部分　导言

一、当代的反智主义

1

虽然本书的内容大多涉及更为久远的美国历史，它实为响应1950年代的政治和智识环境而作。此10年间，"反智主义"一词从之前的鲜有耳闻，变成了国人自我谴责及形容校内滥行的常用词汇。虽说昔日美国的知识分子常会因为全国上下不尊重思想而倍感沮丧和愤懑，但大批知识分子团体之外的人与他们休戚相关，或是这种自我批判演变成一场全国性的运动，这几乎闻所未闻。

麦卡锡主义是批判性思想对于这个国家破坏力无穷的这种恐慌背后的重要推手。诚然，麦卡锡的频繁打击对象并不仅限于知识分子——他有更大的猎物——只不过知识分子也在他的射程范围，一旦被击中，似乎会让他的追随者们产生一种特殊的雀跃感。他大举出击知识分子和高等学府，地位不如他显赫的判官们在举国上下争相仿效。之后，麦卡锡的密集挞伐激发出无边的恶意和无趣的愚昧，在这样的氛围之下，1952年的总统大选中，两大阵营的候选人戏剧化地演绎了才识与平庸的鲜明对照。一边是阿德莱·史蒂文森，一位思维和风格颇不寻常的政客，他对知识分子的亲厚在近代史上无人能及。另一边是思想传统、相较之下不善辞令的艾森豪威尔，他和不讨喜的尼克松捆绑在一起；为竞选活动定下基调的与其说是将军本人，不如说是这位与他并肩作战的队友以及党派里那些麦卡锡主义的拥趸。

不论是知识分子自己，还是其批判者，都意识到艾森豪威尔的决定性胜利意味着知识分子在美国已遭到唾弃。作为舆论代表的《时代》周刊发表文章，弱弱地投了不赞同票，指称艾森豪威尔的胜利"昭示了一个长期以来堪忧的事实：美国的知识分子和民众之间，病态地横亘着一条巨大的鸿沟"。小阿瑟·施莱辛格在选举结束后撰文表示强烈抗议，他发现，知识分子的"处境是这一代人前所未见的"。在民主党执政的 20 年间，他们始终居于主流，得到理解和尊崇；而眼下商界重回权力中心，"粗俗化是商业至上的必然后果"。现在，读书人被视作"书呆子"、怪人而受到藐视，即将上位的政党既不会利用，也无法理解他们，他们会成为包括所得税和珍珠港事件在内的一切问题的替罪羊。施莱辛格写道："反智主义，一直以来就是商人的反犹主义……知识分子……在当今的美国社会已被流放。"①

新政府上台之后，一切都得到了充分的证实。用史蒂文森的话说，推行新政者（New Dealers）被汽车销售商取而代之，这是压垮知识分子及其价值观的最后一根稻草——在杜鲁门时代，他们就已被法制系统的政客盖过了风头。这个国家，现在只剩下查尔斯·E. 威尔逊②对纯学术研究的调侃，艾森豪威尔只爱读西方小说的八卦，后

---

① Arthur Schlesinger, Jr. : "The Highbrow in Politics", *Partisan Review*, Vol. XX (March-April 1953), pp. 162 - 165; 引自《时代》周刊, p. 159。
② 1940 年任通用汽车总裁，1942 年应罗斯福总统之请任战时生产委员会副主席，在飞机、造船和军需品方面取得了惊人的成就，1944 年回到通用，再次当选总裁。1946 年被杜鲁门总统任命为民权委员会主席。1950 年国防动员办公室成立，应杜鲁门之请，辞去通用公司职务就任该办公室主任这一被称为仅次于美国总统的重要职位。——译者

者将知识分子与啰嗦浮夸者画上等号。然而，就在艾森豪威尔执政期间，国人的情绪出现了转折：面对这位共和党总统，麦卡锡主义者的愤怒油尽灯枯，至于那位威斯康辛州议员①自己则孤立无援、备受谴责，没了气焰。终于，苏联人在1957年发射的"斯普特尼克号"②人造卫星，大幅缩短了美国民众审时度势和自我觉醒的周期。"斯普特尼克号"不仅沉重打击了美国人的民族虚荣心，也激发了对反智主义思潮为教育系统及泛化的美国生活带来的后果的广泛关注。一夕之间，全民以智识为轻成了一种耻辱，乃至威胁到了生存。这个国家数年来认为教师群体的忠诚度是主要的隐忧，现在开始挂心他们的微薄薪酬。科学家们常年疾呼过度考量安全因素会磨灭研究的热情，突然间有人开始聆听了。先前只有一小部分教育批评家声讨美国教育体制的懈怠，如今，各大电视媒体、报刊、商业人士、科学家、政客、将官和大学校长群起而攻，举国上下齐刷刷一片自责之声。当然，戒备之心并不会即刻消弭，美国生活中的反智主义势力也无法被彻底驱散。即使是处在风口浪尖的教育领域，公众的热情也似乎只在制造更多卫星，而非开发更多的智能。更有甚者，教育方面的一些新名词几乎是在提议有天赋的儿童应被视为冷战资源。但无论如何，大环境确实有了显著改善。1952年之时，大约只有知识分子自己囿于反智主义魔咒，到了1958年，但凡有些思考能力的民众大都确信，它已威胁到了国家的成败。

时至今日，我们可以置身事外地看待1950年代的政治文化。若说在麦卡锡主义和艾森豪威尔政府治下，大众生活中的知识分子多少

---

① 指麦卡锡。——译者
② 1957年苏联发射了世界上第一颗人造卫星，取名Sputnik，意为伴侣、伴随者。——译者

带有一些幻灭的阴影，那么，如今这种可能性已不复存在，因为华盛顿又开始向哈佛大学教授和前罗德学者①们示好。如果此前曾怀疑智识是施政成功的绊脚石，现在必然已经拨云见日——新总统对思想兴致勃勃，在国事上处处仪式化地彰显以知识分子为尊，乐于与饱学之士为伴、听取他们的建议；最重要的是，早在执政之初，他就一丝不苟地招揽能人贤士。再者，之前对招募这样的人才会彻底颠覆国家行事准则的盲信，注定要随着时间的流逝而云开雾散。眼下，知识分子谈论反智主义的时候，再不用顾影自怜或带上夸张的政治色彩了。

<h2 style="text-align:center">2</h2>

1950 年代的政治发酵和教育大辩论，让"反智"一词进入了美国人自我评估的核心术语；它就这样悄然潜入我们的用语中，没有太多的定义，通常被用来描述各种不受欢迎的现象。偶尔接触到它的人，常会以为反智主义是某个生活领域的新兴势力，是当下局势的产物，将要发展为压倒一切的力量。（美国知识分子的历史意识之淡薄令人嗟叹，现代人长期生活在某种毁灭的阴影之下，哪怕是社会变革的小小漩涡，也被知识分子当成了滔天巨浪。）然而，美国史的学生丝毫不会对 1950 年代时常冒头的反智思想感到陌生，反而会很熟悉。反智主义在这个国度的首次亮相，并非是在 1950 年代，事实上，它的历史背景比我们的国家身份还要久远。对这些背景的研究表明，美

---

① 世界级奖学金——罗德奖学金，有"全球本科生诺贝尔奖"之誉，其获得者称罗德学者。——译者

国人对知识分子的认同感并未逐渐走下坡路，也不是陡然向下，而是周期性地波动；研究也显示，当代知识分子遭唾弃并不意味着其地位的下降，反而是重要性的提升。关于这一主题，我们缺乏系统性认知和基于史实的思考。知识分子和国家之间持久的论战被大书特书，然而呈现出的大多是知识分子眼中的美国，而美国如何对待智识和知识分子，则鲜少被诉诸笔端。[1]

反智主义从未被明确界定的一大原因是，在发生争议时，套用模糊的概念更为便捷。当然，定义它也绝非易事。作为一种思想，它不是单个的，而是多项相互关联的主张；作为一种态度，它通常不是单纯的取向，而是爱恨交加的——纯粹地厌恶智识和知识分子并不多见；作为一个历史课题（假如够格的话），它不是一条恒定的主线，而是强度忽高忽低，驱动力的来源多种多样。在本书中，我不会做出严格或狭义的界定。下定义需从一系列复杂特性中单列出一项，从历史角度讲，这是武断之举，即使在逻辑上无懈可击，也无甚意义。我所感兴趣的是复杂性本身——不同态度和思想的复杂的历史关联和多个交汇点。我所指称的反智主义，融合了多种态度和思想，是对思维生活及其代表人物的抵触和质疑、经常性地贬损其价值的倾向。这个笼统的概括近乎于定义，我认为会有帮助。[2]

---

① 默尔·柯蒂（Merle Curti）是据我所知唯一大量关注这个问题的美国历史学家，著有启发性的 *American Paradox*（New Brunswick, New Jersey, 1956），以及作为美国历史协会主席的致辞 Intellectuals and Other People, *American Historical Review*, Vol. LX, Jan. 1955, pp. 259 - 282。雅克·巴赞（Jacques Barzun）在 *The House of Intellect*,（New York, 1959）中，以当代的措辞论述这一主题，承受了来自学术和文化界内部的重压。*Journal of Social Issues*, Vol. XI, NO. 3., 1955 整本刊登了多位作者关于反智主义的讨论。

② 莫顿·怀特（Morton White）的 Reflections on Anti-Intellectualism, *Daedalus*（Summer, 1962）, pp. 457 - 468 中提到了一种有趣的定义。怀特成功区分了反智者和反智主义者，前者敌视知识分子，后者热衷批评知识和生活中的理性智识主张。他用较大篇幅讨论了两者各自的战略和共同之处。

一旦采用了上述方法，反智主义显然不会成为像人物生平、体制的发展或社会运动那样的正规历史课题。我研究美国思维发轫的环境与氛围，就必须通过一些主观的方法将它们再次营造出来。

在举例说明我所称的反智主义之前，需要先阐述哪些非我所指。除少数情况外，我不讨论美国知识分子团体相互间的宿怨和内讧。美国的知识分子与别处的无异，常会陷于不安、自疑甚至自弃，动不动就指摘自己身处的整个群体。这种内部批评既有趣味，又有启发性；有些知识分子不顾形象或不假思索地批评别的知识分子，这些皆非我的关注点。H. L. 门肯①对美国教授一职的口诛笔伐无人能及；在小说里刻画其它作家的恶毒，也无人能胜过玛丽·麦卡锡。但我们不会因此就把门肯和威廉·F. 巴克利②一起想象成教授们的敌人，也不会把麦卡锡女士和已故的同姓参议员关联起来。③ 毕竟，批评其他知识分子是知识分子最重要的职能之一，并且他们对此也不遗余力。我们希望但不指望他们能多一些仁慈、风度和精准。知识分子本就应该百花齐放、百家争鸣，而我们必须接受的是，他们有时只是在做口舌

---

① 美国记者、杂志编辑、讽刺作家、尖刻的美国生活和文化批评家，是 20 世纪上半叶美国最具影响力的作家之一，以其富有争议的思想而闻名。——译者
② 美国作家、保守主义政治评论家。——译者
③ 这些思考给出了强有力的提醒：和其它地方一样，在美国，有一种知识分子团体广开言路，一个人是否隶属于这个团体通常也很明确（尽管有例外）。这些团体衡量知识分子的批评时采用双重标准：他们通常能接受来自团体内部的批评，因为初衷是善意的，所以只注重听取它们的优点；而来自外部的，哪怕是一模一样的批评，则被认为是带有敌意的诋毁，是反智的、潜在的危险。例如，几年前知识分子批评大基金会将过多的科研资金投入高预算的"项目"而非个人奖学金上。而当里斯委员会也盯上了基金会时，同一批知识分子就不乐见这一机构发出同样的质疑（以及其它更模棱两可的批评）。他们并非不再认可批评的内容，而是对它的源头投了不信任票。

当然，不仅是知识分子，这是一个普遍的群体现象。同一政党或少数族裔的成员对待批评也可能持双重标准，端看它是源自团体内部还是外部。这种双重标准，即使缺乏逻辑，历史也会赋予它一定的合理性，因为批评的初衷不幸成为判断它是否适用的依据。知识分子希望通过批评（从他们的角度），建设性地修正基金会的政策，而里斯委员会的质询则可能会破坏甚至推翻它们。同样，我们能理解关于犹太人或黑人的玩笑，由这些族裔自己来说和为外人道，其言外之意就会大相径庭。

之争而已。

最后，为避免令人绝望的混淆，我们需要认清，反智主义并不等同于我谓之为反理性主义的哲学信条。譬如尼采、索雷尔、柏格森、爱默生、惠特曼、威廉·詹姆斯等思想家，以及威廉·布莱克、D. H. 劳伦斯、海明威等作家，他们的思想都可称为反理性主义；然而，这些人在社会学和政治意义上不具有我所描述的反智特性。反智主义者的运动，确实常常借助于反理性思想家的观点（仅爱默生就留给他们不计其数的文字）；但只有当他们这样做的时候，我的讨论才会偶尔涉及学术派的反理性主义。在本书里，我主要关心的是普遍的社会态度、政治行为和普通中底层民众的反响，极少涉及公开的理论。我的兴趣在于那些在国事上有影响力的严重贬抑智识与人文生活的态度。对此，近代史上的一些实例能让单薄的概念变得骨肉丰满。

3

让我们先来列举一些对美国知识分子强烈不满者的表述。

例 A：1952 年的大选中，国人急需一些词汇来表达对读书人的蔑视，这在当时已成为美国政治中一个自觉的主题。原本不含贬义的"书呆子"一词①，很快带上了比传统的"学究"一词更强烈的负面色彩。大选结束后不久，宣扬右翼政见的流行小说家路易斯·布罗姆

---

① 这个词的使用，缘于斯图尔特·艾尔索普在专栏中记录了他和他兄弟约翰的一段对话。他提到，许多有头脑的共和党人十分欣赏史蒂文森。"当然，"他兄弟回答，"书呆子都爱史蒂文森。不过你觉得，有多少人是书呆子呢？"Joseph and Stewart Alsop：*The Reporter's Trade*（New York，1958），p. 188。

菲尔德提出，这个词也许某天会这样编入字典：[1]

> "书呆子"：虚头巴脑、假装有学问的人，常指教授或教授的学生。本质上是肤浅的，应对任何问题都过于情绪化和女性化。恃才傲物，鄙视能者的经验之谈。思维混乱，陷于多愁善感和强烈的福音思想。信奉中欧社会主义而非希腊—法国—美国式民主和自由主义。因循老旧的尼采哲学道德观，常招来牢狱之灾或大失颜面。一本正经、对任何问题都要反复推敲，以致自己晕头转向，总是裹足不前。其内心早已失血过多。

"最近的大选揭示了很多东西，"布罗姆菲尔德说，"不容忽视的是，'书呆子'和全体人民的思想与感受天差地别。"

例B：对知识分子的藐视，在将近两年后获得了艾森豪威尔总统的官方首肯。在1954年洛杉矶的一次共和党集会上，他转述了一位工会领导人的观点：当全部的真相公之于众，人们总是会支持正确的诉求。总统补充道：[2]

> 这位劳工领袖的想法令人欣慰，尤其是，我们身边有太多爱说风凉话的所谓知识分子，谁与他们意见相左，谁就是错的。
> 另外，我还听过一个对知识分子的定义，觉得很有趣：**他们**

---

[1] Louis Bromfield："The Triumph of the Egghead," *The Freeman*, Vol. III（December 1, 1952）, p. 158.

[2] White House Press Release, "Remarks of the President at the Breakfast Given by Various Republican Groups of Southern California, Statler Hotel, Los Angeles...Sep 24, 1954," p. 4 。总统可能是从他的国防部长查尔斯·威尔逊那里听来类似的表述，后者曾说过："书呆子理解不了自己所知道的一切。" Richard and Gladys Harkness："The Wit and Wisdom of Charlie Wilson", *Reader's Digest*, Vol. LXXI（August, 1957）, p. 197.

是把什么都当回事、说的比自己懂的还要多的人。

例 C：1950 年代的争议焦点之一，是专业能力在政治生涯中的地位这样的老生常谈。高潮部分发生在 1957 年，一位连锁店总裁麦克斯维尔·H. 格鲁克被任命为驻锡兰大使，代表着业余人士对垒专业人士的全面胜利。据格鲁克先生自己估计，他向 1956 年的共和党大选贡献了 2 万到 3 万美元，但和之前不少因此获得任命者一样，他并不以拥有政治或外交经验著称。当参议员富布赖特问及他的任职资格时，格鲁克有些招架不住：[①]

> 富布赖特："你认为，你能解决锡兰的什么问题？"
>
> 格鲁克："那里的问题之一，是人民。我相信，我可以——我认为，我可以建立起，除非我们——不是，除非我，遇到之前没遇过的情况——良好的邦交，和对美国的善意……"
>
> 富布赖特："你认识我们驻印度的大使吗？"
>
> 格鲁克："我认识前任大使约翰·舍曼·库珀。"
>
> 富布赖特："你知道印度总理是谁吗？"
>
> 格鲁克："知道。不过我读不出他的名字。"
>
> 富布赖特："你知道锡兰总理是谁吗？"
>
> 格鲁克："他的名字我还不熟，说不出来。"

出于对格鲁克先生任职资格的质疑，他的提名被指是缘于对共和党大选的献金。1957 年 7 月 31 日的一场新闻发布会上，有记者提出了这

---

① *The New York Times*，August 1，1957.

个问题，艾森豪威尔总统的答复是，靠捐款换取任命是不可想象的。对于这位获任命者的能力，他的观察是：①

> 至于他的无知——现在是他获得任命的关键。我所尊敬的一些人推举了一批候选人，他就是从中选出来的。联邦调查局对他的商业生涯的调查报告都很不错。当然我们知道，他从未去过锡兰，对那儿不太了解，但我们相信，若他就是我们想要的人，他完全可以从头学起。

值得一提的是，格鲁克先生在锡兰的服务，一年后以他的辞职告终。

例 D：令美国科学家们忿然的是，国家对纯科学的轻视不仅阻遏了研究工作，连国防部的研发进展也障碍重重。1954 年在有关武装部队的参议院委员会的会议上，密苏里州参议员斯图尔特·赛明顿审阅并引述了国防部长查尔斯·E. 威尔逊早前的证言，即应由其它代理机构——而非国防部——来资助单纯的研究。部长曾表态："就军事项目而言，我对为何炸土豆会变成棕色不太感兴趣。"赛明顿步步紧逼，称经费短缺的研究项目并非关乎土豆，而是关乎轰炸机、核推进器、电子器械、导弹、雷达等。部长的回答是：②

> 所有这些领域的重要研发工作，都在正轨上……
>
> 另一方面，要这些凡事都得思虑周全的人只抓重要细节、列出项目内容和预期结果，实在难如登天……他们只想拿一笔钱，

---

① *The New York Times*，August 1，1957.
② U. S. Congress, 84 th Congress, 2 nd session, Senate Committee on Armed Services: *Hearings*, Vol. XVI, pp. 1742, 1744 (July 2, 1956).

不受监管，随意处置……

首先，**你得知道你在干什么，这才算纯粹的科研**。那更复杂。

例 E：1950 年代，官方反智主义的声音主要来自传统商人，他们
质疑一切在自己控制之外的领域的专家，包括科学实验室、高等学府
和外交人士。极右翼对知识分子的敌视更白热化、影响更广，对高学
养阶级以及一切受尊敬的、有建树的、纯正和有内涵的事物都表露出
彻头彻尾的反感。右翼在 1950 年代的征伐中，激烈的言辞层出不穷：
"国务院的哈佛教授们……都是思想扭曲的知识分子"；他们"身负
π、β、κ 的要诀和学术盛名"，却不具有"对等的诚实和常识"；"当
今美国的体面人士社会血统高贵、文化上获得认同，是公认的绅士和
学者，手持各种大学文凭……是为阿尔杰·希斯[1]服务的'最佳人
选'"；"他们是穿着条纹裤、操着造作的英国口音、自我膨胀的外交
官"；他们"在洒了香水的客厅里谨小慎微地"打击共产主义；他们
是"侮辱了美国中西部和西部腹地的人民"的东部人；他们的"祖先
可以上溯至 18 世纪或更早"，其忠诚度迄今依然是个问号；他们熟知
"希斯-艾奇逊[2]集团常用的格罗顿[3]语言"。[4]《自由人》的社论作者捕
捉到了这场言语上的扎克雷起义之精髓：[5]

---

[1] 美国政府官员，1948 年被控为苏联间谍。——译者
[2] 1949—1953 年杜鲁门总统任内的美国国务卿，冷战时期美国外交政策的主要推手，
帮助建立了反对苏联和其他共产主义国家的西方联盟。1940 年代末因在麦卡锡等人的
反同性恋和反共调查中被指控为美国国务院雇员辩护，并因杜鲁门的对华政策而受到
猛烈抨击。——译者
[3] 位于马萨诸塞州的格罗顿高中，曾诞生了两位美国总统及很多知名政治人物。——
译者
[4] 所描摹的这些形象，摘自伊曼纽尔·沃勒斯坦（Immanuel Wallerstein）未发表的硕
士论文：McCarthyism and the Conservative，（Columbia University，1954），pp. 46 及其
后。文中对这些在 1950 年代成为众矢之的的人有更广泛的论述。
[5] *Freeman*，Vol. XI（November 5，1951），p. 72.

真正令人惊愕的现象，是那些受过高等教育的暴徒面对约瑟夫·麦卡锡之时的不理性……假若麦卡锡先生真像那些"受尊敬"的媒体所描绘的，是个无赖，难道……他就理应承受纽约和华盛顿各大人才济济的编辑部近一年来的毁灭式打击吗？……必然是麦卡锡的个人形象出了问题。他似乎自带一种负极生物磁场，让哈佛、普林斯顿和耶鲁的校友们近不了身。我想我们知道原因：这个年轻人，压根对社会身份视而不见。

麦卡锡本人则认为，美国的主要问题就出在那些社会身份最坚不可摧的地方。他在他著名的惠灵演讲中提到，麻烦就在于：[1]

叛国者，都是国家最善待的人。卖国者并非那些不幸之人或少数族裔，而是享受着世上最富有的国度所提供的一切福利——最好的住房、最好的大学教育、最好的政府工作——之人。国务院尤为如此，那里的青年才俊含着金汤匙出生，却是最卑劣的。

例 F：大学——尤其是赫赫有名的那些——是右翼批评家针砭的对象。《自由人》的一名作者认为，共产主义正向所有的大学扩散，仅针对常青藤院校不免太过敷衍：[2]

我们的大学是未来野蛮人的培育基地，学习是这些人的伪装，无知和愤世嫉俗是他们的武器，随时准备刺向并摧毁人类文

---

[1] *Congressional Record*, 81st Congress, 2nd session, p. 1954 (February 20, 1950).
[2] Jack Schwartzman: "Natural Law and the Campus", *Freeman*, Vol. II (December 3, 1951), pp. 149, 152.

明的遗存。把墙推倒的不会是农民，他们只需听从有学问的弟兄们的号令……这些人，将把个人自由从人类思想里彻底抹去……

如果你送孩子去今天的大学，培养的将是明日的刽子手。理想主义的重生，只能发轫于散落各处的非大学思维的修道院。

例 G：右翼敌视大学教育的原因部分在于社会身份和尊崇感，另一部分则投射出过去的杰克逊主义者对专才和专家的反感。下面的论断颇具代表性——普通人（这里特指普通女性）的能力，和所谓的专家无甚差别。写下此话的是弗兰克·乔多洛夫，一位业余经济学家，著有《所得税：万恶之源》，他同时也是最活跃的右翼发言人之一：[1]

洛克菲勒兄弟基金会召集了一群知名经济学家，共同探讨应对全国性经济衰退的良方。他们提出的拯救计划，即使经过一定的浓缩，依然占据了《纽约时报》将近两大版。这些博士个个成就斐然，非"主修"经济学者要逐一审阅他们整合出的方案，会显得过于自以为是。然而事实上，只要有需要，我们都可以是经济学家，因为我们都要维持生计，这就是经济学。哪怕是家庭主妇，只要能读写、具备一定常识，就能解读这份计划的细节，只要把它们从繁冗的措辞中提炼出来就行。

例 H：以下言论来自密歇根州议员乔治·唐德罗，尽管有辨识力的读者可能会觉得这是反文化而非反智，但它们不容忽视。此人长期

---

[1] "Shake Well before Using," *National Review*, Vol. V (June 7, 1958), p. 544.

怀着警戒之心征讨学校里的共产主义，并反对立体主义、表现主义、超现实主义、达达主义、未来主义以及其它文艺运动：①

> 艺术的各种"主义"，是俄国革命的武器，这些艺术移植到了美国，今天，已渗透和侵占了许多艺术中心，威胁要压倒、超越和倾覆我们的传统艺术遗存。在我们挚爱的国家，所谓的近现代艺术，包含的全是堕落、腐朽和毁灭的"主义"……

> 这些"主义"都是外来血统，实不该在美国艺术中占有一席之地……它们全都是毁灭我们的手段和武器。

例I：既然我在本书中将大量谈及福音派传统下的反智主义，似乎有必要引用这一传统的至少一项遗存。以下段落引自葛培理，他是当代最成功的福音布道家，在1958年的盖洛普民意调查中，他被美国民众评为仅次于艾森豪威尔、丘吉尔和阿尔贝特·施韦泽的"全球最受尊敬的人"。②

> 很多人认为，没有所谓"知识分子"的扶持，过往的道德标准无法沿袭至今。

> 我由衷相信，若只是哺育没有灵魂的头脑，这种普世的片面教育比教育缺失要可怕得多……若除自我之外没有更崇高的力

---

① *Congressional Record*，81st Congress，1st Session，p. 11584（August 16，1949）；另参阅唐德罗的演说 "Communism in Our Schools," *Congressional Record*，79th Congress，2nd Session，pp. A. 3516 - 3518（June 14，1946）和发言 "Communist Conspiracy in Art Threatens American Museums"，*Congressional Record*，82nd Congress，2nd session，pp. 2423 - 2427（March 17，1952）。
② William G. McLoughlin, Jr.：*Billy Graham：Revivalist in a Secular Age*（New York，1960），pp. 89，212，213；有关盖洛普民意调查，参阅 p. 5。

量，这样的人身处这个世界便犹如一头怪兽，则只受过部分教育比完全没受过教育更加危险。

你们可以在美国任一城市、任一街区都置一所公办学校和一所大学，然而，仅靠智识教育，决不可能阻止美国人走向道德朽坏。

过去几年，知识分子从人类理论中挣脱出来，甚至连普通的大学教授也愿意聆听传道者的声音。

[取代圣经之位的]是推理、理性主义、思维文化、科学崇拜、政府权力、弗洛伊德主义、自然主义、人本主义、行为主义、实证主义、唯物主义和理想主义。这些都是拜所谓知识分子所赐。大批这样的"知识分子"曾公开表示道德是相对的——绝对的准则并不存在……

例 J：苏联的"斯普特尼克号"引发了对美国教育的热议，加州的教育系统因其广为人知的实验性课程而饱受诟病。旧金山学区雇请了一些专业学者前来检视区内的学校，这些人组成的委员会谏言，应当重拾原先更为扎实的学术标准。6 家教育机构对此反响激烈，批评旧金山报告的起草人"小题大做且势利眼"，自不量力地将教育的目的限制在"思维认知和智力开发"上。他们重申了"教育的其它目标，例如公民教育、职业技能、美满的家庭生活，道德伦理、审美和精神层面的自我实现及享受健康"。这些教育者辩称，美国教育最值得称道的一大特色是：①

---

① *Judging and Improving the Schools*：*Current Issues* （Burlingame，California，1960），pp. 4,5,7,8。受到抨击的报告参阅 William C. Bark 等人的 *Report of the San Francisco Curriculum Survey Committee* （San Francisco，1960）。

对如何避免教育体系陷入僵化做出了尝试。这并不意味着学术能力对社会不再重要，而是从历史角度来看，**只强调知识的吸收与积累的教育体系容易产生堕落**。追求课程"固化"、教育目标单一化，是对美国民主之下教育的特殊职能的误读。

例K：以下摘自一位家长的自述，本是回应一位教师对当代教育标准松懈的抱怨，通篇都值得一读。这位家长生动表达了对非学术型儿童和新教育的认同。此处描绘的学校教师的刻板形象，在历史上可谓根深蒂固：[1]

但幼儿园老师理解孩子，以他们为中心。在学校的日子充满了嬉戏、音乐、色彩和友爱的快乐。一年级、二年级、三年级，美好的生活继续着……然后数学来了！挫败有如高举的魔杖，令人日夜不得安宁。父母开始上心理辅导课，阅读何谓自卑情结。好不容易熬过了四年级，进入五年级。必须要采取行动了。有些题目连爸爸都解答不了。我决心和老师谈谈。

学校的门垫上没有"欢迎"俩字，也无人和我这个陌生人打招呼或去通报一声。迎接我的只有昏暗的走廊和间歇的关门声，门里传来不熟悉的声响。我向一个行色匆匆的孩子问了路，接着敲响了禁地的大门。我满脸堆笑，向出现在面前的老师自报家门。"哦，对。"她说，像是对我的企图早有准备，她伸手去拿班级目录，拉抽屉的动作如此敏捷，仿佛电影里麻利地拔枪的黑帮分子。

---

[1] Robert E. Brownlee: "A Parent Speaks Out," *Progressive Education*, Vol. XVII (October, 1940), pp. 420–41.

学生的名字按字母顺序精确齐整地列在带横线的纸上。老师苍白的手指在纸的边缘滑过，落在我女儿的名字那里。每个名字后面都有些小方块，画着我看不懂的记号。她的手指在纸上划过。我孩子的记号，和其它孩子的不一样。她抬起头看着我，带着胜利的神情，像是无需再多作解释。我满脑子都是那个方块，一个鲜活的孩童所有的言行就被禁锢在里面。我感兴趣的是完整的人生、完整的个性；而老师只关心算术能力。我真希望自己没有来过，我一无所获，满心郁闷地离开了那里。

例L：以下言语因阿瑟·贝斯特[1]而广为人知，但值得再次转述。发表这些言论之后，这位伊利诺伊州一所初级中学的校长，非但没有失去业内的身份地位，还在长岛的格雷特内克获得了一个类似职位，这个职位的吸引力在全国的中学里都是名列前茅的。他还获邀成为一所中西部大学教育学院的访问教员。[2]

这些年来，我们为阅读、写作和算术打造了一个光环，认为它们适合每一个人……不论是穷人还是富人、聪明的还是不那么有智慧的人、喜欢这些的还是未能做到的人。老师说，这是"每个人都该学"的东西。校长说："所有受过教育的人都会写作、拼写和阅读。"每每有孩子声称不喜欢某个神圣的科目，就会被警告：假如他不能熟练掌握，长大后就会变成谁谁谁。

---

[1] 一位著名的激烈批判杜威的保守批评家。——译者

[2] A. H. Lauchner: "How Can the Junior High School Curriculum Be Improved?" *Bulletin of the National Association of Secondary-School Principals*, Vol. XXXV (March 1951), pp. 299 – 301. 其中的省略号是原作者使用的标点符号，不是引用内容的省略。这是在一次协会会议上的发言。参阅 Arthur Bestor: *The Restoration of Learning* (New York, 1955), p. 54 上的评论。

3R教育①，适合所有孩子，所有孩子都需要3R教育！情况就是如此。

为了除去这一口号，我们已取得了些许进展。可每当出现一位获得PBK联谊会②认可的母亲，或听说某人雇用的女孩不懂拼写，就会引发新一轮的大惊小怪……遂失去立场……

只有当我们真正意识到，不是每个孩子都必须懂得阅读、计算、写作和拼写……很多人不能或不会去掌握这些小技能……才能走上改进初中课程的正途。

要达到这个目标，还需要大量的说服工作。然而，这一天总会到来，我们会接受这样的观点：认为每个男孩都必须学会阅读，与要求每个人都能拉小提琴一样缺乏逻辑；指望每个女孩都能拼写正确，和要求每个人都能烤出美味的樱桃派一样不合理。

我们不可能都做同样的事，也不喜欢、不会只做同样的事。当成人最终认识到这一事实，所有人都会更快乐……学校的生活也会变得更美好……

一旦我们能够说服一些人明白，掌握读、写、算不是通向快乐和成功人生的唯一途径，下一步就是减少普通初中课程在这些方面耗费的时间和精力……

东部的一所初中经过长期仔细地研究后认识到，大约20%

---

① 即读、写、算三种技能。——译者

② Phi Beta Kappa（PBK）是美国历史最悠久、最精英的荣誉组织，1776年由5名在College of Willam and Mary的在校生创立。"Phi Beta Kappa"是希腊格言"Philosophia Biou Kubernetes"的缩写，意为"对智慧的爱是生命的向导"。该会认可自由教育的自由力量，会员有着无可挑剔的学术纪律，取得了极高的智力训练和成就。每年春天该会会向在自由学习方面成绩优异的学生发出邀请。——译者

的学生无法在阅读上达标……他们对这些孩子做了其它安排。这才是合理的考量，与要求"每个学生毕业前必须背熟乘法表"的初级中学截然不同。

上述所有示例，尽管来源和目的不尽相同，但整体上彰显了反智主义先入为主的预判。知识分子被认为是虚浮、倨傲、羸弱而势利的，很可能也是不道德的、危险的和颠覆性的。在某些高要求的实战工作上，普通人依靠基本常识已获得成功，证明常识足以替代甚至大幅超越学校的正规知识和专业教育。可以想见，大学院校等机构由于知识分子的影响巨大，早已腐坏入骨。不论如何，心灵的约束、传统的宗教原则和伦理是比教育更可靠的人生指引，后者不过是为了培养对思维和艺术走向做出反应的头脑。即使是初级教育，过分强调摄取单纯的知识而非积极开发体能和情感生活，亦属冷酷无心的行为，它将导致社会的腐坏。

4

为避免理解错误，有必要阐明的是，我为这一主题单独著书立论便免不了要凸显它的重要性，而美国文化史包罗万象，实际未必如此。我并不臆想繁杂的美国历史可以浓缩成书呆子（eggheads）和厌书人（fatheads）之间的持久战。再者，我们的历史，即使在某种程度上可以视为一场文化和思想的对决，也不能简单地把公众划归知识分子或反知识分子阵营。大部分人，或者说大部分智慧而警醒的民众，并不是知识分子，他们只是对围绕智识和知识分子的种种纷争耳濡目染，以至于在看待当前的文化问题时立场摇摆不定。他们对书呆子的不信任感深植于心，却又真切地渴求文化和启迪。此外，一部有关美国反智主义的书籍，无法面面俱到地评估我们的文化，就如同破产史不会被当成商业史的全部一样。我相信，虽然反智主义已渗入文化的方方面面，但并未处于支配地位。我反复注意到，也希望读者们注意到，反智主义传播最广的是其相对温和善意的表现形式，而恶意大多来自一些聒噪的小众群体。即使理应如此，这也并非比较研究——聚焦美国的反智主义，只是我对美国社会特殊的、也可能是褊狭的兴趣使然。我并不认为别处不存在反智主义。虽然在这个国家，它不只是一个普通的棘手问题，但我也相信它以某种形式和强度存在于大多数社会里：比如毒害民众的社会，有学生和市民制造骚乱的社会，实行审查和专制的社会，有国会介入调查的社会。我倾向于认为，尽管反智主义有其普世性，它应该是英语世界的文化遗存，在英美历史上尤为显要。数年前，雷纳德·伍尔夫曾说过："英国人对智识与知识分子的鄙夷和不信任无人能及。"[1] 伍尔夫先生也许对欲拔头筹的美国人的申辩考虑不周（这可以理解，毕竟美国人一个多世纪的夸夸其谈让英国人厌烦无比）；然而，作为对自己国家的文化生活了若指掌的英国资深知识分子，他的这番表述足以让我们驻足思考。虽然美国知识分子的境遇引发的问题尤为紧迫和尖锐，但别处的知识分子也有相同的困扰，而美国的生活环境尚能做出一些补偿。

本书为批判性的探询，并不是替知识分子向美国公众作法律申述。我无意标榜他们是古巴比伦美德的载体，从而勾起他们不时作祟的自怜；也不会坚称尊重智识及其职能对社会文化和健康无比重要，

---

[1] "G. E. Moore", *Encounter*, Vol. XII (January, 1959), p. 68；需要说明的是，上下文显示伍尔夫对这一表述的论据了然于胸。

而我们的社会显然缺乏这种尊重，就妄断读书人应得到全盘纵容或执掌大权。身处知识分子中间的人，不可能将他们过度理想化；但并非完人的他们与智识的重要职能之间的关系让人联想起教会的明智：哪怕神职人员免除不了肉身的罪愆，教会本身依然是神圣的。我也未曾忘记，智识的价值可能被高估，但端正其在人类事务中的位置的合理尝试，不应谓之为反智。我们也不会否定 T. S. 艾略特所察："智识长才，若不伴随良好的品行，其可敬度等同于国际象棋神童的天分。"① 只是在这个危机四伏的世界，我们基本不必烦恼整个美国社会会陷入过于推崇智才、高估其价值、放任其取代其它合理价值观的危险境地。

我撰写本书的最大风险在于，它也许会强化反智主义是单纯的、非混淆的状态这一观点。显然，和智识产生冲突的人几乎都有一种矛盾心态——尊重与敬畏、怀疑与厌恶相互交织——许多社会和人类历史阶段皆是如此。无论如何，反智主义并不是断然敌视思想者的创造。恰恰相反，正如一知半解之人才是学养深厚者最有力的对手，反智主义的领军人物往往都是在理念上纠缠不清之人，常常醉心于某种陈旧的或被排斥的思想。每个知识分子几乎都有反智时刻，每个反智主义者也几乎都体验过单方面的思维热情。反智主义线条之清晰，以至于在历史上有迹可循；传播之广泛，以至于在当代争端中不容忽视，其发言人必然颇有所长。他们大多数既非未经教化，也不乏智慧，而是一些边缘化的、潜在的、被剥夺了身份或怒气冲冲的知识分子，带领半开化之人，满怀热忱和崇高的使命感站到了世界的目光之下。反智主义的生力军里有福音派牧师，他们大多智慧超群甚至学识

① *Notes towards the Definition of Culture* (London, 1948), p. 23.

广博；有基要派，他们对神学理论侃侃而谈；有政治家，包括不少极其敏锐的头脑；有商人和其他符合美国文化务实特性的代表人物；有秉持坚定主张和信念的右翼编辑；还有各式各样的边缘作家（可参阅"垮掉派"的反智主义），以及反对共产主义、被一部分知识分子团体昔日的异端邪说冒犯的权贵；共产党领袖亦然，这些人只在知识分子能惠及自身时才会用到他们，对其忧患意识则嗤之以鼻。形于外的敌意，未必是针对思想本身，甚至不都是针对知识分子。反智主义的发言人几乎都是为某种思想而战，虽憎恶当代知识分子阴魂不散，却追崇某些早已作古的饱学之士——也许是亚当·斯密、托马斯·阿奎那、约翰·加尔文，甚至是卡尔·马克思。

以为时常高举反智大旗的男男女女都坚定不移地奉之为正面信条或准绳，这是一种讹误，也有失公允。事实上，反智主义通常是某个义正词严的意图催生的偶然结果。几乎没有人会认为自己抵触思想和文化。人们不会早起对着镜子咧开嘴说："哈，今天我要蹂躏一个知识分子，扼杀一个想法！"只有在极少数情况下，我们才会心情沉重地将某人划定为根本上反对知识分子。这对我的写作不具价值，我亦无意于贴标签或横加指责。判断某些态度、行为和思想的历史轨迹更为重要。[1] 在这方面，有些人的立场似乎总是摇摆不定。实际上，反智主义常附于相互对立的势力之上。商人和劳工领袖对知识分子阶层的观感也许惊人的相似。进步教育本身就携有强大的反智元素，右翼的哨兵们是最苛刻和坚定的斗士，他们也展现出自身不同风格的反智主义，少了些闪烁其词，多了些昂扬斗志。

倘若我们面对的是纯然的邪恶，反倒是种幸运，但实情并非如

---

[1] 例如，我希望探讨杜威的一些教育理论中的反智主义内涵及影响；但将杜威视作一个反智主义者是愚不可及的。

此。我相信，反智主义之所以广泛地浸润了我们的文化，正是因为它所维系的常是善意的、至少是值得辩护的理由。它牢牢占据我们的思维，是因为滋养它的是输出大量人道主义和民主情感的福音派宗教。它进入政治视野，结合了我们对平等的不懈追求。它对教育意义重大，部分是由于我们的教育理念立足于福音式的平等主义。有鉴于此，我们应当尽可能将反智主义用于行善的意图，经常技巧性地为知识分子去芜存菁、正本清源，方能驾驭反智主义；我不说连根拔除，因为这不仅超越了我们的能力，而且彻底肃清恶意的执念在当下不啻为另一种危险。

二、智识不受欢迎

1

要探究哪些社会特质导致智识不受欢迎，有必要先了解对智识的一般认识。我们欲解读某种普遍的执见，可先着眼于它的常用之处。只需浏览一下流行的美国著述，就不难捕捉到智识（intellect）和智力（intelligence）的显著差别。前者是频繁出现的专用词汇，后者从不现身。没有人会质疑智力的好处，它作为一个抽象的素质为万人景仰，智力禀赋殊异者广受称誉。聪慧之人总是得到赞美；智识丰富之人有时也会，尤其当人们相信智识包含了智力之时，但他也常会招来厌恶和质疑。正是他（而非那个聪慧之人）被冠以不可靠、多余、不道德和破坏者之名；有时他甚至因为富有智识而被指为毫无智慧。[1]

虽然智力和智识的区别多为假设而非定义，但仍可依据其常见用法的语境将两者的差异抽丝剥茧，以下几乎是全球共识：聪明才智是

---

[1] 我并不认为这种区别对待仅限于美国，但凡一个群体，既厌弃知识分子，又不愿抛弃对智慧的褒扬，便会出现同样的情形。当法国知识分子成为一股社会力量时，1902年，莫里斯·巴雷斯写道："我宁愿做智者，而非知识分子。" Victor Brombert：*The Intellectual Hero：Studies in the French Novel，1880 - 1955*（Philadelphia，1961），p. 25。

一种思维优势，用于较为狭窄的、直接的、可预见的范围，它是一种可操控、可调整、始终实用的特质，是一切生物特质中最了不起、最值得赞美的。聪明才智在一个目标限定但明确的框架下工作，能迅速将无助于实现目标的值得思考的问题抛诸脑后。最后，它在全世界应用广泛，日常即可得见，不论是简单还是复杂的头脑都为其倾心。

另一方面，智识是思想批判、创造和冥想的一面。智力试图掌握、操控、重组和调整，智识则是检验、沉思、怀疑、总结、批判和想象。智力对情势做出即刻反应和评估；智识判读评估结果，探寻全部情形背后的意涵。智力作为一种生物特性得到赞美；智识是万物之灵的尊严的特殊表现，是一种被称颂、也被抨击的特性。明确了两者的区别之后，就容易理解为何我们有时会说一个人智力超群而智识相对不足；同样，为何那些无疑是智识丰富的头脑，很大一部分亦归功于智力。

这样的区分似乎颇为抽象，其实在美国文化里常有体现。例如在教育上，才智的筛选和开发无疑是重中之重；然而，教育应在多大程度上培养智识，素来都是热议的焦点；反对把智识纳入公共教育的人占有权力优势。最能说明问题的，或许是美国人对发明能力和纯科研能力的迥异态度。伟大的发明天才爱迪生几乎被美国人民奉为神祇，他的事迹成了传奇，他的重大发明因为直接影响了普通人的生活而有口皆碑。我们并不指望纯科学的成就能赢得同样的掌声，但也许会期待诸如为现代物理化学理论奠基的最伟大的科学天才约西亚·威拉德·吉布斯这样的人物，也能获得有识之众的追捧。然而，虽然吉布斯的成就被欧洲人称颂，他却一直生活在公众乃至行业视野之外，在耶鲁默默任教 32 年。而耶鲁，作为 19 世纪美国大学科研成就的佼佼者, 32 年间只派给他数名能理解其工作的研究生，也并从未授予他任何名誉学位。①

　　论及智识在社会中的宿命，一个难点在于，虽然智识不仅仅关乎一份职业，但我们在谈起它时难免要用到职业术语。智识通常是某些领域和职业的属性；说到知识分子，我们指的是诸如作家或评论家、教授或科学家、编辑、新闻工作者、律师、牧师等。正如雅克·巴赞曾说的：知识分子是拿着公文包的人。这种大而化之难以杜绝；知识分子的身份角色和拿公文包的职业捆绑在了一起。然而，即使在学术领域，我们也不认为从业者必定是知识分子，不论这个词意是在贬低还是在苛求。智识对大多数职业有助益，但单靠智力已绰绰有余。例如，并非所有搞学术的人都是知识分子，我们常为此感到悲哀。智识与经过专职培训的才能不同，它与职业无关，但与个人休戚相关。我们担忧智识和知识分子的社会地位，脑海中浮现的不仅是某些职业团体，更是某种思维能力附带的价值。

　　我们的文化中有很多所谓的行家里手，如律师、编辑、工程师、医生，甚至部分作家和大多数教授，他们的工作尽管非常依赖于思想，但并不富有智识。专业或类专业领域的从业者，势必掌握着大量鲜为人知的想法，要智慧地加以利用才能出色地完成工作；在职业意义上，这些想法主要是被当成工具。问题的核心——套用马克斯·韦伯关于政治的论断——在于专业人士靠思想谋生，而非为思想而生。专业角色和技能并不使其成为知识分子。他是脑力工作者、技术人员，可能碰巧也是知识分子，但那也是由于他为职业带来了工作要求之外的思想体验。专业人员售卖思维能力。这些能力高度发展，但假

---

① 一般认为，吉布斯的遭际是美国人的态度使然。要了解普遍状况，可参阅 Richard H. Shryock: "American Indifference to Basic Science during the Nineteenth Century," *Archives Internationales d'Histoire des Sciences*, No. 5 (1948), pp. 50 - 65。

如他的工作缺乏某些特征，如不偏颇的才智、概括能力、自由思考、敏锐的观察、创造力、激进的批评，我们就不认为他是一名知识分子。即便平日里算得上知识分子，但在工作中，他不过是受雇的脑力技工，依仗他的头脑追求既定的外部结果。正是由思维过程之外的志趣和有利位置来设定结果这一要素，区分出了沉迷于单一思想而不可自拔的狂热分子，与贩卖思维而不能自由思考的脑力技工。此处，目标是外化的而非内生的，而智识生活具有自发的特性和内在的坚持。同时，还有一种超然的自若，我相信，这建立在知识分子对待思想的两种均衡的基本态度之上——姑且称之为玩心和虔诚。

　　界定何为知识分子，有必要将譬如一名教授或律师这样的知识分子与他的非知识分子同行区别开来；确切地说，需要断定一名教授或律师的行为何时是单纯的常规职业需求，何时才是知识分子的体现。关键不在于用到了何种思想，而是所持的态度。我曾提及，在某种意义上他为思想而生——意味着对思想生活如同宗教信仰般投入。这并不令人意外，因为知识分子的一大重要角色就是从神职人员那里继承而来的——它隐含着思考这一行为的终极价值。苏格拉底说未经审视的人生不值得过，这触及了根本。纵观历史，众多饱学之士以不同时代、地点和文化所特有的语言不断重复着这种感知。但丁在《论世界帝国》中写道："人类的能动性，总体上是依靠持续地施展全部智能，尤其是思维的延展，并以之为目标转化成行动的。"因而认知行为最崇高，最接近于神。约翰·洛克所著的《人类理解论》首句即为："是理解力，让人类凌驾于其它有感知力的物种之上，赋予人类得以支配它们的全部优势。"这是对同一种信念的更为世俗和激进的表达。霍桑在《福谷传奇》结尾处提到，自然给予人类的终极目的是"自觉的智识生活和情感"。最后，我们的同代人安德烈·马尔罗在他的一部小说中诘问："人如何活出精彩？"并自答："就是要将尽可能宽泛的经历，转换成有意识的思维。"

智识论，常是怀疑论者唯一的虔诚所在，当然不仅限于持怀疑态度者。几年前，同事邀我阅读一篇他为即将在他所在的领域进一步深造的学生撰写的简短论文。表面上这是关于如何在该领域的架构下开发思维，但在实际效果上折射出他对智识贡献的强烈执念。一个不折不扣的怀疑论者写就的文字，让我仿佛是在阅读一篇献祭文学，堪比理查德·斯蒂尔的《商人的蒙召》，或是科顿·马瑟的《论行善》。如同昔日的新教作家一样，他把思想的任务想象为神的召唤。他的工作即是一种奉献，一项修炼，之所以如此，正是因为它超越了技能和专业本身：思想的使命是为真理服务。于是，智识生活站在了道德的制高点。知识分子的这种感受，我谓之虔诚。他是信徒——起了誓、许了诺、改了辙。所有人愿意领受的，即思想和抽象思维对人类生活至臻重要，他全心地感受到了。

诚然，此处所包涵的不仅是单纯的个人修炼或思考和理解过程本身。思维是人类行为的最高形式，也是人类群体提炼、重申和实践其它价值观的媒介。知识分子意欲集合成为人类的道德探测器，在公众尚不自觉之时，即能预见和解读基本伦理问题。思想家认为，自己应该是理性和正义等价值观的特殊看顾人，这关乎对真理的探求，当某些恶行威胁到这重身份，他就会热切地站出来成为公众人物。伏尔泰曾为卡拉斯①家族辩护；左拉曾为德雷福斯②发声；美国的知识分子

---

① Jean Calas（1698—1762），法国商人，被控杀害其子而被迫害致死，因其是一名新教教徒，此举遭到反天主教会人士广泛声讨，成为法国宗教迫害的标志性事件。——译者
② Alfred Dreyfus，法国陆军军官，1894 年被诬陷犯有叛国罪，被革职并处终身流放。1906 年经重审宣告其无罪，复职。——译者

亦因为萨科和万泽蒂①审判而怒不可遏。

若只有知识分子忧心这些价值观，那是不幸的，而且他们的热情有时会用错方式。但知识分子对这些价值观的响应确实强于一般人；近代西方社会，知识阶级荣耀加身，在一切所谓特权阶级中，只有他们对位居其下的社会阶层的福祉表达出最强烈、最一致的忧思。在知识分子的投入感背后，是这样一种信念，即这个世界应该以某种方式回应他的理性以及对公平和秩序的热情：这种信念激发他为人类创造价值，同时也催生出他的恶作剧才能。

2

既然知识分子亦有独具一格的恶作剧才能，这就意味着仅有虔诚是不够的。他也许为思想而生，但要防止他只为单一思想而生，变得执迷不悟或荒诞不经。我们依然会把一些狂热分子视为知识分子，狂热是养育过程的谬误，而非本质问题。对思想的关注，不论多么真诚和投入，当它为某些偏颇之见或全然外化的结果服务时，智识即被盲信吞噬。相比独立思想的缺失，对智识生活威胁更大的是极端地投入某种思想的禁锢。其后果在政治和神学上均有体现：智识的功能受制于褊狭的思维框架下的极端虔诚。

有鉴于此，就需要一种制衡，防止虔诚成为僵化的执念；这种存在于大多数知识分子身上的特质，我谓之玩心。我们所说的是思想的

---

① Sacco，Vanzetti，意大利裔美国人，参加了无政府主义运动，1920 年被控一级谋杀并被法庭草率处以电刑，后在全球范围内掀起翻案的呼声，最终为两人洗脱罪名。——译者

嬉戏，知识分子无疑很享受这样的娱乐，并从中汲取重要的人生观。思维活动带来全然的愉悦，在它的浸润下，智识是健康的思想精神，在基本生存和实用要求之余，尚有剩余脑力可以释放。席勒曾说："只有在嬉戏时，人才是完美的。"他的格言要传达的是，知晓自己在生存需求之外尚存余力。凡勃伦常说，智识能力是"无聊时的好奇心"——这其实不太精确——是爱嬉戏的头脑让好奇心蠢蠢欲动，并触发对真理的探求、不囿于教条。

理想情况下，追求真理是知识分子心之所向，然而，以此论定他们的作为其实过犹不及。如同追求幸福一样，追求真理的过程本身令人振奋，但通常看不到终点。真理会失去魅力；广为人知的真理，可能会随着时间流逝变成谬误；简单的真理无甚趣味，一旦过量即变得半真半假。当知识分子抱有健康的玩心时，一切确凿事物都会令他心生不满。智识生活的意义并不在于掌握真理，而是征服新的不确定性。哈罗德·罗森伯格[①]曾说，知识分子是将答案变成问题的人——这是对思想生活这一面的完美概括。

这份玩心，让思想的成果像皮埃尔·阿贝拉的《是与否》（*Sic et Non*）和达达主义诗歌一样丰富多彩。"嬉戏"和"玩心"这样的词，并不代表缺乏严肃性；恰恰相反，只要观察嬉戏中的孩童或成人就能意识到，玩耍和严肃性并无冲突，有些游戏形式对集中思想的要求比工作更高。玩心也并非意味着不切实际。美国公众围绕智识的论战，常将实用性作为一项衡量标准。然而，原则上智识既非实用的，也非不切实际的，它是超现实的。被虔诚绑架的狂热分子和以头脑为营生的思维熟手，其思想的起点和终点在于是否能为某种外在目的发挥效

[①] 美国作家、教育家、哲学家、艺术批评家。——译者

用，而知识分子丝毫不为之所动。他并非藐视实务，而是着迷于许多实际问题内含的思维取向。他更非不务实，只是在意的东西无需有无实用意义的拷问。说知识分子内心不切实际的观点是经不起推敲的（我们即刻能引以为证的是亚当·斯密、托马斯·杰斐逊、罗伯特·欧文、瓦尔特·拉特瑙、约翰·M. 凯恩斯这些在政治和商业上极为务实的知识分子）。但实用主义的确不是知识分子兴之所在。阿克顿阐明这一观点的说法颇为极端："我认为，我们所作的研究应该毫无目的性。它们需要毫无瑕疵，就像数学一样。"

数学家和理论物理学家詹姆斯·克拉克·麦克斯韦对发明电话的回应，可谓知识分子对纯实用主义的态度的佳例。当受邀介绍这一新发明的工作原理时，他表示，初闻美国设计出了这件东西，他简直难以置信。接着他说，但当"终于看到它，这个小物什的每个零件都是我们所熟悉的，一个业余人士就能组装起来。即使真的可以通话，也抵消不了我对它不起眼外表的失望"。那么，它是否用上了"一些高深的物理学原理，值得学术界的观众钻研上一小时"，或可弥补外形简陋的遗憾。然而并没有；麦克斯韦遇到的所有人都能理解其中的物理学过程，连日报科学版的记者们也都能明白![1] 这东西无趣得令人失望；不深奥，不难懂，不复杂，根本算不上新思维。

在我看来，麦克斯韦的反应不那么值得钦佩。当他以单纯的科学家视角，而非历史学家、社会学家甚至一家之主的角度看待这一发明时，就限制了自己的想象力。电话之于商业、历史和人类是振奋人心的；作为沟通乃至折磨人的工具，它为想象力带来了无限可能。在自我限定的关注范围即物理学范畴，麦克斯韦的观点体现了一个知识分

---

[1] W. D. Niven, ed.: *The Scientific Papers of James Clerk Maxwell* (Cambridge, 1890), Vol. II, p. 742.

子的冥顽不灵。以物理学者的思维看来，这个新玩意并不好玩。

或许有人会问，玩心和虔诚这两种对待智识的心态，是否存在致命的冲突。它们当然有矛盾，但绝不是致命的——这只是人类特质的内在冲突之一，能激发出创造性的应对方式。理解并表达迥异甚至是对立的观点，想象并内化矛盾的感受和想法——正是这些能力在人文表达的全部领域和众多探究的范畴铸就了一流成果。人类是矛盾的，而知识分子的生活——套用霍姆斯的话说——事关经验而非逻辑。想象一下昔日的或我们周围的知识分子：有人玩心为重，有人虔诚更甚。但大多数知识分子两者兼有，互相掣肘。思想家的韧性即在于如何平衡这种思维的两重性。天平的一端是过度的玩心，它可能会导致思维浅薄、技巧至上、一知半解和创新失败。另一端则是过度的虔诚，它可能会导致思维僵化、狂热主义、救世主心态、道德上的刻薄或超脱。两者都不是智识生活的方式。[1]

纵观历史，玩心和虔诚可视为知识分子职能的贵族和宗教背景的残留。玩心似乎根植于在创新想象力和人文教育史上始终处于核心的有闲阶级的气性。虔诚是知识分子宗教传承的留存：探求和掌握真理是一项圣职。作为继承者的近代知识分子，承袭了贵族阶级面对清教主义和平等主义、神职人员面对反教权主义和等级制度遭到公开挞伐时的脆弱。那么，我们无需为此感到讶异——即使在这个民主至上、唯信仰论的国度，知识分子也鲜少能够安身立命。

---

[1] Julien Benda 在 *La Trahison des Clercs*（1927）一文中控诉，很多近代知识分子把自己当成救世主政治的一部分，牺牲了知识分子的价值观。"今天，当我们提到蒙森（Mommsen）、特赖奇克（Treitschke）、奥斯特瓦尔德（Ostwald）、布吕纳介（Brunetière）、巴雷斯（Barrès）、勒梅特（Lemaitre）、贝玑（Péguy）、莫拉斯（Maurras）、邓南遮（d'Annunzio）、吉卜林（Kipling），必须承认这些'公务员'展现了政治热情的全部内涵——行动导向、渴望立竿见影、只专注于既定目标、贬斥辩论、走极端、可憎和顽固不化。"参阅 *The Betrayal of the Intellectuals*，Boston，1955，Richard Aldington 译，p. 32。

知识分子的悲哀在于，对自身价值和成就的定位，与社会对他的价值定位并不一致。社会估量他的价值，因其能助力从大众娱乐到武器设计的一系列目标，但无法深入理解对于他的智识生活至关重要的气质特征。他那形式多样的玩心，也许对大多数人而言是变态的奢侈；在美国，头脑的嬉戏可能是唯一一种不被温柔纵容的取乐方式。他的虔诚，即使不具危险性，看起来亦是恼人的。并且，二者均被认为对实际生活贡献甚少。

<h1 style="text-align:center">3</h1>

我认为，美国人向智识和知识分子提出的首要问题是实用性。反智主义在当代发生变异的原因之一，是我们对智识的不切实际有所改观。19 世纪的美国文化几乎毫无争议地由商业标准操控，多数商业和专职人士未曾受过太多正规教育便出人头地，于是出现了教育无用论。人们认为，学校的存在并非为了培养头脑的素质，而是为了协助个人发展。出于这一目标，即刻投身生活的实务更有教育意义，而智识和文化追求是不谙世故、无男子气概和不切实际的。表述这类观点的辞令，通常粗鄙而市侩，这和美国人的生活现实及需求不无干系。对正规的智识培育的质疑一直延续到 20 世纪。当今美国社会的复杂性大为增加，和世界的联结愈加紧密。在生活的很多层面，正规教育是成功的先决条件。同时，现代生活的复杂化逐步削弱了需要普通民众依靠智慧和思维来实现的功能。普通人无所不能，这曾是美国平民梦不可或缺的基础，他无需特殊准备就能从事专职和管理政府。而今，他知晓若没有专业化给他带来的神秘设备，他连早餐都做不了；

他坐下来，边吃早餐边从早报上读到一系列错综复杂的大事件，如果对自己足够坦诚，他就会承认，自己对大多数内容毫无判断力。

在世俗实务上，经过训练的才智已然具有无可比拟的重要性。此前对智识和正规教育的善意讥讽，现已转变成对知识分子的专家才能的怀恨在心。如今以神游太虚的教授为典型的、认为知识分子思路不清的旧观点依然健在；但当下更多是抵御深层而巨大的恐惧感的愿望。知识分子曾受到轻嘲是因为不被需要；现在他招来嫉恨是因为过于被需要。他变得太实际，太有实效。成为被憎恶的对象代表着好运的提升而非减弱。将他推向风口浪尖、引发口诛笔伐的，不是他的虚妄、徒劳或无助，而是他的成就、影响力、真正的舒适、想象中的奢侈以及群体对他的才能的依赖。智识因为实力和特权而遭到厌弃。

诚然，这里所指的只是专家型知识分子，很多知识分子并非在公众生活里扮演重要角色的专家，在公众意识里并不显山露水。[1] 这一点毫无争议。我的观点是，对知识分子的普遍态度，主要归因于那些锋芒毕露的知识分子。多数情况下，知识分子影响公众的思想，依靠的是下列两种身份：专家或思想先驱。这两种角色都会招致深层次的、某种意义上也是合理的惧怕和厌恶。两者都强化了社会普遍的无助感——专家加速了公众对反复成为被操控对象的反感；思想先驱则引发了对颠覆的恐惧，加重了现代化带来的巨大精神压力。

近 30 年来，即使不甚通晓公众事务之人，亦会对专家在机械领域的影响力有所耳闻。起初，在罗斯福新政期间，为应对大萧条设立了广为人知的智囊团和进行实际操控的分支机构；战争期间则有战略

---

[1] 在学界有很多关于专业能力进步是否威胁到知识分子自身的讨论。被质问的是知识分子的专家地位是否实际上摧毁了知识分子的职能，令其退化成单纯的脑力技工。参阅 H. Stuart Hughes: "Is the Intellectual Obsolete?" in *An approach to Peace and Other Essays* (New York, 1962), chapter 10. 我在最后一章中还会回到这一问题上来。

情报局和科研发展局。今天，中央情报局、美国能源控制公司（AEC）、兰德公司、总统经济顾问委员会，外加一切设备研发和战争策略研究机构，它们处理的事务虽在普通民众的视域之外，却常能左右其命运。大部分民众因为无法自行判断身处的世界，在政治上甘于被动。然而，在管理公众事务和私人企业上，小政客和小企业主可自行掌控大多数事务，但自罗斯福时代起，他们不得不面对学养深厚、更为世故的专家，挫败感遂与日俱增。和普罗大众一样，在重大决策中，这些人的参与度和认知度不断降低。他们对权力世界的内幕了解得越少，就越能体会并激起民众对权力运作的质疑。进入议会的小镇律师和商人，无法剥夺专家核心顾问的位置，但可以通过议会调查和骚扰来加以报复；可以想见，他们奉之为道德使命。毕竟，专家倡导的政策失败的不在少数，在无数人眼里，这些不单是人为失误，也是冷漠、愤世嫉俗的操纵、阴谋甚至叛国的恶果。阿尔杰·希斯等人的公众事业坐实了这种相关性，一些涉及科技知识的重大间谍活动似乎也为描画一个被秘密统治的遍布偷机窃密者的世界提供了素材。[1]

很多物理学专家虽身负嫌疑，但他们的建议依然不可或缺。而社会学专家遭遇排挤，则可能因为他们不是招来厄运就是莫名其妙。一名国会议员反对将社会科学纳入国家科学基金会，他的说法如下：[2]

我认为，除我之外，人人都自诩社会学家。我确定自己不

---

[1] Edward Shils: *The Torment of Secrecy* (Glencoe, Illinois, 1956)，其中探讨了知名政客与专家对峙的情形，极富洞见。

[2] Testimony before a subcommittee of the Committee on Interstate and Foreign Commerce, House of Representatives，79 th Congress，2 nd session，May 28 and 29，1946，pp. 11，13.

是，而别人似乎都相信自己具备某些天赋特权，可以决定他人应该做什么……美国老百姓不需要专家在身边打探他们的生活和私人事务，代他们决定该如何过日子；如果议会普遍认为这项立法是要建立一个机构，里面全都是短发女人和长发男人，介入所有人的私生活，追问他们爱不爱老婆等，那这项立法绝对通不过。

这位政客的观点是，专家在罗斯福时代就够讨人厌的了，他们自由出入白宫，总统反倒和政客们保持距离。冷战期间情况更糟——与公众利益最相关的事务，只能听凭专家的判断。更令人抓狂的是，正如爱德华·希尔斯①所言，我们的平民文化素来鼓吹人民的政府由人民做主，政务公开的神圣性深入人心。这位政治家表达的是大部分民众的感受。民众摆脱不了对专家的需要和依赖，但可以实施一定的报复，比如取笑教授的天真、智囊团的不负责任或是科学家的疯狂，为政客猎捕教师团体里的颠覆分子、科学界的嫌犯和貌似不忠于国家的外交政策顾问而大声叫好。在我们的国家，总有些人头脑里的憎恨被升华成一种信条；对他们而言，群体的仇恨在政治中的地位，就如同其它一些现代社会中的阶级斗争。怀着说不清道不明但恶意满满的怨愤和挫败感，加之对机密和阴谋的细致幻想，这些不满者在不同的阶段找到了替罪羊，包括共济会、废奴主义者、天主教徒、摩门教徒、犹太人、黑人、移民、嗜酒之徒和国际银行家。作为被这种不可知论传统选中的下一波替罪羊，学界终于在我们的时代里占有了一席之地。

假如说当代反智主义的一个主因是民众得到频繁暗示，为知识分

---

① 美国著名社会学家，芝加哥大学教授。——译者

子作为专家参与公共事务感到震惊，那么，知识分子阶级对自身名誉的敏感度则源自他们神圣和世俗并存的尴尬角色。作为先知、学者或艺术家，知识分子的角色是神圣的，他们因此享受到一些特权（虽然未得到充分贯彻和尊重，但依然发挥着作用），在当今城市文明的夹缝中，享有隐私，也许是隐姓埋名；他的自我否定的特质赢得了一定的尊重；作为学者，他得益于设计不完美但仍通行的学术自由原则；基金会、图书馆、出版社、博物馆和大学全都任其支配。某种程度上，他过着上流社会般体面的生活。一旦作为专家介入公共事务、转换成世俗的角色，他骤然惊恐万分地发现，成为公众人物之后，政治里遍布的道德低劣的争论以及笼罩着整个社会的无视隐私，令其无处藏身。他甚至忘了，那些波及他的恶意和诽谤，并非只针对他个人或他的同类，事实上，几乎所有杰出政客都有类似的经历；甚至一些政治伟人——包括杰斐逊、林肯和富兰克林·罗斯福——都未能幸免。爱默生曾发出诘问："只要是人们耳熟能详的美国人，他的首要属性和特征，难道不就是遭到辱骂和中伤吗?"[1]

4

即便造成了恐慌，专家型知识分子也必然会被接受；相较而言，作为思想先驱的知识分子则是无端的怀疑、憎恶和不信任的对象。专家的威胁似乎在于他们会主宰或毁灭普通人；而人们普遍相信，思想先驱已经摧毁了备受他们珍视的美国社会。要了解这一观念的背景，

---

① *Journals* (Boston，1909 – 1914)，Vol. IX（July 1862），p. 436.

我们有必要回顾知识分子和右翼思想在政治上的长期对垒，美国政治上的这种态势，实际上毫无特殊性。认为知识分子是一个阶级、一股单独的社会势力的近代观点，以及"知识分子"这一称号本身，就和政治与道德层面的抗议息息相关。广义概念上的知识分子始终存在，然而一直到工业社会出现、思想交易的市场产生之前，把知识生活单独列为一种职业几乎毫无意义，知识分子不需要团结，更不需要调动。因而即使他们在 19 世纪中叶为 1848 年革命以及俄国农奴、美国黑奴的解放作了思想铺垫，在那个时期的流行英语里，仍没有将他们归为一类人的词汇。

"知识分子"一词最早出现在法国，后因德雷福斯事件迅速传到国外。其时，大部分的知识分子团体被激怒，抗议反德雷福斯的阴谋，向法国的保守派发动了一场思想的圣战。[1] 当时，双方都使用了这一称呼——右翼将其作为侮辱之辞，而对于拥护德雷福斯的知识分子，它是自豪的旗帜。"我们就用这个词吧，"1898 年，他们中的一位写道，"它接受了无数的献祭。"次年，威廉·詹姆斯在一封信中谈及法国知识分子在德雷福斯事件中的角色时说："我们美国的'知识分子'必须共同保护生而有之的宝贵的个人主义，以及独立于这些〔教会、军队、贵族、皇权〕体制的自由。所有庞大的体制，其中必存腐败——不论它如何行善。理想只有在自由的个体关系中才能实现。"[2] 据我所知，这是美国最早使用这一词语的记录，以这般"激进的"、乌托邦式的、反体制的使命宣言为衬托，对于我们的历史意

---

[1] "知识分子"一词的词源和早期在法国的应用，参阅 Victor Brombert：*The Intellectual Hero*, chapter 2。俄语里相应的用法是 *intelligentsia*，19 世纪中叶之后开始出现，本义是自由职业的成员，不久即带有了政权反对者的意涵。参阅 Hugh Seton-Watson："The Russian Intellectuals," *Encounter* (September, 1955), pp. 43 - 50。
[2] *The Letters of William James* (Boston, 1920), Vol. II, pp. 100 - 1.

义重大。至少进步时代①以来，合众国大部分知识分子领袖的政治承诺，已然指向了各种可谓之自由（以美国人的理解）、进步或激进的使命。②（诚然，美国的政治广度先天有限，其中心点相比法国要偏右得多，但知识分子距离中心点的位置是相似的。）我并不否认，我们有过一些守旧的甚至是保守派的知识分子，但如果美国有所谓的知识分子建制，这种建制即使不是彻头彻尾的激进（否则会在体制内格格不入），也是左倾的，因而激发出右翼分子持续的、不可调和的恨意，后者最乐于将温和的改良派和革命者混为一谈。

知识分子群体的进步思想，只要或多或少和普罗大众的反抗精神达成一致，就像在进步时代和新政时期那样，那么，极右翼能带给他们的伤害是很小的。然而，1930 年代，一大部分知识分子团体效忠共产主义或成为其同路人，被右翼对手们抓住了把柄。我们必须公正看待反智主义态势里这一标志性的现实因素。若说对于知识分子的这一弱点，右翼的舆论宣传过度失当，或者 1930 年代知识分子对共产党的同情被夸大，抑或一些声名赫赫的老一代知识分子并未成为共产党人或拥趸，都是有失公允的。这些陈述均属事实。然而，知识分子最难以辩驳之处在于，1930 年代，相比其它社会阶层，共产主义在知识分子中间的吸引力最为强大；在一些极端情形下，对共产主义的忠诚导致了间谍行为。我们必须认识到，知识分子成为其同路人，不只是为反智主义者提供了强大的武器；知识分子羞于昔日的轻信，愧于过往的政治纠葛，内心变得麻木，这令他们在 1950 年代的大调查中无

---

① Progressive Era，即美国 1890 年代到 1920 年代。——译者
② 有关这一承诺及其影响，可参阅 Seymour M. Lipset，"American Intellectuals: Their Politics and Status," *Daedalus* (Summer, 1959), pp. 460 – 486. 他对于美国知识分子的地位有不少中肯的评价，但他认为知识分子地位高的观点无法令我信服。

所适从，乃至沉溺于刻薄地相互指责。我们不无痛苦地回想起，1939年8月，苏德秘密签订互不侵犯条约的前夜，大约400名自由知识分子在一份声明上签名，称"认为苏联和极权主义国家本质上相同，这是极端错误的"，他们将苏联形容为和平的"堡垒"。希特勒和斯大林签署协议的那一周，《国家》杂志刊载了这份文件。[1] 如此一来，知识分子在面对麦卡锡主义者的质问之时，失去了历史、道德和心理上的制高点。

　　要理解美国反智主义背后的出发点，我认为重要的是，对思想先驱型知识分子的不满，要比对共产主义和附庸行为的指责深刻得多。务实的新政知识分子——雷克斯福德·盖伊·特格韦尔[2]是个绝佳的例子——和共产党人毫无干系，却和后者的拥趸一样遭到非议。在当今美国人的生活中，共产主义已经可以忽略不计，但在这片土地上，不时还会出现这一替罪羊将要复辟的声音，调查者遍寻不着当下的共产主义联盟，只能退而求其次地翻旧账，竭尽所能将自由人士和共产党人混为一谈。事实是，右翼分子需要共产党人，可怜兮兮地紧抓着他们不放。[3] 1950年代的大调查，真正的目的并非揪出间谍、阻止破坏活动（这方面有警方足矣）或是揭发共产党人那么简单，而是为了发泄憎恨和愤懑，为了惩戒，为了倾泻共产党问题之外的敌意。正因如此，它孜孜不倦地寻觅迫害对象，对受人尊敬、有权有势的目标的兴趣远高于鲜见的、隐匿的布尔什维克党人。一些麦卡锡主义的附庸表示，虽然他们对这位参议员的行事方式不甚赞同，但拥护他的志

---

[1] *Nation*，Vol. 149（August 19，1939），p. 228.
[2] 美国哥伦比亚大学经济系教授，政治家，农业经济学家。——译者
[3] 参议员巴里·戈德华特（Barry Goldwater）在1959年7月的发言中将这种心态表达得淋漓尽致："我国不再有共产党这种说法，恕我不能接受。如果我们翻遍足够多的石头，一定会发现一些的。"引自 James Wechsler：*Reflections of an Angry Middle-Aged Editor*（New York，1960），p. 44。

业，这些人错过了重点：真正的麦卡锡信徒认为，最有吸引力的正是他的手段，而他的目的永远是混沌不清的。对他们而言，他的全方位指控是件好事，扩大了嫌疑范围，并抓获了许多不再是或从未是共产党的人。他的横行霸道之所以受欢迎，是因为满足了打击报复的欲望，为在新政中声名鹊起的领导层抹了黑。

如果大肆调查只是针对共产党人，在搜查过程中就会更注重精准和排他——而事实上，它的主力军似乎连共产党和独角兽有何区别都毫不在意。真正的共产党人通常是小人物，不值得长期追捕；麦卡锡不会为某个军队提拔的寂寂无名的激进派牙医而劳师动众，除非可借此打击军队本身及背后的艾森豪威尔政权。调查者的满足感源于攻击自由主义者、拥护新政者、改革家、国际主义者、知识分子，甚至是未能推翻自由政策的共和党政权。毕竟，牵涉其中的是政治上的一系列对垒——新政关乎福利国家，福利国家关乎社会主义，社会主义关乎共产主义。在此次圣战中，共产主义不是目标而是武器，因此才会有那么多人疯狂猎捕陷于疲态的国内共产党人，却对世界政治舞台上真正重要的、国际性的共产主义势力漠不关心。

大调查更深层的历史根源，因为拥护者的其它热情而显山露水——仇视富兰克林·罗斯福、反对新政改革、渴望推翻或废除联合国、反犹太主义、惧怕黑人、孤立主义、取消所得税的愿望、怕被水系统氟化毒害的恐慌、抗议教会现代化。麦卡锡的原话——"二十年的叛国"——说明这些十字军长久以来始终心怀不满。右派发言人弗兰克·乔多洛夫的角度更佳，他指出，对合众国的背叛真正始于1913 年通过的所得税修正案①。

---

① 即宪法第十六修正案。——译者

　　显然，在这些人眼中存在着更大的危机——不仅是 1930 年代的异见和冷战时期的安全问题，甚至不仅是令人无比沮丧的朝鲜战争。麦卡锡时代是一些长期反感现代化的势力成熟的契机。在 1890 年代前，某些方面直至 1914 年，旧美国得益于与世隔绝的大陆、乡村社会、新教分支和勃兴的工业资本主义而安全无虞。然而时移世易，几十年里，它不得不被卷入 20 世纪，面临诸多苦涩的现实——首先是都市化和怀疑论来袭；接着是美国丧失了独立性和军事安全，集中福利制导致了传统资本主义和支持体系的崩塌；最后是二战、朝鲜战争和冷战的巨额支出和紧缩。其结果是，美国的中心地带遍布宗教上的基要派、偏执的本土主义者、外交政策上的分裂主义者和经济上的保守派，他们私下里常常对现代社会一切痛苦的窘境怨气横生。

　　虽然方法并不讨喜，但这群人遭逢的困境值得同情：他们原本专注于向内的实质性发展，很多方面本来如此简单，却硬是被从"正常"的思虑中拖拽出来，推向一个陌生而又耗费心力的世界，被迫在短期之内学习很多东西。美国人对现代社会最普遍的反应，真正让人引以为傲的也许就是耐心和慷慨。仅仅两代人的时间，一战前广泛存在的乡村新教个人主义文化接连受到震荡，不得不面对宗教、文学、艺术的现代化，道德的相关性，种族平等成为道德和律法准绳，还有大众传媒上无穷无尽的性刺激。紧接着，又被迫对垒达尔文主义（参见斯科普斯审判①）、弗洛伊德学说、马克思主义、凯恩斯主义，并在政治事务、品味和良心上服从于一个教育完善的都市化的新美国的领导。

---

① The Scopes trail,1925 年美国田纳西州颁布法令禁止在课堂上讲授"进化论"，一位名叫斯科普斯的高中老师在美国公民自由联盟的授意下以身试法，制造了轰动美国的斯科普斯案，亦称"猴子审判"。——译者

思想先驱型知识分子是国家创新的排头兵，急欲让国家改弦易辙，自然被认为是打破美国社会模型的重要推手，因而也承担了超出其所应受的指责。毕竟，我国早年的命运，并非接纳别人的意识形态，而是成为一种意识形态。18 和 19 世纪，当欧洲敌对势力走向衰落并丧失其在美国土地上的意义之后，新美国并非在敌对势力的思想体系之上建立，而是以新体系取而代之，展现出了比宽泛、分裂的抽象理念更优秀、更务实的妥协和坦诚交易的天分，以及对勤奋工作和常识的偏好。在这方面，美国最大的一次失败即信仰的分裂，结果导致了内战；战争的余波让人们更加坚信，不过分追求政治的抽象概念和意识形态，生活会更美好。美国人素来庆幸自己有能力不依靠所谓"外来的主义"，就如同他们始终庆幸自己能躲过欧洲的"腐坏和堕落"一样。

　　然而，在过去几十年里，美国民众不无痛苦地意识到，他们在政治和军事上再也不能独善其身，这也导致了思想独立性的崩塌。思想体系的强大势力遍布全球，其影响令人无法逃遁，成千上万的人受到某种信念的驱动，诸如殖民主义、种族主义、民族主义、帝国主义、社会主义、共产主义或法西斯主义。颇有讽刺意味的是，我们并不擅长欣赏。美国原本对世界的期望——如果说昔日的美国曾思考过这个世界——是它可以仿效美国的体系进行自救，即扬弃正统的思想体系，接受我们的民主形式，将其应用在工作和积极追求幸福之上，并听从常识的判断。讽刺的是，美国人的雄心壮志无论成败与否都是自我折磨。早已植根于世界的不正是美国人的行动主义精神，相信生活会更美好，殖民地人民会像美国人一样自我解放，不应该忍受贫穷和压迫，落后的国家能走向工业化、提高生活水平，每个人都有追求幸福的权利吗？那些拒绝被我们统治的好战的殖民地国家，正是在仿效我们的先例；俄国人一面挑战美国的势力，一面对美国的工业化艳羡不已。这种竞赛的背后是不为我们所知的意识形态，后果难以估量。被竞相模仿的是美国人的行动主义，而非美国人的生活方式。

在最与世隔绝的那类美国人的脑海中，似乎只有被抽象概念蒙蔽了双眼又缺乏常识的人才会罔顾美国体系的优点；正是某些致命的道德缺陷阻遏了境外社会体系的运作，罪恶的意识形态是重要因素之一。然而，苏联的持续强大不可小觑，直至他们在太空取得的胜利，例如"斯普特尼克号"的升天狠狠打击了这种自信，原来美利坚正面临着一大强权，足以形成旷日持久、坚不可摧的挑战。再者，这一强权无疑是在致命的、外来的"主义"滋养下成长起来的。因为这种怪异的、有威胁的、近乎匪夷所思的思想形态，美国人坐立不安，对精于此道的知识分子心生怀疑，甚至想象是否后者招来了这一切——某种意义上确然如此。这些人坚信，20世纪的变革完全是罪恶的操控手段，至少是一系列愚蠢的致命错误所造成的后果，于是免不了迁怒于知识分子。很可能就是他掐断了曾经的优势。显然，在一切恼人的变化发端之时，他恰好成了公知人物。哪怕罪不在他，他也得忍受旁人的指指点点。

5

对于那些怀疑智识是社会颠覆力量的人，告诉他们智识其实既安全、温和又能安抚人心是行不通的。在某种意义上，素来多疑的托利党和喜好纷争的庸民都是正确的：智识的确很危险。处于自由状态时，它会重新衡量、分析并质疑一切。[①] "我们承认保守党的论调，"

---

① 当智识处于不自由状态时，似乎同样如此；例如在苏联和其东欧附属国，貌似就有数量可观的地下知识分子成长起来。

约翰·杜威曾写道，"一旦我们进入思考，结果就会变得无法预料，很多事物、结论和制度肯定就完蛋了。每位思考者都会把看似稳定的世界的某一部分置于险境，没人能完全预料取代它的将是什么。"① 此外，也难以保证知识分子阶层是否会如履薄冰，限制自身的影响力。唯一能确信的是，任何群体若是抗拒而非拥抱自由运用智识的力量，必然会每况愈下。当然，和文化守护者的臆想相反，知识分子几乎从不会颠覆整个社会。然而，智识始终在寻找批判对象——某种压迫、欺诈、假象、教条或趣向——它们经常被知识分子拿来逐一审视，成为曝光、愤怒和嘲笑的对象。

时代更迭，曾因智识而受苦、惶恐和怨怼的人，发展出了一套反神话来诠释智识和它的社会角色。当代反对智识的人不认为有必要摆出新论据，原因是智识神话早就深植于我们的历史。后续章节将详尽阐述这些神话在美利坚是如何发展壮大、自我展现和贯穿始终的。此处我先简述一下反智主义者惯用的假设，以及该如何予以解读。

反对智识的论调，是以一系列虚构和抽象的对立思想为基础的。智识被置于感受的对立面，其依据是它与温和的情感违和；它被置于品行的对立面，是由于人们普遍相信，智识仅代表了聪明，很容易转化为狡黠和残忍；② 它被置于实用的对立面，因为理论总是和实践相

---

① *Characters and Events* (New York, 1929)，p. xi.
② "我们总是喜欢一个无知的坏人多过一个有才华的坏人，"早期印第安纳社团的贝纳德·霍尔曾写道，"所以，对于聪明的候选人，我们总是试图诋毁他的道德品格，因为讨人厌的聪明就该与邪恶成双成对，无能和善良也是。"参阅 Baynard R. Hall：*The New Purchase，or Seven and a Half Years in the Far West* (1843；ed. Princeton, 1916)，p. 170. 甚至连高度理性和明智的清教徒们也是这样想的。比较一下约翰·科顿所言："当你越来越智慧和博学，你就越可能为魔鬼行事……不要再沉迷其中了……这是基督徒的训诫、主教的灵光、教士们的果敢之举。不要被这种浮夸和空洞蒙骗，哪怕它们活生生地在你眼前展现出仁慈的模样。不要赞美这样的人。"*The Powring Out of the Seven Vials* (London, 1642)，The Sixth Vial, pp. 39 - 40。

悖，"纯粹的"理论头脑十分令人鄙夷；它被置于民主的对立面，因为人们觉得它和平等主义背道而驰。一旦这些对立思想成立，那么智识和知识分子满盘皆输。谁会冒着牺牲温情、品行、实用性或民主情怀的风险，去崇拜最多是聪明一点但可能很危险的人物呢？

这些想象中的对立思想的症结在于，它们并不探索智识在人类生活中实际的局限，而是简单粗暴地将它与人的其它特质拆分开来。在个人品格的发展过程或是历史上，如此把问题简单化和抽象化是绝无仅有的。基于相同的理由，接受这种挑战，将智识对立于情感、品行或实用性而为其辩护，是毫无意义的。智识不该被解读为人类其它闪光点的掣肘，要为之付出巨大代价；它实为一项补充，否则这些闪光点得不到极致发挥。理智之人不会否认，智识能力的运用是人类尊严的根本体现，至少也是生活中合理存在的一部分。如果思想不是风险而是情感的指引；如果智识既不被视为品行的保障，也不是它必然的威胁；如果理论能服务于实践，而不是等而下之的附属；如果民主志业的确立，与对卓越的判断一样现实和经得起推敲，那么这些所谓的对立思想就会失去力量。作为一般的道理，这似乎浅显易懂，然而通晓之人历史上寥寥无几。本书的目的，即是追溯我们历史上的一些社会运动，智识在其中被剥离了人类美德的原坐标，放到了一个有着特殊缺陷的位置上。

在宗教历史架构下探究反智主义是第一要务。这不仅因为在历史上，理性主义和信仰要求之间经常剑拔弩张——这本身是人类恒久的问题——也因为近代的宗教和世俗思维模式早在宗教历史中就有预兆。影响各个文化的宗教大多属于心灵，是头脑中直觉的部分，与理性思维并无干系，人们甚至相信，理智思考力代表了心灵的贫瘠，甚而可能是危险的。当社会对博学或专业的牧师心存疑虑，同样也会否定和削弱不论是宗教的还是世俗的知识分子阶层。当下文化中的福音运动，是这种宗教反智主义及其背后的唯信仰主义最强有力的载体。诚然，美国并非唯一一个文化上受到福音主义影响的社会，但美国的宗教文化主要由福音精神催生，在这里，福音派和正统宗教两者间的角力，素来都极大地倾向于前者。对此，我们只需比较英美的宗教发展史即可，英国的宗教建制随时准备吸纳和内化大部分的福音运动，而美国的福音派则如同秋风扫落叶般颠覆了旧的礼拜式教会。

和福音精神同源的是一种在美国备受推崇的原始主义，尤其值得关注。在本书中，我未将其列为一股单独的势力。原始主义一方面和基督教有关，另一方面也和异教有关；它广泛的吸引力，也许正是由于原始主义的基督徒可以同时享受异教徒的些许奢侈感；反之，异教徒亦能在原始主义之中感受信仰的抚慰。在某些方面，原始主义表现为对原始基督教精神的探索，也表现为对找回人的"自然"力量的渴求，如此便能更接近自然或上帝——有时两者的区别并不明确。然而，它始终更偏好直觉的"智慧"，认为这是天生的、上帝赐予的，而理性则是后天的、人工雕琢的。

原始主义以多种面目在西方历史和我国的历程中反复出现。每每知识分子阶层对合理有序的生活感到失望或产生怀疑，或试图打破文明进步带来的庸常、漠然和精准时，便是它显山露水的时刻。原始主义在美国影响了很多人的思想，这些人太有教养，以至于不愿和前沿的复兴派一齐冲锋陷阵，但对他们不信任进步文明心有戚戚。这在超验主义中有所体现——它是学究们的福音主义。[1] 在帕克曼、班克罗

---

[1] 比较1839年，乔治·利浦来抨击集权论和哈佛神学人员时曾说："福音书的教义由最热诚的人质朴地表达出来，对心灵和良知的进益无可估量，这些人深信，灵魂对神性具有直觉感知力……我认可逻辑有其用武之地，但我确信它不是上帝赐给的、铲除罪恶堡垒的万能工具。也许它能发现错处，却无法窥得耶稣基督的荣耀于万 （转下页）

夫特、特纳的历史著作中，这是一股强大的力量。① 在美国作家对印第安人和黑人的态度上，这是一个永恒的主题；不论是丹尼尔·布恩和大卫·克罗克特这些边疆开拓者广为人知的传奇里，还是在当代西方故事和侦探小说里的人物身上均有体现——这些孤独的冒险者共谱的神话，通过 D. H. 劳伦斯锐利而清晰的夸张手法，将美国之魂诠释为"坚韧、孤傲、苦行，似杀手一般"。如同神秘的性爱，它在美国文学中成为一种强大的势能，近年来深受威尔海姆·赖希②理论影响的作家们，以最夸张的形式将它呈现出来。它在美国政界也成为一股势力，安德鲁·杰克逊、约翰·弗莱蒙特、西奥多·罗斯福、艾森豪威尔，这些风格各异的公众人物都曾受其影响。

这一切并不出人意料。建立美国的男男女女，拒绝欧洲文明的原因之一即是它的压迫和腐朽；他们发现，在美国的土地上，最令人激

（接上页）一。也许它能驳斥谬论，但无法使心灵和神圣的爱融合……你们坚称，要在宗教议题上影响他人就有必要'广博地求知'。然而，耶稣从无数的信徒中挑选十二门徒之时并没有这一考量。他承诺要在'蒙昧和无知'的人群中传扬信仰。最崇高的真理托付给了最庸俗的头脑，通过这种方式，'上帝将世俗的明智变为愚钝'……耶稣看见，'将每个人的思想照亮的光'让书籍所带来的智慧一无是处。他的国的全部历程，都体现了'贫穷的劳动者才是上帝指派给人类的最伟大的使者'……耶稣没有成立神学院，也并未重建先知的传道所，他并没有对求知之心格外尊重。事实是，他还曾暗示它是认识真理的障碍。感谢上帝，他向智者和慎者保守了天国的秘密，却将其揭示给了那些像婴孩般一无所知的人。""The Latest Form of Infidelity Examined", *Letters on the Latest Form of Infidelity*（Boston, 1839）, pp. 98 – 99, 111, 112 – 113。

这段话的观点和福音派非常类似。首先称传播宗教信仰并不主要通过逻辑和教育，这确实难以辩驳。接着提出蒙昧无知的人群才是最佳传播途径（基于耶稣的判断和历史证据）。其后自然引申出这些人所掌握的智慧和真理，超越了那些拥有深厚学养的头脑。实际上，学习和教育过程貌似阻遏了信仰的传播。既然传播信仰是人们最重要的任务，那些像婴孩一样无知的人，相比对逻辑和求知上瘾的人，在基本美德上拥有更为强大的力量。按此说来，谦卑的无知作为人类一项特质大大优于有学识的头脑，即使这种直白的结论令人心生畏惧。根本上而言，哪怕解释起来困难重重，这样的主张对美国的福音派和美国民主都极具亲和力。

① 有关特纳的原始主义，参阅 Henry Nash Smith：*Virgin Land*（Cambridge, Massachusetts, 1950）分析透彻的最后一章；Charles L. Sanford：*The Quest for Paradise*（Urbana, Illinois, 1961），其中关于美国原始主义的资料很有参考价值。
② 生于奥地利的美国心理学家，性解放的发明人。——译者

动的不是正在形成中的社会雏形，而是自然和原始的环境。他们舍弃文明来到世外桃源，从欧洲回归自然，然后又自东部逃往西部，从最初的落脚之地遁入边疆，如此往复。美国人一次次心怀忐忑地抵御规则社会的进犯，惧怕重拾曾被他们摒弃的东西。虽无法从整体上挣脱文明，但人们依然相信，它自带毁灭属性。

如果说，福音主义和原始主义将反智主义深植美国人的意识之中，那么，商业社会则确保它始终处于美国思想的前沿阵地。从托克维尔时代起，美国学生的口头禅即为商业激进主义是对这个国度的自省行为的强有力的抗衡。托克维尔认为，美国生活中的民主和商业化特质要求积极行动和决策，鼓励粗浅冲动的思维习惯、迅速决断和快速抓住机会——这些对于审慎思考、充分阐述和精确思维都是不利的。①

赢得一块土地并建立产业，这样的大任让追逐利润和荣誉的人们趋之若鹜。然而，不仅如此，美国商业的至高点激发的不仅是贪婪之心和权力欲望，更是想象力；人们的建构、赌徒和统御之心受到诱惑，它提供了比狩猎更大的乐趣、比政治更大的权力。正如托克维尔所言："所有民主之中，没有比商业更伟大、更闪耀的东西了"，追随者们投身其中，"不仅是为了它所带来的利润，更是为享受追逐的快感"②。除了少见的几个旧团体，这里几乎不存在对立的阶级或价值观——没有需要联姻的权贵，除商业目的之外并无国家的宏图伟业。商业不仅吸引着积极进取的人，也为社会其它层面设立了基本准绳，那些专职领域——法律、医药、学校教育乃至教会——的人才都仿效企业家，调整自己的工作守则以适应商业需要。事实上，美国知识分

---

① *Democracy in America*，Vol. II，pp. 525 – 526.
② 同上，pp. 642 – 643。

子的一大积怨就是无法和这样的专业人士步调一致，原因是这些人早已被纳入商业轨道。商业最终让文化变得孤立和孱弱，宣扬男人不该为知识分子和文化事务操心这样的雄性守则。这些事务应该留给女性——通常如伊迪丝·华顿所说的，不敢和文化单打独斗、只敢群起而攻的女性。

在美国的宗教和商业生活中，平等主义的触角无处不在，然而平等主义精神只是在政治和教育上更为有效。① 我们泛称的杰克逊式民主，彻底瓦解了已然失势的精英领导。更早之时，文学和教育被斥为无用的贵族特权——即使美国很大一部分知识分子阶层实际上支持民主事业，但这样的观点仍被力挺。普通美国人的目标，似乎就是建立一个没有文学和教育照样能正常运作的社会——或者说，这个社会里的文学和教育，仅限于普通人可以掌握和使用的最基本内容。因而19 世纪早期的美国为人称道的，是很大一部分人具备读写能力，普通人拥有大量的信息、独立性、自尊心并且关心公共事务——而不是鼓励一流的科研、文学，或建立一流的大学。

我们一再注意到，尤其在近几年，智识遭到美国人的唾弃，被视作一种长才，是优势的体现，是对平等主义的挑衅，让一些人变得不思凡尘。这一现象在教育界尤为可观。美国的教育在很多方面值得褒扬，这并非为其辩护；我相信，我们的教育系统是世界上唯一一个命脉掌握在一些斗志昂扬、乐此不疲地向智识宣战的人手里的，他们热切期望从那些最无可能一展智慧长才的儿童身上找到共

---

① 美国学界的观察家们常常不无苦涩地诘问，为何所有人都致敬和仰慕出色的运动技能，而智才却遭到厌恶。我认为，这种厌恶实为民主之下的一种反面恭维，皆因智识在国家事务中的地位极为重要。运动技能是短暂的、特殊的，在重要的生活领域，对大多数人而言无关痛痒；运动员娱乐了他人，赢得致敬是理所当然的。另一方面，智识既没有娱乐性（对多数人来说）又不单纯，每个人都知道它是一项重要的、长久的生活优势，于是所有平庸的头脑沆瀣一气地站在了它的敌对方。

鸣。本书的最后几章将通过历史的片段，揭示这股教育势力是如何在那些被普遍接受的前提思想——那些对实用性和"科学"的褊狭，一系列平等主义的谬误以及对待儿童的原始主义观点——之上生根发芽的。

第二部分　心灵的宗教

三、福音精神

1

形塑美国思想的，是早期的现代新教主义。宗教是美国智识生活最初的舞台，也是反智主义冲动最早的秀场。早期美国宗教中任何严重削弱理性和教育之角色的东西，后来也在世俗文化中削弱了自己。认为思想必须被用到实处，对教条和精炼思想的鄙夷，思考者臣服于依靠情感力或操纵力之人，这些都不是 20 世纪的创举，而皆为美国新教主义的传承。

思想与心灵、情感与智识的冲突是基督教体验中无处不在的特征，因而认为美国在宗教反智主义上有任何独树一帜都是错误的。早在发现美国新大陆之前，基督教群体就长期一分为二：一方认为，智识对宗教意义重大，另一方则相信，智识只是情感的附属，理应被情感所取代。我并不认为，新大陆上的反智主义者行径是一种全新的或更为恶毒的变种，只是在美国的大环境下，传统体制和狂热的奋兴运动间的角逐显然向后者倾斜。其结果是，高学历的专业牧师丢掉了职位，他们所喜好的理性宗教形式也遭冷对。在美国历史的早期，因新教教徒和异见者的思想传承，美国成为这种全球性的宗教历史纷争走向白热化的本地战场，在这里，狂热派和奋兴派势力赢得了他们最引以为豪的胜利。正是因为美国宗教生活的特殊性——尤其是缺少亲近知识分子的建制，以及互为掣肘的福音主义宗派——美国的反智主义才得以勃兴和传扬。

教会或教派的风格，很大程度上代表了社会阶层的性质，某一社群喜好的敬拜形式和教义，未必为另一社群同好。强势的阶级，通常热衷于将宗教理性化，遵崇高度仪式化的礼拜式。弱势的阶级，尤其若目不识丁者，更会被诉诸情感的宗教所打动。激发宗教情感的，常常是对宗教风格、礼拜式和上流教会人士的反感，同时也是对权贵行止和伦理的反感。[1] 中下层的宗教可能触发末世和千禧年思想，强调内心真实的宗教体验而非高学养的正规宗教，简化礼拜仪式，排斥博学的教会人士——有时甚至是一切专业的牧师。

早期的美国，吸引了大量不满于传统宗教和被夺权的欧洲人，是时评家称为宗教"狂热派"的先锋人物的理想国度。狂热主要源自个人接近上帝的感受。[2] 狂热派通常并不摈弃神学理念和圣礼；但他们内心的最高诉求是与上帝对话，无需仰赖仪式化的表达或宗教信仰的智识基础。他们对待智识工具的态度，和对待艺术形式一样——传统教会通过艺术和音乐升华人的灵智，而狂热派常感到这是雀占鸠巢，甚至阻碍了纯净和直接的心灵体验——当然，赞美诗之于卫理公会的意义是一个重要例外。狂热派对内心体验的依赖，总是蕴含着无政府的主观主义思想，威胁要摧毁一切外在的传统教权。

从某种程度上，这解释了狂热派宗教为何长期热衷于教派分支和

---

① 试比较理查德·尼布尔的话："受过智识教育、熟知礼拜仪式的牧师遭到拒绝，受欢迎的是能充分服务于宗教情感需求（面向未教化的、经济上无话语权的阶级）的平信徒导师，他们不会在文化和志趣上和统治阶层成为盟友，后者高人一等的生活方式，显然是以牺牲穷人的利益为代价的。"*The Social Sources of Denominationalism*（Meridian ed.，1957），p. 30。
② 关于这一主题，我的大部分观点归功于 Msgr. R. A. Knox，*Enthusiasm*（Oxford，1950）。

亚分支。然而，他们分裂但未消灭教权；那些特别擅长激发内心信仰体验的牧师，多少总能赢得一定的威望。狂热派的权威，靠的是个人魅力而非体制，诸如卫理公会这样的狂热派一脉，其教会创始人需要强大的组织天分，才能将信众纳入统一的制度框架之下。可以想见，基业更稳定的福音派分支并不支持主观主义的野蛮生长。他们认为，真正的教权是经过适当诠释的《圣经》。只是不同宗派解读《圣经》的观点五花八门，有些认为学术和思辨极其重要，而渐次偏向激进和反智的派别则不同程度地相信任何人都能领会自己的《圣经》，无需学术释读。自更高层的批判出现后，这种《圣经》的个人主义观点对基要派而言更是变得攸关生死。

当处于西方文明边缘的美国仍是英格兰的一个小小属地，母国的宗教反抗运动已开始呈现日后将在美国本土宗教里燎原的星星之火。英国的宗教改革者相信，改革运动①无法满足追随者的社会或精神追求，前赴后继的千禧年主义者、再洗礼派、慕道友（Seekers）、浮嚣派（Ranters）和贵格会向旧秩序和教会发起猛攻，倡导穷人的宗教，褒扬直觉和启迪，贬抑学术和教条，提拔平信徒传道士（lay preachers），排斥专业牧师，认为他们"空无一物、毫无权威"。清教徒革命时，新模范军②的传道者加入了反专业和反智的阵线，毫不留情地打击牧师、大学教师和律师。虽然大多数清教徒真心拥护有学养的教会，但与平等派③和掘地派④站在

---

① Reformation，历史学名词，始于欧洲 16 世纪基督教自上而下的宗教改革运动，该运动为新教奠定了基础，同时瓦解了天主教主导的政教体系。——译者
② 1645 年由英国议会建立，克伦威尔执掌，在英国内战中击败了保皇党，1660 年封建王朝复辟后被解散。——译者
③ Levellers，17 世纪英国资产阶级革命时期的小资产阶级民主派，也称"平均派"，领袖是小贵族家庭出身的约翰·李尔本。——译者
④ Diggers，17 世纪英国的一些平均地权者开挖耕种某些公有土地，以抗议私有财产制度。——译者

同一阵营的左翼牧师们，跟从将大学比作"臭水塘"的杰拉德·温斯坦利，指陈通才教育在减轻罪责和激发穷人的平等主义热情上一无所成。[①]

在美国，圣公会、长老会和公理会对教会组织有严格的标准，牧师群体有正规的组织，通常受过高等教育，起初他们成功地抑制了这种平等倾向。然而，当异见者开始找麻烦，这些教会组织并没有团结一心。尤其是在南方国境线上，许多人一度断绝了与教会的全部联系。其他人或批评或恼怒，尤其是新英格兰地区，在那里人们的生活重心就是宗教激进主义。例如，在马萨诸塞湾初兴之时，安妮·哈钦森女士[②]的所作所为引发了极大的动荡，她对博学的教士和高等教育的敌意使当地人心惶惶。[③] 这个不幸的女人受到迫害，部分是因为她不愿妥协的勇气，更主要的是，人们相信她是一个彻底的颠覆者。直到 18 世纪的大觉醒运动[④]时期，狂热派才突破了单一殖民区的壁障，在大势上奏响了凯歌。正是那时，他们在美国的土地上为 19 世纪不断重复的福音主义思潮，以及在宗教信仰的建构之下沿革的反智主义

---

① 尼布尔对弱势群体宗教的全面解读，见上述第 2、3 章。另请参阅 Leo Solt："Anti-Intellectualism in the Puritan Revolution," *Church History*, Vol. XXIV（December, 1956), pp. 306 – 316; 及 D. B. Robertson: *The Religious Foundations of Leveller Democracy*（New York, 1951), pp. 29 – 40。

② 新英格兰宗教自由倡导者，坚持认为个人的虔诚祈祷可感应上帝，不必墨守僵死的教义，因而被视为异端并遭放逐。——译者

③ 正如塞缪尔·莫里森所言，激进的清教徒的这种敌意，是"信仰的一种形式。虔诚的狂热主义者称大学是：'反耶稣的'、'谎言院'，'在上帝面前腐臭、败坏，令人唾弃'"。爱德华·约翰逊认为，安妮·哈钦森"和她的同伴猛烈抨击教育，试图说服一切可说服的人小心不要被其俘虏"。她的一名追随者曾告诉他："你跟我来……我带你去见一个女人，她讲的道比你们大学里任何一个牧师都要好，这个女人的灵性很不同，她预见很多未来的事……我宁可听她随心所欲地讲道，没什么学问，不像你们这些读了很多书的，哪怕你们会讲很多《圣经》里的东西。"Edward Johnson: *Wonder-Working Providence of Sions Saviour in New England*, ed. By J. F. Jameson（New York, 1910), pp. 127 – 128。

④ 北美的殖民时代的一个重要历史事件，发生在 18 世纪三四十年代，是新教徒反对宗教专制、争取信仰自由的思想解放运动，以宗教奋兴为旗帜，矛头直指宗教压迫。——译者

传统开创了先河。要理解大觉醒运动，我们必须审视各殖民地内传统神职人员的际遇，尤其要关注清教牧师的地位，原因是他们在美国历史上曾最接近于一个知识分子统治阶层——确切地说，是和统治势力亲密无间的知识分子阶层。

2

和大多数知识分子群体相似，清教教会曾犯下严重的过失，在牧师们掌权时令其处境窘迫。但重要的是——这可能也是美国知识分子遭际的范例——清教教会留在人们记忆中的几乎都是过失，即使有些不应完全归咎于他们，而是和他们身处的群体有关。更有甚者，以科顿·马瑟之名为符号的清教徒形象丑陋的一面，不仅在流行的历史轶事上，而且在对知识分子的历史认知上都是主旋律。美国最早的一批知识分子名声不佳，其后的数代知识分子还常向他们发起进攻。

应该没有比马萨诸塞湾人民更看重教育和智识的了。摩西·科伊特·泰勒在有关殖民地时期的美国文学史里，用尚能接受的夸张笔触写道：[1]

> 自诞生之日起，新英格兰就不是一个农业、制造或贸易型社会，而是一个思想型社会；它是思想的舞台和市场；它的标志不是双手、心灵、口袋，而是头脑……应该从未有过任何其它的先辈人群如此唯学习马首是瞻，对教育大计推崇有加。他们的社

[1] *A history of American Literature*，1607 – 1765 (Ithaca，New York：1949)，pp. 85 – 87.

会结构以书本为基石……在约翰·温斯罗普①到达塞勒姆港仅 6
年之后，马萨诸塞的人民就自筹经费开办了一所学院；当最早的
丰收地上的树墩还未因风化而转为褐色，当夜晚村庄郊外的狼嚎
声尚不绝于耳之时，他们已经做好了安排，即使是在这片蛮荒之
地，年轻的一代也能立刻投入亚里士多德和修昔底德、贺拉斯和
塔西佗以及《希伯来圣经》的学习……有学问的人，是他们中间
真正高贵的一分子。

美国第一代清教徒里有学问者大有人在，且备受尊崇。大约每
40 到 50 个家庭中就有一位受过大学教育的学者，他们大多出自牛津
或剑桥。清教徒期望神职人员学养卓著，整个殖民时期，近 5％的新
英格兰公理会牧师拥有大学学位。这些清教徒移民依靠经书和自身的
学术领导长才，建立了智识和学术传统，3 个世纪以来让新英格兰成
为全国教育和学术成就的领头羊。

最早的哈佛毕业生并非只是接受狭隘的神学教育。普遍的看法
是，哈佛等殖民地学府在建立之初不过是神学研究院——清教徒先辈
对"文盲的教会"之前景表达出的担忧，似乎印证了这一认知。然
而，培育了哈佛学院创建者的牛津和剑桥学院，事实上早就全面注入
了人文学术教育。殖民地教育的先驱，对适合神职人员的基本教育和
适合所有人的通才教育一视同仁。设立专属神学院的想法，是现代专
业化、宗派竞争和应对大学内宗教和教育分离论的产物，这超出了当
时人们的眼界。相比其它职业，他们对教化神职人员的需求更为迫
切，然而，他们的意图是让这些牧师与其它公民领袖和掌事者一同接

---

① 英国殖民者，曾任马萨诸塞湾殖民地总督，反对宗教政策自由化。——译者

受教育，采用相同的通识课程。事实证明，结果正是如此：哈佛头两届的毕业生里，只有约半数人成了牧师，其余都进入了世俗行业。

清教团体培育了学养深厚的阶层，赋予了他们施展长才的广阔舞台。教会得到教区人民的拥戴，也给予人民同等的回报。国家日趋稳定，神职人员有了充分的闲暇舞文弄墨、抒发自我，一些人的高产令人咋舌。清教建立在经义之上，极为重视经书的解读和理性诠释，避免夸张的情感宣泄。清教的布道融合了哲学、虔敬和学识；清教普惠教育的目标之一，就是培养平信徒对这些叙述的领悟力。至少在早期，这一目标似乎是实现了。

然而，他们的成就远不止于此。要评估殖民地清教徒的智识成就，必须牢记的是，即使在定居 70 多年后的 1700 年，人口总量才不过 106000 人，且大部分相隔不远，最大的城镇波士顿在 1699 年也只有约 7000 人；1670 年代与印第安人的激战伤亡惨重，每 16 个符合入伍年龄的男性就有 1 人战死，一半城镇遭到损毁。虽孤立无援、贫困交加、荆棘满途，他们依然建立了一所学院，从那里走出了数十位人民领袖和神职人员；成立未久，学院颁发的学位就被牛津和剑桥认可为同一等级。这所学院的年轻人不只学习如何奉读和理解《圣经》等神学典籍，也阅读赫西俄德、荷马、索福克勒斯、阿里斯托芬等古典大家之作。种种证据表明，马萨诸塞湾接受教化的阶层成了饱学之士，他们对人文和神学兴趣相当，成功地将欧洲文明的大量优秀传承引入新大陆。除了哈佛学院，领袖们还建立了语言和初级教育系统、出版机构和一些靠谱的图书馆。牧师们创作了非凡的布道文学、历史著作和诗篇，后发展为政治观察和争鸣文学，大革命时代[①]的政治文

---

① 通常指 18 世纪后半叶，导致了北美十三州的英属殖民地脱离大英帝国，并且创建了美利坚合众国的一连串事件与思潮。——译者

学即发轫于此。他们为教育体系奠定了基石，激发了社群的学习热情，使得新英格兰地区和新英格兰思想在之后 3 个世纪的美国文化史上一枝独秀。牧师们既传播宗教也倡扬启蒙，既宣扬神学也鼓励科学，他们在思想上的投入为见识浅薄的小村落居民起到了表率作用。①

现代人普遍认为，清教神职人员不仅同担了清教团体的过失，也是实施迫害的领头人。这样的判断尚需严谨论证。按照现今民智大开的思想准则，那确然是一个不包容的年代，神职人员助纣为虐。再者，牧师们（最初那一代尤甚）暴露出知识分子在政务上常见的弱点——他们自以为能推动整个文明社会实现超然的伦理和宗教原则，并能在这个社会里维持支配性的统一信条。为证明这种可能性，他们冒险跨越了大西洋和蛮荒之地；当然，在为实现愿景做出了不少极端举动后，最后还是以失败告终。

然而，评价像清教教会这样的知识分子群体，最公平的方式不是用现代的包容性和启发性标准来考察他们，而是应该把他们与同时代的人、他们所处的社群以及他们所服务的普通教众进行比较。思想自由的现代头脑倾向于认为——这让我们发怵——作为社群领袖的神职人员，是诸如塞勒姆巫术审判案等事件中的主要推手，且对群体的不当行为负有主要责任。

真相则要复杂得多。神职人员本就不是一个步调一致的群体，第一代移民之后，这个群体随着规模的壮大而走向分化。② 最重要的分

---

① 对于这些早期文化成就的热情辩护与颂赞，参阅 Samuel Eliot Morison：*The Intellectual Life of Colonial New England*（New York，1956）。比较 Thomas G. Wright：*Literary Culture in Early New England*（Cambridge，1920）；Kenneth Murdock：*Literature and Theology in Colonial New England*（Cambridge，1949）。
② 有关 1680—1725 年间神职人员的境况，可参阅 Clifford K. Shipton："The New England Clergy of the 'Glacial Age'"，*Colonial Society of Massachusetts Publications*，Vol. XXXII（Boston，1937），pp. 24-54。

化点也许在于年代和区域。老派的牧师，尤其在更为边远的农村社区，恪守着清教团体产生伊始时的正统戒律。然而到了17世纪末，年轻一代的牧师群体崛起，他们更都市化，在宗教倾向上相对开明，对欧洲先进智识的影响了然于胸。他们中大多数人在沿海的新兴城镇宣教。

有充分证据表明，学历更高、更城市化的神职人员（包括英克里斯·马瑟和科顿·马瑟父子在内）作为一个知识分子阶层，赢得了特殊地位。他们的领导，谈不上是全然有效或掌控型，但他们利用自身强大的话语权鼓励更大的包容性，更广泛地推行教育，扶持科学，约束了平信徒领袖、普通民众和不甚开明的牧师的某些偏执取向。到17世纪末，神职领袖的思想开明程度已远超那些控制着大部分农村会众的、未经教化的老一辈平信徒，以及那些因宗教基要主义流行于日益壮大的选民队伍而经常为其敲锣打鼓的地方政客。

1680年以降，对于诸如浸礼会和贵格会等异见者，清教教会的包容度和迎合度比波士顿的一般民众还要高；在这方面，地位显赫的波士顿牧师——包括马瑟父子——比老派的乡村传道士更加开明。当城市的牧师从英国远道运来百家争鸣的最新书籍，并年复一年地愈发脱离严苛的加尔文派传统之时，平信徒领袖们通常在抵御这些改变。大约至18世纪中叶前，对科学的扶植几乎全部由教会资助（哈佛的首位平信徒教授约翰·温斯罗普的教学始于1738年）。在接种天花疫苗这一当时最具争议的科学问题上，杰出的神职知识分子再次带头为创新之举辩护。其中就包括科顿·马瑟，即使反对接种的愤怒人群往他的书房里扔炸弹，他也依然不为所动。甚至是饱受诟病的猎巫事件，神职人员虽反应各异，但至少比平信徒法官和民众更为正面。大多数牧师相信巫术的存在——西方世界不少杰出的头脑亦是如此——

但极其反对在恐怖的塞勒姆审判中使用不严谨的证据，许多牧师试着借助自身的影响力加以阻止。[①]

17 世纪临近尾声之时，清教在宗教情感上的某些冲突已十分明显，以致影响了教会的生存和地位。清教主义始终需要维持智识和情感上的微妙平衡，前者在新英格兰地区被尊为宗教的立足之本，后者对加强和维系清教徒的虔敬不可或缺。这种平衡岌岌可危，宗教团体内部由此发展出分裂的态势。教会的一面，是迎合社会的、世故开明的、思想上兼容并蓄的，在宗教上则是冷漠而正式的；另一面，也是后来奋兴主义的打击面，受到思想和宗教热忱的共同影响；在最激进的时刻，它的拥趸转变为唯信仰论者，并且反智。乔纳森·爱德华兹[②]在教会领袖中鹤立鸡群，他身上展现的是老派的新英格兰智识主义和虔诚，同时又结合了创造性运用新思想的能力。至 18 世纪中叶，新英格兰的宗教和其它殖民地区一样充满了觉醒之蓄力，这将对高学历神职人员的地位产生深远的影响。

3

高学历神职人员受到抵制的首个重要阶段，出现于 18 世纪中叶的大觉醒运动。需要说明的是，这些宗教奋兴运动并未对智识和教育

---

① 执行首个绞刑之后，许多嫌疑人在等待审判，一群牧师写信给总督和委员会，指出"有必要仔细斟酌和谨慎对待，以免轻信了实际是魔鬼的指使，打开一扇源源不断的痛苦之门"。平信徒的当局不顾这一抗诉，依然接受了针对嫌疑人的所谓"幽灵证据"，教会领袖接连发出抗议，14 人向总督菲普斯提交了请愿。因为他们的坚持，菲普斯开始叫停法庭程序。Shipton："The New England Clergy," P42.
② 美国历史上最著名的神学家之一，18 世纪启蒙运动时期著名的清教徒布道家，领导了北美殖民地的大觉醒运动，引导日益脱离教权的民众重归基督教。——译者

造成明确的负面影响，但它们为其后针砭高学历的神职人员以及宗教去正式化、宗教领袖去专业化的运动开创了先河。

美国的大觉醒运动类似于欧洲的宗教改革，突出的例子是德国虔敬派和英国卫理公会的兴起，然而，美国的环境之于信仰复苏而言是尤为成熟的。大量的美国人，要么是异见者，诸如惶惶然生活在圣公会或公理会传统体制下的浸礼会；要么是脱离了教会，无团契或去教堂的习惯。不论是地域上还是精神上，这些人口都让教会无法企及。在某些地方，尤其是弗吉尼亚，一大部分圣公会牧师身居偏远之地难以尽职。甚至连新英格兰的宗教活动也冷却下来。到了 1730 年代至1740 年代，新英格兰公理会（中部和其它地区殖民地的长老会通常也是如此）已丧失了最初的积极性，只为传统阶级的正确信仰拟规画圆。他们的传统既抽象又高度智慧，失去了牵系普通人群的力量；催生这些教会所信奉的教义的〔欧洲宗教〕改革争端，其大部分本意已荡然无存。[1] 满怀热忱的第一代清教徒以及他们学养深厚的子辈已然作古，牧师们早先的志向和威望也逐渐消弭。这些人极为开明、才艺丰厚；但有时教养太过、太有才艺、太俗世化，以至于无法延续最初的角色。他们的布道常常只是宣讲单调晦涩的旧式教条，会众们昏昏欲睡。大觉醒运动主将乔治·怀特菲尔德曾说："教徒集会仿佛一潭死水，原因就是死人在向他们讲道。"[2] 马萨诸塞以南直到弗吉尼亚以外地方的人们蓄满了宗教能量，准备好接纳任何有能力靠近他们的传道者。

大觉醒运动始于 1720 年，一位名为西奥多·弗里林海森的年轻

---

[1] 关于机构和教义层面的衰败，佩里·米勒曾写过一篇出色的文章，参阅 *The New England Mind：from Colony to Province* (Cambridge，Massachusetts，1953)。

[2] 引自 Edwin Scott Gaustad：*The Great Awakening in New England* (New York，1957)，p. 27。

牧师受英国和荷兰清教思想启迪，来到新大陆，他的布道让新泽西荷兰归正会的信徒们激动不已。他在新泽西的奋兴运动，得到了中部殖民地苏格兰-爱尔兰长老会的响应。1726年，长老会中的一位成员威廉·坦南特在宾夕法尼亚的内沙米尼创建了"木屋学院"，它类似于神学校的分支，在其后的20年里，培养了数十位在长老会内部传播奋兴精神的年轻人。1734年，新英格兰也单独出现了奋兴主义。乔纳森·爱德华兹是觉醒派牧师里的一位特殊人物，他将传统的清教教义和清教的文字布道惯例，与奋兴主义者的宗教热情融合在了一起。爱德华兹的奋兴布道，尽管在1734年到1735年间燃遍了北安普敦镇及周边乡村，但影响范围依然不及乔治·怀特菲尔德——这位能言善道的英国卫斯理派年轻牧师，于1738年和1739年造访美国，以传播福音为己任。他掀起的第二次运动发端于佐治亚地区，先后两次向北推进，最终在1740年秋到达新英格兰。大卫·加里克曾说，怀特菲尔德光是念出"美索不达米亚"这个词就会令听众情感爆发。他在美国的传道引发了狂热和轰动，成千上万人从乡村涌入城镇——他选择在那里布道；很多人因为他而体认到原罪，感受到灵智的重生。紧随怀特菲尔德的初访之后来到新英格兰的，是威廉·坦南特之子吉尔伯特，他为奋兴运动灌注了某种疯狂，许多欢迎最初的精神觉醒信号的人对此心生不满。

詹姆斯·达文波特的行止则代表了更狂热、荒诞的奋兴主义。他是长岛的牧师、耶鲁的毕业生，于1742年和1743年间行走于康涅狄格和马萨诸塞。他痛骂传统牧师举止相当有违体统（例如唱着歌赶赴集会），最终触怒了当局。1742年夏，他在康涅狄格受审，罪名是借宗教集会之名破坏和平。其后他被逐出当地，人们认为他"处于缺乏理智的精神状态"，因而仁慈地免去了他更重的责罚。数月之后，他出现在波士顿，在那里因诽谤牧师而锒铛入狱，后再一次以精神错乱之名被释放。他回到长岛，因为对自己的教区玩忽职守而遭到起诉。在康涅狄格的新伦敦度过了又一段混迹的生活后，他终于被劝服，辞去了教职；1744 年，他写下了一份前后不一的忏悔词。达文波特遭到吉尔伯特·坦南特的强烈谴责，而最初让他蠢蠢欲动的，正是后者所传之道——这意味着对这一大张旗鼓的运动，半梦半醒的觉醒派和普通牧师一样有所警觉。①

至于普通牧师，起初他们中的绝大多数对巡回布道的奋兴派持欢迎态度，这些人是向会众传递更热切的宗教精神的媒介；连波士顿的本杰明·科尔曼这般声名赫赫的自由派老学究都欣然接受。直至大觉醒运动如火如荼之时，普通牧师们才开始意识到，觉醒派并未将他们当成肩负共同心灵志业的同袍，而是等而下之的竞争对手。

在一次题为《教会不改化的危险》的布道中，吉尔伯特·坦南特表达出奋兴派对老派牧师的看法（那些"正统的、通文墨的普通法利赛人"），抨击他们是狡黠、残酷、冷血、顽固、蔑视他人的无德伪君子。坦南特对未觉醒的牧师们的动机和虔诚存疑，将他们当成敌人而非伙伴。（"如果可以的话，他们不会让一个虔诚的人进入教会，所以他们现在的抗议是令人振奋的信号。"）坦南特的方式并不讨好，但他相信自己提出了一个真正的问题，不可否认，他所标举的可以称得上宗教民主。假如在现有的教会组织下，主持会众的是某个冷漠的未改化的牧师，假如他们禁止觉醒之人的加入，除非经过未改化的会众的同意，那么如何能说这个集会归属于一个"忠于信仰的教会"？② 像

---

① 有关达文波特，参阅 Gaustad，同前，pp. 36 - 41. 爱德华兹在 *Treatise Concerning Religious Affections*（1746）一文中充分阐述了对这些现象的不赞同。

② Gilbert Tennent, *The Danger of an Unconverted Ministry Considered in a Sermon on Mark VI*, 34（Boston, 1742），pp 2 - 3，5，7，11 - 13.

真正的新教徒一般，坦南特又一次直面一个重要问题——在宗教垄断之下如何传播信仰。对于掌权的教会而言，这个问题呈现出另外一种表象：坦南特和怀特菲尔德这样受到启迪的传道者，他们的脑海中把传统教会视为敌人，那么该如何在因袭的教权原则的束缚之下与他们展开竞争呢？

事实上，传统的牧师们在应对觉醒派的挑战时已感力不从心。普通的牧师经年累月地和基层会众在一起，久未体验到特别的宗教兴奋感，他们的任务是在庸常的日子里保持会众宗教意识的活力。和他们正面交锋的是具有怀特菲尔德式才能的热情四射的福音传道士，甚至连吉尔伯特·坦南特和达文波特之流，虽无力引发同等的轰动效应，也已让他们的处境恶化，恰似一位青春不再的家庭主妇，丈夫勾搭上了合唱团第一排的轻佻女子。奋兴主义者不认为有必要照拂受众的理智，或需要解决关于教义的繁复问题；身为知识分子的爱德华兹是个孤例，他通常无法与自己的会众亲密共处。他们摒弃了文字布道（爱德华兹依然是例外），只和听众面对面地自主交流。他们针对宗教体验的终极现实——罪恶感、对救赎的热望、期盼上帝的爱和怜悯——诲人不倦地鼓动受众的情感。痉挛、疯癫、呐喊、呻吟和匍匐敬拜，这些在后来的奋兴运动中的种种癫狂表现，便是以此为雏形。例如，坦南特就常恐吓听众改辙，他来回跺脚，最终陷入语无伦次。这样的表演无疑满足了需求；他在新英格兰的 3 个月里，常在一足深的积雪里布道，并让他的会众匍匐于地上。圣公会的提摩西·卡特勒是目击者，他不无偏见地记述道："在他［怀特菲尔德］之后来的这个坦南特——是个怪物！他粗鄙而聒噪——告诉所有人他们被诅咒了、被诅咒了、被诅咒了！这群人听信了他的蛊惑，在我遇到过的最可怕的严冬里，没日没夜在雪地上打滚，迎合此人野兽般的嚎叫，很多人在一天结束之后精疲力竭。"①

　　未几，奋兴派的极端拥护者挑战传统教会的企图昭然若揭，无论是公理会、荷兰归正会、长老会还是圣公会都无一幸免。前文提到，新英格兰的公理会和其它地区的长老会曾认定，牧师必须是饱学的专业人士。他们曾经受到尊重，不仅因为学识，也因为虔诚之心和精神素养。然而，学养始终是至关重要的，教育以及对教义的理性诠释在宗教生活里不可或缺。此外，一般教会活动的管理秩序井然，必须邀请牧师并支付报酬，他们和会众之间的结合关系稳定、庄重而有序。未经认可的传道者不可想象，未经邀请的布道压根不会发生。

　　现在，这一切常规都遭遇了挑战。极端奋兴主义者的言行举止瓦解了神职的尊严；他们入侵并分裂了传统教士忠实的信众团体；斥责他们冷漠和僵化，试图让掌权的教会失信于民；② 他们宣扬为了得救，重要的是精神——而非学问；最后（尽管连坦南特这样的觉醒派也并不认同），他们威胁要打破教会的专业基础，雇请平信徒——他们称为平信徒劝诫者——来接续改化大业。不久，很多会众团体一分为二；公理会和长老会这样的重要宗派分裂为争执不休的派系。简言之，一切都失控了。大约 20 年后，埃兹拉·斯泰尔斯③回忆道："无

────────────────

① L. Tyerman：*The Life of the Rev. George Whitefield*（London，1847），Vol. II，p. 125. 参阅 Eugene E. White："Decline of the Great Awakening in New England：1741 - 1746，" *New England Quarterly*，Vol. XXIV（March，1951），p. 37.
② 查尔斯·昌西汇总了吉尔伯特·坦南特使用过的抨击传统教会的言辞，包括："雇佣团；毛虫；会读写的法利赛人；像狐狸一样狡猾、像狼一样残忍之人；泥砌的伪君子；无赖；毒蛇的后代；被魔鬼驱赶入教会的愚钝的构建者；内心干枯的看护人；不会吠的死狗；盲人；死人；被魔鬼占据的躯体；上帝的背叛者和敌人；像石头一样又聋又瞎的指引者；撒旦的孩子……弑人的伪君子。" *Seasonable Thoughts on the State of Religion in New England*（Boston，1743），p. 249. 这些示例大多摘自坦南特《教会不改化的危险》。
③ 著名学者、牧师，曾任耶鲁学院院长。——译者

数人绝对地、清醒地、庄严地失去了理智。"①

<h1 style="text-align:center">4</h1>

觉醒派很快就把传统教会的包容消磨殆尽。到了 1743 年，牧师们集体退却了，并非针对雇请平信徒或不请自来地闯入教区这类行径（这从未得到关键人物的首肯），而是质疑大觉醒运动本身的意义何在。不容忽视的少数派（也许有三分之一之多）认为，尽管有诸多缺陷，这仍是一场"愉悦的宗教复兴"，然而，多数人将其视为阵发性的狂热迷信，一场抗议传统和理性权威的反智起义。讨伐觉醒派最有力的文字，出自不愿妥协的对手之一——查尔斯·昌西。此人虽稍显古板，却是波士顿教区自由思想的领袖。他的《对新英格兰宗教状况的适时思考》出版于 1743 年，针对各行各业都对教会指手画脚的张狂表达了出离的愤怒，认为这些人毫无资格，竟还表现出唯我独尊的妄断。他抱怨说，奋兴运动为平信徒劝诫者大开方便之门："三教九流的人，都自以为适合做他人的导师。这些人没受过教养，没什么才能，却想象自己不学无术也能大谈心灵的惠泽，还指望别人听从他们。"②

"不学无术"！这让我们接近了大觉醒运动的一个核心问题。昌西断言，得到光复的是"过往的"积弊，是异端及受欢迎的传道士的错

① Gaustad，同前，p. 103。
② *Seasonable Thoughts*，p. 226.

处，他们宣扬"无需典籍、只要《圣经》"。"他们坚称，布道不需要学养，依靠灵智之人比依靠学识的牧师做得更好，仿佛灵智和学识是对立的。"昌西认为，这是奋兴主义者最根本的谬误：①

> 他们依仗灵智的助力而鄙夷学习。正因如此，才有那么多人藐视我们的学校和学院，假如能彻底掌控，定矢志将其毁掉。如此才会涌现出众多的劝诫者，他们备受推崇、追随者众，哪怕很多人满口胡言……也是因为相同的理由，那么多牧师在传道时不仅无系书本，更无研学，还美其名曰，不想因为事先的准备而限制了灵性。

宗教学养的倡导者则认为，恰如其分地诠释《圣经》无比重要，对他们而言，终极的异端是：胸无点墨之人借着灵性即能解读上帝的谕旨，帮助他人得到救赎。此处，觉醒派和传统建制代言人的差别立现：以尊重历史和思辨的方式领悟经文——进而是上帝的旨意——以及激发适当的情绪和内心归于神的信念，两者孰轻孰重。

对此，一个奋兴派牧师团体的陈述如下：②

> 因着信仰主，每一位弟兄都有上天赋予的传道权利。传道的基本资格是神谕，并不需要口才和人文科学素养；如用在恰当之处，这些无疑会有助益，但若要靠它们侍奉主的旨意，这对使用和追捧它们的人们，定然是个陷阱。

---

① *Seasonable Thoughts*, pp. 256 – 258。
② Leonard W. Labaree: "The Conservative Attitude toward the Great Awakening," *William and Mary Quarterly*, 3 rd ser., Vol. I (October, 1944), pp. 339 – 340, from Tracy: *Great Awakening*, p. 319.

保守派认为，这是彻底否定教育对宗教的意义；自发式传道者宣扬的情感宗教，让他们目睹了宗教生活中全部理性的崩塌。"只有理智的物种才能理解宗教，"南方一名反福音派人士如是说，[1]

> 因而只有说理的才是真正的宗教；真理和意义是宗教的两个永恒主题，必须通过理性加以断识。宗教的真谛必须是内化的思想上的信服，假如宗教仰赖的是出身门第、幽默、趣向或任何其它的外部因素或驱动力，就是把所有的宗教置于同一水平线上。通过教育的愉悦，我们信奉真正的宗教，但若不知其义，它不会内化，更无法惠及我们。我们向主献祭了愚昧，他不会为此而感到喜悦。

可以想见，在受其影响的殖民地，许多保守的牧师最初企盼奋兴运动为宗教带来善果，然而不久，他们惊恐地发现，自己的地位、教会本身以及真正意义上的宗教变得岌岌可危。基本信条被摒弃，组织良好的教会遭到忽视和诋毁。即兴式布道正在瓦解宗教的全部理性元素，原因是很多福音派自称其讲的道源自"圣灵在他们脑中闪现的一长串思想、送进他们嘴里的一系列话语"。保守派认为，即便对于受过良好教育的牧师，这也是不当行为，在平信徒劝诫者身上尤其危险，他们是"未经教化的、对福音书的宏大教义知之甚少的个人"[2]。最后，这样的进犯不仅导致大量会众的分裂和争端，也让传统牧师感到恐慌：福音派忽略了大学和常规神学教育，这会动摇厚学的教会的立足之本。

---

① 引自 Labaree：同前，p. 345，*South Carolina Gazette*（September 12 - 19，1741）。
② 同上，p. 336。

这种恐慌虽有些夸大，但奋兴主义者的确曾经霸凌学府，极端之时还焚烧书籍。就连温和的怀特菲尔德也曾敦促和劝服一些追随者将某些书籍付之一炬。1743 年 3 月，詹姆斯·达文波特鼓动新伦敦的民众集中焚烧珠宝等私人奢侈品，以及英克里斯·马瑟、本杰明·科尔曼、查尔斯·昌西和其它传统牧师所著的书籍和布道文字。一个星期天的早晨，小镇码头上燃起了一个巨大的火堆，达文波特和他的随众高唱着《荣耀颂》和《哈利路亚》并颂祷："让这些人书写的、带来痛苦的文字灰飞烟灭……和他们秉持的信念一起死去，这仿佛是从地狱里升起的烟。"①

大觉醒运动对教育的直接影响是喜忧参半的。在长老会这样的组织里，众多牧师曾在苏格兰的大学受过良好教育，哪怕是一个奋兴派，也可能对敌视教育的指控颇为敏感。威廉·坦南特的"木屋学院"培养了一批能干的学者，他的儿子吉尔伯特也并非像通常描绘的那样是个无知的混混。更重要的是，长老会里的奋兴派于 1746 年建立了新泽西学院（普林斯顿的前身），以确保他们拥有自己的教育中心；之后兴办其它教育机构之人——布朗、罗格斯和达特茅斯——也是受了奋兴运动的影响。直到更久以后，奋兴主义者的传统才变成一致以教育为敌。不过，有必要补充的是，大觉醒运动的余波是教育应该服务于宗教派系，以强化宗派控制学校这一传统。狂热的宗教派系主义者最迫切需要的不是教育中心，而是可自行掌控的教学方式；他们推崇教义和虔敬的思想，牺牲了人文教育。即使博学如乔纳森·爱德华兹也曾抨击哈佛和耶鲁未能成为"虔心的滋养之所"，把更多的精力耗在了"对学者进行人文教育"而非宗教培养上。②

---

① White：同前，p. 44。
② *Works*（New York, 1830），Vol. IV, pp. 264–5。

作为一位有责任感的福音派人士，怀特菲尔德也对新英格兰这两所学府颇为不满。他斥责这些学校的光芒已沦为"能感受到的黑暗"。1744 年，他重返新英格兰，在他初访时曾为他大开讲坛的教士们这一次坚决地将他拒之门外。耶鲁和哈佛的教员们分发小册子谴责他，否定他对学府的指控并提出抗辩。一些极度质疑怀特菲尔德的反对者认为，他"中伤和颠覆"了新英格兰的学府，背后的企图是要推翻传统的牧师团体，开创培养继任人的全新方式。虽然这样的论断不足以让人信服，但许多本地牧师在会众面前遭到觉醒派攻击，被称为恶魔的使者或缺乏真正的虔诚，在这样的情势下，对彻底颠覆的恐惧可谓意料中的反应。[①]

诚然，焚书和抨击学府是觉醒派人士的极端表现而非一贯做派。觉醒派的初衷并非分裂教会、攻击学府或贬抑智识和教育；即使他们这么做，也是为了服务于自身的根本大计——复兴宗教、将灵魂奉献给上帝。新英格兰和中部殖民地觉醒运动的反智效应，虽遭到昌西等人的猛烈抨击，但事实上影响有限，毕竟它们依旧处于强大的公理会和长老会以教育和理性为尊的框架之下。然而，即使在新英格兰，大觉醒运动各种极端的奋兴行为也愈演愈烈。昌西等反对者认为，情感的癫狂和反智主义是大觉醒运动的本质，然而，奋兴派的支持者将其视为一场善意的基督教改宗运动所附带的偶发缺陷。从短期来看，在受到新英格兰教会制约的背景下，觉醒派的支持者也许是对的。但是，反对者更正确地预见到了这种奋兴运动的内化趋势和未来走向——尤其是当奋兴主义挣脱新英格兰的传统和束缚，挺进广袤的美

---

① 有关新英格兰的学府对大觉醒运动的反应，参阅 Richard Hofstadter and Walter P. Metzger: *The Development of Academic Freedom in the United States*（New York, 1955), pp. 159 - 163。

国内陆。现代历史学家在撰写新英格兰的大觉醒运动时尽管深表同情，但结论依然是它"展现了缺乏智识规范的、狂热的福音主义是可行且时髦的"，并且观察到"在大觉醒运动期间，对'人文教育'有所鄙夷的仅是少数，后来却成为新教主义的主流思想"[1]。

　　毋庸置疑，普遍的观点是正确的：大觉醒运动通过亲和普通人的宗教风格，在由富足阶级运作并主要为其服务的体制之外为美国的民主精神提速提供了替代的选择。它表明人们有权聆听他们所喜好和理解的传道者，甚至在某些情况下有权自行传道，于是，奋兴主义者打破了体制的固化，升华了自断力和自足感，后来，一批批海外访客将其视为美国人的特质。再者，对人道主义目标——反蓄奴及奴隶和印第安人的归化——的推动，也归功于大觉醒运动。善意的觉醒派对任何一个灵魂的福祉都不会无动于衷。然而，为宗教的目标所付出的智识和教育的代价（尽管成立了新的学府）也不容忽视。觉醒派并非最早贬抑思想价值之人，但他们加速了反智进程，令美国的反智主义初尝胜果。大觉醒运动终结了美国宗教的清教时代，福音主义时代于焉展开。之后的奋兴运动则在一个更广阔的舞台上，不断重演着 18 世纪奋兴运动的善与恶。

5

　　当奋兴运动走出新英格兰和中部殖民地及公理会和长老会派系，转战与马背和熊肉为伍的南部和西部乡野时，它变得愈发原始和情绪

---

[1] Gaustad，同前，pp. 129，139。

化，青睐更为"癫狂"的表现形式。传道者们教养浅薄，对以身体反应作为归化的方式不加约束，匍匐、痉挛、呐喊、嚎叫大行其道。南部殖民地早就被怀特菲尔德的理念所影响；那里的福音运动被他的布道及中部殖民地长老会奋兴派的超常举动所激发，在1740年代和1750年代蔓延到弗吉尼亚、北卡罗来纳及以南地区。奋兴主义者在那里发现了一大批化外之民，尽管定居农村的圣公会牧师不时前往播种，但当地的土壤对打击传统教会的接受度比北部地区要高出许多。那里的圣公会和上层阶级抱团，因而奋兴主义所隐含的民主和异见更形突出。在南部，尽管出现过声名赫赫的塞缪尔·戴维斯这位后来成为普林斯顿校长的长老会布道家，但独占鳌头的先是浸礼会，然后是卫理公会，相比长老会和公理会，他们对教会的学养并不那么热衷。在那里，奋兴主义的特立独行几乎畅行无阻，包括无报酬的巡回布道者、平信徒传道以及对传统牧师的抵制。

南部的奋兴派将福音之光传递给了远离教会且多粗野不文的平民。圣公会牧师、查尔斯·伍德梅森于1760年到1770年间游历于卡罗来纳乡间，刻画了一幅当地蛮荒生活的慑人场景，不无偏执地记述了"四处游荡的讲道人，他们煽动人们抵制传统教会和牧师——让有涵养之人处于极度不适、混沌和愤懑之中"。

> 除了集会、教义手册、华兹①的赞美诗、班扬的《天路历程》——或是罗素——怀特菲尔德和厄斯金的布道之外，在这一大片国土上，几乎见不到任何典籍。不像英国的平民百姓，他们并不乐于阅读或聆听历史著述，因为他们鄙夷知识，不论是在艺

---

① 以撒·华兹，英国17世纪一位多产的圣诗作者。——译者

术、科学还是语言领域，对任何有教养、智慧和才学之人不仅缺乏尊重，甚至恶言相向——连这一地区的首脑都被这种想法波及。

　　数年后，他还记录了浸礼会奋兴人士和新光派分支是如何彻头彻尾地敌视权威，在成功阻击了传统教会之后，还试图毁灭州教区。"守护教旨的人士似乎引起了他们的关注：如同昔日的斯特劳和泰勒［1381年英国农民起义中的约翰·斯特劳和瓦特·泰勒］，他们试图推倒一切有教养的职业。学习，是对上帝旨意的违背。[1]

　　伍德梅森在18世纪的卡罗来纳境内所观察到的景象，是当地人口环境经历渐变的一个颇为夸张的范示。大革命之后，人们在西进过程中不断领跑固化社会的建制，机构不可能跟得上人口的流动速度和频度。外阿勒格尼的人口，自1790年的10万跃升至30年后的225万。许多家庭在短短数年里至少要搬迁两到三次。组织瓦解，制约消失。教堂、社会纽带和文化机构常常崩解，直到开拓者们携家带口再次向荒野或大草原挺进，才得以重建。后来成为美国圣经会组建者之一的塞缪尔·米尔斯，在1812年到1815年间和两名同伴游历西部地区，目睹了一个又一个存在多年的社群没有也无意开办学校或教堂。在伊利诺伊地区首府卡斯卡斯基亚，连一本完整的《圣经》都找不到。[2]

---

① 有关南部农村的文化环境，可参阅 Richard J. Hooker, ed.：*The Carolina Backcountry on the Eve of the Revolution*（Chapel Hill, 1953），pp. 42, 52 - 53, 113。另见 Carl Bridenbaugh：*Myths and Realities：Societies of the Colonial South*（Baton Rouge, 1952），chapter 3。

② Colin B. Goodykoontz：*Home Missions on the American Frontier*（Caldwell, Idaho, 1939），pp. 139 - 143。在迁徙过程中遭到阻断的宗教活动，影响的不只是新教的分支。1849年，一名印第安纳的牧师这样描述附近的爱尔兰移民："他们几乎不知道有上帝，他们羞于参加教义学习，即使参加了，也理解不了任何指令。"Sister Mary Carol Schroeder：*The Catholic Church in the Diocese of Vincennes*，1847 - 1877（Washington, 1946），p. 58。

约翰·佩克是首位在伊利诺伊和密苏里地区工作的浸礼会传教士，后来他忆起 1818 年"遥远边境上离群索居之人的典型形象"是极为"原始"的：①

　　大约 9 点钟时，我找到了我冥冥中要前往的那家人。他们是早年在遥远边境上离群索居之人的典型形象，对他们的具体描画也许会让读者发笑，我不认为现在 ［1864 年］ 还有可能在密苏里州境内发现相同的景象。那是一座单独的、结构极为原始的木屋，坐落在远处的玉米地里。屋内外是身为一家之主的男人和他的妻子、两个已婚的女儿和她们的丈夫、她们的三四个小孩，还有两个甫成年的儿子和女儿。男人说他识字但"非常少"。女人想要一本"山"歌集②，但她不识字。这随性的一家子，其他人完全不需要书本或"任何这样的垃圾"。我介绍自己是浸礼会的牧师，行走在各地村落，向人们传播福音。男人和他的妻子是浸礼会教徒，至少当他们还在"聚落里"生活时，是某个浸礼会信众。当时，这一阶层的"聚落"意味着弗吉尼亚和卡罗来纳的落后地区，或者他们更早之前居住过的肯塔基和田纳西过去的一些地区。但那是浸礼会传道"大不易"的地方。男人告诉我，他参加过在圣弗朗索瓦的教众集会，带我找到老法拉在圣迈克尔附近的住所。女人及其子女们 8 到 10 年前在此定居，至今未见到过任何浸礼会牧师。他们偶尔参加一次卫理公会集会。这是当时散布在密苏里边境聚落里的普遍境况。我这个"行游牧师"得到了

---

① Rufus Babcock, ed.：*Forty Years of Pioneer Life：Memoir of John Mason Peck*，D. D. (Philadelphia，1864)，pp. 101 - 103.
② 女人不识字，所以把 hymn book（圣歌集）念成了 hyme book。——译者

老一代人力所能及的善待。年轻一代则很害羞、避而不见，任凭如何劝说也不愿进屋聆听牧师诵读经文和祈祷。整个家庭事务显然是靠后的，抑或是被某种其它的追求所替代……

屋子里见不到一张桌椅或其它家具。物质匮乏在边境上十分常见，因为人们常常是骑马从原本的聚落迁徙而来，除了最基本的炊具、被褥及一两套换洗衣物外，无法携带其它居家物什。然而，这家的一家之长真是得过且过，也没有木工这样的一技之长，连为家里制一张桌子都不会。在当时，这是一种必备的家具，它有两种式样。一种是厚板式，时称"短柱式"，从大约 4 英尺长、15 到 18 英寸宽的木料上砍凿下来，打磨出一块厚实的木板，再像小木凳或长板凳一样插上四个桌腿，调整到适合的高度。另一种是在粗糙的木框上插上柱子做腿，将打磨光滑的隔板覆于其上，用小的木头楔子固定。我们见过数百间这样的木屋，若屋主以干净、整洁、勤劳见长，总能找到上述式样的桌子。

要全面展示真正的离群索居生活，还需描绘一下他们的吃食。变质的培根在蒸煮时发出的恶臭味，在院子里就能闻到——倘若有个院子的话。佐餐的豆荚几乎是生的。奶牛下的奶放了一整季，舀出的酸奶酪令人无法下咽。早上 10 点之后，来客终于自制了丰盛的早餐——清水煮玉米。

传教士们有时全然无法接受。其中一位曾如此描述 1833 年在印第安纳州柴纳所经历的困顿：①

---

① Goodykoontz：同前，p. 191。

无知的一窝蛇鼠。知识的全面沦丧。人们普遍戒绝书文。除了维尔德弟兄和我自己，周围一个文化人也没有。据我所知，没有一位语法或地理学者，也没有**能传授这些知识的老师**。附近一些地区，**从未有过任何形式的学校**。父母和孩子完全蒙昧无知。其他人一年中仅有少数几个月接受形式极为陈旧和不合理的读写算教育。他们是令人瞠目的愚昧的代表，从不以不开展"纯粹的学校教育"为耻；当然，也从无改进的意愿，目不识丁对成人和孩子来说，不会比长了一个长鼻子更加丢人。我们的教会，那天选出了一位读不懂《圣经》的领袖。拥有任何形式的政治或宗教内容的纸张的家庭，我数不出 10 个，他们对邮局的财政贡献加起来还不足我一人。难道还需要我提醒各位，一潭死水里能哺育出怎样恶心的爬行动物吗？原始的妒忌心、膨胀的偏执、纠缠不休的怀疑、蠕虫般的盲目和鳄鱼般的邪恶！……

然而，生活在贫苦交加之中，镇日面临印第安人入侵、热疾和疟疾肆虐，在酗酒和斗殴下成长起来的男男女女，他们负担不起教育和文化；他们发现，排斥己所不得的东西比起承认自己因此而存在弱点要容易得多。

几乎同一时间，在附近的印第安纳小镇上工作的另一人的描述则更具同情意味："这些贫穷的人远离尘嚣，为耕耘和改良新土地艰苦劳作。"只是他所体察到的文化环境几乎雷同：①

这里的社会处于松散的状态，人们来自联邦各地……数不清

---

① 同上，pp. 191–192。有关早期印第安纳州类似情形的描述，可参阅 Baynard R. Hall：*The New Purchase* (1843；ed. Princeton，1916)，p. 120。

的宗教派别，盲目的引领者，多得能吞掉阿拉伯所有的骆驼——他们有的目不识丁——有些鼓动放弃主日！还有的剥夺了**基督的神性**！所有人一致排斥教育之于民众导师的必要性，一致轻辱为提供服务而支领报酬的高学历的牧师。西部地区的这种蒙昧和谬见，何时才能终止呢？

当然，对这片国土上的情形的描绘，也为福音主义者提供了最佳辩护。必须承认，他们并未拉低一种高层次的文化，而是试图将文明社会中常规的戒律和体制引入一个文化几乎缺失的所在。他们中最出色之人在才智和文化上鹤立鸡群，即使是最无能者，也不会使情况变得更糟。宗教组织派出的家庭传教士，经常要和各种社会程序崩坏的表象抗争——越来越多的不入教堂、无宗教信仰的人群；未经教堂神圣化的"婚姻"；以及不自律的生活、无节制的酗酒和野蛮斗殴。虽然他们通常受到欢迎，但有时他们的事工是在反对者哄然，甚至是危险之下进行的。最富盛名的卫理公会巡回传教士彼得·卡特赖特形容的营地集会的参与者中，就有手持匕首、木棍和马鞭，决意破坏整个进程的无赖。一个星期天的早晨，当卡特赖特的布道被一群莽汉打断，他不得不领导会众奋起反抗。假如那些装着鞍囊、肩负将宗教西传之大任的人与适合东部稳定教区的牧师是同一类型，就不会成效卓著。假如他们不能开发出一套入乡随俗的传道方式，或无法认同并在一定程度上激发出听众内心的理智和执见——反权威、反权贵、反东部、反教育——便极难改化不断迁移的民众。不同的宗派对这种需求的反应迥异：但总体而言，会众得到提升，而传道者反之。简言之，文化传递所依仗的精英人士被降格，皆肇因于粗陋的社会秩序的需要。如果我们的目的是评判福音派教士，那他们在忠诚、勇气、自我牺牲和智慧方面可圈可点。然而，既然我们的宗旨是审视文明的传递和文化的发展，就必须关注正在形成中的社会。这个社会，充满了勇气和品格、坚韧和慧黠，但成就不了诗人、艺术家和博学之才。

四、福音主义与奋兴派

1

回顾历史和对某些现状的观察，显而易见的是，19世纪早期美国的发展进程创造出了一种崭新的、特有的基督教形式，其教会的组织和标准都是独树一帜的。数百年来，基督教首要的传统并非多种宗教"派别"的交融，而是唯一的教会传统。然而，在美国殖民地之初，占领者来自不同的移民群体，代表了欧洲大革命余波之下各式各样的忏悔式信仰——既有"左派"又有"右派"的宗教。在这片领土上，维持垄断和高压的体制是极其困难的，这早已不言自明；到了18世纪中叶，殖民者就已懂得学习接受宗教上的兼容并蓄及律法上的和谐共融。

宗教不统一，随之而来的是宗教多元化，美国人弃除教会建制而拥护宗教自由。18世纪末至19世纪初传遍美国全境的宽泛的自由度，令最初仅为异见派系的宗教团体发展为固定组织，它们虽不像昔日的教会那样正式，但架构牢固、组织良好，不应再视为小派系。地位提升的派系和降格的建制，在一个自愿和自由竞争的宗教环境下几乎比肩运作，逐渐稳固下来，称为教派主义。[1] 美国的教派主义精要，在于教会成为自愿的组织。教会不享有任何强制性会员的优待，甚至连传统的、承袭的会员身份亦格外弱势，生活在这样的社会，平信徒得以自行选择效忠于哪个教派。在旧的教会模式下，平信徒出生于哪个堂区常常便被迫留在这一堂区，他获得宗教体验的方式取决于堂内的礼教形式。但美国的平信徒并非出身于某个教派或继承了某种神圣的仪典；教派通常是他在获得一些宗教归化体验之后自愿选择加入的。

这样的选择毫无悬念。18 世纪末，美国人的生活状态如此起伏不定，大革命的余韵导致如此混乱无序，以至于约 90% 的美国人在1790 年之时是脱离教会的。后续的数十年间，这种惊人的宗教无组织状态很大程度上有所改观。信教的民众自我规范，大多皈依了某一教派。在此过程中，无数人一次又一次地做出是否加入某一教派的决定。平信徒选择投身的教派经由前人的决策磨砺，满载着美国人与往昔断绝的渴望，对未来的引颈期盼，以及对历史与日俱增的鄙夷。美国的政治信条里充斥着一种观念——欧洲代表着昔日的腐败，必须连根拔除。新教教派也是基于对基督教过往的类似观点。[2] 人们普遍相信，基督教的历史沿革并未积淀有价值的体制和规范，反而是一个腐坏和变质的过程，基督教本源的纯粹沦丧其中。因而敬奉的目的并非为了保有形式，而是新一轮出击，以重拾这种纯粹。"这

---

[1] 熟悉西德尼·米德有关美国宗教史的杰出论文的读者，应该能在后文中体察到我对他的无比感恩，尤其是他极富洞见的论述，见于 "Denominationalism: The Shape of Protestantism in America," *Church History*, Vol. XXIII（December, 1954）, pp. 291 - 320; "The Rise of the Evangelical Conception of the Ministry in America（1607 - 1850），" in Richard Niebuhr and Daniel D. Williams, ed.: *The Ministry in Historical Perspectives*（New York, 1956）, pp. 207 - 249.
[2] 有关 19 世纪美国文学中渴望颠覆过往的启发式探索，参阅 R. W. B. Lewis: *The American Adam*（Chicago, 1955）。

是一个自由的时代，"1844 年，杰出的长老会福音布道家阿尔伯特·巴恩斯这样写道，"人们必将自由。宗教形式是僵化的智慧和过往的愚行，不能适应这个时代自由的运动、宽泛的思想和变动的计划。"①

　　为基督教正本清源，经文本身即为最佳途径。哪怕是那些不乐见美国宗教出现这种趋势的人，都意识到它的重要性。1849 年，德国改革派教会的一位发言人声称，教派对个人判断和对《圣经》的价值在于②

　　　　针对一切老旧的历史权威做出了必要的抗议，也许承认已然明确的真理除外，当然，真理的唯一衡量标准完全不是历史的权威，而是某一教派的独立思想……一个真正的教派，在成立之初和其后的任何时刻都不会因为缺少历史根基而感到窘迫。它的志向反而在于突显**原始性**和自发性，发端于《圣经》或通过《圣经》而得神谕……教会的历史沿革，对于教派而言是无足轻重的。

　　有鉴于此，尤为重要的是，维系大多数教派的纽带不再是承自传统的忏悔——意即不再是信奉教义的历史体系——而是或多或少经过了重构和新建的目标与动机。既然教派间只需在忏悔上保留微弱的同一性，对神学问题的理性讨论——这是昔日教会智识研究的源泉——

---

① "The Position of the Evangelical Party in the Episcopal Church," *Miscellaneous Essays and Reviews* (New York, 1855), Vol. I, p. 371。这篇论文深刻抨击了宗教形式与福音精神的背道而驰。
② John W. Nevin: "The Sect System," *Mercersburg Review*, Vol. I (September, 1849), pp. 499-500.

便逐渐被视为岔路、分裂之势，尽管未遭彻底摒弃，也已让步于那些被认为重要得多的实用目的。[①] 若某一教派的特定观点和实践无利于大众的福祉或共同的愿景，它们投效于这一愿景也并无过多的遗憾。[②] 这一愿景本身是由福音主义界定的。在一个高度流动的社会，有那么多尚无教会庇佑之人等待着信仰叩门，教派凌驾于一切其它目标和追求之上的根本目的就是赢得民众的皈依。

教派试图争取那些不论何故未能被传统宗教维系，远离了礼拜形式和教义精要的民众。这些形式和教义已不可能有吸引力赢回民众的效忠。更有效的似乎是重建信仰发轫之时，首批基督教易帜者宣扬的那种原始的情感张力。在传统派兵败之处，奋兴派攻城略地。情感的激荡取代了宗教建制的高压。普通人借助简单的思想重拾信仰，强大的传教士们在播扬这些思想之时有能力剔除繁复，以至臻精义取而代之——是选择天堂，还是选择地狱。救赎也被视为一种选择：罪人应该"找到宗教"——而非宗教找到他。任何能引导他回归正途的方式都是好的。正如孜孜不懈的灵魂拯救者德怀特·慕迪曾经的言论：

---

① 这一历史背景，可以进一步诠释维尔·赫伯格所认为的当代美国宗教的一项重大特征——标榜宗教整体的重要性而无视宗教的内涵。（比较一下 1952 年艾森豪威尔所言："我们的政府毫无意义，除非它是建立于深厚的宗教信仰之上——我不在乎那是什么。"）这种对信仰的笼统信念，便是几个世纪以来盛行的教派主义的产物之一。参阅 Herberg: *Protestant, Catholic, Jew*（Anchor ed., New York, 1960），chapter 5，尤其是 pp. 84－90。

② 1782 年克雷夫科尔就发现，在美国，"派系团体假如非比邻，假如和其它教派混合，那他们的热情会因缺乏燃料而冷却，很快就尽数熄灭。于是，美国人的宗教将会变得像国家一样，成为大统……所有教派之间和邦联一样互为表里，宗教淡漠感便悄无声息地从大陆一头播散至另一头；这是当下美国人最大的特征之一。无人能预料后果将会如何，也许会留下一个真空，适合接纳其它的体系。世人所称之宗教，赖以生存的是禁锢、宗教自豪感和冲突之爱，这些驱动力在此地都戛然而止。狂热之心在欧洲受到约束，在远涉而来的途中被尽数释放；在那里裹挟起来的粉末，在此地自由的空气里不着痕迹地燃烧殆尽"。*Letters from an American Farmer*（New York, 1957），pp. 44, 47。当然，1790 年以降的数十年间，一些宗教狂热得到复辟，然而，突显不同派系差异化的热情则远未获得同等程度的振兴。

"只要能将一个人带到主的面前，通过怎样的方式无关紧要。"① 远在实用主义成为哲学信条之前，是福音派建构了它，尽管是以一种生硬的方式。对于平信徒，宗教的实用性在于归化的体验；对于神职人员，则是激发这种体验的能力。牧师在收获灵魂上的成功，是其所传之道为真理的决定性证据。②

　　教派体系和广布的福音精神，使得教会本身发生变异。教会不论基于何种宗派形制或组织安排，都不同程度地倾向于某种会众制或本地化。本地主义和奋兴主义的合力，极大地加强了异见派和分裂派的实力——只要能保证结果，谁能限制他们呢？平信徒的势力也因此得到加强。牧师无法继续借力强大的中央教会，只得依靠自身的资源维系和会众的关系。他尽可能地谋求和树立权威，然而，美国的生活环境很大程度上偏向平信徒掌权。在南方殖民地，即使是深具教权传统的圣公会也发现，一大部分控制权转到了教区信众手上。美国各地的牧师似乎都在接受平信徒的评判，在某种意义上也为其所用。甚至在18 世纪，克雷夫科尔就曾评论一位荷兰籍信徒的态度，后者"认为牧师不过是受雇之人；假如工作出色，就按约付酬；不然就将其解雇，没有他的布道完全可行，就让他的处所关上个几年吧"③。

---

① 引自 William G. McLoughlin：*Billy Sunday Was His Real Name*（Chicago，1955），p. 158。诸如华盛顿·格拉登这般更为精明的布道家也表示，自己的神学理念"不得不为了登上每日的讲坛而被精雕细琢，唯一的考验就在于是否具有实用效果：'它会有用吗？'"*Recollections*（Boston，1909），p. 163。

② Charles G. Finney's *Lectures on Revivals of Religion*（New York，1835），其中一个章节的标题是"一名智慧的牧师是成功的"，并引用了箴言 XI，30："有智慧的，必能得人。"

③ 克雷夫科尔：同前，p. 45。这并非意指牧师不受尊重。他们不会因职权而为人所敬，但可以且通常也赢得了尊重。提摩西·德怀特在谈及早期康涅狄格的牧师时说，他们并无官方权威，但很有话语权。"这里的牧师们因品行而受到敬重，与任何外在的原因或自己的职务无关。"Mead："The Rise of the Evangelical Conception of the Ministry,"p. 236。

　　相应地，牧师们再也无法像在旧世界那样仰仗教会的教权和自身的职权；他们中最成功之人，逐渐成为教会事务中长袖善舞的政客，对世俗事务的操控艺术了如指掌。此外，同时通晓宗教和治国方略的牧师获得优待，他们的目标是改造国家，为基督教争夺西部的地盘。致力于这些使命的社会机构，勃兴于 1800 年至 1850 年间，一名牧师抱怨道："对牧师的期望，通常主要是成为社会事务的管理人、慈善机构的幕后操纵者"，对他品行的评断，常是基于"他在社会改革的大磨坊之中，完成了多少切实可见的研磨工作……"[1] 结果即如同西德尼·米德所指出的："牧师之职，实际上已失去了传统的牧道内涵，成为神圣化的公职，以神之名，从事的却是公众视野下有目的的教会活动。"[2]

　　最后，对牧师事工的评判越来越依凭某个单一层面的成功——救灵的具体数量。对本地牧师的判断标准，一为个人魅力，二为是否有能力引导会众接纳某位巡回布道大师的可以真正唤醒他们的牧道。[3]"造星"系统是先在宗教里普及，而后才进入剧院的。当福音精神广为蔓延并占据主流，牧师的甄选和培养越发取决于奋兴主义者对牧师之所长的评判标准。福音派理想中的牧师应是受人欢迎的十字军和劝诫者，因而以学养深厚的牧师为领袖的清教理想逐渐走向衰

---

① Andrew P. Peabody：*The Work of the Ministry*（Boston, 1850），p. 7. 新教牧师对西部地区基督教化的担忧带有爱国者和政客视角，对此，托克维尔曾表示："如果和这些基督教文明的传教士对话，你将诧异地听到他们大量谈及俗世事物，你遇到的是一名政客，虽然你期待他是一位牧师。"*Democracy in America*, ed. By Phillips Bradley（New York, 1945），Vol. I, pp. 306–307。

② "The Rise of the Evangelical Conception of the Ministry," p. 228.

③ 对牧师个人魅力的依赖始终是重要的。"个性是真理的标识，"菲利普斯·布鲁克斯如是说，"我们以此来形容真正的布道。"与其同时代的威廉·塔克深表赞同："一大定律是，传道者的个性越伟大、越有用武之地，人们对真理的反响就越广泛和深刻。"参阅 Robert S. Michaelsen："The Protestant Ministry in America：1850 to the Present," in Niebuhr and Williams：同前，p. 283。

落。神学教育本身变得更工具化。简洁的教条形式就已足够。在与世俗社会的智识交流上，教会大规模撤退，舍弃了宗教是整个智识经历的一部分这样的观点，也几乎摒弃了理性研究，视之为本该由科学涉足的范畴。1853 年，让一名杰出的牧师愤然的是存在着一种"近乎普遍的印象，即智识丰厚的牧师不够虔诚，而高度虔诚的牧师智才不足"。[1]

2

事关美国宗教，上述这些泛泛之谈总是有一定风险，原因是存在着地区差异化和宗教实务的多元化。然而，我认为，它们能大略阐明美国教派化宗教的普遍形式，以及福音主义的突出效应。诚然，一些重要的保守教会几乎没有或完全未受福音派影响，例如罗马天主教会和路德会，它们仅在外围受到福音主义的波及；其它如美国圣公会，在不同地点受影响程度不一；而诸如长老会和公理会，则因福音主义运动而自内分裂。

美国革命终结之际的美国社会大部分落脚于阿勒格尼东部地区，而 1850 年的美国社会疆域大增，教派化模式基本定型。两相比较，福音主义的拥护者此间的收获令人印象深刻。美国革命尾声之时，三支最强大的教派分别是圣公会、长老会和公理会，其中两支建于他处，另一支在美国有着深厚传承。至 1850 年时，改变是惊人的。其

---

[1] Bela Bates Edwards："Influence of Eminent Piety on the Intellectual Powers," Writings (Boston, 1853), Vol. II, pp. 497 - 8. "将智识和心灵剥离、让知识和虔诚对立、为了提升情感而牺牲判断力、广泛制造知识成就和恩典互不相容这种印象，这一切难道不都为我们所擅长吗？"同上，pp. 472 - 473.

时，罗马天主教成为最大的单一教派。新教团体中排在前二的是曾经不过为异见派系的卫理公会和浸礼会。其后依次是长老会、公理会和路德会。美国圣公会降到了第八位——彰显其作为上层阶级的保守教会，在美国这样的环境下无力自持。①

不论是在新开拓的西部乡野，还是发展中的城市，成功保有和发展了基督新教的大体是流行的福音主义教派而非礼拜式教会。卫理公会和浸礼会的大规模开疆拓土，证明它们有能力适应美国的生活环境。福音派大幅超越公理会和长老会一类的教派，也是福音主义思潮改化旧宗教架构之势的铁证。

播扬新教的主要载体是福音派人士，宗教奋兴是最顶级的技巧。18世纪末至19世纪，奋兴运动的浪潮先后席卷了全国各地。第一波大约出现在1795年至1835年，在新西部的田纳西州和肯塔基州尤为强势，之后蔓延到西纽约州和中西部各州。它方兴未艾，新的一波于1840年前后又一次席卷了城镇，昭示了（这是德怀特·慕迪、比利·桑戴和葛培理等奋兴派的理解）奋兴主义并不仅是一个农村现象。奋兴运动在动荡的1857年到1858年间达到鼎盛，奋兴精神势如破竹地影响了纽约、波士顿、费城、辛辛那提、匹兹堡、罗切斯特、宾汉姆顿、福尔里弗和一系列更小规模的城镇。②

---

① 有关各教派的人数、派系分支、神学理念和关联性的出色论述，参见 Timothy L. Smith：*Revivalism and Social Reform*（New York and Nashville, 1958），chapter 1, "The Inner Structure of American Protestantism."1855年，全部卫理公会团体（包括北部和南部）共计有150万信众；浸礼会有110万；长老会有49万；路德会、德国改革派教会和类似团体共计35万人。公理会约20万人；美国圣公会只有约10万人。
② 我对奋兴主义的观点归功于 William G. McLoughlin 对整个运动的杰出研究成果，载于 *Modern Revivalism*（New York, 1959）；Timothy L. Smith 的 *Revivalism and Social Reform*，同前，尤其是1840年后的阶段和城市奋兴运动；Charles A. Johnson 的 *The Frontier Camp Meeting*（Dallas, 1955），他对1800至1820年间边疆地区原始状态的描述极具启发性；以及 Bernard Weisberger 的 *They Gathered at the River*（Boston, 1958）。

奋兴运动并非唯一的途径。跨入新世纪 30 年之后，福音派创建了一系列信仰学会、《圣经》与经册学会、教育学会、主日学校联合会和戒规组织，其中大多数是跨教派的协作。这些机构为十字军征伐做准备，首要目标是让密西西比河谷地区的人民归信基督，将其从宗教漠然、不忠或罗马天主教的思想中拯救出来；终极目标则是改化所有美国人，进而切实地改化全世界。在很长一段时期内，这种志向使得教派间的歧见让位于怀疑论、被动性和罗马天主教教义[①]这样的公敌。每每教派之间不合作，布善团体为追求共同目标的个人提供了发挥的空间，也让言之凿凿的平信徒有机会主导那些牧师们感到勉为其难的联合善举。福音主义团体在 1795 年至 1835 年奋兴运动高潮的大部分时间内保持了合作。然而，至 1837 年前后，协作之势渐颓，部分是受制于卷土重来的派系之争和内部分歧，部分原因则是福音宗教的征伐已实现了它的主要目标。[②]

按照任何合理的衡量标准，成功都是铁一般的事实。数据显示，这场处境艰难的改宗运动成就斐然。18 世纪中叶的基督教世界里，美国是信众人数比例最低的国家。尽管美国宗教数据的不靠谱众所周知，但据估计，1800 年每 15 个美国人中有 1 名教徒，到了 1850 年，每 7 人中就有 1 个。1855 年，2700 多万人口中有超过 400 万名教徒。对知晓绝大部分民众都是教徒的 20 世纪美国人而言，这些数据也许无足轻重。然而，我们不能忘记，现下常是意味索然的教徒身份，在当时是一件更严肃和更高要求的事情，所有福音主义派系都要求归化的个人体验以及颇为严格的宗教戒律。上教堂的人比教徒数量更多——至少我们可以依据 1860 年的记录判断，当时的人口为 3100

---

① Romannism，指天主教、罗马天主教教义，是蔑称，暗讽其带有古罗马气质的制度。——译者

② 关于这一时期的协同合作及衰微过程，参阅 Charles I. Foster：An Errand of Mercy：*The Evangelical United Front*，*1790–1837*（Chapel Hill，1960）。

万，而教堂的座椅就有 2600 万之多。[1] 所有的教派中，成就最为卓著的是卫理公会和浸礼会，两者在新教团体中几乎占了 70%。

3

随着福音派思潮向西蔓延，之后进入发展中的城市，愈见清晰的是美国的宗教远征主要掌握在三大教派之手，即卫理公会、浸礼会和长老会。审视这些教派，有助于解读美国大陆的福音主义文化。

在福音派团体中，展露出最强智识倾向的是长老会，它将新英格兰公理会和殖民地长老会的思想传统不断向西推进。在 1801 年的联合计划之下，长老会和公理会的协作方式使得公理会在新英格兰以外几乎失去了身份标识。联合计划的基础，是两者从加尔文主义衍生出的共同的神学理念，马萨诸塞地区以外的大多数公理会教徒，对长老会的教会组织并无强烈抵触，这样一来，位于纽约州和中西部地区的公理会组织逐步被纳入了长老会。公理会则向中西部地区的长老会贡献了其独特的文化火种及浓郁的新英格兰特色。

长老会教徒通常是狂热的教条主义者。他们吸引了进取之士和商人阶级，成为非传统教派里的精英教会。[2] 长老会尤其关注发展针对

---

① 1800 年的大略数据见于 Winfred E. Garrison: "Characteristics of American Organized Religion," *Annals of the American Academy of Political and Social Science*, Vol. CCLVI (March, 1948), p. 20。1855 年和 1860 年的数据见于 Timothy L. Smith: 同前，pp. 17, 20 - 21。1855 年，全部人口中拥有教徒身份的大约占 15%，1900 年上升到 36%，1926 年达 46%，1958 年为 63%。Will Herberg: *Protestant*, *Catholic*, Jew, pp. 47 - 48。
② 新教的一些俗语彰显了不同教派的社会地位，例如：卫理公会教徒是穿着鞋子的浸礼会教徒；长老会教徒是上过大学的卫理公会教徒；美国圣公会教徒是靠投资为生的长老会教徒。

性的高等教育，为教派的志业服务。但他们逐渐被自身对教条的热情所累，进而走向分裂。在公理会的盟友和新纳成员的巨大影响下，一部分长老会人士开始宣传新海芬神学，它是高度自由化的加尔文主义，将神的荣耀带来的希望赋予更多的人，更契合福音奋兴的精神和行止。严谨保守的旧加尔文派，承袭了苏格兰和苏格兰—爱尔兰传统，受普林斯顿学院和神学院栽培，无法接受新派的思想。1828 至 1837 年，教会被纷争和异端之说搅得鸡犬不宁。受到异端指控的包括阿尔伯特·巴恩斯、莱曼·比彻、阿萨·马汉以及莱曼·比彻之子爱德华等长老会福音派领袖。终于在 1837 年，旧派驱逐了新派，全国的长老会辖区和教会会议不得不各自站队，依附其中一支。除了神学理念上的分歧，旧派认为新派过于包容教派间的传教组织，反对新派里身居高位的废除主义的支持者和煽动者。耶鲁、欧柏林学院和辛辛那提的莱恩神学院，是新派福音主义的主要智识中心。其重要角色查尔斯·格兰迪森·芬尼，是继爱德华兹和怀特菲尔德之后、德怀特·慕迪之前，美国最杰出的奋兴运动人士。

查尔斯·格兰迪森·芬尼的例子，有助于拨开围绕着所谓"长老—公理派"福音主义的迷雾，也能说明对于宗教反智主义，即使是笼统分类都是一项难题。芬尼与他的同侪继承了新英格兰的学统，极为关注教育的发展和持续性。欧柏林和卡尔顿学院是建国之初美国学府的优良传承，足以证明这些传统具有深厚而持久的活力。芬尼、阿萨·马汉和莱曼·比彻这样的博学睿智之人，在其它福音派团体并不多见；自内战以来，又有多少福音运动家能写出可与芬尼的《回忆录》相媲美的自传。这些人的头脑在对加尔文主义和新加尔文主义神学的诛伐中得到磨砺，从不断雕琢自己的神学架构中得到规范。然而，他们的文化素养是极为狭隘的，对于学习的观点目的性极强，他们逐渐缩减而非拓展了所承袭的学养。

我们必须将芬尼视作一位伟人,即使如今只有那些对美国宗教或社会史兴致浓厚之人才会记住他。作为一个受西进运动影响的康涅狄格家庭的后代,他先后在纽约州中部的奥奈达县和安大略湖畔度过了童年。在新泽西州短暂的教学生涯之后,他在一个离尤蒂卡不远的小镇取得了律师资格。他的归信发生在 29 岁那一年。按他自己的叙述,当时他在一间昏黑的律师办公室里为找寻心灵指引而祈祷,"接受了来自圣灵的强有力的洗礼",在之后的人生里,他还有过数次这样的神秘邂逅。第二天早上,他告诉一位客户:"我收取了主耶稣的定金,要为他的旨意申诉,所以我不能再为你申诉了。"① 自那时起,他完全归属了教会。1824 年,长老会授予他圣职,1825 到 1835 年,他发起一系列奋兴运动,从同代的福音布道家之中脱颖而出,奠定了作为美国宗教史上最杰出人物之一的地位。

芬尼天生一副大嗓门,在讲坛上极富表演天分,然而他最有力的形象资本是他炯炯有神的、热切的、放电的、先知般的双眼——大约除了约翰·卡尔霍恩以外,这是 19 世纪美国人的肖像画廊里最令人无法忘怀的眼睛。他的布道时而理性时而感性,时而苛责时而温柔,在信众之中产生了无可比拟的效应。"我主令我用美妙无比的方式释放他们,"关于他早期最成功的奋兴活动,他如此写道,"会众纷纷从椅子上向四周滑落,呼唤主的怜悯……几乎所有人都跪在那里或是俯伏在地。"②

在芬尼的神学体系里,他是自我塑造而成,是具有个人主义精神

---

① *Memoirs*(New York,1876),pp. 20,24。Whitney R. Cross:*The Burned-Over District*(Ithaca,1950),其中对芬尼和西纽约州宗教热情的阐述很有见地。
② *Memoirs*,pp. 100,103.

的乡村思想家，正是这类独立的个体让托克维尔相信，美国人可以为追求尚未求证的思想而拼尽全力。作为长老派教会的候选人，他婉拒了一些热切的牧师派他去普林斯顿学习神学的邀请。"我直白地告诉他们，我不会让自己经历他们受到的那些影响；我确信，他们受到了错误的教育，不是我理想中的基督传教士该有的样子。"他是神学理论的新手，但拒绝接受不符合自己观点的指示或纠正。"除了《圣经》，我未曾读过有关这个主题的任何书籍；我对它的解读方式类似于阅读法律书籍。"他反复表示："我完全无法接受基于权威的教条……除了《圣经》以及我头脑中的理念和思路，我没有任何其它的途径……"①

从法律到讲坛，芬尼引入了旧清教徒式的理性和说服力（他曾说，面对教众就如同面对陪审团），在面对高学历的中产阶级会众时尤其如此。即便他这般富有感染力，但很快就有一些福音派同僚认为他过于理性，并在 1830 年警告他，友人们正质疑他"是否有变成一个知识分子的危险"。② 然而，芬尼却自豪于自己能根据受众的感知调整传教风格，在小乡村里，他强调情感，而在类似罗切斯特这样更为世俗化的西部市镇，他会添加一些理性劝导的语气。"我的布道改化了大批法官、律师和其它受过教育的人。"③

无论如何，芬尼毫无变成一个"知识分子"的危险。大抵说来，芬尼在传教方式和对教会的观念上顺应奋兴派传统。他不欣赏无知的布道，但享受赢得灵魂的结果而不论过程；他鄙夷文字布道，因其缺

① *Memoirs*，pp. 42，45 - 46，54. 芬尼坚持这份独立，即使知晓自己缺乏独立解读《圣经》的学养。他逐渐习得一些拉丁语、希腊语和希伯来语，但"从未掌握足够的古语，从而认为我自己有资格批评《圣经》的英语译本"。同上，p. 5。
② McLoughlin：*Modern Revivalism*，p. 55.
③ *Memoirs*，p. 84；参阅 pp. 365 - 369。

乏自发性；他将世俗文化看作救赎的潜在威胁。

对于神学教育或是他眼中有教养的牧师的传教方式，芬尼嗤之以鼻。他表示，自己并未享受过"高等教育的优势"，强烈体认到教会视其为外行，别人对他的观感是他不够高尚。他在职业生涯早期就已知晓，很多人会认为，"如果我在教会中获得成功，会让神学教育陷入争议"。有了讲道的经验之后，他开始相信"学校正在大面积地教坏神职人员"，他们接受了大量的《圣经》导读和神学理论，却不知该如何运用。实践高于一切，"除非通过传教本身，否则无人能学会传教"。学校教育出来的传教士所讲的道，"降格为文艺论文……朗读优美的文艺论文不是布道。它满足了文艺的口味，但并无精神上的开导"①。

芬尼反对一切文学和非文学的优雅。不论是衣着、居家装饰，抑或是生活格调和方式，对其而言都等同于吸烟、酗酒、玩牌和看戏之类的堕落嗜好。至于文学，"我难以相信，一个知晓了上帝之爱的人，还能够享受一本通俗小说。""让我看看你的房间、起居室或任何你用来藏书的地方，"他威胁道，"这里有什么？拜伦、斯科特、莎士比亚，还有一群不务正业和亵渎上帝的人。"甚至连牧师通常必须掌握的古典语言，其益处也值得怀疑。东部地区的学院里，学生要耗上"4 年……学习古典学科，那里面没有上帝"。毕业后，这些"学成之人也许通晓 hic、haec、hoc，也许会嘲笑一个卑微的基督徒愚昧无知，哪怕此人要比 500 个这样的学生更懂得如何赢得更多的灵魂"②。芬

---

① 这些观点均见于芬尼的《回忆录》，*Memoirs*，chapter 7，"Remarks Upon Ministerial Education，" pp. 85 - 97；比较芬尼 *Lectures on Revivals of Religion*，pp. 176 - 178。
② McLoughlin: *Modern Revivalism*，pp. 118 - 20。McLoughlin 指出，芬尼认可的唯一的教育领域是科学。和旧时清教徒一样，他并不把科学视为对宗教的威胁，而是荣耀上帝的方式。中西部的教会学校保留了这种对待科学的态度，培养出多名学术科学家。有关背后的缘由，参阅 R. H. Knapp 和 H. B. Goodrich: *Origins of American Scientists* (Chicago，1952)，chapter 19。

尼让虔诚和智识陷入公开敌对，他发现，年轻的牧师"离开学院之后，心灵和校园的围墙一样坚硬"。"学院式教育"的问题是，试图"赋予年轻人智识优势，却几乎完全忽视了道德情感的培养"。"这是一场智识的比拼。一切的兴奋和热情都因智识而起。年轻人……失去了坚固的精神支撑……他们的智才提升了，心灵却陷入了匮乏。"①

芬尼对美国神学教育的描述正确与否难以评断，但可以确定的是，他的感受代表了广大福音派的观点。不论初出茅庐的牧师们处于怎样活跃的智识状态，他都持反对意见。

4

我之所以对芬尼如此长篇大论，是因为他是长老—公理派福音运动的代表人物——既非最开化的，亦非最不经雕琢的传教者。福音主义的诉求、探索全新的宗教风格以惠泽民众和救灵所带来的影响，是长老会和公理会强大的智识及教育传统的式微。有意思的是，卫理公会的历史是一个鲜明的对比。作为最大的教会组织，卫理公会改化蒙昧的美国人的成效大大超越了长老会。美国的卫理公会在发轫之初并无智识传统，对教育和神职人员的培养不甚在意；然而，随着时间的推移，教派精神的大量丧失令教会停滞不前；他们吸纳的成员对教育的重视与日俱增。19 世纪中叶以前，教会在争端中风雨飘摇，一部分人怀念昔日那些无知却有效的巡回传教士，另一部分人则向往未来由受过良好教育的牧师向受人尊敬的普通信徒履行神职。卫理公会和浸

---

① *Lectures on Revivals of Religion*，pp. 435 – 436.

礼会的历史，是分裂的美国宗教之魂的示范。一方面，教会的众多成员毫无保留地表达高度反智的福音主义，另一方面，在任何大型教会里，总有一批人会为尊重有涵养的、锦上添花的、不具争议的学习过程而大声疾呼。有鉴于此，菲利普·拉夫关于美国文学特征的红脸和白脸说①，早已在美国宗教里有迹可循。

约翰·卫斯理是在牛津受教育的牧师、一位如饥似渴的读书人，非凡的智识热情和强烈的信任感在他身上奇异地交融。他为卫理公会设立了可靠的智识标准，但他的美国信徒们对维持这些标准兴味索然。福音精神的本质无疑催生了奋兴派的反智主义，然而，美国的社会条件为躁动的反智思想提供了格外宽松的生存环境。②

美国卫理公会的首任发起人是卫斯理本人和弗朗西斯·阿斯伯里，他们是巡回传教士——巡回并非图之方便，而是原则使然。他们相信，驻区牧师（正如英国的许多教区牧师）会逐渐丧失活力，无法

---

① 白脸（paleface）是美洲土著对白种人的旧称，红脸（redskin）是白种人对印第安人的旧称，分别指代白人和印第安人。——译者

② "我们的根本原则，"卫斯理在回应一名卫理公会的早期诋毁者时宣称，"是抛弃思辨即抛弃宗教，宗教和思辨并驾齐驱，一切不理性的宗教都是虚假的宗教。"R. W. Burtner 和 R. E. Chiles: *A Compend of Wesley's Theology*（New York, 1954），p. 26。然而，正如诺曼·赛克斯所言，福音主义的奋兴造成智识的退化，它本就源于反对理性主义和由神学的反形式主义运动发展而来的索奇尼思想。相较于主要的神学自由主义者，卫斯理"对神的旨意介入最普通的生活细节的观点近乎迷信"，赛克斯还表示："怀特菲尔德的情况更糟，因为他从同伴身上得不到丝毫教育和文化的影响……" Norman Sykes: *Church and State in England in the Eighteenth Century*（Cambridge, 1934），pp. 398 - 399。

麦吉菲特（A. C. McGiffert）在描述英格兰的福音奋兴运动时写道："在解读人类和人类的需求之时，它有意把脸转向了过去而不是未来。它激化了基督教和当代的矛盾，宣扬的观点是父辈们的信仰未曾传递给下一代任何的信息。在许多人的头脑中，与基督教关联的是它的狭隘和中世纪精神，它的情绪化和智识的缺失，它彻底的超自然属性和《圣经》的教条，它对艺术、科学乃至整个世俗文化认同的渴求，这一切驱使这些人永久地远离了宗教。尽管福音派成就斐然，在很多方面，它导致的后果是灾难性的。" *Protestant Thought before Kant*（New York 1911），p. 175。有关早期美国卫理公会的智识局限，参阅 S. M. Duvall: *The Methodist Episcopal Church and Education up to 1869*（New York, 1928），pp. 5 - 8，12。

把控会众，而巡回传教士可以让宗教重获新生。在美国的土地上，巡回传教是卫理公会的一项战略资本，他们尤其擅长说服迁徙中的美国民众重新归信基督教。那些著名的巡回传教士是早期美国卫理公会的支柱和骄傲，他们的流动性、灵活性、勇气、勤奋和奉献，弥补了他们身上可能缺乏的神学教育和贵气。这些传教士自豪于为传递福音而做出牺牲。他们酬劳微薄，超负荷工作，在极端天气和恶劣的旅行条件下毫不懈怠。（当特别猛烈的暴风雨来临，人们常说的是："今晚外头一个人也没有，除了乌鸦和卫理公会的传教士。"）这样的艰辛足以证明他们的诚心，[①] 他们劝服民众归信的成就令人叹服。正是因为他们的投入，1775 年的美国卫理公会还只是一个近 3000 人的小宗派，在阿斯伯里到来 4 年之后，成长为最大的新教派系，80 年后，成员超过 150 万人。

不论尊贵教派的高学历神职人员如何言说，巡回传教士们明白，他们的方式奏效了。他们催生出一种纯粹的、虔敬的实用主义，核心信条只有一个：尽可能更快更多地救灵。出于这一目的，高学养的教会那一套繁杂的神学工具不仅可以忽略不计，甚至很可能成为严重的阻碍。至于知识和思想储备的局限，巡回传教士们只需一条正当理由，那就是以结果论之，可用归信的人数来衡量。这样的理由无可辩驳。

卫理公会的领袖们知道，正如批评者所观察到的，他们对穷苦和

---

① 这些早期的传教士认为，他们内心的力量源于自己和所服务的平信徒在文化素养和生活方式上殊无二致。1825 年，一名来自英国的访客，见惯了圣公会主教们的养尊处优，在被介绍给印第安纳州卫理公会主教时感到惊愕万分。他讶异地发现，主教的住处是一间普通的农房。他稍显不耐地等待主教现身，一名美国牧师告诉他，罗伯兹主教正在赶来。"我看到那里有个人，"他说，"但不是主教。""那就是主教呀，"美国人说。"不！不！不可能，那个人只穿着件衬衣。"罗伯兹主教那时正在他的住所工作。Charles E. Elliott: *The Life of the Rev. Robert R. Roberts* (New York, 1844), pp. 299 - 300. 有关边疆地区的主教，参阅 Elizabeth K. Nottingham: *Methodism and the Frontier* (New York, 1941), chapter 5。

未开化的民众最富吸引力，并视之为一项优势。弗朗西斯·阿斯伯里被耶鲁的学生冒犯，因为他们"太有教养"，连贵格派都过于"尊贵"了——"啊，这个词有死亡的意味"。① 在广袤的乡野，卫理公会很容易在改化的竞争中超越其它教派。关键在于，新英格兰地区对他们而言如同坚冰，那里的居民更稳定，也更熟知高学养教会的规范，那是他们鲜少涉足的地域。然而，即使在那里，卫理公会也在 19 世纪初期开始进入宗教生活。最初，他们举起的旗帜颇有新英格兰觉醒运动的怀旧意味："我们更关心的始终是如何保有一种生活方式，而不是一个博学的教会。"② 当新英格兰卫理公会领袖杰斯·李的教育程度受到质疑（卫理公会在当地和高学历牧师竞争，这样的情形司空见惯），他轻描淡写地回答，自己的教育足以在国内行走。③ 新英格兰地区逐渐成为考验卫理公会适应能力的场地，他们不甘示弱。他们逐步接纳了尊贵、涵养和博学，为未来在别处适度调整步伐做好了准备。

例如，1800 年的一本小册子这样描述康涅狄格州诺威奇的卫理公会：他们是"最羸弱、蒙昧、无知和卑微的一群人"。④ 然而，到了19 世纪中叶，一名公理会教徒回忆附近的里奇菲尔德的卫理公会历经的改变，他的说辞也许在更广的地区同样适用：⑤

---

① George C. Baker, Jr.: *An Introduction to the History of Early New England Methodism*, 1789 - 1839 (Durham, 1941), p. 18.
② 同上，p. 14。
③ 同上，p. 72。比较：据称下列言辞来自康涅狄格州的一次布道："弟兄姊妹们，我所坚持的是：学习不是宗教，教育并不给人任何神灵的力量。荣耀和天赐才是神坛前安放的炭火。圣彼得是一个渔夫——你们觉得他上过耶鲁吗？然而，耶稣在他的石头之上建立了教堂。不，不，我亲爱的弟兄姊妹们，上帝要将耶利哥的城墙推倒，他用的不是黄铜的小号或锃亮的圆号，没有这种东西；他用的是公羊角——最平凡、最普通的公羊角——再自然不过了。他要推倒耶利哥的城墙……靠的不是你们中间文雅的、礼貌的、受过大学教育的某个绅士，而是一个平凡又普通的、公羊角一般的人，比如我。" S. G. Goodrich: *Recollections of a Lifetime* (New York, 1856), Vol. I, pp. 196 - 197。
④ Baker：同前，p. 16。
⑤ Goodrich：同前，p. 311。

虽然它的兴盛似乎依靠的是社会的弃子——如今，那里的人和这里任何一个宗教组织一样受人尊敬。他们敬拜的地点不再是谷仓、校舍或者临时场地；他们不再面黄肌瘦、蓬头垢面；也不再坚持错误的语法、低俗的语言、布道时用鼻子发出谐音……传教士是有教养、文雅和尊贵的人。

当卫理公会向全国挺进，沿着国境线进入南方，在对教育水平无甚要求的社会环境下，原本对尊贵、学养和地位的藐视不断重新自我强化，这一过程的实现，再次迫使它向入侵的尊贵势力发起对抗。在一个去集中化的教会里，本地教区在树立自身特色上往往较为自由。然而，对于卫理公会这样高度集中的教会，有关教派文化基调的争议更具有同一性。通过它的学术媒介之一——《卫理公会杂志和季度评论》（*The Methodist Magazine and Quarterly Review*），以及在 1841 年之后得名的续刊《卫理公会季度评论》（*The Methodist Quarterly Review*），我们得以追踪教会内部不断变化的观点。1830 年代初，卫理公会显然清醒地意识到自己是传统建制下的宗教团体攻伐的对象；他们的焦虑源于两方的分歧：一方是支持巡回传教士所代表的布道方式的人，另一方是呼吁改革的平信徒和高学历牧师。[1] 1834 年，罗伊·桑德兰牧师的文章将争议推向了高潮，他建议削减巡回传教士的存在，所有卫理公会传教士都应受过良好的教育。"卫理公会是否，"他热切地诘问道：

在任意一个成员机构内有过这样的做法，让我们可以认为，

---

[1] *Methodist Magazine and Quarterly Review*，Vol. XII（January，1830），pp. 16，29 - 68；Vol. XII（April，1830），pp. 162 - 197；Vol. XIII（April，1831），pp. 160 - 187；Vol. XIV（July，1832），pp. 377 其后。

传递福音之人在取得资格之前，必须要接受某种形式的教育？完
全没有。大多数的规定难道不是赤裸裸地给人一种印象即教育并
非必需？难道我们没有经常在……集会上说，只要有天赋、恩典
和理解能力就足够了？

　　一名旧派的代表回应桑德兰：主张全面神学教育的人，错在把布
道当成了"一种'行当'，一项交易，一个世俗的职业，就像'法律
或医疗'，才会需要类似的'培训'"。当下的教会，实际并非蒙昧无
知，这些言辞只是"应和了敌人的言论"。卫理公会难道没有开设自
己的学校、学院甚至大学吗？"我们的年轻人可以接受教育，但不会
因为教师的腐败和不忠而让道德涉险，也不会因为教授或校长的讥讽
而泯灭了卫理公会的思想。"[1] 随着时间的推移，刊物本身就折射出
改革派之于守旧派的胜果。曾经长期占据大量篇幅的老派巡回传教士
的回忆文章逐渐减少，而以基本神学理论为主题及符合普遍兴趣的智
识话题与日俱增。
　　事实上，在 1830 年代到 1840 年代期间，教会正酝酿着巨大的变
革。对被尊崇感的热切追求大幅战胜了前辈们巡回传教、反对智识的
传统。针对平信徒和教牧人员的教育大计再度成为焦点。早期的卫理
公会在教育上的付出，总体上令人颇为汗颜。[2] 最初，教会在教育上

---

① La Roy Sunderland: "Essay on a Theological Education," *Methodist Magazine and Quarterly Review*, Vol. XVI (October, 1834), p. 429. David M. Reese: "Brief Strictures on the Rev. Mr. Sunderland's 'Essay on Theological Education,'" *Methodist Magazine and Quarterly Review*, Vol. XVII (January, 1835), pp. 107, 114, 115.
② 首个卫理公会"学院"——位于马里兰州阿宾顿的科克斯伯里学院——的遭遇可作
为例子。这个项目出自卫斯理的使者、托马斯·科克博士心怀的念想，他将牛津的教
育理念自异域带入美国，成功说服卫理公会设立学院，尽管阿斯伯里表示反对，后者
更愿见到一个像卫斯理在金斯伍德建立的那种综合学校。学院成立于 1787 年，起初和
一所预备学校联合办学（早期美国的学院经常如此），后者的成功远超前者。（转下页）

的投入不仅受制于人员稀少，也因为下至最低级别的平信徒，上至阿斯伯里自己，都对此兴趣奇缺。① 大多数卫理公会平信徒本就负担不起太多的教育，对于一个只需向简单的人群传播简单的福音的教会而言，神学教育貌似是在浪费时间。

这些早期的学府得不到足够的支持，即使兴办起来也极易失败。然而，在 1816 年阿斯伯里去世之后，一群主要来自新英格兰的意志坚定的教育改革者开始在人数激增、接受度提高的平信徒身上下功夫。到 1820 年代后期，他们的努力初见成效，卫理公会赞助了数个研究院和口碑良好的小型学院。康涅狄格州卫斯理学院于 1831 年成立，紧随其后的是迪金森学院（1833 年从长老会手中接管）、阿勒格尼学院（1833）、印第安纳州阿斯伯里学院（1833 年建立、迪堡大学的前身）以及俄亥俄州卫斯理学院（1842），这只是其中最为杰出的几所。自 1835 到 1860 年，教会创办了超过 200 所院校。和以往一样，很多学校的支持和维护工作依然捉襟见肘。按照卫理公会的普遍观点，教育无疑只是一种工具——然而在那个年代，学习连成为宗教工具的价值都没有——这已然代表了一种进步。一些教会领导人向往高学历的牧师

（接上页）成立甫一年，学院的全部三名教员都辞了职。1794 年，大学部关闭，只剩下级学部；重开大学部的计划因 1795 年和 1796 年的两场大火而停滞，之后彻底终结。阿斯伯里认为，这是时间和金钱的浪费。"上帝对怀特菲尔德先生和卫理公会的召唤，不是为了创办学院，我要的只是学校……" *The Journal and Letters of Francis Asbury*，ed. By Elmer T. Clark et al. (London and Nashville, 1958)，Vol. II, p. 75。参阅 Sylvanus M. Duvall：*The Methodist Episcopal Church and Education up to 1869*（New York，1928），pp. 31 - 36。弗吉尼亚圣公会福音布道家德弗罗·贾拉特，对圣公会的教育方针略通一二，他为卫理公会在阿宾顿的投入感到骇然："我真的不明白，当指挥者和掌舵人只是一群修补匠、裁缝、织布工、鞋匠和各色各样的修理工——换言之，都是些不识字的、丝毫不了解大学和其内涵之人，只要是有理智的人，怎么会指望这所学府会有任何好的结果。" *The Life of the Reverend Devereux Jarratt Written by Himself* (Baltimore, 1806), p. 181。
① 首位著名教会历史学家内森·邦斯曾写道，早期卫理公会对学习的敌视是众所周知和毋庸置疑的。*A History of the Methodist Episcopal Church*（New York，1842），Vol. II, pp. 318 - 321。

团体，他们越来越需要为自己的神学立场辩护，以应付愈发细致的批评①，这一切最终打破了卫理公会对高学养教会的顾虑。神学院依然被疑为异端邪说的源泉，因而最早的两所卫理公会神学院是以"圣经研究院"的名义创办的。领导班子依旧来自新英格兰——在那里，卫理公会并非最强大或人数最多，但教育水平的竞争最为激烈。②

新模式下的教会拥有众多研究所、学院、神学院和杂志，守旧派始终无法与其和睦共处。赫赫有名的巡回传教士彼得·卡特赖特在1856年写就的非凡自传中，有一段老派福音主义者对于教会的全面且直白的观点陈述，完美地体现了反智主义立场，值得在此大段引用。③

　　假如当年卫斯理先生不得不等待他的牧师团开蒙受训之后才投身于荣耀的事工，那今天卫理公会在卫斯理宗的连接中将是什么？……假如阿斯伯里主教也选择等待高学历牧师团的出现，那么美国将遍地都是背信弃义之人……

　　长老派和其他加尔文主义的新教分支争论不休的是，高学养教会、教堂座椅、礼拜音乐、领俸禄的教会究竟公治抑或州治。卫理公会一致反对这些观点；没有文化的卫理公会传教士，实际上用他们的星星之火点燃了全世界（至少在美国是这样）……

　　我并不贬低教育，然而我见过太多高学历的牧师，他们迫使

---

① 首位著名教会历史学家内森·邦斯曾写道，早期卫理公会对学习的敌视是众所周知和毋庸置疑的。*A History of the Methodist Episcopal Church*（New York, 1842), Vol. III, pp. 15 – 18。
② 第一所这样的神学院直到1847年才办起来——即卫理公会圣经研究院，建于新罕布什尔州的康科德，后转到波士顿，更名为波士顿大学神学院。其后的1854年，在伊利诺伊州的埃文斯顿建立了盖瑞特圣经研究院。第三所此类研究院——德鲁神学院，建于1867年，由著名的"华尔街海盗"丹尼尔·德鲁资助。
③ Charles L. Wallis, ed.：*Autobiography of Peter Cartwright*（New York, 1956), pp. 63 – 65, 266 – 268.

我联想起桃子树荫下长出来的莴苣和迈着步子蹚水的小鹅，令我恶心和眩晕。高学养教会和神学教育不再是一项试验，其它教派早已有过尝试，证明是彻头彻尾的失败……

我为我深爱的卫理公会感到极度担忧。学院、大学、神学院和研究所，还有代理机构、编辑职位也越设越多，让最能干、最高效的牧师为之服务，教会本地化的同时也世俗化了，于是，我们与巡回传教告别。一旦行不通，我们就会一头扎进公理制，回到所有其它教派的起点……

我们如此缺乏普通事工的牧师，难道不就是因为这些代理和职业机构雇用了太多牧师吗？再有，这些校长、教授、代理人和编辑报酬更高，收入也更稳定，而风雨兼程的巡回传教士却收入微薄，经常入不敷出。办公室工作是巨大的诱惑，有资格的人选会因此放弃宣教和救灵……

投身于荣耀的救灵大业、振兴卫理公会的成千上万巡回传教士和教区牧师，其中受过普通英语教育的也许不足50人，多数人连这样的教育也没有，没有一个人上过神学院或是圣经研究院。但其中数以千计的人，他们传播福音的功绩以及对教会的忠诚远超当今一切自以为是的唯唯诺诺的神学博士。后者本该手拿镰刀迈入宽广的心灵沃土，实际却在谋求校长、教授、编辑或任何机构里的高薪职位。他们试图创造出新奇的机构，独享美好生活，而与此同时，在通往地狱的路上却挤满了成千上万贫苦的、处在死亡边缘的罪人，这些人错过了上帝，错过了福音……

我不会委屈自己就此打住，然后说我对学习或者一个进步的教会的态度是友好的。不然就是随意弃掷一条不移之论，让那些博学又有涵养的牧师们有机会说，所有反对我们眼下施行崇高使

命的人都是无知论者，以为无知是信仰之母。高学养教会把神学
当成一门科学来学习，他们为世界做了什么？看一看教会的历史
吧。激发内心的自豪感轻而易举，这种教育的自豪感给众多高学
历的福音牧师带来的是挫折与毁灭。但我不以恶报恶、以辱骂还
辱骂，倒要感谢教育为上帝所赐，教养出行正路的、胸怀信义的
福音牧师。但是，那些高学养教会的拥护者如何能确切知道那么
多接受普通教育的牧师，对于我们经常实施的教导，内心作何感
受？我们中间许多支持教育和教会进步的人，在言及早年开疆拓
土之时创立卫理公会和教会的那些目不识丁的先辈时，满口溢美
之词；然而，我不会因为这些嘴巴抹了蜜的唯唯诺诺的神学博士
虚情假意的让步而沾沾自喜；假如言能尽意，他们的真实感受应
该是，我们的成就归功于民众的无知。

　　毋庸置疑，这正是一些巡回传教的批评者想要表达的感受；而卡特
赖特很可能愿意承认，他们确实言之有理。他的福音派同侪也未必会一
致辩驳。正如一群福音派人士多年前对芬尼所言："高学历的人头脑开
化，更易持怀疑态度，面向他们的事工比未教化之人要困难得多。"①

5

　　在诸多方面，浸礼会的历史就是卫理公会的缩影，只是浸礼会更

---

① Charles C. Cole: *The Social Ideas of Northern Evangelists*, 1826 -1860（New York,
1954），p. 80. 镀金年代最成功的奋兴运动家之一山姆·琼斯后来表示，他更愿意在南
方地区的事工："我发现，越往南去，那里的人民越容易被打动。他们的头脑不会复杂
到去诅咒来自国内其它地方的事物。" McLoughlin: *Modern Revivalism*, pp. 299 - 300。

加去集中化、更不愿妥协，也更倾向于坚持神职人员不需要学历甚至不必支薪。因而相比卫理公会，他们对变化的顺应来得更迟，程度更低。正如威廉·沃伦·斯维特的观察："对于高学养的支薪教会，浸礼会的偏见之强烈是其它宗教组织所无可比拟的。19世纪初，这一偏见不仅在边境的浸礼会里广泛存在，而且几乎遍布整个教派。"[1]

诚然，高学历牧师和教会旧制曾让浸礼会饱经苦厄，他们在公理会的马萨诸塞州和圣公会的弗吉尼亚州遭到过残酷迫害。他们的特点是，只让自己人加入教会。浸礼会牧师和普通平信徒一样，可能是在田里耕作的农民或在条凳上做工的木匠，只有在主日和平日的布道、施洗及葬礼时才停止劳作。他们几乎没有时间阅读书籍。这些勤奋的公民不乐于和其他传教士竞争，对那些试图与之联合、共同向内地宣教的本地传教士组织表现出极端的反感。他们劝导信众共同抵制"外来"的干涉和中央控制。据传，浸礼会联合会不欢迎任何与传教士组织有关联的人物加入。肯塔基州某浸礼会联合会表示："我们的团契不接受任何参加非正统组织的堂会或教众。"伊利诺伊州某社团在质疑权威上的表现近乎偏执，它在通告中宣称："我们再次向各堂提出，不要和'圣经社团'有任何联系，我们认为，把诠释《圣经》的权力交予一些狡诈之人是十分危险的。基督释放了我们，叫我们得自由。所以要站立得稳，不要再被奴仆的轭挟制。"[2] 我们难免疑惑《圣经》是否由全国性集会来解读，但要知道，早年的迫害和被残酷耻笑的记忆，让浸礼会的顾忌久难止息。[3]

---

[1] *Religion in the Development of American Culture* (New York, 1952), p. 111.

[2] W. W. Sweet, ed.: *Religion on the American Frontier——The Baptists, 1783 - 1830* (New York, 1931), p. 65n.

[3] 比较早期弗吉尼亚州浸礼会的版本："有的人嘴唇长毛，有的看不清东西，要么背是驼的，要么腿是弯的，要么脚是笨的。他们和其他人太不一样了。" Walter B. Posey: *The Baptist Church in the Lower Mississippi Valley, 1776 - 1845* (Lexington, Kentucky, 1957), p. 2.

　　浸礼会抵制布道宣教，很大程度上因着他们反对中央集权。对中央教会机构的任何让步，都让他们感到离"罗马教皇和淫妇之母"更近了一步。未经教化且不领薪水的牧师，难免会抗拒教养更好、薪水更丰的教会的侵蚀。不计报酬的传道者容易相信，来自东部的高学历牧师都是为金钱而传教。[①] 一位当时的观察家总结道，这些未受过教育的传道者对自身的局限一清二楚。然而，"他们并不因上帝赐予他们更好的传递信仰的才能而喜悦，反而因自尊受创而愤然，褊狭和脆弱的心灵一贯如此"。一位牧职领袖指出，毕竟没有人会被迫聆听传道或支付报酬，除非出于自愿。对此，一位浸礼会牧师赤裸裸的辩驳，印证了上述论断："好吧，教会弟兄，你需要知道，森林里的小树总是被大树遮蔽；这些传教士都是了不起的人物，人们都会去听他们讲道，而我们就会被冷落。这是我们所抗议的。"[②]

　　然而，浸礼会和卫理公会的守旧派一样，无法顶住教会需要接受教育的压力。这是出于对自尊和被尊敬的双重渴望。早在 1789 年，一个弗吉尼亚州的浸礼会联合会在寻求创办神学院时给出的理由如下：[③]

　　　　其它教派的弟兄再也不能讥讽我们不懂戒规，我们的牧道不会再因为我们不懂母语或古典语言而遭到抹杀或非难。假如我们的眼中只有主的荣耀（我们所做的一切皆应如此）且依照主的旨意行进，那么就有足够的希望获得主的赞许。

[①] Sweet：*Religion on the American Frontier*，p. 72。"我们担心，金钱和神学教育成为当今太多传教士的骄傲。"同前，p. 65。
[②] 同前，pp. 73 - 74。有关浸礼会牧师的智识状况及牧师和平信徒对教育的抵制，参阅 Posey：同前，chapter 2。
[③] Wesley M. Gewehr：*The Great Awakening in Virginia*，*1740 - 1790*（Durham, North Carolina，1930），p. 256。

追求受尊敬抑或追求随性且不昂贵的教会，使浸礼会平信徒两级分化。到 1830 年，浸礼会领袖们在建设有文化、有薪俸的教会方面收获颇丰，平信徒的教育水平也有所提高。然而，浸礼会在扭转最初的偏见上进展缓慢，仍不断在奋兴主义的笼罩之下挣扎。[①]

6

内战后，教会的地位在结构上发生了重大变化。向崛起中的城市人口宣教变得愈发紧迫，也愈加困难，原因是教会必须找到契合城市人情感需求的方式，适应贫困者的生存状态，还要顾及来自农村的流动人口。早在 1840 年代和 1850 年代，城市奋兴主义者就已跃跃欲试，现在更是急不可耐。从慕迪到葛培理，在大城市——在全球范围内亦然——改化的成果是对福音主义重要性的终极考验。影响力囿于农村和小镇的劝诫者，最多只能算三流而已。

慕迪是介于芬尼和比利·桑戴之间的最显要的人物。他是马萨诸塞州诺斯菲尔德一位贫苦泥水匠之子，早年丧父，18 岁时受公理会一名巡回福音牧师感召而归信。内战前十年间，二十出头的慕迪已经在城市里从事宗教慈善活动。作为芝加哥一名成功的鞋类批发商，他在 1860 年毅然弃商投入独立事工。战时，他活跃于基督教青年会，战争刚结束就成为芝加哥分支的主席。他 13 岁辍学，一生从未领受圣职成为牧师。

1873 年前，慕迪的主要成就是基督教青年会和主日学校的事工，

---

① 有关教育方面的努力，参阅 Posey：同前，chapter 8。

尽管他曾两度前往英国考察那里基督教领袖的做法，展现出勃勃的雄心与好奇心。1873年，受英国友人之邀，他在当地主持了一系列福音团契，并因此锋芒初露。1873年夏，他带着风琴手和演唱者伊拉·D. 桑基开始了为期两年的系列集会，足迹遍布约克、爱丁堡、格拉斯哥、贝尔法斯特、都柏林、曼彻斯特、谢菲尔德、伯明翰、利物浦和伦敦。据估计，在伦敦一地就有超过250万人聆听了慕迪的牧道。自卫斯理和怀特菲尔德之后，英国已久未出现过如此令人印象深刻的布道。他离开美国之际尚默默无闻，回国时已家喻户晓；自1875年起至1899年离世，他不仅是毫无争议的美国新一代福音运动主将，也成为美国新教里最伟大的人物。

　　慕迪与芬尼全然不同。芬尼加诸听众的，是一种近乎恐吓的压倒性力量，而慕迪温和又招人爱戴，乐于宣扬天国的恩典而非警示地狱的折磨。他酷肖格兰特将军，略微发福的五短身材，满脸络腮胡——这种相似不仅在外形上——慕迪的个性简单，但意志超然。在他感化灵魂的过程中，展现出了类似维克斯堡战役的军团一般的决断力。和格兰特一样，他能激发出克服弱点的强大感召力，直至抵抗消退；他的强势隐藏在朴实无华的外表之下。但两者的相似仅止于此。格兰特尽管缺乏自信，但做了该做的事；在战争生涯以前，他的商业之路低迷，战后在政治上亦无起色。而慕迪自信心爆棚，他放弃了蒸蒸日上的财富，投身宗教之时依然十分年轻；在人生需要坚韧、精明、决策、刚毅和人性化的各个层面，几乎未尝败绩。他才疏学浅——连语法都不会，批评家对其布道的指摘经久不减；然而，他懂《圣经》，也懂他的听众。没有哗众取宠，他只是不知疲倦地重复一个让人难以逃避的诘问："你是基督徒吗？"在令他声名鹊起的大礼堂里，他用响彻全场的声音和不断喷薄而出的话语助人得救。

慕迪的信义是宽泛的，不分教派——了不起的是，他在不同阶段获得了几乎所有教派的认可，罗马天主教、一位论派（Unitarians）和普救派（Universalists）除外[①]——他对正规的神学辩论不屑一顾（"我的神学理念啊！我不知道我还有这个。我希望你来说说，我的神学理念是什么？"）[②]。时下的讯息、文化、科学，对他而言毫无意义，即使偶尔谈及，每每带有其所能及的嘲讽意味。这一方面，他完全因循主流的福音派传统。虽无意破坏传统教会及其教育体系，但他全心支持平信徒事工，认为经神学院教化的牧师"常常和民众渐行渐远"。[③] 他鄙夷一切和宗教目的无关的教育——他表示，世俗的教育不是告诉人们他们有多糟，而是奉承他们"因为受了教育，就变得像天使一样。受过教育的流氓，是卑鄙之极的流氓"。除了《圣经》，他几乎从不阅读。"对于书籍，我的原则是，除非它能帮我理解这一本书，其它的我一概不读。"小说？它们"太浮夸……我没有胃口，也毫无兴致，即使有也不会去看"。戏剧？"你们说看好剧是教育的一部分。让那种教育随风而去吧。"文化？就让它"原地待着吧"，在一个人找到救主之前，谈文化就"跟疯了似的"。学习？它是灵性的累赘，"我宁可要无知的热情；没有热情就只是有学问而已"。科学？在慕迪的时代，它已成为对宗教的威胁，而不是发现和荣耀主的方式。"我们更容易相信，人是按照上帝的形貌创造的，而不是像眼下一些年轻男女被教导的那样，是一只猴子的后代。"[④]

　　慕迪对智识和文化的态度符合福音派传统，然而，他也标志着奋兴主义历史上一个新的转折——并非在目标或态度上，而是在方法

---

① McLoughlin：*Modern Revivalism*，pp. 219 – 220.
② Gamaliel Bradford：*D. L. Moody：A Worker in Souls*（New York，1927），p. 61.
③ McLoughlin：*Modern Revivalism*，p. 273.
④ Bradford：*Moody*，pp. 24，25 – 26，30，35，37，64，212.

上。乔纳森·爱德华兹和他的同侪一贯将奋兴运动视为神的蒙召。在他的首部伟大作品中，爱德华兹将北安普顿奋兴运动称为"上帝的惊人伟绩"；这里的修辞，彰显出北安普顿传教士的理念——这并不由人的意志左右。我们揣测，作为资深奋兴主义拥趸的怀特菲尔德，对于人的意志所能发挥的作用必然知晓一二。不论如何，普遍接受的理论是，神的旨意是核心推动力，而人的意志则相对被动。至芬尼之时，这样的观点式微，美国福音派传统里的自愿主义特征日渐走强。芬尼坚信："宗教是人的事工。"他认为，上帝确实将他的旨意降临到人的身上，令其遵从。然而，这样的旨意始终在那里——按当下的用词，它是一个定量，而人的反应则是变量。只有人的意志随之提升，奋兴才会发生。芬尼断言，宗教的奋兴"不是一项奇迹，也完全不依赖奇迹。它纯粹是正确运用既定的方法，从而得到明智的结果"。因而坐等奋兴如奇迹一般卷土重来，是错误的懈怠之举。"你明白为何你无法实现奋兴。这只是因为你不想要。"①

芬尼的《宗教奋兴讲座》便是展示何为正确的方法，如何凭借意志催发奋兴。然而，值得一提的是，芬尼所言的方法不只是机械式的，也不只是一些技巧，而是心灵、头脑和意志齐头并进地实现宗教奋兴大业的一系列指引。为了让奋兴主义符合新工业化时代的精神，慕迪那代人走向了拐点。我们不可妄断像慕迪这样强大和诚挚之人内心缺乏必要的动力源泉；但值得重视的是，他添加了一些其它东西——企业组织的方式。芬尼的奋兴运动发轫于安德鲁·杰克逊和莱曼·比彻的时代，而慕迪则属于安德鲁·卡内基和 P. T. 巴纳姆的时代。

即使经过精心策划，芬尼的奋兴运动也并无太多技术含量。而慕

---

① *Lectures on Revivals of Religion*，pp. 9，12，32。芬尼对奋兴运动中人的作用的论述十分全面，此书第一章里的阐述极为中肯，而我只是管窥而已。

迪引进了一个强有力的机制。① 本地福音牧师的邀请函由专人提前派送；广告宣传计划涵盖了海报张贴和报纸宣传（刊载在娱乐版上）。若最大的教堂也容纳不下人群，就需要寻找大型讲堂，假如找不到，就临时搭建。临时的场地在事后议价拆零出售。慕迪的波士顿集会场地花费3.2万美元。一个城市的系列集会可能需要3万（纽约）至14万美元（伦敦），为支付庞大的开支而建立了财务委员会，由他们引入本地的企业家资源。然而，慕迪并非只是依靠小企业家。在芝加哥，他得到了塞勒斯·麦考密克和乔治·阿莫的资助；在费城，是杰伊·库克和约翰·沃纳梅克②；在纽约，则是 J. P. 摩根和科尼利尔斯·范德比尔特二世③。集会需要当地的引座员管控大批的人流，布道结束之后，助理们通过"咨询"小会跟进归信者的灵性状态。再就是音乐的安排——桑基的演唱和伴奏，招募本地歌唱团加入唱诗班，每个城市从600到1000人不等。如同一切商业活动，慕迪的集会产生的效应也变成衡量的对象。起初，慕迪本人反对估量救灵的数目——他们的说法是，伦敦要3000个，芝加哥要2500个，纽约要3500个——数年后，他启用了"决定卡"（decision cards），系统地记录下进入咨询室之人的姓名和地址。

我们看得出，芬尼对于将某些法律培训用于理性的布道颇为自豪。慕迪也许并未完全意识到，他的布道折射出其早年的商业经历。他的言辞有时恰似一名贩卖救赎的商人。在一个"咨询"小会上，他一边在椅子上坐下，一边问道："现在谁要接纳基督？这正是你需要

---

① 关于慕迪奋兴运动的运作方式，参阅 McLoughlin：*Modern Revivalism*，chapter 5，"Old Fashioned Revival with the Modern Improvements."。
② 美国百货业之父。——译者
③ 美国铁路和航运大王。——译者

的。有了基督，你就拥有永恒的生命和所需的一切。没有他，你会死去。他把自己奉献给了你。谁要接纳他？"[1] 这时，他仿佛是在售卖一件商品。你会听到他说："如果一个人需要一件大衣，他会想买一件尽可能好的，让钱花得值得。这是普世的逻辑。如果告诉人们宗教是最好的东西，我们就会赢得世界。"我们不得不认同加马利尔·布拉德福德的判断，这正是"卖皮鞋的行话"[2]。在这一点上，同时代的人亦作此想。"当他站在讲坛上，"莱曼·阿博特如此形容慕迪，"看起来就像一位商人，穿着打扮也像；他像商人一样操控着整个集会，使用的语言也是商人的风格。"[3]

对于主要的社会矛盾，芬尼至少在有关奴隶制的问题上态度激进，而慕迪一贯是保守的。奋兴主义的后起之秀们体现出福音精神和商业头脑结合的特征，这在很大程度上归功于他。他的政见和支持他的共和党企业家殊无二致，他也从不吝于表达福音对有产阶级的助益。"我对芝加哥的富人说，假如共产主义和无神论席卷整个美国，他们的钱财就会一文不值。"又说："芝加哥的资本家最好的投资，就是将福音这把救世的盐，撒入黑暗与绝望的所在……"然而这并不等同于迎合。他的保守源于前千禧年主义的信仰，内心充斥着社会悲观主义。人生来就是彻头彻尾的恶，什么都指望不了。"我不断听到改革、改革，直到厌倦并感到恶心。我们需要的只是圣灵带来的重生的力量。"有鉴于此，慕迪对任何社会话题的讨论都毫无兴致。[4] 过去，人类在所有方面始终一事无成。真正的大业，是让尽可能多的灵魂离开世界这条沉船。

---

[1] Bernard Weisberger：*They Gathered at the River*，p. 212.

[2] 同前，p. 243。

[3] *Silhouettes of My Contemporaries*（New York，1921），p. 200.

[4] McLoughlin：*Modern Revivalism*，pp. 167，269，278；Bradford：同前，pp. 220 - 221。

7

在一个重要方面，慕迪时代的奋兴主义比之先行者要求更多的自我控制。旧时奋兴运动的"狂热"表现——尖叫、呻吟、晕厥、咆哮、狂吠——现已无法被接受。这不仅因为虔敬派愈发克制，也因为城市里的奋兴活动媒体环伺，不容许发生会让公众丧失同情心的状况。在乡村教堂和野外集会上失控无伤大雅，但对于礼堂内的大规模奋兴活动，失控的场面是危险的。奋兴运动最睿智的拥护者始终认为，热情的极端表达方式是一种羞耻。尽管芬尼时而会激发这样的表达，但他视之为必要的累赘与邪恶。慕迪则决意将其摒弃，他会中断讲道，要求引座员将某位表现异常的听众带离现场。甚至对过多的"阿门"和"哈利路亚"还会表示："没关系，朋友们，让我来喊吧。"[1] 他的接班人比利·桑戴相信，"个人的归化不用大张旗鼓"，他坚定地把手伸向听众，要求引座员把不守规矩的人请出去。他曾喊道："这位弟兄，两人不能同时掌舵，让我来吧。"又在另一个场合说过："等一下，这位姊妹，控制好你的点火器，省点油吧。"[2] 某些体统需要保持；风云人物的表演，不能有任何的打搅。

虽然城市福音运动的环境要求听众有所克制，但似乎将传教士释放了出来。对于研究大众情感的历史学家而言，福音主义发展过程中最令人瞩目的一个层面，是布道用语从白话降格为粗俗之语。虔敬主义一贯的思想是，布道应该朴实无华、不为所动、不含学问、不加修饰，如此才能触及并打动头脑简单之人。芬尼的主张是，真正出色的

---

[1] McLoughlin：*Modern Revivalism*，p. 245；参阅 Bradford：同前，p. 223。
[2] McLoughlin：*Modern Revivalism*，p. 433 – 434；以及 *Billy Sunday Was His Real Name*，pp. 127 – 128。

布道如同真正出色的人生，是剥除了优雅和伪装的。他的布道以白话的风格打动人心，他更喜欢即席演讲而非念稿，原因是即兴的表达更直接，更接近于一般的谈话。他表示，当人们充满热情，"他们的语言是贴切、直接而简洁的，句子简短有力，令人信服"。这将促进行为，并产生结果。"这就是为何比起最博闻强识的神学家和教牧者，曾经无知的卫理公会传教士和热忱的浸礼会传教士造成了更大的影响。他们现在依然如此。"[①]

芬尼对白话式布道的推崇令人信服。毕竟，大多数出色的布道都带有白话元素。例如，路德曾以最为直接和亲近的方式，向他的听众描画诞降的情景：[②]

> 年轻的新嫁娘结婚才一年，不能在拿撒勒自己的家里生产已经够糟了，她怀着身孕，还走了整整三天的路！⋯⋯还有更可怜的。没人重视这位临产的年轻母亲，没人把她的状况放在心上⋯⋯在那里她毫无准备：没有光，没有火，在死亡般寂静的夜晚，在深沉的黑暗里⋯⋯我不禁想，假如约瑟和马利亚意识到那么快就要生产，也许她会被留在拿撒勒⋯⋯有谁告诉这个可怜的女孩该怎么做？她从未生过孩子。她没被吓坏，我觉得非常了不起。

芬尼质朴的表达风格，也许只是继承了最好的清教布道方式。美国传道史上最伟大的形象，无疑是乔纳森·爱德华兹把灵魂描绘成悬

[①] *Memoirs*，pp. 90−91。下文详述了芬尼的布道理念：*Lectures on Revivals of Religion*，chapter 12。对于宣教的演讲风格，他的定律是："必须是谈话式的。""必须要用生活化的语言。"它应该是类比式的——即要从真实的或假设的日常生活场景，以及"一般性的社会运作"里寻找范例。需要重复，但不可以单调。

[②] Roland H. Bainton：*Here I Stand*：*A Life of Martin Luther*（New York and Nashville，1940），p. 354.

挂在厨房炉台上方的一根由上帝掌控的丝线上的一只蜘蛛。白话风格本身不也构成了美国文学的一大原创特色吗？

这些都真实地反映和阐释了芬尼的布道理念。其后的福音派遇到的问题是，在白话风格尚不能表达乃至夸大民众最原始的情感之时，就要将其稳固下来。与芬尼同时代的贾伯斯·斯万，在描述约拿的大鱼时，无疑只是添加了一些生动的口语：[①]

> 大鱼拍打着水面，吐着泡泡，上下左右地跳跃，想甩掉这个负担。它感到越来越恶心，索性游到岸边，把嘴里令人作呕的东西吐了出来。

虽然慕迪适时引入了也许会让芬尼感到奇怪的厚重的情感基调，但他以每分钟 220 个词的语速布道，用词口语化却不粗俗。和芬尼一样，慕迪对他所称的"论文式布道"很不耐烦。他说："试图表现得能言善道是一件愚蠢的事。"[②] 他的口语化和随意性，让保守的听众走了神（"谁要是不抓紧跟上，就会对这些集会感到失望"）。伦敦的《星期六评论》认为，他"只是粗鄙的大叫大嚷之人"[③]。但总体上说，他的布道算不上粗俗。同时代的一些年轻人，如山姆·琼斯，言辞更为宽泛和大胆："在这个地方，有文化的传教士半数是 A. B.、Ph. D.、D. D.、LL. D. 和 A. S. S.。"[④] "谁要是受不了真理来得比以

---

① McLoughlin：*Modern Revivalism*，p. 140.
② Bradford：同前，p. 101. 有关他的布道风格，参阅 McLoughlin：*Modern Revivalism*，pp. 239 其后。在 J. Wilbur Chapman：*The Life and Work of Dwight L. Moody*（Boston，1900）一文中有大量的示例。
③ Bradford：同前，p. 103。
④ A. B. 为学士，Ph. D. 为博士，D. D. 为神学博士，LL. D. 为法学博士，A. S. S. 即英语中 ass 一词，意为傻瓜。——译者

前更多更快，他最好从这里滚出去。"① 比利·桑戴模仿的口气正是这样的，而不是慕迪的。

比利·桑戴的福音主义生涯自 1896 年迄至 1935 年，随着他的到来，福音派的遣词用句跌入了谷底。与之相比，当代的葛培理等人可谓极其适度和收敛。桑戴的生涯在某些方面和慕迪相似。他的父亲是艾奥瓦州一名砖瓦匠，1862 年死于联邦部队。桑戴在贫困的乡村度过童年，高中未毕业即辍学，1883 年被芝加哥白袜棒球队选中。1883 年到 1891 年，桑戴靠当棒球手谋生。之后，他的人生仿佛是林·拉德纳故事里的人物——狂妄自大至极的外场手归信了宗教，改奉福音主义。和慕迪一样，比利·桑戴也是在基督教青年会展开福音事工的。1886 年归信之后，他开始在基督教青年会宣讲，离开棒球队后担任了青年会秘书，1896 年开始传道。不同于接受平信徒身份的慕迪，桑戴渴望被授予神职。1903 年，他面对芝加哥长老会检查组的考察，在多次回答"对我来说那太深奥了"之后，考察被取消，理由是因桑戴而归信的人数比所有考察官的都多，对于他升入教会一事再无人质询。

1906 年后，桑戴离开了令他初尝胜果的中西部小镇，转战中等规模的市镇，直至 1909 年功成名就，继承了慕迪的衣钵，成为大城市里数一数二的福音布道家。布莱恩、威尔逊、西奥多·罗斯福等政界领袖，或多或少对他表示了支持；商界大亨像对待慕迪一样向他打开金库；文人雅士认为他值得尊敬；数百万人前来聆听他的布道。1914 年，《美国杂志》开展"谁是美国最伟大的人？"的民意调查，读者将他排在了第八位，与安德鲁·卡内基并列。表面上，他开展福音

---

① McLoughlin，*Modern Revivalism*，p. 288.

事工的方式和慕迪相当类似，但有两处重要的不同。慕迪需要并争取本地牧师的邀请，而桑戴变本加厉，常常威胁不情不愿的牧师，直至他们屈服。慕迪生活无忧但非大富大贵，而桑戴成了百万富翁，对有关布道费用的批评，他回应道："我得到的报酬是一个灵魂大约2美金，按比例的话，我救灵的所得比现今任何布道家都要低。"这两人都像极了商人，但慕迪的个人享乐仅限于餐桌上，桑戴则在衣着方面极尽奢侈。他穿着领子笔挺的条纹西装，戴着镶钻的袖扣，锃亮的漆皮鞋还有鞋套，看起来像和女孩约会的产品推销员。和慕迪一样，他也有自己的音乐伴奏师，名唤霍默·洛德海沃①。桑基的演唱柔美，而洛德海沃始将圣歌爵士化。②

　　芬尼应该会惊叹于桑戴这位奋兴主义者的风格和娱乐元素，后者雇用马戏团的大个子当门卫，肆无忌惮地模仿他的同侪（反对轻浮是芬尼坚守的庄严信条之一），在激动时刻脱去外套和马甲，每每在讲坛上高谈阔论，还会加上灵活的肢体表演。桑戴为善用俚语而骄傲。"我才不管那些肿着眼睛、磨磨唧唧的牧师怎么叨叨，就因为我用的是最简单的盎格鲁—撒克逊词汇？我要让人明白我在说什么，所以我才要深入他们的生活。"他认为，有文化的牧师试图"取悦高雅派，这样一来就会失去群众基础"。慕迪的语言虽然简明扼要，但对桑戴而言太过淡然无味。慕迪曾说："教会的标准低到可以忽略不计。"桑戴则断言："教会的门槛低到只要有两三套西装和银行存折，任何老鬼都可以爬进来。"慕迪对这样的说法表示满意："我们无需智识和财力，只要神谕。"桑戴则进一步表示："如果所有教众都是超级富翁和

① 中国教会称罗海孚。——译者
② 有关桑戴的一生，参阅 William G. McLoughlin 所著的全面而深刻的传记：*Billy Sunday Was His Real Name*。

大学毕业生，那么美国的教会就会干腐而死，下四十九呎地狱。"①

传统的白话布道真实而亲切地布讲《圣经》故事，而桑戴的本领是用时下的市井俚语讲述黑暗和光明。在他的布道里，魔鬼是这样诱惑耶稣的："把这些石头变成面包，好好地吃一顿吧！弄些货物出来！"他如此讲述面包的神迹：

> 然而，耶稣四处张望，发现一个小男孩，他母亲给了他五块饼干和一些沙丁鱼当作午餐，于是和他说："来吧孩子，上帝需要你。"然后他告诉这个小孩他想要什么，男孩说："耶稣啊，这里没有多少，但你可以尽管拿走。"

1920 年代，那些被布鲁斯·巴顿的《无人知晓之人》中的粗鄙语言震慑的人，也许尚未意识到，正是桑戴的言辞为巴顿开了先河。后者把基督描绘成实干家："耶稣经常主动出击，耶稣基督发动起来就像一个六缸引擎，如果你认为他不是这样，那就大错特错了。"他认为很重要的一点是，耶稣"并不是老好人式的存在，而是史上最伟大的斗士"②。

---

① McLoughlin：*Billy Sunday*，pp. 164，169.

② Weisberger：*They Gathered at the River*，p. 248。McLoughlin：Billy Sunday，pp. 177，179。桑戴的语言是一种新的暴力表达，在一战时期的牧师身上十分常见。参阅 Ray H. Abrams：*Preachers Present Arms*（New York，1933）。

五、抗击现代化

1

比利·桑戴的粗俗言辞只是一种表象，重要的是它揭示出福音主义在那个年代的地位。俚语和俗话的背后，是一种会令芬尼和慕迪感到陌生的、激烈交战的心绪。诚然，这些早期的福音主义者也处于交战中——对手是地狱的力量，是救灵的敌人。然而，与桑戴交战的还有其它——有时似乎才是核心——那就是现代化的精神。纯粹的个人脾性固然重要，但除此之外，他的成就和流行也肇因于基要派走向历史衰退期的苦苦挣扎。

进入 20 世纪，福音派传统迅速陷入危机。一方面源自内部：是旧宗教方式还是现代主义，两者的冲突愈见普遍和公开，选择已箭在弦上。目睹作为广大主流福音教派的浸礼会和卫理公会在某些方面不得不屈从于现代主义思想，基要派的平信徒和牧师深感痛心。他们对这些异端的憎恶也加强了这种苦涩感。另一方面则是外在的：世俗世界向宗教正统的挑战比国史更悠久，达尔文主义势力和新兴的城市生活方式赋予了这些挑战前所未有的能量。再者，由于教育的推广和全国性的流动、全国上下思想界的发展，让知识界世俗的自由思想和基要派的经文崇拜两者继续各自为政变得愈加困难。只要异彩纷呈的世俗主义属于精英事务，基要主义者就无法视而不见，更无法随意将它当成激进布道的替罪羊。眼下，两者已进入随时和频繁的对抗——这是大众文化发端之后，宗教与高层文化短兵相接的首要后果。

我无意表达宗教再没可能悄无声息地从世俗文化的思想环境中撤离；只是在多种态势的对抗中，它已失去了吸引力。对许多个人和团体而言，宗教也许代表了平静的信念、个人的安定和心灵的慈悲。然而对于好战派，它也可以是敌意的源头或出口。有一种好战的头脑，把人性的对立当成最感兴趣、最具价值的方面；憎恨是某些人生存的信条；纵观历史，他们的踪迹在种种激烈的反天主教运动、反共济会及一系列乖张的狂热主义中可见一斑。基要派里有平和派和好战派两种类型，人数多寡难以言说。我所探讨的更多是好战派，他们一头扎进了与宗教现代化及普遍的文化现代化的抗争。在此，我们研究的是整个福音派传统下，一个数量空前减少但依然可观的人群——他们认为高昂的热情和雄心足以弥补人数上的锐减。

比利·桑戴的言辞，有两个最为夺人耳目的新基调，一是强硬，二是讥讽和谴责——可视为新式公众思维标志性的体现。桑戴身上出现的新迹象，我称为百分百思维——它完全效忠于大众的一整套愚昧思想，并坚信无人有权向其发出挑战。这种思维，是近代基要主义宗教和基要主义下的大美国主义的合成品，常常裹挟着一种鲜明的基要主义道德观。① 持百分百思维之人，不容许任何的不确定性、模棱两

---

① 通常是性方面的基要主义——对正常性爱和异常性爱的无比恐惧——和另外两者相互关联。从后期的基要派布道中经常可以感受到的是，听众为他们自身的性欲惊恐不已。福音文学里对于舞蹈和卖淫的态度，让我们可以略知一二。桑戴感到"在方块舞中交换位置，这种身体的姿态不容于任何正派的社会，"他建议以法律形式制止 12 岁以上的儿童参加舞蹈学校，并禁止婚前发生跳舞行为。McLoughlin：*Billy Sunday*，pp. 132，142。

可、保留意见或是批评，并认为这是强硬和男子气概的佐证。有观察家评论桑戴时说，当代没有人像他一样，"甚至连罗斯福先生自己都无法坚持个人抗争的男子气概"。耶稣是斗士，他的门徒桑戴推翻了一种观念——基督徒一定是"洗碗布一样的存在，软塌塌的、娘娘腔的傻瓜，被别人当成门口的垫子"。"上帝救我们脱离那种手无缚鸡之力、脸颊下垂、形销骨立、膝盖打颤、皮肤苍白、卑躬屈膝、言听计从、柔弱无骨、女人气的、像3克拉石头一样的基督教吧。"桑戴想要扼杀的想法是，"成为基督徒，必须脱离繁尘俗世的生活，变成毫无骨气、懦弱无能的存在"。他的语气里有种罗斯福式的决断："道德战争让人变强。表面的和平使人脆弱。"他总结了自己的态度，承认道："我对没有攻击性的上帝不感兴趣。"①

要评估这种愈演愈烈的敌对情绪的历史重要性，让我们先来回顾福音运动早年的历史。西德尼·E. 米德曾言及，大约自1800年以降，"究竟是在思想上符合智识中心体系下的普遍标准，还是在宗教上符合教派的普遍标准，美国人事实上面临着艰难的抉择"②。然而，这一选择在1800年之后并不像在1860年之后，尤其是1900年之后那么清晰或者那么矛盾尖锐。在1800年之前，正如米德所指出的，虔敬派和理性派的思想有着不言自明的共识，主要基于两者共同的布善主义观点和对宗教自由的热情。例如，想想本杰明·富兰克林在费城聆听怀特菲尔德的布道，为支持这位觉醒主义者热荐的慈善团体慷慨解囊，普通牧师拒绝向怀特菲尔德让出讲坛，于是他捐资兴建会堂供任何牧师使用。虔敬派和理性派的和睦相处，在杰斐逊任总统期间达到顶峰，当时以浸礼会为主的异端组织乐意为任何一名捍卫宗教自

---

① McLoughlin: *Billy Sunday*, pp. 141 - 2, 175, 179.
② "Denominationalism: the Shape of Protestantism in America," p. 314.

由的人撑腰，不论他是不是理性主义者。①

当然，1790 年代期间，当自然神论（Deism）在美国的影响力达到巅峰时，有关变节威胁的惶惶之论确实比比皆是。这些警告主要波及了传统教派分支下的学府和极端人士。② 1795 年后爆发的奋兴运动中，伏尔泰和托马斯·潘恩也确实充当了牧师们的引路人。③ 然而，大多数早期的福音派人士十分现实，难以想象某种学养深厚、有自知之明的怀疑主义思想会给他们试图接近的头脑简单的民众带来真正的威胁。他们知晓主要的敌人不是理性主义，而是宗教冷漠，事工的重心并非暴露于潘恩对《圣经》的攻击之下的民众，而是从未接触过《圣经》的人。1795 年到 1835 年间，福音派的斩获日渐引人瞩目，同时，自然神论相应式微，虔敬主义和理性主义的征战退居幕后。福音派的忧虑，更多在于如何从罗马天主教和宗教冷漠的双重邪恶之手中拯救广阔的美国腹地，而非驱散启蒙思想的暗淡余晖。

内战之后，一切都改变了，理性主义再次成为福音派心目中的重要对手。达尔文主义的影响力蔓延到每一个思想领域，正统基督教为此举起盾牌。近代的高学养教会和有学识的平信徒对《圣经》的学术

---

① 例如，可参阅下文中新英格兰浸礼会的共和主义，William A. Robinson：*Jeffersonian Democracy in New Haven* (New Haven, 1916)，pp. 128 −141。

② 有关法国大革命之后，对于革命和变节的歇斯底里，在 Vernon Stauffer：*New England and the Bavarian Illuminati* (New York, 1918) 中的描述最为生动。18 世纪晚期，美国的精英界确实流传着不少种类的怀疑论，但主要仍是私下的信条，没有任何变节的意图。法国大革命之后，杰斐逊式民主崛起，上层阶级的理性主义者更不愿在众目睽睽之下推行理性主义。诸如埃利胡·帕尔默这般活跃的怀疑论者，意欲在中下层阶级联合共和主义和怀疑主义，发现障碍重重，尽管在纽约、费城、巴尔的摩和纽堡都有一些自然神教团体。参阅 G. Adolph Koch：*Republican Religion* (New York, 1933)。

③ Catherine C. Cleveland：*The Great Revival in the West*，*1797 −1805* (Chicago, 1916)，p. 111. Martin E. Marty 在 *The Infidel* (Cleveland, 1961) 中的论点是变节的危险在美国微乎其微，其本身不值一提，然而在正统的布道和各宗教团体间的攻讦中，它作为一个恐吓性的词汇才变得重要起来。

批判，让达尔文主义愈发势不可挡。终于在世纪末，工业化和城市教会的问题催生了广泛的社会福音运动，这是另一项现代主义的趋势。牧师和平信徒都不得不在基要主义和现代主义，以及保守的基督教和社会福音思想之间做出选择。

时移世易，很多牧师——包括大量心系福音派的人士——逐渐成为自由派。[①] 他们并未陷入不得不和小众的理性主义怀疑论者同生共处的窘境，或体会到正统基督教向现代主义转型的种种弊端——基督教从全心投入救赎这一永恒问题，变成忙碌于工会、社会安置甚至是宣传社会主义的世俗事务。到了世纪末，基要派痛苦地意识到，他们的影响力和受尊敬程度正走向衰微。他们中间兴起了一种宗教风格，它源自对反击一切现代事物的渴望——包括上层的批评、进化论、社会福音思想、任何形式的理性批判。正是这种神学性和社会性的连锁反应，为百分百思维铺就了基石。

比较慕迪与他最杰出的接班人，这种渐进的窒息感昭然若揭。慕迪的观点非常接近于后来被称为基要派的思想，但他的宗教风格在1870年代早期就已定型，其时，现代主义的进犯大多只限于学究派的圈子。他提及基要派和现代派之间显现的冲突，部分是出于个人的善意，部分则是因为在他的活跃期这种冲突本身的态势。他坚决认为《圣经》是上帝的谕旨，无一丝不智慧，无一丝不美好，任何诋毁它的企图都是魔鬼的伎俩。"假如《圣经》里有任意一处不实，整体就毫无价值"，解读《圣经》之时摒弃科学甚至理性都是可行的——"《圣经》本就不是为了被理解"。讨论比喻式的语言和象征性的含

---

① 有关教会内部的分歧，参阅 Robert S. Michaelson："The Protestant Ministry in America：1850 to the Present，"以及 H. Richard Neibuhr and D. D. Williams：同前，pp. 250 - 288。

义令他不胜其烦。"现在的人就是这么说话的,什么都要解释得一清二楚。"① 尽管如此,慕迪的表达显然是不带偏见和敌意的。他愿意和他所尊敬的宗教自由派和平相处,乐于让其加入诺斯菲尔德集会,也不喜欢听到其他保守派称其为变节者。在他的赞助下创办的两所教育中心——芝加哥的慕迪圣经学院,后来走向基要派;位于马萨诸塞州的诺斯菲尔德神学院则转向现代派——两者都声称是慕迪精神的延续,彰显了他的传承。

桑戴则大相径庭。任何对基要派的充分性、可靠性和强势性的指摘都为他所不容。他把天赋用在毫不留情地痛批上层批评和进化论上,就像对待一切令他不快的事物。"地狱是有的,这是《圣经》里说的,你不要这样黑心、卑劣、堕落地说你不相信,你这个蠢货!"再说一次:"成千上万的大学毕业生正以最快的速度奔向地狱。假如我有 100 万美元,我会把 999999 美元给教会,1 美元给教育。""当上帝说一而学界说二,让学界下地狱去吧!"②

2

怒意越来越高涨。对正统的挑衅以锐不可当之势渗透到大量的社会力量和权势中心,再也不容小觑。对自身信仰充分性的噬人疑惑,以及无处不在的质疑之声,也许偶尔会让基要派感到苦恼。正如雷因霍尔德·尼布尔所言:"极端的正统被它自身的狂热所累,因而让怀

① Bradford:同前, pp. 58 - 60;McLoughlin:*Modern Revivalism*,p. 213;有关慕迪务实的包容,参阅 pp. 275 - 276。
② McLoughlin:*Billy Sunday*, pp. 125,132,138.

疑论之毒渗入了教会的灵魂；当本可确信的东西变得无法掌控，人们会为其进行最激烈的辩护。正统的疯狂成为掩盖质疑的方式。"[1]

理性主义和现代主义不容辩驳，于是只能疯狂借助语言暴力，最终演变为打压和恐吓，并在1920年代反进化论的十字军战争中达到高潮。这样的时刻已经来临，正如桑戴在那十年里的一场布道中断言："美国不是一个适合异见者生存的国度。"[2] 然而不幸的是，基要派自己成了异见者；他们不具备威胁和压制批评者的能力，在历史的退潮里上下逐流。即使是大型的福音教派也失去了大多数主控权。大量的卫理公派以及至少是在北部地区的浸礼派，被宗教自由主义所占领。许多在福音派主流中失去了支配地位的基要派开始感到绝望。

1920年代被视为美国新教主义文化斗争的关键十年。广告宣传、广播、大众刊物、普及教育的发展，让新旧思想不可避免地兵戎相见。昔日美国的乡村小镇在抵御现代生活方式的入侵之时，坚定不移地站在了都市化、罗马天主教、怀疑论以及学界的道德经验主义的对立面。在3K党运动、严格的禁酒令、斯科普斯审判以及1928年抗击艾尔·史密斯[3]的运动中，美国的旧派试图东山再起，却是徒劳；仅有的胜利是史密斯的败北，但因为他成功将民主党转型为城市势力，削弱了胜果，他的这一成功为之后民主党的凯旋奠定了基础。[4]

---

[1] *Does Civilization Need Religion*?（New York, 1927），pp. 2 - 3。我相信读者们很清楚，我所研究的基要主义是作为一种大规模的运动，而非对现代主义深思熟虑的针砭。有关后者的示例，可参阅 J. Gresham Machen：*Christianity and Liberalism*（New York, 1923）。关于基要主义的智识发展，参阅 Stewart G. Cole：*The History of Fundamentalism*（New York, 1931）。

[2] McLoughlin：*Billy Sunday*, p. 278.

[3] 即阿尔弗雷德·史密斯，纽约州州长，1928 年美国大选中民主党提名的候选人。——译者

[4] 关于史密斯在这方面的成就，可参阅我的论文："Could a Protestant Have Beaten Hoover in 1928?"*The Reporter*，Vol. 22（March 17, 1960），pp, 31 - 33。

1920 年代痛苦的呐喊中一个清晰可辨的声音，即旧派的美国范式已由盛转衰，而学界被指控蓄意将其谋杀。1926 年，3K 党的首席巫师希拉姆·W. 埃文斯在一篇感性的文章中宣讲了该团体的使命，描绘了当下的主要矛盾，即"旧先锋式的美国公众"和"与知识混种的'自由派'"之间的缠斗。他抱怨道，"斯堪的纳维亚美国人"所有的道德观和宗教价值观正被入侵这个国家的其它种族打破，他们被自由知识分子公开嘲讽。埃文斯写道："我们这一运动①

　　是普通人的运动，他们在文化、智识和领袖的教育上十分弱势。我们要求并企盼的胜利，是还权给普罗大众——那些完全未受玷污的、未去除美国化的、老派的普通民众，而不是有文化的高智识的人。我们的成员和领袖，无一来自知识分子和自由主义者阶级，那些人身居高位却背叛了美国精神，与他们争夺控制权天经地义。

　　这无疑是一项弱点。我们被称作"土鳖""乡巴佬""开二手福特的家伙"。这些我们承认。但比这更糟的是，我们很难自我陈述或用最有效的方式宣扬我们的征战，因为我们大多数人不善言辞……

---

① "The Klan's Fight for Americanism，" *North American Review*，Vol. CCXXIII（March-April-May, 1926），pp. 38 其后。比较 Gerald L. K. Smith 于 1943 年所言："我们的人常常不能自我表达，因为很少有人在当前的情况下还能恣意说话，但他们的心中有着丰沛的情感，没有表达出来只是因为他们担心自己的词汇还不足够。" Leo Lowenthal and Norbert Guterman：*Prophets of Deceit*（New York, 1949），p. 110。

　　美国民众心如明镜，只是老派美国精神的代言人并不擅长和自作聪明的现代派竞争，这样的感受在右翼的言辞中贯穿始终。比较 Senator Barry Goldwater in *The Conscience of a Conservative*（New York，1960），pp. 4 - 5："我们的失败……是保守派表达的失败。尽管我们……自信国家站在我们这一边，但我们似乎无法展示保守派的原则与日常生活的实际联系……我们兴许对大众传媒控制者的评判过于敏感。每日都被'受到启迪的'评论员说成政治无能。"

任何受欢迎的运动都曾遭遇过这种障碍……

我们的团体不相信情绪化和本能是一项弱点，冷冰冰的智识才是。行动源于情感而不是推论。情感和本能在我们身上已沿袭数千年，比思辨之于人脑的历史要长得多……它们是美国文化的基石，甚于我们最伟大的历史文献。它们值得信任，而改变了本性的知识分子一丝不苟的推理则不可信任。

这样的申述并非毫无意义，语气也并无不妥。其困难之处在于找不到妥当的方式诉诸行动。在这方面，3K党的悲惨历史胜于雄辩。基要派的恐慌亦是在此。一位佐治亚州的议员说：

读读《圣经》吧，它教你如何行动。读读赞美诗集吧，里面有最优美的诗歌。读读历书吧，它告诉你如何预知天气。没有其它任何的人人必读的书本。因而我反对任何的图书馆。

这样的说法貌似颇为隐晦、不太值得一提，但若相同的宣告出自一位曾三次竞选过总统的前国务卿，则不能等而视之。1924 年，布莱恩在基督复临安息日前的一次演讲中表示："美国正在经受的一切苦厄，都可归因于进化论教学。不如把其它所有的书籍都毁掉，只保留《创世纪》的前三章。"①

正是针对进化论教学的十字军征战，将基要主义运动推向了巅

---

① 两段引用均摘自 Maynard Shipley：*The War on Modern Science*（New York，1927），pp. 130,254 - 255。这样的言辞符合主流福音主义传统，但也折射出这一时期日趋尖锐的矛盾。比较 James B. Finley 这位内战前的卫理公会牧师更委婉的表述："我曾怀疑，数量如此庞大的书籍，莫不是要把人的注意力从《圣经》引开，从而成为有害的趋势？"*Autobiography*（Cincinnati,1854），p. 171。

峰，他们在斯科普斯审判中空前地坚守阵地。这一审判，是基要派和现代派思想斗争中一切争议性话题的戏剧式的完美体现。争执焦点是进化论在普通高级中学教育里的位置，这本身就佐证了现代主义从精英层面的认知降格为公众体验的一部分。1860 年之后的 30 年里，曾一度出现过对进化论教学进入大学院校的讨伐，保守的牧师们试图遏制达尔文主义思潮。然而，当时它发轫于精英阶层，反进化论者难逃一败，但并未波及基要派的重要阵地。毕竟，那时真正意志坚定之人，罕有上过大学的，即使上了大学，也可以找到完全未被《物种起源》污染的学校。然而，到了 1920 年代，进化论教学走下了教育的天梯，席卷了高级中学，后者惠及普通民众。一战前的 15 年间，高级中学的数量翻了一倍不止，增长一直持续到战后。大量美国儿童接受教育直至中学毕业——这是他们向成功攀登所必备的教育水平。虔诚且有抱负的美国民众开始意识到，他们的孩子应当去上中学，也意识到他们必定会在那里遭遇进化论的威胁。约翰·斯科普斯在田纳西州接受审判，是因为使用了乔治·亨特的《普通生物学》作为课本。这本书 1919 年即被州立课本委员会采纳，早在 1909 年就在该州学校内使用，15 年之后才被指是危险的。

对田纳西州及其它地方的基要派而言，阻止进化论教学代表着拯救孩子们的信仰——实际上是整个家庭的信仰——让他们免于遭受进化论者、知识分子、都市人的屠戮。[1] 假如基要派值得任何同情——

---

[1] "当今对公共教育系统最大的威胁是……它的无神性。" Bryan in *The Commoner*, February, 1920, p. 11. 布莱恩为不断收到来自全国上下的家长的汇报而忧心，州立学校正在粉碎孩子们的信仰。*Memoirs* (Chicago, 1925), p. 459. 有关反进化论文学中的这一主题，参阅 Norman F. Furniss: *The Fundamentalist Controversy, 1918–1931* (New Haven, 1954), pp. 44–45。

我认为确实值得——必定是在这一方面。若知晓他们将争端视为（现在依然如此）对家庭和家人的保护，他们大部分的暴戾便可理解。田纳西州议员、原始浸礼派的约翰·华盛顿·巴特勒，之所以在本州推行禁止进化论教学的律法，是因为他在社区里听闻一个年轻女人上了大学后成了进化论主义者。他为自己的 5 个孩子深感担忧，终于在 1925 年成功通过州立法实现了夙愿。"为上帝救救孩子！"一名田纳西州议员在巴特勒议案的辩论中呐喊。当克拉伦斯·达罗在斯科普斯审判中表示"每个孩子都应比父母更有智慧"时，他激发了最让基要派骇然的恶灵。假如更多的智慧意味着让孩子背离父母的想法，摒弃父母的方式，这恰是他们最不想要的。"好吧，我的朋友，"威廉·詹宁斯·布莱恩在审判中说，"如果他们相信［进化论］，就会对父母的信仰嗤之以鼻。他们的父母有权不允许任何由他们支付薪水的教师剥夺孩子对上帝的信仰，让他们回到家时变成怀疑论者、变节者、不可知论或无神论者。""我们唯一的使命，"他在审判伊始宣称，"是捍卫父母的权利，维护他们孩子的信仰……"① 对于布莱恩及其拥趸而言，达罗显而易见是想拆除宗教和家庭忠诚之间的关联。"该死的东西，"一位田纳西人向达罗挥舞着拳头说，"不要琢磨*我母亲的《圣经》*，否则我就把你撕成碎片。"②

　　领导全国反进化论征战的大任降临在布莱恩的身上是妥当的，祖辈的两种基本的虔诚——福音主义信仰和平民民主——在这位平信徒身上合二为一。在他的脑海里，信仰和民主在一个共通的反智主义论点上交会。一方面，是平民的呼声和内心的信义；另一方面，是知识

---

① Leslie H. Allen，ed.：*Bryan and Darrow at Dayton*（New York，1925），p. 70；此书改编自庭审记录及其它来源。
② 参阅 Ray Ginger 对斯科普斯审判的出色研究：*Six Days or Forever？*（Boston，1958），pp. 2，17，64，134，181，206。

分子这一小撮高傲的精英人群屈服于伪科学和机械化的理论——他将其形容为各式各样的"科学苏维埃"和"自有作派的'知识分子'不负责任的寡头统治"。[①] 他指出，宗教从来不为精英所专有，"基督教是为了所有的人，而不只是为所谓的'思想者'"。头脑是机械的，需要心灵的指引。头脑能规划造福社会的善举，也能规划犯罪行为。"思维崇拜是当今智识界最大的罪过。"只有心灵——即宗教的领地——才能约束头脑，让它长久地工作。

　　平民民主和老派宗教的结合点是问题的核心。既然心灵的事务是普通人的事务，既然普通人对这类问题的直觉等同于——事实上是优于——知识分子，那么宗教事务就该由他们说了算。布莱恩相信，当宗教和科学起冲突，决策者是大众，而不是"以证书和大学文凭来衡量别人的人"。正如沃特·李普曼观察到的，上帝面前人人平等的宗教信条，经由布莱恩的头脑转变为这样一种观念：在田纳西州的投票箱前，人人都是同等优秀的生物学家。事实上，布莱恩建议将进化论问题交由基督徒投票决定，于是它摇身一变，成了民权问题。[②]

---

① Ginger：同前，pp. 40，181；比较 Bryan's *Famous Figures of the Old Testament*，p. 195；*Seven Questions in Dispute*，pp. 78，154；*In His Image*（New York，1922），pp. 200 - 2；*The Commoner*，August，1921，p. 3；November，1922，p. 3。

② Bryan：*Orthodox Christianity versus Modernism*（New York，1923），pp. 14，26，29 - 30，32，42；比较 Ginger：同前，pp. 35，40，181。"上帝谕旨的奇妙之处在于，"布莱恩指出，"不需要通过专家就能够理解。"当某些城市的报纸称，一个由代顿居民组成的陪审团未必有能力对争议的焦点发表意见时，布莱恩评论道："按照我们的施政制度，民众对一切都有兴趣，也能够决定一切，陪审团也是如此。"他认为，这个案子提出了这样一个问题："少数人是否可以利用法庭将他们的意愿强加给学校？"在这一争议中，可怜的布莱恩如此渴求胜利，以至于做出了另一个著名的错判。他似乎认为自己会胜出。"人生中第一次，"他在一个基要派集会上这样说道，"我和多数人站在了同一边。"Ginger：同前，pp. 44，90。当代描述布莱恩式民主、对福音派的同情和他的反智主义思想之间关联的尖锐文字，参见 John Dewey："The American Intellectual Frontier," *New Republic*，Vol. XXX（May 10，1922），pp. 303 - 305。

如果我们相信基督徒对《圣经》含义的判断，那么《圣经》是摒斥进化论的，不论是神的进化，还是物质的进化。接受《圣经》是上帝谕旨的人当中，相信进化论假说适用于人类的寥寥无几。与上帝的旨意相悖的进化论必须被摒弃，除非有一种规则能允许一小部分人强行将他们的观点取代大众的观点。

布莱恩认为，将进化论纳入学校教育是对大众民主的挑战。"当正统基督徒未被允许讲授对《圣经》的正统解读，进化论者——比例相对较小的一群人——又有何权利讲授对《圣经》的所谓科学解读，还要让大众买单呢？"无论如何，布莱恩不相信进化论科学站得住脚。即便如此，他认为他们忽略了"政府的科学"，其中"权利是由多数人决定的"，那些受宪法保障的少数人的权利除外。抵制少数人在公立学校讲授他们的信条，并不是对其权利的侵犯。"他们无权为讲授家长和纳税人不想要的内容而要求报酬。治理学校的是开支票的人。"基督徒不得不建造自己的学校来讲授基督神学，"为何不要求无神论者和不可知论者也去创办自己的学校，讲授他们的信条呢？"[1] 因此，假如布莱恩得偿所愿，公立学校将彻底摒弃进化生物学，现代科学教育也会仅限于少数几所世俗的私立学校。这将是美国教育的大灾难。尽管布莱恩并不认为良好的教育和正统的信仰之间存在矛盾，但他知晓何为必要的选择。受教育的人没有信仰，就仿佛一艘船没有舵手。"如果我们不得不在宗教和教育之间做出选择，我们应该放弃教育。"[2]

---

[1] *Orthodox Christianity versus Modernism*，pp. 29，45 - 6；比较 "Darwinism in Public Schools," *The Commoner*，January，1923，pp. 1 - 2。
[2] Ginger：同前，p. 88。

3

如今，进化论争议就如同荷马时代之于东部知识分子一样久远，审视其两面性不算不寻常。在这个国家的一些角落和圈子里，争议依然存在。数年前，《天下父母心》表演了斯科普斯审判，此剧在百老汇上演之时，更像是一出离奇的历史剧，而不是对思想自由的大声疾呼。然而，当巡回剧团来到蒙大拿州一个小镇演出，当布莱恩这一角色进行演讲时，观众席上一人站起来大呼："阿门！"知识分子今日面对的妖魔鬼怪，要比学校里的基要派骇人得多；但我们不该淡忘知识分子在1920年代的忧患。尽管未必像50年代麦卡锡主义挞伐之时那样险象环生，但被压制的危机感丝毫不输。我们只需阅读梅纳德·施普利的反进化论运动调查报告——《现代科学的战争》，就能重历知识分子真切的警戒感。斯科普斯审判与30年后的麦卡锡军团听证会一样，将情绪推向高点，提出了戏剧性的肃清和解决方案。审判结束后，反进化论的征讨受到抑制，而知识分子曾为此无比恐慌。在审判之前，十字军在多个州赢得了强大的势力，包括南部外围的数州。在南部地区，正如在一线观察的 W. J. 卡什所言，和3K党一样，这是一场自发的民间运动，获得了"数量惊人的多数南方人民的积极支持和同情"，不仅是普通民众，还包括地位显赫的平信徒和教职领袖。[1] 受到教育中心庇护的学究派也许无可惧怕，但他们有理由担忧农村的中级教育体系可能遭到颠覆，而他们几无还手之力。时至今日，大多数中级教育的生物学课本依然受到监督，在许多地方，进化论教学只能间接为之。仅仅数年前，在一个全国青少年的民意调查

---

[1] W. J. Cash: *The Mind of the South* (New York, 1941), pp. 337 – 338.

中，只有大约三分之一的样本人数认可这一陈述："人类是由低等动物进化而来。"①

　　进化论争议和斯科普斯审判极大地加速了反智主义冲动。在 20世纪，知识分子和专家首次被很大一部分民众领袖列为敌人。无疑，充满敌意的基要派在全国尚属少数，但他们的影响力不容小觑，他们的敌视赤裸裸地折射出了更多人的感受——这些人尽管不愿投身于对抗的征战中，但同样不安于时势的走向，对大都市思维、思辨的智识、道德和文学的实验主义忧心忡忡。② 布莱恩对"专家"不遗余力地攻伐，标志着两方南辕北辙的观点。但并非一贯如此。进步时代的知识分子认为，他们和民众的志趣基本步调一致。如今，显而易见的是，这种和谐既非先而有之，亦非十拿九稳。普罗大众的宗教热情越是高涨，他们就越发和大多数知识分子意见相左。基要派不会忘记，主战场的落败并未让这些人投降或消失不见。他们愤懑地离场，一部分人转战现代派更为弱势的领域。他们在宗教之争上无法侵蚀现代主义和世俗主义，但能在别处伺机反扑。

　　大萧条时期的形势带来的安慰十分有限。相对于主流的大型福音教会，他们的神学自成一派，因而加倍受制，原因是大量的福音派在政治上已成为自由派和左派。③ 但平信徒的步伐相对小于牧师团体，

---

① 在这项民调中，40％的人选择了"不"，35％选择了"是"，24％选择了"不知道"。H. H. Remmers and D. H. Radler: *The American Teenager* (Indianapolis, 1957)。比较 Howard K. Beale 在 *Are American Teachers Free?* 一文中所阐述的 1930 年代进化论教学所面临的压力 (New York, 1936), pp. 296 - 297。

② 有关道德的担忧值得进一步阐述。基要派认为，孩子的信仰缺失是道德沦丧的垫脚石。他们对人类是从低等生物进化而来这种观念里所影射的"欲望"颇多指责，这些言辞昭示出这一争议包涵了某些对性的恐惧及其它隐忧。

③ 在此，我要感谢两位作者关于美国宗教社会争端的杰出的研究报告：Paul Carter's *The Decline and Revival of the Social Gospel* (Ithaca, 1954) and Robert Moats Miller's *American Protestantism and Social Issues* (Chapel Hill, 1958)。

许多保守的平信徒认为，新的社会福音运动的发展创立了一个全新的"类神职阶级"（这种说法来自一位右翼牧师），为的是和多数会众保持情感同步。人数锐减但绝对数量依然可观的基要派，更强烈地体会到孤独感和无力感，这促使他们疯狂加入反对新政的各级右翼势力。基要主义的十字架得到了基要主义的国旗的补给。1930 年代以降，基要派始终是美国政治中极端右翼势力的强大元素，其思想展现出浓厚的基要主义血统。① 政治基要派的代言人让进化论争端下的民间反智主义得以存续。"从权威的学术角度来说，我并不懂政治学，"他们的一位领袖如此宣称，"我不熟悉欧洲的艺术杰作，但今晚我还是要说：我懂得美国人民的心。"接着，他开始谴责背叛者："那些 20 世纪的假冒为善的文士和法利赛人……主导着整个国家的宣传势力，包括当季流行的政治、宗教态度、低劣和混淆的伦理道德。"这样的愤懑源远流长，另一人以简明扼要的语句呼应道："我们要从这些城市骗子手上夺回政府，还给那些依然相信 2 加 2 等于 4，相信上帝在他的天国、《圣经》是他的旨意的人。"②

尽管尚未有人详尽追溯过大萧条及后期的好战右派，与 1920 年代的基要派之间的历史关联，但领袖间的因袭发人深省。许多右翼团体的领袖是牧师、曾当过牧师者或牧师之子，成长于严苛的宗教环境之下。一些在 30 年代中期和比利·桑戴有关联的人，后成为右翼或

---

① 包括我自己在内的数名作者，在写作《美国新右翼》(*The New American Right*, New York, 1955, ed. By Daniel Bell) 之时，完全忽视亦或只是轻描淡写地提及基要派在右翼极端主义中的地位。请参阅新版《激进的右翼》(*The Radical Right*, New York, 1963) 中几篇近代论文。信息量最大的是 Ralph Lord Roy 的 *Apostles of Discord* (Boston, 1953)，文章以一种揭丑的方式写就，但包含大量的学术记录。有关最近的发展，参阅 David Danzig: "The Radical Right and the Rise of the Fundamentalist Minority," *Commentary*, Vol. XXXIII (April, 1962), pp. 291 - 298。
② Leo Lowenthal 和 Norbert Guterman: *Prophets of Deceit* (New York, 1949), pp. 109 - 110; 引自 Gerald L. K. Smith 和 Charles B. Hudson。

类法西斯主义煽动者。当代最知名的右翼先驱人物之一、堪萨斯州的杰拉德·温洛德，其职业生涯就是从一位四处讨伐的反进化论者起步的。另一位是杰拉德·L. K. 史密斯，他是一个牧师的儿子，是基督教门徒会的传道士。已故的 J. 富兰克·诺里斯，是战斗在得克萨斯州反进化论前沿阵地的南方浸礼会牧师，后成为最多姿多彩的右翼救赎者之一。卡尔·麦金太尔是当代右翼反现代主义的领头羊，他原本是学究派基要主义者 J. 格雷山姆·梅钦的门生。[①]其后，右翼在约翰·伯奇协会及各种"基督教十字军团"的复苏之势，让一大部分右派人士呈现出比过往任何时刻都要显著的基要主义倾向。相当程度上，牧师和前任牧师担纲了这一运动的急先锋。极右翼文学同样彰显了文风上的延续，这显示出基要主义范式成为好战的民族主义范式的程度。（正因为体察到这种延续，杰拉德·史密斯将其论文命名为《十字架与国旗》。）

促使有政治头脑的基要派走向极右的，不仅仅是机会主义。和其他人一样，基要派需要感觉到自己有一个全面的世界观，宗教和政治反感的相互关联更能满足他们的头脑。他们发展出一项才能，可以将表面毫无关联的敌视对象融合起来，互为加强。例如，正像当代的基要派将冷战和宗教情感挂钩一样，20 年代的基要派对一战问题和反德遗留情绪的反应殊无二致。他们反对现代派最常用的辩词之一就是，德国学界对《圣经》的高层批判声势最为浩大；这样一来，他们在战时的暴行所揭露的德国人的道德沦丧，与批判《圣经》对美德的摧毁之间建起了关联。这一范例经历了不同层次的辩论，比利·桑戴的方

---

① 有关温洛德、史密斯、诺里斯和麦金太尔，参阅 Roy：同前，*passim*；Carter：同前，chapter 4；Miller，同前，chapter 11；和 McLoughlin：*Billy Sunday*，pp. 290，310。有关基要派和约翰·伯奇协会，参阅 *The New York Times*，April 23 和 October 29，1961；Tris Coffin："The Yahoo Returns," *New Leader*，April 17，1961。

式应该是最为简要和随性的:"1895 年,德皇在波茨坦召集他的大臣宣布了征服世界的计划。他被告知这和马丁·路德的教义背道而驰,德国人民是绝不可能支持通过的。德皇于是大喊道'那我们就改变德国的宗教',于是高层的批判开始了。"①

习惯性偏执的头脑似乎切实存在。对政治排外和种族偏见的研究表明,热衷去教堂和严苛的宗教信仰,与政治和种族敌意息息相关。② 正是这种思想方式的存在为百分百思维的出现搭建了舞台,同时也确立了近代右翼和基要派风格的同一性。事实上,冷战的态势以及与国际共产主义频繁斗争所滋养的对抗精神,赋予了基要派头脑新的生存意义。和世界上几乎一切事物一样,基要派本身已极大地世俗化,这种世俗化的过程催生了一种伪政治思维,解读这种思维的最佳方式,是将其置于奋兴派牧师和营地集会的历史背景之下。基要派在道德和审查领域、进化论和禁酒令上体验过失败的苦涩,发现自己日益沦陷在这样一个世界——伟大而可敬的大众媒体践踏他们的情感或对其视而不见。在一个现代的、实验性的"圆融的"社会,他们被边缘化,成为取笑对象,甚至连我们这个时代的宗教奋兴都是文雅而温和的,采用的方式绝无可能满足老派的基要主义热情。但是在政治上,当代世俗化的基要派找到了新的力量和训导的能力。战后的政治气候为基要派提供了秉持百分百思维的强大的新盟友——被税收政策

---

① McLoughlin: *Billy Sunday*, p. 281.

② 有关习惯性偏执的思考方式,我知晓的最有意思的文章来自 E. L. Hartley,他让大学生在接受度方面为各国家和各种族打分。他在问卷里虚构了三个种族:达尼尔人、皮莱人和华洛人。结果对真实种族和对虚拟种族所表达的偏见,两者有着很高的关联度,展现出对一切事物时刻抱有敌意的一种思维方式。参阅 E. L. Hartley: *Problems in Prejudice* (New York, 1946)。有关宗教正统和排外方式之间的关联,参阅 Samuel A. Stouffer: *Communism, Conformity, and Civil Liberties* (New York, 1955), pp. 140 - 155;以及 T. A. Adorno 等人: *The Authoritarian Personality* (New York, 1950), chapters 6 and 18。

刺痛、敌视新政社会改革的富人们，他们中的一些人依然忠于基要主义的成长背景；分离主义团体和敌对的民族主义者；意图在"无神论的共产主义"问题上破天荒地与昔日的迫害者联手的天主教基要派；以及因废除种族隔离纷争而义愤填膺的南方保守分子。

在右翼思想面前，当下的政治智慧如此令人难以置信和大惑不解，原因之一是人们无法完全认同支撑起右翼世界观的以神学为核心的理念。政治智慧的特征在于，如果作为一种公民力量运作，而不仅仅是一系列推动某种特殊兴趣的手段，它就必须按自己的方式应对日常事务和规划战略。它接受冲突是长期存在的重要现实，理解人类社会是在不断妥协的过程中达到的均衡态势。它避免孤注一掷，认为党派完胜的理想是不可实现的，不过是对它所熟知的某项平衡的另一种威胁。它敏于细节，从不同角度视物。本质上它是相对论和怀疑论的，但同时也是谨小慎微和人性化的。

基要派思想和这一切格格不入：它本质上是摩尼教的，把世界视为绝对的善与绝对的恶之间的角斗场，因而谴责妥协（谁会与撒旦妥协呢?），不接受中间地带。在它看来，微不足道的差异不值得重视——自由派支持的方法，无论出于怎样的实用目的，都是社会主义的，社会主义不过是共产主义的一种变异，也就是众所周知的无神论。典型的政治智慧始于政治世界，评估的是如何在对立势力的某种平衡之上实现一系列既定的目标；而世俗化的基要派思想始于定义绝对的正确性，将政治视为必须实现这种正确性的舞台。例如，它不认为冷战是一个庸常的政治问题——即两个权力体系之间的冲突，为了生存它们不得不在某种程度上相互接纳——而是信仰的冲撞。它所在乎的并非现实中的实力——比如苏联人拥有炸弹的事实——而是和共产党人的精神斗争，最好是国内的共产党人，他们的处境无关行为，甚至无关他们的存在，他们只是代表了精神世界的摔跤比赛中的一种对手原型；虽然从未和基要派打过照面，但丝毫无损其真实性。

有鉴于此，真实世界中的问题转而成为精神上的末日决战和终极现实，任何日常的琐碎都被赋予寓言式的意涵，而不是一般人得出一般结论的经验依据。因而当一位右翼领导人指责艾森豪威尔是自觉投身于国际共产主义阴谋的密探，虽然按照政治智慧的惯有逻辑，此人似乎是精神错乱了，但我相信，更确切地说，他已超脱了这个世界。他所指代的，并不是人们通常理解的艾森豪威尔的实际政治行为，而是在终级道德和精神价值层面，他仿佛是一个堕落的天使；对其而言，这种真实性是世俗政治无法比拟的。从这一角度看，他的控诉不再显得那么有悖常理，实为立意崇高的无稽之谈。正因为不合情理，我才相信。

4

关于美国的天主教

我在前文中主要探讨的是新教福音主义和美国反智主义的关联，这只是因为美国是一个新教国家，被多个新教体系形塑。然而，若忽略美国天主教的特定思想如何坚定有力地促进了反智主义，将是一个谬误。在过去的两三代，我国的天主教在数量、政治势力和接受度方面日益茁壮。19 世纪中叶，尽管只是少数派的信仰，但天主教是当时国内最大的单一教会，在反天主教的氛围下依然稳健地开疆拓土。今日，天主教几乎占人口的四分之一，获得的接受度即使在 30 年前也会令人侧目。

我们也许料想，天主教携带着对过往、对世界的不同体认，以及对人类的处境和宗教机构使命的不同解读，能为美国的智识对话加入特殊的酵母。事实上并非如此。它未能在美国培育出智识传统，也未能造就自己的智识阶层，让自己能在教徒中间树立权威，或在天主教和世俗及新教思想之间斡旋。相反，美国的天主教致力于谴责美国生活中不为其所认同的方面，并不断仿效可为其接受的方面，以克服作为少数派的弱势，让自己愈加"美国化"。其结果是，美国教会作为除巴西和意大利之外拥有最多教众、最富有、可能也是组织最良好的天主教国家分支，却不具有智识文化。D．W．布罗根曾说："在天主教的财力、人数和势力如此之强大的国家，天主教的智识声望却低于任何其它西方社会。"过去 20 年间，天主教中产阶级和受过教育的天主教徒显著增多，教会领袖意识到了这种匮乏。数年前，约翰·特雷西·埃利斯阁下对美国天主教智识贫瘠的简要而深入的研究，得到天主教媒体的一致赞誉。①

对智识生活的淡漠，肇因于美国天主教早期的两种发展态势。首当其冲的是 19 世纪强烈而偏执的"不可知论"心态，它不得不穿行其中。教会被视为应该从国家机构里驱逐出去的外来团体，作为海外势力的代表，它不得不奋力树立美国式形象。天主教的平信徒以宗教身份为傲，他们尽一切可能通过积极的自我标榜应对美国的生存环

---

① 这些段落主要参考了埃利斯阁下的文章："American Catholics and the Intellectual Life," *Thought*, Vol. XXX（Autumn, 1955），pp. 351 - 388。未标明出处的内容和引用均出自此文。另参阅下列天主教作者对相关问题的讨论：Thomas F. O'Dea：*American Catholic Dilemma：An Inquiry Into Intellectual Life*（New York，1958）；华特·欧神父，S. J.：*Frontiers in American Catholicism*（New York，1957）；以及非天主教作者 Robert D. Cross：*Liberal Catholicism in American*（Cambridge，Massachusetts，1958），文中详细阐述了在适应美国的过程中，教会内部产生的一系列紧张关系。

境。教会领袖似乎认为，这需要的是能言善道而不是学术。[1] 于是，教会采取了不鼓励思辨的激进态度；当今，每每初时的反对声浪退去，教众坚守着一种埃利斯阁下所称的"自我加诸的贫民窟思维"。第二个决定因素是，长期以来，美国教会有限的资源被一项紧要任务占用，那就是建立用来吸纳大量涌入的移民——1820 年到 1920 年间约有 1000 万——的机构，并向其提供细化的宗教指引。为满足这一紧迫的实际需求耗费巨大，即使有教会成员担忧天主教文化，留给上层文化的也已所剩无几。

再者，天主教是移民的宗教。[2] 对美国的天主教徒而言，真正的教会应该在欧洲；他们甘于将智识生活的培养留给更体面的欧洲人——同时又莫名地高度推崇诸如贝洛克和切斯特顿这样的天主教作家。不说英语的移民，面对教会领袖乃至整个美国社会之时，都表现出极大的被动性。最重要的也许是——尽管天主教会的文化问题分析专家未给予它应得的关注度——爱尔兰人成了美国和其它移民团体的主要媒介。爱尔兰人得益于英语和早到的优势，他们建立的政治机器和教会等级网络，让大多数后来的天主教徒得以在美国生活中立足。

---

[1] 正如欧神父（同前，p. 38）所指："美国的天主教会几乎不可能理解，在 20 世纪没有护教学这类课程的情况下，如何培养这种［有教养的、法国天主教式的］热情。美国天主教学院和大学里开设这类课程，但在巴黎、图卢兹和其它地方的天主教大学则不得见。令美国的天主教徒迷惑不解的是，法国的护教者试图教导年轻人以天主教方式去参透现代的问题……"

[2] 教会的移民特征所聚焦的问题，不仅关乎移民团体的信仰，事实上也包括一切向上游流动的美国人群，不论是新教还是天主教，不论是移民还是本国人。问题在于，教育的过程非但没有成为加强代际关系的纽带，反而在两代人之间竖起高墙，让为人父母者面对的冲突更甚。在一个稳定的社会阶层，上同一类型的学校常常能让父母和孩子之间拥有共享的体验。然而在这个国家，数百万的儿童上了高中，他们的父母近乎文盲；更多的孩子上了大学，他们的父母所受的教育极为有限；对于父母而言，教育的过程不仅是保障，也是威胁。这也加强了对教学质量和范围施加限制的渴望。父母常常希望孩子在大学里获得社会和职业优势，但不会在他们身上注入与家庭成长环境相差太远的文化上进心。

相比其它群体，爱尔兰人为美国天主教打上了最深刻的烙印；其结果是，美国教会未能吸纳德国天主教强大的学术性，抑或法国教会思辨的智识主义，反而吸纳得更多的是刻板的清教主义及爱尔兰教士的高度对抗性。

天主教的工人阶级移民因语言和阶层的阻隔，无法轻易进入主流的新教盎格鲁—撒克逊文化，因而无法产出智识的代言人。重要的是，美国教会的许多智识领袖原为天主教徒的并不是典型，他们多是改奉的土生土长的盎格鲁美国人，例如欧里斯特·布朗森和艾萨克·海克神父。1947 年，库欣主教长对教会官员的社会出身和文化机遇的描绘甚为贴切，他说："据我所知，在美国的所有领导等级中，没有一个主教、主教长或红衣主教的父亲或母亲是大学毕业生。我们的每一个主教和主教长，都是工人夫妇的孩子。"从文化落后的大背景中选拔出来的领导层，当然受过一定的教育，但都以职业教育为主。正如斯波尔丁主教在第三届巴尔的摩全体会议上所指出的："不论在美国还是其它地方，教会的神学院不是用来学习文化知识的，成为文化知识的输出工具完全是幻想。"因此，即使是这个最古老的基督教会也被美国的大环境所笼罩，美国的问题以十分尖锐的方式再度呈现：在文化上，一切由零开始。美国天主教的学术特性如此贫瘠，以至于在 1889 年，当教会势力为改善这一状况而创办美国天主教大学时，最初统共 8 名教职员工中，有 6 人不得不从欧洲招募，剩下的 2 位本国人，也是在教会体系外接受了教育之后才归信的。

在很长时期内，相比其它的信仰派别，拥有足以大规模资助学术机构之财力的天主教平信徒所占比重较小。近代天主教百万富豪的出现，理应但并未改善这一状况。埃利斯阁下认为，一个例子是美国天主教大学在建校初期的 66 年里，大约只获得了 10 次 10 万美元以上

的捐赠，其中只有一次慷慨解囊让兴办世俗私立大学成为可能。随着
一大部分天主教群体逐渐向社会上游流动，越来越多的天主教徒和新
教徒一样把孩子们送进大学。然而，天主教的教育家以及像罗伯特·
M. 哈钦斯这样的非天主教友好人士无奈地注意到，天主教学校不断
复制着浸润美国整个高等教育的职业教育主义、运动竞赛主义和反智
主义。不论是科学还是人文方面，天主教高等学府的智识成就之低令
人扼腕。1952 年，罗伯特·H. 纳普和他的同侪一起调查了美国科学
家的教育背景，发现天主教机构是"所有机构里产出率最低的，完全
是一个单一的低产样板"。人文学科领域的记录竟然更糟——"天主
教机构尽管在一切学术领域的产出都极低，但科学还算是他们最好的
成绩"[1]。

我们不难预料，这个国家的天主教知识分子在双重压力下定然举
步维艰。他不仅要为自己的天主教身份向新教和世俗的智识团体正
名，也要在教友面前为知识分子正名，相比美国的普罗大众，他的职
业更易遭到他们的质询。天主教学者和作家，即使被他们的教友所承
认，这种认可也总是姗姗来迟。[2]

诚然，这一切更多地昭示出美国天主教的文化贫瘠和智识匮乏，
而非它的反智主义。然而，正是这样的背景催生了一个更核心的要
素：大量的天主教徒和新教基要派一样，前文提及的与现代化的抗争
引起了他们的共鸣，为百分百思维添砖加瓦。事实确然如此，他们的
智识代言人——虽然这些人的数量和影响力与日俱增——尚未在天主

---

[1] Robert H. Knapp 和 H. B. Goodrich：*Origins of American Scientists* (Chicago, 1952)，
p. 24；Robert H. Knapp 和 Joseph J. Greenbaum：*The Younger American Scholar*：*His
Collegiate Origins* (Chicago, 1953)，p. 99。
[2] Harry Sylvester 的文章 "Problems of the Catholic Writer," *Atlantic Monthly*，
Vol. CLXXXI (January, 1948)，pp. 109 - 113，其中对这一话题的探讨很有启发性。

教团体中获得足够的权威来阻止这种倒行逆施地对抗，包括对思想的质疑及对知识分子的敌意。当今，教士团体的大量精力都花在审查制度、离婚、生育控制等问题上，它们再次让教会陷入与世俗及新教思想的冲突；有些问题还进入极端保守派的政治运动，这是智识界的宿敌。天主教知识分子总体上反对极端和（从信仰的角度）无理由的敌意，但无力阻止它。[①]

当代最令人瞩目的进展在于，在新教和天主教基要派之间出现一种联盟，至少也是合作的可能；在他们设想中的政治问题上，两者秉持共同的清教主义思想和不假思索的敌意，于是，他们联手抗击其反复指称的"无神论的共产主义"。很多天主教徒似乎克服了天生的抗拒心理，与曾在他们的先辈身上施加无数痛苦的、褊狭的新教教徒结盟。基督教兄弟会的共同使命未能促成的同盟，却成形于泛基督教式的仇恨，这似乎是一种悲哀的讽刺。在麦卡锡时代，这位威斯康辛州议员得到了右翼新教团体和大批天主教徒的广泛支持，他们似乎认为，此人宣扬的并非个人意志，而是天主教的教规。至于《公益》（Commonweal）和耶稣会的《美国》（America）等天主教智识传媒对此人的强烈谴责，他们并不在意。近代，带有浓厚新教基要主义色彩的约翰·伯奇协会吸引了众多天主教徒，以至于至少一位教会权威人士对此发出警告。对于天主教徒，眼下不分青红皂白的国内反共思潮，带来了一种危险的满足感。在遭受了一个多世纪的迫害之后，天主教受宠若惊地发现，它的美国身份终于不再受到质疑，它得以与昔日的加害者一起追逐一个全新的、阴谋的、反美的国际敌人及其主要在外国的盟友——这一次不是在罗马，而是在莫斯科。这种逐鹿本身

---

① 有关天主教神父和平信徒对思想和批评自由的仇视以及其它与教义不甚相关的主题，可参阅 Gerhardt Lenski：*The Religious Factor*（New York，1960），尤其是 p. 278。

是如此令人激动，暂且不论带来威胁的国内共产党人是否早已成为幽灵。这些天主教徒们不会感激任何试图用不相干事务阻挡他们的人，哪怕是他们自身信仰的思想家，尤其在这一时刻，他们仿佛见到克伦威尔的士兵正准备逃跑。

第三部分　民主政治

六、绅士的没落

1

合众国建立之初，智识和权力之间的关系谈不上是个问题。领导人就是知识分子。尽管国家在民主进程上走在前沿，但控制国家事务的仍以贵族精英为主：在精英群体中，有学问的人自由流动，有着令人艳羡的话语权。在那个非专业化的百花齐放的年代，专家型知识分子是可以忽略的力量；而作为统治阶级的绅士型知识分子领导着社会的各个层面——法律界、专业领域、商业和政治事务。开国元勋们都是圣贤、科学家、学贯古今之人，他们大多数深谙古典学问，博通历史、政治和律法，用以解决当时的棘手问题。我们的历史上再无另一个时代，像约翰·亚当斯、约翰·迪金森、本杰明·富兰克林、亚历山大·汉密尔顿、托马斯·杰斐逊、詹姆斯·麦迪逊、乔治·梅森、詹姆斯·威尔逊和乔治·威思的时代那样，产生了如此多的身为政治领袖的饱学之士。我们也许会期待，既然造就这个国家的是这些人的政治成就，他们应该长久地无可争议地证明了一个真理——有学识的人担纲政治领袖，不一定就是徒劳无功或不切实际的。

　　但美国由知识分子建国恰是一项反讽，因为在几乎整个政治史上，知识分子在大多数情况下只是局外人、仆从或替罪羊。美国人民一直对杜马斯·马龙①所称的"伟大的一代"——革命和立宪的一代——忠心耿耿，在历史上仅次于对林肯。我们也许会问，有这样的发源和虔心的民族，何以在政治上这么快就失去了对思想的认可。为何在大多数开国元勋依然健在之时，智识声望反倒成了政治上的劣势？

　　诚然，贵族精英的统治日益被平民民主所取代，但我们不能单一地将智识在政治上的式微归咎于民主运动。当党派分裂迫在眉睫，精英人士自相鱼肉，不再遵从政治原则。有高尚品格和勇气的人们领导了大革命，以非凡的先见和才能在 1787 年至 1788 年间组织起新的国家政府；到了 1796 年，他们的志向四分五裂，不幸又被法国大革命所激发的歇斯底里的异见所影响。② 写下《独立宣言》和《宪法》的那一代人，也起草了《客籍法和惩治叛乱法》（*Alien and Sedition Acts*）。杰出的领袖人物不再齐心，他们的标准降低了。相同的贵族阶级身份、休戚与共的革命和建国经历、一致的核心思想和学养，未能阻止他们为了玩政治而不顾体面、弃常识于不顾。政治争端，掺杂了串通法国间谍、密谋颠覆基督教、策划复辟君主制并向大不列颠臣服等夸张的指控，降格为政治煽动。开国元勋们不懂得如何善用政党或是忠诚反对的职能，被自身的政治狂热降伏，投身于口诛笔伐的争斗。

　　连华盛顿本人都未能幸免于辱骂和诽谤；而托马斯·杰斐逊是反

---

① 美国历史学家。——译者
② 参阅 Marshall Smelser："The Federalist Period as an Age of Passion，"*American Quarterly*，Vol. X（Winter，1958），pp. 391－419。

智主义抨击的首位声名显赫的受害者，攻击他的是联邦党领导人和新英格兰传统教会成员。对杰斐逊的抨击十分有指导性，包涵了他的敌人认为能令他名誉扫地的内容，为其后我国政治上的反智主义想象树立了标杆。1796年，看似杰斐逊将要接替华盛顿之时，南卡罗来纳联邦党议员威廉·劳顿·史密斯出版了一本匿名小册子，攻击杰斐逊并挑战其竞选总统的资格。史密斯意图展示杰斐逊"教条式"的领导如何令人不适甚至可能是危险的。史密斯指出，杰斐逊是一位哲学家，哲学家在政治上是教条主义者——譬如洛克脱离实际的卡罗来纳宪法，孔多塞的"政治讽刺"，而利顿豪斯愿意让费城民主社团借用他的名字！①

> 当哲学家成为政治家，他的特征是胆小懦弱、异想天开，按照某些原则而不是人的本性做出推断；指导一切行动的是某些在办公室一隅想出来的抽象理论，而不是事物当下的态势和环境；他在政府政策上思维僵化，当突发紧急情况、需要立即决策和行动力的时候，偏偏摇摆不定。

必需的不是智识而是个性，杰斐逊的个性也颇多不足：小册子的作者认为，哲学家极爱听人奉承，渴望名声，杰斐逊的个人能力"更多用在提高个人的学识声望，而不是国家的重大利益之上"。说到华盛顿——有这样一个人，无需赘言："伟大的华盛顿，感谢上帝，他

---

① ［William Loughton Smith］: *The Pretensions of Thomas Jefferson to the Presidency Examined*（n. p.，1796），Part I, pp. 14 - 15。没有人愿意承认自己反对"真正的"学养和智慧，反对的只是形式上的低劣。史密斯认为，杰斐逊是伪哲学家，不是"货真价实"的哲学家。他的哲学家特质是表面的、劣等的，意味着在政治上"追求稳定，本质上缺乏决断、多变、空想、狂热、投机及其它各种有缺陷的特征"。同上，p. 16。记得阿德莱·史蒂文森的竞选活动的人，会从这些引用中找到熟悉的感觉。

不是哲学家，不然我们就领略不到他伟大的战争功勋，也不会在他智慧的治下繁荣昌盛。"史密斯采取的方式，为政治智识的批评者立下了标杆——他活跃的思维的好奇心，被描述为对重要事务而言太过琐碎和荒谬。他嘲讽杰斐逊只有"把蝴蝶和昆虫钉住和设计转椅"的本事，提出杰斐逊的乃至国家真正的朋友不会"让这位恬淡的哲学家放弃这些有用的爱好"而投入到政治热潮中去。史密斯的用语，和一代人之后对约翰·昆西·亚当斯的谩骂近乎雷同，他提出，杰斐逊的优点"也许让他有资格成为大学教授，然而对于总统的职能，就像让他去统帅西方军队一样"①。

史密斯的抨击里出现了一些其它见解，为日后的政治文学定了调子。有一种观点是，军事能力可以检验人的个性是否适合成为政治领袖。军事道德被预想为公民人格的一个重要部分；即使在今天，政界的知识分子有时还可以用军队服役记录来抵消智识上的劣势。

在 1800 年的大选中，所有的顾忌都放开了。当然，让杰斐逊因思想和学养而临场失分，这只是一个方面，更广泛的攻击针对的是他的头脑和个性，目的在于揭露他是一个无信仰、无道德的危险的煽动者——或如一位批评家所言："没有良心，没有信仰，没有仁善。"对他的指控包括：他和一名女黑奴通奸并生下混血儿；他在美国革命中是个胆小鬼；他触发了法国大革命；他诽谤华盛顿；他有成为另一个波拿巴式独裁者的野心；他只会空想和做梦，是不切实际的教条主义者——更糟糕的是，一个法国教条主义者。②

---

① [William Loughton Smith]：*The Pretensions of Thomas Jefferson to the Presidency Examined*（n. p. , 1796），Part I, pp. 4，6，16；Part II, p. 39。
② 对杰斐逊最恶毒的谩骂，参阅 Charles O. Lerche, Jr.："Jefferson and the Election of 1800：A Case Study of the Political Smear,"*William and Mary Quarterly*，3rd ser. , Vol. V（October, 1948），pp. 467 - 91。

对杰斐逊的攻讦，同时也试图把思辨的头脑同邪恶与危险关联起来。据称，学习和思考让杰斐逊成为无神论者，使他在关于地球年龄的问题上和神学家的观点针锋相对，他还反对学生阅读《圣经》。这些奇思异想对一个书房里的哲学家而言也许无害，但允许他把这些思想带上总统宝座，对宗教和社会都是危险的。① 抽象思维和文学兴趣让他不适合实务性工作。他总是将政府理论化，"他嘲讽一切通过经验得来的想法"。② "我承认，"一位写小册子的联邦党人说，"他的才华、理论学识和优雅的写作风格确实很突出。"他接着道：③

> 他在法国住了近 7 年，直到大革命取得一些进展之后；他的理论倾向，对宗教、道德和政府的质疑就是在那里蓬勃发展的……杰斐逊先生是知名的理论家，不论在政治上、哲学上或伦理上。他是近代法国式的那种**哲学家**。

同时代的名人纷纷附和。费希尔·埃姆斯认为，杰斐逊"和大多数天才一样……太把体系当回事，精力永远都在概括总结上，而不是和务实的普通人一样，基于低层次但确凿的事实行事"④。联邦党人作家约瑟夫·丹尼将他描绘为"危险的、自然神论和乌托邦式的"法国哲学学校的好学生。"此人确有才华，"丹尼承认，⑤

---

① [William Linn]：*Serious Considerations on the Election of a President*（New York, 1800）.
② *Connecticus Courant*，July 12，1800，引自 Lerche：同上，p. 475。
③ *Address to the Citizens of South Carolina on the Approaching Election of a President and Vice-President of the United States. By a Federal Republican*（Charlestown, 1800），pp. 9，10，15.
④ Seth Ames, ed.：*The Life and Works of Fisher Ames*（Boston, 1854），Vol. II, p. 134.
⑤ *The Lay Preacher*，ed. By Milton Ellis（New York, 1943），p. 174；此文最早见于 *Port Folio*，Vol. I（1801）。

但它们危险且有欺骗性。他博览群书，写的文章很像回事。他是写作高手，只是该退休了。属于他的地方是书房而不是办公室。最初，他可能会人畜无害地审视普通怪物的牙齿、非洲人的分泌物或是班纳克的历书……一旦坐上了政府的位子，他的抽象思维、不切实际、形而上政治不是带了毒，就是一文不值。另外，他的原则充满了法国口味，加了那么多法国大蒜，我们整个国家都被冒犯了。美国人宁愿广袤的平原上"遍地是蓟和鸟蛤而不是小麦和大麦"，也不要让一个哲学家来影响国家委员会，让他因为仰慕伏尔泰和爱尔维修的著作，而寻求更多和法国佬的关联。

卡罗尔顿的查尔斯·卡罗尔认为，杰斐逊"作为政治家过于理论化、幻想化，无法审慎地指挥这个日益庞大的联邦的事务"①。其意涵很明显：年轻的合众国必须学会让智识天才远离实际事务。

传统教会指控杰斐逊蛊惑民心，也可解读为他团结起了一个单一同盟，这令前者相当不快。尽管杰斐逊是自然神论者，接受的是世俗教育，但他吸引了很多福音派和虔敬派教会的支持者，尤其是浸礼会。他们不仅被杰斐逊宣扬的民主情感所打动，作为异见者的他们也对他的兼容并收印象深刻。相比指向杰斐逊的不忠指控，他们更在意传统教会对自己的层层压制。这样一来，基于双方对传统正教的不满，杰斐逊和其他世俗知识分子与虔敬派建立了一个奇特的政治联盟。两个团体认可的权威标准均为传统教会所不容——从

---

① 见于以下写给亚历山大·汉密尔顿的信：J. C. Hamilton, ed.：*The Works of Alexander Hamilton*（New York, 1850 - 1851），Vol. VI, pp. 434 - 435。汉密尔顿认为，杰斐逊压根不是教条主义者，而是敷衍、投机的政客。

世俗的自由派到理性主义的批评，从虔敬派到直观感受。在双方都不满于传统教条的压力下，自由派和虔敬派选择暂时搁置本质的差异，忽略一方是反对一切教条，而另一方是反对一切传统建制这一事实。①

为打破这一同盟，传统教会意图昭告天下，杰斐逊是所有基督教徒的威胁——很多为党派所苦的人无疑真心相信这一指控。后来，这个虔敬派和启蒙的自由派之间的联盟确实瓦解了；普通人和知识分子之间产生了此后极少被成功跨越的鸿沟。然而，在杰斐逊竞选期间，自由派智识和福音派民主尚且相安无事。当最终分裂之际，平民民主势不可挡地从高学养的贵族领导层手中挣脱出来，福音主义浪潮催生的反智主义之恶毒程度，丝毫不亚于传统教会对杰斐逊的攻伐，而余威则要大得多。

2

拙劣的讨伐杰斐逊运动和之后的《客籍法和惩治叛乱法》表明，大量富有、饱学的联邦党人叛离了包容和自由的文化价值观。不幸的是，随后杰斐逊乃至杰克逊治下更受欢迎的党派在维护这些价值观上也不可信赖。这些受欢迎的党派最终传递的是一种原始主义和反智的民粹主义，敌视专业人士、专家、绅士和学者。

美国的平等主义发轫之初，就对最早称为政治专长、后改称专

---

① 有关这一同盟的特质和最终消亡后的影响，参阅 Sidney E. Mead 极有洞见的论文："American Protestantism during the Revolutionary Epoch," *Church History*，Vol. XII (December, 1953)，pp. 279 – 297。

业能力的东西投不信任票。可以想见，流行作家为自由人的政治能力感到骄傲，整体上对有教养的富有人群担纲专一的或支配性的政府岗位心存疑虑。这种疑虑没有让他们停在原地，而是激发了许多人对一切学习形式的敌意。在一些早期流行的政治思想表达中可以窥见反智主义思潮。在革命年代，一些流行作家设想削弱富人和贵胄的权势，同时也应该包括他们的盟友——有识阶级。1788 年，马萨诸塞选出的一名宪法决议的乡村代表，在反对这份文件时是这样解释的：[1]

> 这些律师、有学问的人和有钱人都能说会道，太会花言巧语，要我们这些没文化的穷人吞下这颗药，就为了自己想进入国会；他们想成为宪法的管理者，把所有权力和财富都抓在自己手上，然后，把我们这些小人物通通吞掉，就像巨灵利维坦，总统先生；是的，就像是鲸鱼吞掉约拿一样。这是我所害怕的。

我们有幸读到一个普通的新英格兰农民、马萨诸塞北比尔里卡的威廉·曼宁写下的一本政治小册子，它展现了一个精明好战的民主派美国人在思考政府的理念时作何设想。这份杰斐逊时期措辞激烈的文献，名为《自由的钥匙》[2]，写于党派热情高涨的 1798 年。值得关注的是，曼宁认为，学习是政治斗争的核心力量（"我自己啥也没学过，我这辈子从没机会待在学校超过 6 个月"）。他的手稿开头是这样的：

---

[1] Jonathan Elliot：*Debates*（Philadelphia, 1863），Vol. II, p. 102.
[2] 书名为 *The Key of Libberty*，Libberty 应是 Liberty 之误，以下引文中也有不少拼写错误。——译者

"学习和知识对追求自由太重要了，除非我们有更多知识，否则没办法长期坚持自由。"① 只是曼宁对学习和知识的兴趣主要是作为阶级武器。

曼宁观点的核心，是对饱学的有产阶级的深深怀疑。他觉得，那些商人、律师、医生、牧师、州行政和司法官员的教育程度、空闲时间和工作性质，允许他们一齐行动追求自己的目标，而劳动者却不能。他认为，这些阶级中弥漫着一种对自由政府的厌恶——他们经常想要毁灭它，因为它妨碍了他们谋私。

> 为此他们无所不用其极，但是最先做的，是将他们的计划和策略通过协会、集会和往来通讯联合起来。他们自己的贸易协会、党派、部长、司法和行政官员因为职业聚在一起，互相了解对方的想法，他们都是读过书的，有很多钱，不需要靠劳动过日子，有足够的时间讨论。这些人为了共同的兴趣走到一起，这是联盟最强大的纽带，他们私下里互通有无，蔑视多数人的意志，为了他们自己需要的知识而从老百姓口袋里掏钱。

既然教育是追求个人兴趣的工具，"少数人"自然会偏向为自己阶级服务的机构。"那些少数人总是标榜昂贵的学院、国家研究院和语言学校的好处，就是为了给不需要工作的人腾地方，他们的派系就强大了。但他们总是反对便宜的学校和女子学校，因为这是向'多数人'普及教育的主要甚至唯一的途径。"在学院里（曼宁心中

---

① Samuel Eliot Morison, ed. : *The Key of Libberty* (Billerica, Mass. , 1922)。重印于 *William And Mary Quarterly*, 3rd ser. , Vol. XIII (April, 1956), pp. 202 - 254。后面段落中的语句摘自 pp. 221，222，226，231 - 232。

所想的无疑是联邦党人的哈佛），共和制原则遭到批判，年轻人被灌输君权观念。曼宁还观察到，这些机构的毕业生"被教导要维护职业尊严"——对此他表示反对，因为这给他们的服务设定了过高的价值，多数人因此负担不起宗教和教育服务："如果我们申请牧师或校长职位，会被告知薪水如何，那太贵了，而他们给不了更低的，因为这都是说好的。如果他们拿得少，就会觉得没面子。"曼宁认为，校长应该成为——后来在美国也确实成为——地位卑下的廉价雇工。

这是曼宁教育方针的关键。普通人需要的是廉价教育；现行的高等教育应该仅为初级教育服务——向普通学校输出廉价的教员。"推广教育……应该用最便宜、最优异的方式"——这样一来，"我们很快就会有大批的男女校长，和雇用其它劳力一样便宜，劳动和学习结成一体，减少不劳而获的人数"。不得不说，在当时大肆吹捧的马萨诸塞公共教育体系遭到无视时，曼宁提出的方案有一定道理。但为了让教育系统触及更低端的人群，他建议削减高端教育，把它的职能减弱为培养廉价的学术劳动力。曼宁认为，进阶教育本身毫无发展价值。研究院和古典教育超出了必要的"教孩子们 ABC"，"只是为了雇用绅士们的儿子，让他们有不劳而获的去处。不是需要懂得所有的语言才可以教孩子读写和理解，就像农民不需要掌握水手的技巧就能拿得住犁"。教育长期以来只是少数人的工具；曼宁希望尽可能让它变成多数人的。既然是工具，那就是低等的，对此他从不怀疑；他也不需要顾及他的原则会对高层文化产生怎样的后果——毕竟那是不劳而获之人才有的特权。

教育的地位，在这个少数人和多数人的争端里，是美国政治中高层文化地位的一个完美示范。教育处于夹缝中，一边是只能勉强为其锦上添花的赋闲阶级，一边是日益强大的平权主义民众，后者的主要兴趣是抹平身份差异、消灭特权阶级的特权工具。可以想见，普通人想要保护自己的利益、利用教育扩大社会机遇；似乎没有人能告诉他，如何做才能不损害智识文化本身。

不可否认的是，曼宁的抗辩带有一些粗糙的正义感。联邦党人确实盗用了哈佛学院，民主派为何不能尽其所能地盗用公众教育机构加以报复呢？如果他们能随心所欲，就不会再有哈佛了。假如有识阶级除了支持特权什么也做不了，那就不需要有识阶级了。在曼宁写作此文大约半个世纪后，霍勒斯·格里利辩称，美国的农民实际是欣赏和尊重才智和教育的，只是常常发现它们被"用来获取财富和奢靡，采用的方式非但没有增添人类的总体幸福感，独属于他们的那一份反倒还减少了"[①]。因此，19世纪的美国民权需求形成期纳入了免费初级教育项目，但也夹带着对由敌人创造的上层文化的、阴暗晦涩的质疑。

3

美国平民民主的辩证法里缺少了一环。倡导者们志在削弱，若有可能，甚至是灭除美国生活中的地位差异，压制有识和有产的领导层。要实现民治，人民希望领导层里尽可能少些有识和有产之士，那么对他们的指导从何而来？答案是，可以从内部产生。在大众民主的势头和自信逐渐增强的同时，这样的信念也广泛深植——原始、自发

[①] 摘自汉密尔顿大学的一场讲演，January 23，1844，引自 Merle Curti：*American Paradox*（New Brunswick，1956），p. 20；同上 pp. 19 - 24。

的民间智慧，优于开化的、过于世俗的、自私的学术和富足的头脑。正如福音派斥责高学养的宗教和正规的神职团体，崇尚心灵的智慧和直接与神对话，平等政治的拥趸也提倡摈弃有教养的领导层，支持最贴近现实的普通人的直观感受。这种对普通人智慧的偏好，在极端的民主信条宣言之下开花结果，演变成一种好战的大众反智主义。

甚至连杰斐逊自己有时也赞同这种偏好，即使他本人既不是反智主义者，也不是教条式的平权主义者。他在 1787 年给侄子彼得·卡尔的信中写道："给农民和教授讲一个道德案例，前者能做出和后者一样良好的判断，甚至可能更好，因为他没有被人为的规则带入歧途。"[①] 杰斐逊事实上表达出了 18 世纪的一种传统观念：上帝赋予人类一定的、必要的道德情感。当他断言农民的识辨能力更佳时，还不会意识到这一点。但我们只需比杰斐逊更进一步，说政治问题归根究底是道德问题[②]，就是在为政治生活中彻底藐视学养做铺陈。假如农民对道德的理解和教授一样，那么他同样也能理解政治；他也有可能认定（杰斐逊对此不会同意）自己不需要向任何人学习，也不需要博闻的领袖。再进一步推论，这说明任何人只要身上有教授的一面，就会成为劣等的领导人；从这一角度说，政治领袖应该出自未经教化的人。讽刺的是，杰斐逊自己就被这一观点所累。后来这也成为杰克

---

① *Writings*，A. E. Bergh，ed.，Vol. VI（Washington，1907），pp. 257 – 258，August 10，1787. 杰斐逊告诫他的侄子关于他所接受的规范教育，他想要说明的是，学习太多道德伦理是"时间的浪费"。他指出，如果道德规范是一门科学而不是直觉判断，那么，数百万缺少正规教育的人在道德上应该不如受过教育的少数人。显然，上帝并没有让人失去道德感，践行它们只需要极少的推理或常识。这一信条并不陌生。杰斐逊很可能是被卡姆斯阁下的文章所影响。然而，我们也许会问，假如研究道德伦理是无用的，为何卡斐逊会在这一领域博览群书。有关这一信条给他的思想带来的问题，参阅 Adrienne Koch：*The Philosophy of Thomas Jefferson*（New York，1943），chapter 3。
② 正如在杰斐逊之后的一个世纪，威廉·詹宁斯·布莱恩十分明确地表示："伟大的政治问题，最终都是伟大的道德问题。"Paxton Hibben：*The Peerless Leader*（New York，1929），p. 194。

逊式民主的集中呐喊。

美国政治中首次真正强势和影响深远的反智主义思潮，实际上是杰克逊主义运动带来的。它对专长的不信任，对集权的反感，对废除阶级固化的渴望，以及对重要职能简单到谁都可以行使的信念，上升为否定这个国家承自18世纪的绅士政府体系，以及有识阶级在社会生活中的特殊价值。尽管如此，许多知识分子和文人，尤其是年轻人，支持杰克逊主义信仰——这足以驳斥有识阶级不同情符合普罗大众利益的运动这一常见指控。诚然，主流文学季刊赞美绅士风度，它们依然掌握在辉格派反对者手中；但当约翰·奥沙利文创办《民主评论》（*Democratic Review*）时，还是获得了一群有不同政治话语权的知名作家的投稿。新英格兰的超验主义领军人物大多对此表示冷漠或敌视。然而，诸如奥瑞斯特斯·布朗森、威廉·库伦·布莱恩特、乔治·班克罗夫特、詹姆斯·F.库珀、纳撒尼尔·霍桑、詹姆斯·柯克·保尔丁和沃特·惠特曼等作家，都对新民主表现出不同程度的拥护和坚持。[1]

这些人的支持得到杰克逊集团的欢迎，有时也受到尊崇，但整体上说，知识分子并没有得到太多的认可和声望。历史学家乔治·班克罗夫特是最著名的例外。在马萨诸塞州，民主党人意识到，为了打击反对党集团里德高望重的人才，他们需要文人和知识分子领导层，于是，班克罗夫特30多岁上就在党派中声名鹊起。他被任命为波士顿港的托收人、波尔克的海军部长（范布伦也曾把这一职务交予保尔丁），后来还成为驻英国大使。他用他的影响力帮助霍桑找到一份波士顿海关大楼的工作，让布朗森（班克罗夫特立刻就后悔了）当上那里的海军医院理事。霍桑的际遇则大相径庭。工作常常远不能让他一

---

[1] 有关杰克逊式民主和知识分子的关系，参阅 Arthur Schlesinger, Jr.：*The Age of Jackson*（Boston，1945），尤其是 chapter 29。

展长才或满足他的迫切需求。在海关大楼，他最多只能算得上一个称量员或收税官，他本想成为赴南极考察的历史学家，却不得不委身于此（他称之为"可悲的奴役"）。之后，他应征塞勒姆邮政局长一职，却被派去做码头勘测员。终于，在完成了友人兼大学同学富兰克林·皮尔斯的竞选传记后，他赢得了领事一职——但是在利物浦。整体而言，杰克逊式民主在知识分子及文人与民众思维之间营造亲厚氛围的成效，不及后来的进步主义和新政时期。

1824 年和 1828 年，杰克逊和约翰·昆西·亚当斯之间的攻讦，是研究截然对立的政治理想的佳例。19 世纪早期的美国不适合靠知识分子的气性领导政治，亚当斯政府即为铁证。作为老派绅士政府的末任总统，亚当斯成为旧秩序的标志、声讨饱学之士的主要受害人。他曾在巴黎、阿姆斯特丹、莱顿、海牙求学并就读于哈佛；执哈佛的修辞和演讲术之牛耳；他的志向是著写史诗；和杰斐逊一样，他的科学兴趣广为人知；他多年担任美国艺术和科学研究院院长；作为门罗的国务卿，他曾写过一份关于重量和计量系统科学的学术报告，如今依旧被奉为经典。亚当斯相信，如果新共和国不能利用其力量发展艺术和科学，就是"躲藏在智慧允许我们自由支配的泥土里——是对最圣洁之信任的背叛"。他的希望，亦是华盛顿、杰斐逊和麦迪逊的，即联邦政府成为全国教育和科学进步的指挥中心。但他提出把华盛顿建成文化首都，引发了对中央集权的普遍反感，反而累及了自己。

在首个年度国情咨文中，亚当斯提出了符合商业需求的一个内部改进系统——道路和运河，以及数项主要为了满足有识阶级人士需求的建议——在华盛顿创办国家大学，创建一所专业海军学校，建一座国家天文台，追随路易斯和克拉克的脚步探索西北部地区，设立一个高效的专利办公室，通过一个新的执行部门提供联邦科学援助。

亚当斯冒犯了杰克逊完美践行的、狂妄的大众民族主义。他指出，欧洲国家尽管不像美国这样有天佑的自由，但在科学上投入更多；他贸然断言，我国应仿效法国、英国和俄国政府的一些政策。和现下一样，那时，这样的智识大一统主义不受欢迎。于是，他藐视了民族尊严，接着又因敦促大量科研拨款而藐视了民主意识；他甚至用挑衅的口气提出，国会领导人不应该"交叉双臂，向世界宣称我们因选民的意志而变成了半身不遂"。更糟的是，亚当斯满怀热情地将很多欧洲政府资助的天文台称为"天空的灯塔"。国会耻笑这一说法，"灯塔说"一次次被掷还给亚当斯。他的内阁意识到，总统的计划可能让整个国家为之震动——例如亨利·克莱就发现，一个全国性大学"必然希望渺茫"，他怀疑亚当斯建议的执行部门是否能得到 5 票以上——最后，亚当斯不得不放弃。他代表了一种与时代格格不入的领导层。汉密尔顿、华盛顿乃至杰斐逊，都曾有志于某些中央领导的全国性方案，表达出东海岸的绅士们所共有的对美国的扩张发号施令的渴望。然而，对他们而言，这个国家的成长过于迅速，不接受计划和命令。他们这样的类型在政治上已经过时，饱学之士的地位一落千丈。[①] 亚当斯是 19 世纪最后一位通晓科学的目的和使命、相信艺术的培育是联邦政府一项合理职能的白宫领导人。

亚当斯是老派的标志，安德鲁·杰克逊则代表了新派；在 1820 年代的政界，两者的对战映照出美国的过往和未来。美国人曾义无反顾地挣脱欧洲的桎梏，认为"腐朽的"欧洲的野蛮甚于"原始的"美国；他们担忧自身发展中的文明成为"人为"，可能令他们背弃"自

---

① 有关亚当斯的计划，参阅 J. R. Richardson：*Messages and Papers of the Presidents* (New York, 1897)，Vol. II, pp. 865 - 883, 以及 A. Hunter Dupree：*Science in the Federal Government* (Cambridge, 1957)，pp. 39 - 43；参阅 Samuel Flagg Bemis：*John Quincy Adams and the Union* (New York, 1956)，pp. 65 - 70。

然"。杰克逊的拥趸赞美他代表了自然人的自然智慧。作为全国领袖、新奥尔良的英雄、受过教化的英国"野蛮"军队的征服者，他的天赋还包括对原始热情和自然风格的坚持，令人宽慰。据称，杰克逊非常幸运地得以逃脱有损"热情和原始理解力"的正规教育。他有行动力，"自然的学校培育了他"，"没有哪部分是人为的"；他幸运地"逃脱了学校的教育和辩证法"；他有"未被学院派的空想思想污染的决断力"；他"超乎寻常的清明头脑、务实的常识、强大的判断和辨识力，对于一切有用的目标，要比圣贤之人的全部学识更有价值"；他的思想无需依附于"僵化的三段论推理、徒劳的分析或老套的逻辑推导之上"，因为自然的直觉力，可以"和照亮自己前进方向的闪电"同行。①

乔治·班克罗夫特想必一定是相信自己的校长生涯一无是处，因而膜拜杰克逊未经教化的头脑：②

那么，看看这位西部来的不文之人、蛮荒中孕育出的婴儿、隐世而居的农民，几乎未碰过书本，和过去的传统之间没有科学与之联系，是人民的意志助其登上了荣耀的顶端、共和制自由文明的中心位置……他会推行何种政策呢？他会从深林里带来怎样的智慧呢？他贤明的头脑中会产生怎样的责任感呢？

相对于这样一位智慧直接习自丛林的原始主义英雄，亚当斯在国外法庭的经历和广博的教育似乎过于人工雕琢。即使在 1824 年，亚当斯赢得了疯狂的四方选举（four-way election），杰克逊仍是最受欢

① 引用的杰克逊主义文学摘自 John William Ward：*Andrew Jackson*：*Symbol for an Age*（New York，1955），pp. 31，49，52，53，68。沃德教授对杰克逊式形象的出色研究，让我获益匪浅。
② Ward：同前，p. 73。

迎的候选人；4年后，当这位将军卷土重来，再战的结果毫无悬念。除了新英格兰，亚当斯在全国其它地方均告落败，这是一场双方都无所不用其极的选战，两位对手被形容为：

会写字的约翰·昆西·亚当斯
和会打仗的安德鲁·杰克逊。

杰克逊的发言人攻击亚当斯的主要论点是，他是自我纵容的贵族，且生活奢靡。更相关的是，他的教育背景和政治学养被斥为额外的邪恶，而不是锦上添花的优点。一群杰克逊的支持者宣称，亚当斯的智识成就不会让这个国家得到什么益处：①

我们承认他学识渊博，但质疑他的智慧……我们确实忠于简单的信条，这已经在伟大的英语诗歌中愉快地表达了：

毋庸知晓遥不可及的、
模糊的、细微的东西，
知晓我们眼前的生活，
才是智慧所在。

我们相信，杰克逊将军身上充满了这样的智慧。

另一位杰克逊主义者在谈及两人的履历时说："杰克逊创造律法，亚当斯引用它。"②

---

① *Address of the Republican General Committee of Young Men of the City and County of New York* （New York, 1828），p. 41.
② Ward：同前，p. 63。

杰克逊对亚当斯的胜利是压倒性的。若认为这只是一场行动者对智识者的胜利，那是言过其实，因为摆在选举人面前的主要是贵族和民主之间的选择。只是当双方塑造候选人的公众形象时，和贵族配对的是干巴巴的智识，而民主则关联着原始的感知和行动力。①

4

尽管杰克逊派对平等主义和反智主义情感有着强烈共鸣，却未能掌控其中任一。并非只有杰克逊主义才是平等主义，国家本身也是。竞争性的两党制确保了令选民难以抗拒的吸引力不会被一方长久把持，因为这是可以相互模仿的。不论杰克逊的反对者在1828年如何震惊于支持者的做派，他们消化掉对民主党言论的不满并如法炮制只是时间问题。不会或不愿加入游戏的党派领袖，很快就会销声匿迹。

与从事国家事务人士——推动开挖运河、成立银行、修筑公路和建立制造型企业的人——有关联的党派组织者所面临的一个长期问题是，如何使自己与民众保持一致，并找到安全的、可以利用的、不会

---

① 双方的竞选攻势都缺乏事实依据和技巧；亚当斯从未谴责自己的宣传喉舌对杰克逊夫妇私生活的恶意诽谤。他似乎被说服，这一切都是正当的。1831年，他在日记中写道："杰克逊在妻子的眼皮底下与人通奸。"大多数波士顿绅士派人士不拥护杰克逊当总统。哈佛于1833年授予其名誉法学博士学位，亚当斯拒绝出席。"我不会参加，"他写道，"眼看我亲爱的哈佛自取其辱，把博士学位颁发给一个连自己的名字都不太会写的野蛮人。"Bemis：同前，p. 250；另见亚当斯 *Memoirs*，Vol. VIII（Philadelphia, 1876），pp. 546 - 547。哈佛校长约西亚·昆西告诉亚当斯，他非常清楚"杰克逊完全不配得到学术荣誉"，只是在门罗被授予学位之后，有必要给杰克逊一些荣誉以免突显"党派意愿"。在那个场合，杰克逊的魅力似乎征服了不友好的观众。然而，剑桥和波士顿那些轻信的人们广为接受的传言是，在用拉丁文主持的仪式上，杰克逊站起身说（下为拉丁文短语的堆砌。——译者）："让买家当心；犯罪的事实；至此以后；震怒之日；合众为一；持续到令人作呕；北斗星；这就是暴君的下场；以物换物；息止安所。"参见 Josiah Quincy 回忆文集：*Figures of the Past*（Boston, 1926），pp. 304 - 307。

危及他们利益的大众议题。既能亲近普罗大众，又能在政商两界游刃有余的人，格外受到优待。① 亨利·克莱天赋异禀，具备一个人民英雄的多项特质；但到了 1830 年代初，他在全国的舞台上现身太久，观点太为人熟知，与声名扫地的亚当斯关系太过紧密，以至于再无可取之处。新党派的领袖中能把握关键点的最著名人物是瑟洛·韦德，他借助反共济会的平等主义狂潮进入公众视野，成为伟大的辉格党、后为共和党的组织者之一。然而，尽管反杰克逊派在 1828 年学到了不少东西，但并未正视这位为他们设立了正确标杆的人物，直至大卫·克罗克特突然从杰克逊集团中进入公众眼帘。

克罗克特是边陲居民、猎人、斗士、贫困的西部垦荒者的代言人，他成了美国民间人物的标志，他的自传是美国边疆幽默的经典。克罗克特未曾与财富或教育沾边，他卷入政治是因为强大的个人魅力。大约 30 岁上，他初次来到田纳西州沙洲溪地区的一个小聚落，被任命为和平仲裁者，并很快被推举为当地民兵团组织的将领，之后又被派往州立法机构。1826 年，有人无意之中建议他参选国会，于是他发起了一场充满趣事的竞选运动，最终获选。现在，田纳西州在国会有了代表，他可以"蹚过密西西比河，背着一条汽船，力大无比地向野猫挥鞭"，他虽头脑简单，但向议会陈词时无所畏惧，因为他可以"向那里的任何人挥鞭"。

克罗克特的骄傲在于，他代表了本土风格和原始本能。在 1834 年出版的自传里，他自夸其从田纳西的野外习得决断力，那时他"几乎不会写自己的名字"。"我的判断力从不靠这些，不然就会像蜡一样

---

① 有关这一情况的分析，比较 Glyndon G. Van Deusen：*Thurlow Weed：Wizard of the Lobby*（Boston, 1947），pp. 42 – 44；以及 Whitney R. Cross：*The Burned-Over District*（Ithaca, 1950），pp. 114 – 117。

黏糊，我作决定是基于人与人之间的正义和诚实守则，靠的是天生的直觉，而不是学习法律，因为我这辈子从没读过一页法律书。"[1] 克罗克特的法律决策，也许可以支撑这种认为有常识足矣的质朴自信，然而，他不满于就此打住：他对学院派的藐视是深思熟虑的。在国会生涯中，他曾表示：[2]

> 一些绅士邀我去剑桥，那里都是高等学府，有很多预备好给人的称谓或绰号。我是不会去的，他们大概会给我贴一个法学博士的标签，不然就不放我走；我可不想换掉我的"美利坚合众国众议院成员"的身份，因为我的选民一定会把我的新称谓翻译成"又懒又闲的笨蛋学生"，他们知道我没学过或者得过什么学位，除了学到一些理智，不会勉强自己……

1813 至 1814 年的克里克战争期间，克罗克特曾在杰克逊麾下作战。最初，他作为田纳西州杰克逊集团的一员进入国会，也代表了州内贫穷的西部垦荒者，这些人的境遇大都是他所经历过的。不久，他便发现，这两种效忠发生了冲突。詹姆斯·K. 波尔克领导的一群田纳西人，想让国家同意将部分荒置的西部土地赠予该州用于教育。这一次，教育的目标和贫穷阶级的目标不幸陷于对立。而克罗克特作为垦荒者的代表，自然是鄙视波尔克的土地议案的。北卡罗来纳大学持有的土地权证，已经导致他的一些选民失去了自己的家园。克罗克特认定，这份使用部分土地收益在纳什维尔兴建大学的提案，会以同样

---

[1] Hamlin Garland, ed.: *The Autobiography of Davy Crockett* (New York, 1923), p. 90.
[2] 同前，p. 180。这里主要的笑点是安德鲁·杰克逊，那时他已获得哈佛学位。"一份荣誉，"克罗克特说，"对田纳西来说足够了。"

的方式伤害其他人。他指出，选民不会因为学院的发展而获得任何报偿，因为他们用不上。他说，如果"我们只有普通的农村，或者大学毕业生有时蔑称为 B-a① 学校的那种地方，方便在冬天时把大男孩们送去那里，小孩子们则一年四季都可以送去，那我想我们已足够幸运了，尤其是如果还能得到足够的浣熊皮或这样那样的东西，每季度末付给老师工钱"②。

克罗克特向国会解释说，他并不反对教育，但认为自己有义务维护自己所代表的人民的意愿，这些人"在他们生活的土地上挥汗如雨"，现在却"因为一个给富人的孩子建学校的国家法案，就要被赶出自己'卑微的小屋'"③。

> 我再说一遍，我完全反对，不是因为我敌视教育，而是因为教育的利益并不能平均分配。这个学院体系建起之后，会在两个社会阶级之间划清界限——把穷人和富人的孩子分隔开来。我的选民的孩子们，一辈子没见过学院里面的样子，将来也不可能见到……土地测量员、学院和权证持有人留给他们的已寥寥无几，如果还要再建一个诈骗机器来盘剥他们，那我决不会沉默不语或不为他们声张正义，不论以多么卑微的方式。

在此，我们听到了曼宁思想的回响——普通学校服务于平民，学

---

① B-a 即 badass，那种特别烂的学校。——译者
② 在 Charles Grier Sellers, Jr.：*James K. Polk，Jacksonian：1795 - 1843*（Princeton，1957），pp. 123 - 124 中有所引用。有关土地议案，可参阅上文，pp. 122 - 128；James A. Shackford：*David Crockett，the Man and the Legend*（Chapel Hill，1956），pp. 90 - 99。
③ *Register of Debates*，20th Congress，2nd session，pp. 162 - 163（January 5，1829）。克罗克特所质疑的挪用经费供学院使用，是一个无效的问题，因为波尔克为了安抚克罗克特，早已加入了一条要求，即土地买卖的收益只能供普通学校使用。

院服务于富人。对美国社会而言，容许高等教育和普罗大众的意志如
此泾渭分明，是十分可悲的。然而，对于始终处于杰克逊势力重压之
下的亚当斯和克莱这类人，田纳西的杰克逊集团内部的裂痕不啻为天
赐良机。不久，狡黠的反对派组织者意识到，如果集团内部有一位民
主派先锋，就能有力地制衡杰克逊，于是他们接近克罗克特，利用他
在州内与杰克逊集团的隔阂以及和总统长期的私人恩怨，将他拉到了
反对派阵营。克罗克特和全国反杰克逊势力的结盟，由美利坚合众国
银行主席尼古拉斯·毕德的朋友马修·圣克莱尔·克拉克①负责斡
旋，早在1829年就开始酝酿，到1832年明显加强。克罗克特的国会
演讲开始有人代为起草，他著名的《自传》中许多内容也有人捉刀，
尽管还是有克罗克特口述的风格。② 1835年，克罗克特发文讨伐马
丁·范布伦，这是1840年辉格党竞选中全面数黑论黄的预演。

到了1840年，民粹主义言论在辉格党内全面攻城掠地。克罗克
特过于地方化又靠不住，不具总统相，他去了得克萨斯，在阿拉莫之
战中阵亡，成为神一样的人物。但在1836年的总统选举中，和杰克
逊一样曾是早年印第安战争英雄的威廉·亨利·哈里森，被发现有着
类似的公众吸引力。1811年，他在蒂珀卡努战役中战胜特库姆塞③的
著名事迹，实际是一场惨败，但这已无伤大雅；通过有技巧的曝光，
再加上公众的健忘，这些事迹被升华为几乎能与杰克逊在新奥尔良的
胜利相媲美的英雄传奇。1840年，又加入了木屋和苹果酒的亲民主
题，尽管哈里森在俄亥俄河畔的宅邸其实颇为奢华。让天平向范布伦

---

① 美国记者、作家、政治家。——译者
② 有关克罗克特和东部保守派的友好关系，以及他的演讲和自传文章的出处，最令人
满意的描述见于 Shackford；同前，pp. 122-129。
③ 北美肖尼族酋长，曾试图在中西部地区建立印第安部落联盟，骁勇善战，在美国历
史上留下了著名的"特库姆塞诅咒"。——译者

的对手倾斜的实际是经济萧条，只是辉格党为确保胜利，试图像 12 年前杰克逊派对付亚当斯那样，用相同的毁谤和抹黑招数来对付他。宾夕法尼亚州众议员查尔斯·奥格尔在议会上发表了题为《总统宫殿的富丽堂皇》的大师级演讲，被制成千上万本小册子分发，为 4 月的选举定了调。借助一笔用于改建和修缮白宫及其花园的 3600 美元小型拨款，奥格尔绘声绘色地描述了马丁·范布伦的奢华生活，逗乐了整个议院，让 1828 年针对亚当斯的类似攻讦黯然失色。这轮骂战的高潮部分是奥格尔斥责范布伦在白宫内安装的浴缸，借用他的华丽词藻，这些浴缸的尺寸大得就像卡拉卡拉浴场一样。①

　　1840 年的一幅辉格党标语揭示了真相："我们以自贬来征服。"有教养的那些迄今尚在自矜之人，原本反对全民选举权，现在宣称他们是人民的朋友，认可了形形色色不理智的竞选技巧。在早年更压抑时代的论战下成长起来的那些知名政客兴许会有些作呕，但他们依然使用着某份报纸所称的"大卫·克罗克特式的句子"。休·斯温顿·勒加雷这位保守而有教养的南方贵族咽下了反感，继续他的巡回路演。丹尼尔·韦伯斯特受到启发，表示尽管自己未能有幸降生在小木屋里，"但我的兄长和姐妹们是……我每年都会去那里，带着孩子们在那里暂居，让他们学习刻苦和简朴的美德并以此为荣……"。任何称他为贵族的人，"不仅是在说谎还是个懦夫"，最好有所准备，若让韦伯斯特遇上必与之决斗。而亨利·克莱在私下里说，他"感叹有必要，无论是真实的还是想象出来的，去唤起同胞的感受和激情，而不是培养他们去推理和判断"，然后就这么做了。

　　辉格党内的敏感人士也许会被小木屋和苹果酒运动的言辞戳痛，

----

① Charles Ogle：*The Regal Splendor of the President's Palace*（n. p.，1840），尤其 p. 28。

但他们若还想在政治上占据一席，就不能坐以待毙。美国政治中的绅士势力正在自寻短见。约翰·昆西·亚当斯在华盛顿目睹这种堪忧的局面，从这聒噪的竞选中看到了"人们在习惯和举止上的革命"①。这一数十年前就已启动的进程，以 1829 年他被逐出白宫作为令人心酸的标志，终于达成了圆满。"这貌似是我们历史上头一次，"摩根·迪克斯这样评论道，"为直接吸引下层阶级而刺激他们的好奇心，满足他们的娱乐之欲，靠宣传低俗来获取支持。从那一天起，局面变本加厉，直到出身贵胄、继承'老派绅士之名'切实成了一项劣势。"②

5

蓄奴问题的新热点和社会派系的对立，让老成持重的阶层加速脱离政治。早在 1835 年，托克维尔就评价过议会成员"举止粗鄙"、捉摸不透；假如他在 1850 年代重返美国，就会发现情况愈加恶化。海军部长约翰·彭德尔顿·肯尼迪在 1850 年代写给叔父的信中说："你是否觉得，这个国家可引以为傲的公众人物简直少得可怜？……在民众的头脑里，绅士的概念和轮廓被清除得如此彻底！一切这种特质，几乎都已经从舞台上消失了。"③ 1850 年，为《北美评论》撰文的弗朗西斯·鲍恩认为，参众两院已"沦为聒噪的吵架俱乐部"④。

---

① 有关这次竞选和相关引用，参阅 Robert G. Gunderson：*The Log-Cabin Campaign* (Lexington, 1957)，尤其 pp. 3，7，101 - 107，134，162，179 - 186，201 - 218。
② *Memoirs of John A. Dix*（New York, 1883），Vol. I, p. 165。
③ Henry T. Tuckerman：*Life of John Pendleton Kennedy*（New York, 1871），p. 187。
④ "The Action of Congress on the California and Territorial Questions," *North American Review*，Vol. LXXI（July, 1850），pp. 224 - 264。

从容自若的辩论，被威吓怒骂和大放厥词所取代；国会大厅内的场景比起任何一个嘈杂之地，常常有过之而无不及；国会当仁不让地成为文明世界里最无可救药、杂乱无序、效率低下的立法机构。

佐治亚州的罗伯特·图姆斯议员深表赞同。现在的国会，他在给友人的信中说："充斥着我见过的最糟糕的立法委员……大批营私舞弊、投机取巧的人，也有巡回布道的无堂区的牧师，他们不仅毫无智慧和文化，且举止粗俗，因而我们几乎无法指望好的立法。"① 到了1853年，实在有必要靠法律来禁止议员们为检举反政府的声明而收受报酬，并设定贿赂罪的刑罚。② 这种恶化在1859年达到无可救药的态势，众议会几乎无法就议长人选达成一致。那一年，年轻的查尔斯·弗朗西斯·亚当斯在华盛顿看望当时还是议员的父亲。他后来回忆道：③

我对那时的参众两院记忆犹新。两院都不怎么样。众议院是全国性的嘈杂场所，和现在比起来，那时简直就是无聊的边疆居

---

① U. B. Phillips, ed.: *The Correspondence of Robert Toombs, Alexander H. Stephens, and Howell Cobb, American Historical Association Annual Report*, 1911, Vol. II, p. 188.

② Leonard D. White: *The Jacksonians*, p. 27. 有关国会和公共服务的恶化，参阅 pp. 25 - 27, 325 - 332, 343 - 346, 398 - 399, 411 - 420。

③ *An Autobiography* (Boston, 1916) pp. 43 - 44。当然，那距离著名的布鲁克斯攻击萨姆纳事件只过去了数年；同年，一位国会议员在华盛顿枪杀了一名侍者，起因是对酒店餐厅服务不满。有关1850年代国会的状况，参阅 Roy F. Nichols: *The Disruption of American Democracy* (New York, 1948), pp. 2 - 3, 68, 188 - 191, 273 - 276, 284 - 287, 331 - 332。有关政府腐化背景的优秀文章，参阅 David Donald's Harmsworth Inaugural Lecture, "An Excess of Democracy: The American Civil War and the Social Process" (Oxford, 1960)。南方政治领导力的衰微，在下文中有出色的记述：Clement Eaton: *Freedom of Thought in the Old South* (Durham, 1940) 以及 Charles S. Sydnor: *The Development of Southern Sectionalism, 1819 - 1848* (Baton Rough, 1948)，尤其 chapter 12。

民和工头扎堆。派系情绪高涨，粗俗无礼是鲜明的常态，那天的主题是威士忌、吐痰和猎刀。这实际上是众议院里的唯一有"秩序"的时候。可怜的新泽西的老潘宁顿，最后一刻被选为议长，他大概是众议院史上最无能的一位议长了。

在共和国早期，身居高位的人尚有可能自信地将能人贤士纳入自己麾下。这个过程并不像听上去那样不民主，因为被笼络之人通常在门第和财力上并无优势。例如 1808 年，杰斐逊总统在写给移民来的客栈老板之子、知名律师和论文家威廉·维特的信中，还可以这样说：①

> 写此信的目的是……建议你加入国会。那是这个国家最有权发号施令的舞台，是有资格之人进入任何部门或机构的门槛。如果善加利用你的名声、才华和正确的观点，你将即刻被指派为众议院共和党党魁；只需很短时间，在你的地位巩固之后，你便可按自己的意愿进入军队、司法、外交或其它公共部门，不论你乐于挑选哪个，都一定可以实现。你现在可以称得上是我国的杰出人才，这确保你一生都能在最光荣的岗位上效力。

杰斐逊去世几年后，信中表达的这种确信已不堪设想。向上爬的技巧变了；有野心的政客身上的亲民特质变得比向同僚和上司证明自己更加重要。更多人是由基层推举上来，而不是由高层直接选派的。

人事甄选标准的改变左右着公共服务的命运。美国的文官制度曾是绅士政府的传承，最早由华盛顿为联邦党人设立，至 1829 年，先

----

① *Writings*, edited by Bergh, Vol. XI (Washington, 1904), pp. 423 – 424。

后由联邦党人和杰斐逊集团管理。① 按当时欧洲政府的标准，华盛顿最初对联邦办公室的任命标准很高，尽管带有党派性质。他要求的是能力，同时也强调候选人的个人名誉和诚信，希望委任"我认为会给我们的民族品格带来荣耀和光芒的人"，以此来巩固新政府。按地域分配的公私分明的任命原则一开始就得到遵守，裙带关系则难于立足。到了1792年，政治效忠对于人事任命更为重要，但依然是可控的，正如华盛顿的继任者约翰·亚当斯所指出的：首任总统任命了"一大群意志极其坚定的民主派和雅各宾派"②。公务人员招募的最大障碍，是农村地区的舆论让联邦薪俸处于较低水平，文官的地位从一开始就不高，不足以保持吸引力，即使内阁职位也是如此。当杰斐逊政府接替了联邦党，杰斐逊为了平息前些年政治上的歇斯底里，尝试避免因单一的政治原因大规模免除文官；最善言、不妥协和活跃的联邦党人执事者被解雇，较安分的则保住了饭碗。尽管杰斐逊推行的想法是公职应该或多或少地保持两党平衡，但公职人员的水准保持不变。昔日的诚信和可敬度标准依然适用，不论对杰斐逊的"1800年改革"有怎样的定论，行政事务上的改革并未发生。在这一方面，用人标准的存续确实是一件了不起的事。③

---

① 我对文官历史的结论，依据的是 Leonard D. White 极富价值的历史作品：*The Federalists* (New York, 1948)，*The Jeffersonians* (New York, 1951)，*The Jacksonians*，我已有援引，以及 *The Republican Era 1869 - 1901* (New York, 1958)。Paul P. Van Riper 在他的 *History of the United States Civil Service* (Evanston, Illinois, 1958)，p. 11 中写道："在美国政府初具雏形的那些年，它的文官体系是世界上最高效的。确然也是最远离腐败的。"

② John Adams: *Works* (Boston, 1854)，Vol. IX, p. 87。这句话并不是全盘否定。亚当斯自己也不建议禁止反面做法，以免遗漏"联邦内一些最为能干、影响力最大和品格最优秀的人"。

③ 范莱帕表示，就党派而言，杰斐逊已将足够多的公务员排斥在外，和国家分赃制的创立者杰克逊差不多。只是就委任者的能力和社会类型而言，他或者他的幕僚都没有"实际上削弱联邦文官作为上层阶级的核心本质"。同前，p. 23。

然而，与此同时，党派举荐逐渐在一些州成为标准模式，尤其是宾夕法尼亚州和纽约州。职位轮岗从选举岗位拓展到任命岗位。随着全民选举和平民主义热潮的兴起，1820年代，旧行政传统让位于更直白的出于党派目的的举荐。轮岗制度被认为符合民主信条，杰克逊派觉得它是一项社会改革，而不是行政人员腐败的潜在催化剂。杰克逊派将从政的机会视为开放社会提供给普通人的又一项机遇。他们认为，职员轮岗会杜绝不民主的长期占岗的群体出现。随意撤销和获得职位空缺并不被认为是行政缺陷，而被认为是民主特色。在1829年12月的首个年度国情咨文中，安德鲁·杰克逊强势地表达了这种理念。

杰克逊辩称，即使个人诚信能遏制腐败，长期占据公职的人也会发展出一种对公众利益有害的思维惯性。对于长期职员，"岗位是一种财产，政府是实现个人意愿的途径，而不是为人民服务的工具"。不论是因为彻底的腐败，还是"正确的感受和原则发生了扭曲"，政府早晚会偏离合理的目标，成为"支持少数人利益而牺牲多数人利益的驱动器"。总统并不为轮岗将会周期性地引入多少缺乏经验、未经试用的人而烦恼。"所有公职人员的职责都简单易懂，或至少是被设计成这样，聪明的人马上就能胜任"；让有经验的人长期待在一个岗位上弊大于利。从此处和其它段落中可以看出，杰克逊执意把职位留给新人，作为民主制度下的一种机会模式，他要打破职位是一种私人财产的观念。他认为，轮岗是"共和制信条的首要原则"[1]。

问题已然浮出水面：所有人都认为职位是一种财产，而杰克逊派

---

[1] J. D. Richardson：ed.：*Messages and Papers of the Presidents*（New York，1897），Vol. Ⅲ，pp. 1011 - 1012. 数名历史学家指出，杰克逊实际撤销的岗位并不是很多。让他的政府更出名的也许是给出了撤销的理由。其后数年，对分赃体系的上瘾如此严重，侵犯了党派内部的派别。1850年代，布坎南民主派倾轧了皮尔斯民主派。

相信，这样的财产需要分享。他们对公职的态度，是他们在经济事务上的反垄断态度的完美类比。在一个大量依靠政治和经济机遇激发能量与活力的社会里，可能潜伏着的智慧头脑，要比杰克逊的反对者愿意承认的更多。然而，杰克逊派认为，政府职能简单到几乎任何人都能执行，贬抑了专家和学者的职能，随着政府职能日益复杂而成为隐患。[1] 恰似美国大选的亲民需求将绅士们排除在外，专家甚至只是有才之人，囿于党派体系的需要和轮岗制度，只能在美国政治体系内屈居一隅。让教育和智识远离决策权和管理权已大功告成。不幸的是，智识在大众生活中的地位要依附于绅士们对教育和培训的看法，并和他们的政治气运休戚相关。在 19 世纪的美国，这注定是一条失败之路。

---

[1] 事实上，轮岗原则并不像杰克逊派宣称的那样得到全面落实。后来出现的是莱昂纳德·D. 怀特所说的"双重体系"，举荐和职业发展制度并驾齐驱。被举荐的员工来了又走，而一部分核心职员长期留任。参阅 *The Jacksonians*, pp. 347 - 362。

七、改革派的命运

1

到了世纪中叶，合众国的绅士们在选举及任命产生的公职上愈发被边缘化，极大地疏远了政治。内战在一段时间内让他们忘却了不满。在战争这样的危机时刻，文化批判挂起了免战牌。战争是一个分散注意力的由头，是需要紧急应对的要务，总体而言，北方贵族阶级为了国家而集结，不问想要挽救的政治文化是否值得他们挽救。林肯开始为他们所知，他稳定人心，遴选学者和文人——查尔斯·弗朗西斯·亚当斯、老约翰·毕格罗爵士、乔治·威廉·柯蒂斯、威廉·迪恩·豪威尔斯和约翰·洛斯若普·莫特利——任职于外交岗位，这取悦了他们。美国的民主文化竟能孕育出这样一个人，也许，他们到底还是低估了它。

然而，战争结束后，体系的溃败似乎变本加厉。为补救战前一代人政治上的过错而牺牲了成千上万条人命，随着重建计划的一败涂地，除了挽救联邦这一最基本的目标之外，无任何建树，也未吸取教训。新一代的企业家比老一代的更贪婪，政治似乎已沦为狗血的煽动、向铁路大亨分配公共资源和关税诈骗。1856 年的理想主义共和党，党羽都是诸如本杰明·巴特勒和本·韦德这类人，成为格兰特政府的丑闻制造机。

许多改革派早在 1868 年就意识到事态的恶化，其时，小理查德·亨利·达纳意图将本杰明·巴特勒逐出马萨诸塞州议会。两人的矛盾显而易见：海湾州是波士顿绅士派的大本营、贵族道德和智识的发源地，他们中的一员正试图将另一位政治犬儒主义的符号人物驱离政治舞台。《纽约时报》认为，这是"本地区冷静睿智、善于反思的群体与无知无畏、无所顾忌的群体之间的争夺"①。这也是一小部分人与占压倒性多数的移民和工人之间的争夺，以达纳近乎经典的无效拉票技巧为标志。② 竞选残酷地昭示了达纳这类人的惨淡前景；他得到的选票不到 10%。

达纳的耻辱是一系列震荡的开端。对改革友好之人的前景堪忧。莫特利为流言所累，被安德鲁·杰克逊免去外交职务；格兰特将他复职，后来为了通过他打击萨姆纳，再次将他抛弃。埃博纳瑟·R. 霍尔法官的高院提名被拒的主要原因，是政客们不喜欢他。（西蒙·卡梅伦质问："你对一个冷落 70 个参议员的人，还能指望什么呢？"）才华横溢的经济学家大卫·威尔斯，因其自由贸易观点而被逐出税务局特别专员办公室。公职改革的主将雅各布·道森·科克斯因为得不到总统支持，不得不辞去格兰特政府内政部长一职。1870 年，亨利·亚当斯解释自己为何离开华盛顿而去哈佛教书时这样写道："我所有的朋友都已经或者很快就要被政府驱逐，届时，我会连一个盟友和消息来源都没有。"③

---

① *The New York Times*，October 24，1868。巴特勒素来把绅士派成员对他的憎恨当作政治资本。1884 年，他的一位支持者宣称，他赢得竞选的原因是："所有的势利眼和半吊子都恨他，哈佛也不愿意给他法律博士学位。" H. C. Thomas：*Return of the Democratic Party to Power in 1884*（New York，1919），p. 139。

② 正是在这次竞选中，巴特勒让达纳和工人阶级选民之间出现了嫌隙，他指责达纳戴白手套。达纳承认，自己有时会戴白手套、穿干净衣服，但他向林恩（Lynn）的工人们保证，他曾是一个年轻水手，在船桅边待了 2 年，那时"我和你们一样脏兮兮的"。Benjamin F. Butler：*Butler's Book*（Boston，1892），pp. 921–922。

③ Adams to C. M. Gaskell，October 25，1870，见于 W. C. Ford, ed. ：*Letters of Henry Adams*（Boston，1930），p. 196。

原本期待林肯和格兰特政府带来改革的年轻人，再也不抱任何幻想。战争硝烟散尽后的新美国，形势严峻，同时出现了一群特殊的深受挫败的地下贵族，作为文雅的改革派，他们的存在本身就加剧了教育和智识与强大的政治经济势力的脱节。文雅的改革派的主旨是公职，要务是文官制度改革，他们的理论代言人是《国家》杂志的 E. L. 戈德金，最成功的政治英雄是格罗弗·克利夫兰。亨利·亚当斯写就的自怨自艾的杰作——《教育》，树立了他们的文学丰碑。

这位历史学家回顾文雅的改革派时，意识到他们极少触碰许多棘手的社会问题，有些则丝毫没有触及，他也许感到他们势单力薄，因而欢迎像约翰·杰伊·查普曼这样大胆而另类的人物后来与他们为伍。但这一阶级所代表的是大部分活跃于政治的文化人；假如智识在美国政治生活中曾有一席之地的话，靠的主要是运气。他们自己明白这一点；洛威尔恳求戈德金在《国家》中抗议"共和党那种没头脑没关系的奇思异想"，其意正在于此——这也是为何查尔斯·埃利奥特·诺顿近乎卑微地哀叹："在我看来，对于当下野蛮和粗俗的入侵，《国家》、哈佛和耶鲁学院几乎是仅剩的坚固防御。"[①]

这种改革类型并不是全国性或代表性的。一般来说，文雅的改革派出生于东北地区——主要在马萨诸塞州、康涅狄格州、纽约州和宾夕法尼亚州——尽管也有少数分散在被北方佬和纽约人殖民的中西部地区。在道德和智识上，这些人是新英格兰的继承者，大多数情况下是血缘继承。他们沿袭了上帝一位论和先验主义的哲学观点、清教主义的道德观、征讨自由土地运动的传统、对教育和智识的新英格兰式

---

① J. R. Lowell to Godkin, December 20, 1871, 见于 Rollo Ogden, ed.: *Life and Letters of Edwin Lawrence Godkin* (New York, 1907), Vol. II, p. 87; C. E. Norton to Godkin, November 3, 1871, 见于 Ari Hoogenboom: *Outlawing the Spoils* (Urbana, Illinois, 1961), p. 99。

尊崇，以及北方佬对社会责任和公共改革的热忱。

必须一提的是，他们也有北方佬自信和正直的品格，大多数文雅的改革派确信自身道德上的纯粹。"每一代国民中，"出版商乔治·海文·普特南在他的自传中称，"都会产生一群人，他们不是只顾自我追求，而是意识到对群体负有责任，他们在力所能及的范围内，随时愿意投入自己的工作和能力为他人服务。"① 这种无私服务的能力是建立在财务保障和牢固的家族传统之上的。文雅的改革派通常并不大富大贵，但几乎都衣食无忧。长于默默无闻或贫困家庭的白手起家者少之又少。他们的父辈是有建树的销售商或制造商、律师、神职人员、医生、教育家、编辑、新闻工作者或出版商，他们继承了衣钵，进入商业和专职领域。他们的教育水平大大超越了普通人：在大学证书尚为罕见的年代，很多人持有文学学士学位，没有文学学士学位者多半也有法律学位。一些人是历史学家、文物鉴赏家、收藏家，另一些人写诗、小说或评论文章。很大一部分人上的是哈佛、耶鲁或其它因袭新英格兰教育传统、创办于别处的教育机构，比如阿姆赫斯特、布朗、威廉姆斯、达特茅斯或欧柏林学院等。有明确宗教归属的人大都属于（除去一小部分无神论者和怀疑论者）上层阶级教派，尤其是那些受新英格兰传统影响最甚或最吸引商人贵族的——公理会、上帝一位论派或美国圣公会。②

亨利·亚当斯尖锐地指出，在政治和道德上，文雅的改革派无家

---

① George Haven Putnam：*Memories of a Publisher*（New York，1915），p. 112.
② 我对改革派的总结基于哥伦比亚大学的 James Stuart McLachlan 撰写的一篇未经发表的硕士论文，其中有关影响了 191 人职业生涯因素的分析：*The Genteel Reformers*：*1865 - 1884*（1958）。他的结论类似于 Ari Hoogenboom 对公职改革派的解析，同前，pp. 190 - 197。参阅其论文 "An Analysis of Civil Service Reformers，" *The Historian*，Vol. XXIII（November，1960），pp. 54 - 78。Paul P. Van Riper 强调了这些改革派早期对废奴的同情，以及对个人自由和政治道德的一腔热情。同前，pp. 78 - 86。

可归。他们几乎没有朋友或盟友。在美国生活中几乎任何方面——商业上和政治上——手握大权的早已是一些质朴却粗鄙之人，内战后，当亚当斯从英格兰返回华盛顿时，发现这类人无处不在：[1]

> 尽管存在差别，我们渐渐能在［格兰特之外的］其他人中辨认出这种普遍的类型。这些人精力越旺盛，越不用于思考上；他们从农民跃升为权贵；不信任自己，也不信任别人；他们害羞、善妒，常有报复心；外表单调乏味，总是需要刺激；然而，对他们而言，行动是最大的刺激，一种斗争的本能。这些人有自然的力量，原始的精力，就像鳖甲鱼，但对学者的工作嗤之以鼻。虽有那么多有学问者供其差遣，却不会善加利用。毋庸置疑，这完全摧毁了思辨和智识。

有教养的人发现，自己被强大的敌意和异样的思维方式包围。他们憎恶新财阀统治，后者在商业和公共事务中超越了他们——财阀给社会带来的危险不亚于个体的粗俗和浮夸；因为组成财阀的那些大亨，就像小查尔斯·弗朗西斯·亚当斯所言，与他们打交道数年，没有遇到过一个让他愿意再次见面的人，或能让他"将其与幽默、有思想和精致联系起来的人"[2]。政客们的粗俗不落人后——戈德金称他们为"低级下流的家伙"[3]——且混杂着低效、无知和腐败。亨利·亚当斯回到华盛顿不久，一位内阁官员告诉他，和国会议员打交道时，耐心是多么没有意义："你完全用不上什么技巧！国会议员就是

---

① *The Education of Henry Adams* (New York：Modern Library edition；1931)，p. 265.

② Charles Francis Adams：*An Autobiography* (Boston, 1916)，p. 190.

③ E. L. Godkin："The Main Question," *Nation*，Vol. IX (October 14，1869)，p. 308.

一头猪！必须拿根棍子揍他的鼻子！"在波士顿、新英格兰和纽约，所有人都警告亚当斯："华盛顿不是有涵养的年轻人该来的地方。"他自己也看到，在这里没有氛围、社团或任何媒介能让懂得见微知著之人的思想影响国家事务。①

　　社团和他一样不能安生。执政者和国会均冷淡以对。社团里没有任何政府的耳目，政府里也没人觉得有必要咨询社团的人。世界已经不再全盘政治化，但政治越来越不社会化。内战的幸存者——诸如乔治·班克罗夫特或约翰·海伊——想要稳固地位，但收效甚微。他们言行自由，但所言所行几乎无人关心。

　　文雅的改革派，不仅脱离了商业联盟和政治机器的主要权力中心，也和公众渐行渐远。推动激进的改革会让他们承担大量的社会风险，他们也鄙夷其他类型的改革派，不愿与其结成政治同盟。农民的怨气充满古怪的热情和金钱万能的意味，只会让他们心生鄙视。势利和讲究，再加上阶级利益，让他们与劳动阶级和移民产生了隔阂。小查尔斯·弗朗西斯·亚当斯所表达的是普遍的阶级观点："我不和劳动人民打交道"；他补充道，这种往来不会"被双方接受"，无疑这对谁而言都是正确的。② 至于移民，改革派认为，在政治无能的形势下，他们的角色是领导层主要的力量源泉。改革派有时会质疑不加限制的民主或普选制的益处，冒出教育测试和人头税的想法，如此就能

---

① Adams：*Education*，pp. 261，296，320。参阅 James Bryce："Why the Best Men Do Not Go into Politics," *The American Commonwealth*（New York，1897），Vol. II，chapter 57。

② *Autobiography*，pp. 15 – 16.

剥夺选区里最无知之人的选举权。①

所以，文雅的改革派因需求相异与核心社会利益背道而驰，他们缺乏有力的政治盟友，深陷政治疲态。他们不得不寄望于偶尔通过"数量有限的开明头脑"来成事，② 正如詹姆斯·福特·罗兹所言——吸引那些"有财产又有智慧"的人。"我们需要的政府，"卡尔·舒尔茨曾在 1874 年说，"要能让这个国家最优秀的人为之骄傲。"③ 他们真正呼吁的，是有教养、有公众思维的精英管理层——而在这个国家，精英全无用武之地，遑论博学的精英。"最优秀的人"都是外来者。他们的社会地位似乎是弱项，而教育肯定是。1888 年，詹姆斯·拉塞尔·洛威尔抱怨道："我们的一些政界领袖和许多报纸的观点是，学院派思维在任何对公众事务的判断中已被禁绝；即使他们肆无忌惮地这样做了……至少不该向普通民众宣传这一点。"④

文雅的改革派意识到，公众接受度不足以支持他们向任何重要的政治或行政要塞发起正面攻击，于是采取了独立策略。两大政党的实

---

① 参阅 "The Government of our Great Cities," *Nation*，Vol. III（October 18，1866），pp. 312 - 313；*North American Review*，Vol. CIII（October，1866），pp. 413 - 465；Arthur F. Beringause：*Brooks Adams*（New York，1955），pp. 60，67；Barbara M. Solomon：*Ancestors and Immigrants*（Cambridge，Mass.，1956）。关于改革中的前景，参阅 Geoffrey T. Blodgett 的详细阐述 "The Mind of the Boston Mugwump," *Mississippi Valley Historical Review*，Vol. XLVIII（March，1962），pp. 614 - 634。
② Adams to Gaskell，引自 Ernest Samuels：*The Young Henry Adams*（Cambridge，Mass.，1948），p. 182。比较普特南的观点："我们希望，每一届从大学毕业的年轻人，都能掌握由耶鲁的威廉·格雷厄姆·萨姆纳教授那样的人传授的经济史知识，那么，我们就能逐渐对公众舆论有更好的把控，通过领导层的影响力，让普通选民理解他们自己的商业志向。"Putnam：同前，pp. 42 - 43。
③ 引自 Eric Goldman：*Rendezvous with Destiny*（New York，1952），p. 24。一名公共服务改革的支持者指出，在"共和国早期"，从内阁官员到其下属的所有公仆，"一般都是出自高门"，他主张，公共服务改革应恢复这样的做法。Julius Bing："Civil Service of the United States," *North American Review*，Vol. CV（October，1867），pp. 480 - 481。
④ "The Place of the Independent in Politics," *Writings*，Vol. VI（Cambridge，Mass.，1890），p. 190。

力经常只有纤毫之差，以至于威胁退党的强势独立派，可能赢得远超其人数比例的发言权。① 有一个短暂的阶段，改革派在发挥切实的影响力上似乎站稳了脚跟。起初，他们认为自己在格兰特政府中有了些话语权，然而当格兰特令其失望，他们大多参与了 1872 年自由派共和党人那场注定失败的撤退。接着，他们因为海斯有目的地接近而提高了预期，却再遭打击。大多数情况下，他们不得不满足于有限的几场胜利，比如邮政系统和纽约海关的改革，以及间或入选内阁的汉密尔顿·菲什、E. R. 霍尔、威廉·M. 埃瓦茨、卡尔·舒尔茨和韦恩·麦克维等人。最令他们激动的时刻是 1884 年的大选，他们让自己相信，是脱离共和党的骑墙派让格罗弗·克利夫兰从詹姆斯·布雷恩手上拿下纽约州，最终赢得了大选。然而，他们最突出的立法成就在于公职改革，即 1883 年通过的《彭德尔顿法案》。这尤其值得关注，原因是公职改革中的绅士阶级矛盾，正是美国政治文化的试金石。

2

改革派的核心思想——他们一致同意且最为挂怀的——是文官改革，认为没有它，其余的改革不可能成功。② 文官改革的理想和职业政客的信条正面冲突，后者坚持党派组织、党派报酬及轮岗制，而改革派的追求是公职人员的能力、效率和成本，以及任职资格的公开竞

---

① 有关独立派战略，参阅 James Russell Lowell："The Place of the Independent in Politics," pp. 190 往后；以及 E. McClung Fleming：*R. R. Bowker, Militant Liberal*（New York，1952），pp. 103 – 108。
② 有关这一改革的重要性，参阅 Paul P. Van Riper：同前，pp. 83 – 84。

聘、择优录取和任期的保障。改革派的建议参考了多种模式——美国军方、普鲁士乃至中国的官僚体系；但这个亲英的知识分子阶级主要还是从英国获得启迪，那里的文官改组始于 1854 年公布的《诺斯科特—崔威廉报告》。

英国的文官改革派在设计他们的提案时，充分意识到了文官与阶级组成和教育系统的有机关联。他们计划的文官体系，正如格莱斯顿所观察到的，让绅士阶级"掌控全部的高层职位"，而分配给中下层阶级的岗位则适合受过更实用且不昂贵的教育之人。[1] 这种制度多亏了麦考利勋爵的影响，他相信"文官仅涉及经由学术竞争选拔的、具有上流绅士血统和文化的人士"。上层岗位由在某一古老学府接受了充分古典教育的绅士担任，下层职位则交给未受过高规格教育的候选人——各级别招募都基于能力考核，确保择优录取。到了 1877 年，改革的主要领导人查尔斯·崔威廉爵士告诉他的一个美国朋友，英国的改革不仅成功，也很受欢迎。他的观察是："尽管旧的举荐体系让很多人获利，

> 但有更多的人遭到冷落，其中就包括了我们当中一些最优秀的人——所有忙碌的专职人员，比如律师、任何一种信仰的神职人员、校长、农民、店主等。他们迅速接受了新体制的想法，对它作为一个有价值的额外特权欣然接受。

再者，查尔斯爵士表示，这一改变提高了文官和军方服务的效率，同时也"极大地刺激了教育"。以前，有意向从事公职的上层阶

---

[1] 参阅 J. Donald Kingsley：*Representative Bureaucracy：An Interpretation of the British Civil Service*（Yellow Springs, Ohio, 1944），pp. 68 - 71 和各处。

级的孩子，没有自我发挥的动机，那是因为他们一定会被聘任。现在，他们知道自己的未来很大程度上要靠自己的实力，一种"全新的活力得到激发。文官和军方服务系统的开放对于全国教育的影响，相当于 10 万个奖学金和最有价值的展示机会……"①。

英国改革派之于美国同僚的吸引力是易于理解的。美国改革派领导人的主要顾虑，大多数情形下不在于自身利益，如果能力考核得到采纳，美国文官体系中将要公开的大多数文职不足以吸引他们。② 但是，让他们感到羞耻的是，按照社会当下奉行的原则，他们不是公职的偏好对象，也帮不了朋友。③ 他们难以释怀的主要是一种文化和政治理想，是对政府行为纯粹性和优异性的一套自我设定的标准。受到威胁的是"民族品格"。他们从大学的古典经济学课堂上汲取，运用在关税问题上的自由和竞争优势原则，也应适用于文官系统——公开择优之于公职，就像公平竞争之于商业。④ 然而，对职业政客而言，择优的方式——能力考核——看上去就带着学校的光环，立即激起了他们对智识、教育和培训的敌意。他们最初称其为"校长的考试"。这直接触动了职业政客的敏感神经，引发了激烈的反响，

---

① Sir Charles Trevelyan to Dorman B. Eaton，August 20，1877，见于 Dorman B. Eaton：*Civil Service in Great Britain：A History of Abuses and Reforms and Their Bearing upon American Politics*（New York，1880），pp. 430 - 432。

② 无疑，许多改革派在哀怨中期盼，林肯给予文人的那种认可能够重现，但那些官职并不隶属于文官系统。改革派的特点是更有志于担纲选举的、而非委任的岗位。约半数的改革派牵头人在某个阶段担任过公职，但主要都是选举岗位。少数人进入国会，但多数是在州议会担任选举岗位。McLachlan：同前，p. 25。

③ 想想亨利·亚当斯在 1869 年 4 月 29 日写给小查尔斯·弗朗西斯·亚当斯的信中所暗示的："我不能帮助你得到一个职位。我和认识的政府官员都只有几面之缘，算不上朋友，我想我的要求不可能获得足够的同情。[大卫·艾莫斯·]威尔斯和我的影响力差不多。他甚至保护不了自己的职员。霍尔法官事务缠身，不参与同事间的事……" *Letters*，p. 157。

④ 有些人认为，社会地位在就业竞争中是重要的。卡尔·舒尔茨曾经提出，可以用仅仅询问候选人的性格、出身、社会地位和一般能力来代替正式考试。Hoogenboom：op. cit.，p. 115。

一如打开了反智主义者煽动行为的防洪闸。职业政客谴责竞争上岗、任期固定的文职，斥其为贵族专有，是仿效英国、普鲁士和中国的官僚体系；说它臣服于君主专制，是对共和主义的威胁；并且是军事化的，因为要求采取考核模式，这是仿照军队的做法。对受过训练的智识的不信任感早已有之。当 1868 年罗得岛的众议员托马斯·A. 詹克斯提出一项文官改革法案时，伊利诺伊州众议员约翰·A. 洛根是这样驳斥的：[①]

> 这项法案为这个国家的贵族体系注入了强心剂……会让我们面对两个全国性的教育系统——军队教育和公民教育。这些学校会垄断一切进入政府的途径。一个人只有毕业于某种类型的学校、上了他们的名单，不然就不能在这个政府里谋职，不论他的能力有多强或任职资格有多么不容置疑。当他从这些学校毕业、终于稳定下来时，下一步又要关心怎么把自己的孩子也弄去那里。在这些学校里，学者们很快就相信，自己是唯一有资格执掌政府的人，且很快就认定，政府应该由他们而不是其他任何人来管理。

当文官制度的论战愈演愈烈，职业政客担心对能力和文化知识的需求会威胁到政治机器赖以生存的根本，在这种威胁的阴影下，以宣扬分赃制为主的煽风点火变得毫无下限。一位印第安纳州议员如此形

---

① *Congressional Globe*，40th Congress，3rd session，p. 265（January 8，1869）。有启发性的是，在美国经常被批判为不民主的文官之争，曾数次被英国人指责为过于民主，在竞争上岗的过程中陷贵族阶层于不利之地。Kingsley：同前，p. 62。其他人认为，这只会提振绅士阶级的士气和氛围。比较 Asa Briggs：*Victorian People*（London，1954），pp. 116－121，170－171。

容将要出现的骇人前景：一个曾由罗伯特·李将军任校长的弗吉尼亚华盛顿学院的毕业生，在能力测试上，要比一个"在西部上过普通学校或培训班，又在奇克莫加战役中肢体致残"的军人优秀得多。他表示，人民"尚未准备好让叛逆的学院的学生，凭借能力测试和学术成就而超越共和国的残疾爱国军人；后者即使在教育上不具优势，却有更多的实用经验，更适合这些岗位"①。

威斯康辛州参议员马修·H. 卡朋特用类似的言辞发出谴责，称在内战中，②

当国家命悬一线、英勇的青年面对枪林弹雨时，不像他们这般为国而战的公民的孩子在享受大学教育的优势。现在，当身残的士兵回来了，要申请联邦公职，并且这些职责他们完全有能力胜任时，却要被拒之门外，因为他们不知道好望角的潮水涨落的规律、月亮和地球最近的距离，抑或汇入里海的主要河流的名字。他们为国家抛洒热血，却要让位于那些同一时间在死记硬背书本知识和定律的人。

这位参议员指出："进入天国并不靠能力测试的结果"，他反对改

---

① *Congressional Globe*，42nd Congress，2nd session，p. 1103（February 17，1872）。这种和上过大学之人竞争的模式，也让老兵组织倍感不满。参阅 Wallace E. Davies：*Patriotism on Parade*（Cambridge, Mass.，1955），pp. 247，285 – 286，311。
② *Congressional Globe*，42nd Congress，2nd session，p. 458（January 18，1872）。显然，许多州领导人和国会成员一样，为能力测试对流程的影响而焦虑。对于马萨诸塞州的一项文官法令，波士顿领导人帕特里克·麦奎尔提出反对时说："我猜想，我的儿子假如要在波士顿任一部门求职，我先要把他送去哈佛学院。他必须以最高学历毕业。我猜现在在那儿学习的年轻人，只要接受了足够多的教育、直到会使用镐和铲，就可以期待我们的城市里有非凡的职业生涯等着他们；而其他没那么幸运地得到良好教育的人，就必须让位，到别的地方谋职。"引自 Lucius B. Swift：*Civil Service Reform*（n. p.，1885），p. 10。

变，是基于正规教育和实用智慧的迥异差别："靠死记硬背获得耶鲁学位的书呆子，刚接受过填鸭式教学，更易被委以公职，而这个国家最能干、最成功和最正直的商业人士，要么未能享受到早期教育的福利，要么因为头脑长期专注于实际的目标，而淡忘了学术知识的细枝末节，就像水手告别故乡之时，陆地自他眼前消逝。"

持这类观点的不仅是挥戈相向的北方人。密西西比众议员麦基的反对意见是，在地区性的任命原则下，因着教育的标准，这个国家缺少教育的人群几乎不可能依靠旧特权获利。他直言不讳：如果需要的是资格，他就无法为密西西比的选民找到工作。他说："假如一个新墨西哥的野丫头来这里找工作，她也许不知道海湾的洋流是向北还是往南，可能觉得它是保持不动的，她会回答'日本洋流'和英国醋栗树有亲缘关系，这样一来，尽管她对应聘的这个小岗位游刃有余，她还是被赶回家了。这个位子给了某位戴眼镜的女学生，她也许远不如那个新墨西哥女孩了解本地情况。"① 麦基抱怨道：

> 我这里有一个选民，他知道的比你们整个文官队伍还要多。他在密西西比长大，他们认为他连最低等的办事员岗位都不能胜任，然而，他现在是太平洋沿岸最大的银行的出纳员。他们后来聘用了一个缅因州来的戴眼镜的老师，这个人在业务能力和常识方面，连给擦皮鞋的人打下手都不合格［笑］。情况从来就是这样。

长期以来，文官制度的反对者在公众思维中成功植入了一种不切

---

① *Congressional Globe*，42nd Congress，3rd session，p. 1631（February 22，1873）.

实际的公职改革观念，却强有力地契合了平等主义情绪、体制的贪婪和反智主义。戈德金曾评论道，当改革的躁动最先出现，它仅被视为又一次的"一千个重塑社会的空想之一，一部分文人群体借此掩饰他们的无所事事"。1868 年到 1878 年间，政界人士半厌恶半调侃地称其为"哭鼻子职务改革"①。"改革派有时被称为千禧年物种，其余则是意志薄弱者，他们把政治社会当成类似于依靠温和劝诫和廉价奖赏即能运作的主日学校，务实的人可以拿它开玩笑——只要是无害的，但不能与其争辩。"② 职业政客成功说服自己，公职改革意味着对大学毕业生的偏袒；岗位只掌握在异端的、受过大学教育的贵族手中；公职资格考试中会出现各种晦涩难懂的不合理问题。（R. R. 波克抗议："问一个扫大街的人有关古典历史、天文学和梵文问题，这样莫名其妙的事情，我们谈论和描写得太多了。"）文化能力测试的想法让反改革派惶恐万分，许多潜在的应聘者无疑也感同身受。"因而，"一位更愿一吐为快的反改革者宣称，③

　　进入公职体系，需要通过能力测试这道窄门，这实际上就是只让大学毕业生通过，也就是让皮尔斯通过，而把林肯拒之门外。那些过关的少数人在那里待上一辈子，以同样的方式躲过一切跌宕起伏，逐级晋升，职位越来越高，成为脱离了其他人群的阶级，被共同的志向绑缚在一起，向一个人臣服，此人也是军队的最高指挥官——美利坚合众国总统。

---

① 即 snivel service reform，是影射 civil service reform（公职改革）。——译者
② E. L. Godkin："The Civil Service Reform Controversy," *North American Review*，Vol. CXXXIV（April, 1882），pp. 382 - 383.
③ William M. Dickson："The New Political Machine," *North American Review*, Vol. CXXXIV（January 1, 1882），p. 42.

改革派辩称，面向所有应聘者的平等公开的考试并非不民主，尤其当美国的教育系统本身就是极其民主的，即使在上层阶级亦然。但辩护无效。[1] 他们重印了已有的试卷，想证明潜在的职员不一定非要是美国哲学学会成员或常春藤毕业生。他们提供了数据，展示了比如在 1881 年前就采用能力测试体系的纽约海关，参加测试或被聘用的候选人里，只有一小部分是大学毕业生。[2] 然而，这一切都是徒劳。有教养的公仆形象，像幽灵般让职业政客寝食难安。甚至在加菲尔德总统遇刺后，公众对文官改革的情绪迅速高涨之时，总统接班人切斯特·A. 阿瑟向国会表达了他的担忧：公职人员能力测试会让"单纯的智识才能"凌驾于其它资质之上，有经验之人在和不成熟的大学生竞争时会处于劣势。[3] 参议员乔治·彭德尔顿在国会推动文官改革议案时发现，他必须向参议院保证，这一考核体系不只是涵盖"学术测试"，因而不会不公平地偏向受过大学教育之人。[4] 若不是因为突发的加菲尔德遭枪击事件，《彭德尔顿法案》倡议的改革会迟到几乎整整一代人的时间。

3

在改革派对职业政客的抨击中，我们能发现几个不断重复的核心词：无知、粗俗、自私、腐败。为了反驳这些言辞，政客们不得不做

---

[1] Andrew D. White："Do the Spoils Belong to the Victor？" *North American Review*, Vol. CXXXIV (February, 1882), p. 129－130.
[2] Godkin："The Civil Service Reform Controversy," p. 393.
[3] J. R. Richardson：*Messages and Papers of the Presidents*, Vol. X, pp. 46, 48－49.
[4] *Congressional Record*, 47 th Congress, 2 nd session, pp. 207－208（December 12, 1882）.

出充分和有效的回应。这不仅关乎公开辩论的形象问题，也是为了宽慰自己切身的怒意。在和公众保持友好这一点上，政客们当然有明确的优势。然而，若要以改革派定下的方式接受这场论战，政客们的日子会很不好过。就像所有游走在政治边缘的人，没有决策和责任的包袱，改革派发现，自己要比职业政客更容易坚守所谓的纯粹性。大多数改革派领袖来自成功家庭，至少是衣食无忧，有稳定独立的职业，无需仰赖政治谋生；相比职业政客，他们更容易维护自认为对公职至关重要的公正无私的氛围。此外，他们确实受过更好的教育，文化素养更高。

通过指摘批评者的高学历和文化是政治不利因素，并质疑他们无力应对日常政治的脏活累活，政客和党魁们找到了应对方式。用政客们的话说，作为党魁和党内人士，他们必须在艰苦的真实世界里发挥作用，这也是普通人汲汲营营之所在。这里不是道德和理想或教育和文化的地界——而是实打实的、阳刚的商业和政治领地。改革派自称无私；如果确然如此，也只是因为对于无需赖以谋生、事实上也并不适合他们的生活领域，他们是置身事外的旁观者。在镀金年代残酷的、高度竞争的物质世界里，无私所代表的不是纯粹，而是失去自我，失去对抗现实的能力，失去自信，失去阳刚。

通过激发早已深入人心的美国男性形象，政客们贬斥文化不切实际、文人身无长物，文化是阴柔的、有教养之人孱弱而女性化。改革派私底下渴望职位和权势，但缺少实务操作的必要能力，于是对成功之人怀恨在心。他们比吹毛求疵的虚伪的政府审查官和弄权者好不了多少。正如詹姆斯·布雷恩曾说的，他们是"自负、愚蠢、虚荣、没有常识……的人，他们吵吵嚷嚷但势单力薄，重视形式但不切实际，有野心但不智慧，虚张声势但不强势"①。

改革派和政客之间的冲突，在专职人士的头脑里树立了政界文化人颠扑不灭的典型形象。直率的大都市政客以及来自坦慕尼协会的乔治·华盛顿·普兰基特②的言辞，栩栩如生地描画了这种形象，并被世纪之交的一名记者记录（也许有些添油加醋）了下来。普兰基特宣称，假如坦慕尼的领导人"都是书虫和大学教授"③，

> 那么，坦慕尼大概每 4000 年才会赢得一次大选。大多数领导人实际上是普通美国公民，来自人民，贴近人民，他们的教养足够震慑那些名字从中间断开的纨绔子弟……至于本地的普通民众，我一直对他们惺惺相惜。当我走进他们中间，我不会炫耀我的语法，或谈论宪法、电有多少伏特，也不会有一丁点让他们觉得我的教育水平比他们高。这会让他们无法忍受。

---

① Gail Hamilton：*Biography of James G. Blaine* (Norwich，1895)，p. 491。对文人和政治改革派怒气冲冲的攻击，及他们对保荐专职人士的态度，参阅参议员 Joseph R. Hawley：*Congressional Record*，47 th Congress，2 nd session，p. 242（December 13，1882）。

② 坦慕尼协会，原本是威廉·穆尼 1789 年在纽约创办的一个慈善机构。1817 年后，由于大量爱尔兰移民的加入，该组织操作机制逐步转变为通过拉选票换取好处，渐渐成为民主党的政治机器。1855 年至 1925 年，它与犯罪团伙联手控制纽约，操控选举。其权力和影响力在 1930 年代被纽约的改革派市长拉瓜迪亚（Fiorello la Guardia）大大削减，其后又苟延残喘几十年，最终在 60 年代被改革派市长林赛（John V. Lindsay）打压而解体。乔治·华盛顿·普兰基特是该协会的重要人物之一，执掌其达 25 年之久。——译者

③ William L. Riordon：*Plunkitt of Tammany Hall*（1905；ed. New York，1948），pp. 60‒61。这也提醒我们有趣的布鲁克林民主党领袖彼得·麦吉尼斯所采用的技巧。1920 年代早期，一位大学毕业生斥责他所在地区的领导层，坚持本地区需要一个有文化的体面人来当领导。麦吉尼斯对这位初出茅庐的人"用了政治战略鉴赏家最喜爱的一句话。在接下来的会议上，麦吉尼斯默默地站了一会儿，盯着下面挤满了穿衬衣的劳动者和系胡佛围裙的家庭主妇的人群，直到他们向他行注目礼。接着，他大吼道：'所有上过耶鲁或者康奈尔的人举起右手……耶鲁和康奈尔的把票投给他们吧，其余人投给我。'"。Richard Rovere："The Big Hello，" in *The American Establishment*（New York，1962），p. 36。

再说一次：[①]

　　一些年轻人认为，他们能从书本上学到如何在政治上成功，他们死记硬背各种学院里的废料。他们不愿犯错。我要声明，我不是反对学院。我猜只要有书呆子在，学院就会存在，我估计它们在某些方面还是有些好处的，但对政治没用。事实上，上过学院课程的年轻人，一开始就被搞残了。他可能在政治上获得成功，不过只有百分之一的几率。

　　政客批评改革派虚伪和不实际还不足够。他们的教养和一丝不苟的举止，被认为是这些"喝着凉茶"[②] 的、"矫情的好好先生们"毫无阳刚之气的证据。他们有时被贬为"政界的雌雄同体"（政党的不确定性轻易过渡到了性别的不确定性）。脾气暴躁的堪萨斯州参议员英格尔斯为他们不向党派效忠而怒发冲冠，斥其为"第三性"——"不男不女；不能繁衍不能孕育；不能产卵或生殖；被男人蔑视，被女人嘲笑，注定无后、被孤立，最后灭绝"[③]。

　　改革派自从在 1872 年的自由派共和党人运动中作为有组织的势力出现，即被最浮夸的分赃者之一罗斯科·康克林痛斥为"一群理想主义者、教授和刺儿头"[④]。康克林也制造了美国骂战中的经典，详述了

① William L. Riordon：*Plunkitt of Tammany Hall* (1905；ed. New York，1948)，p. 10。
② A Letter to *The New York Times*，June 17，1880，引自 R. R. Bowker：*Nation*，Vol. XXXI（July 1，1880），p. 10。
③ *Congressional Record*，49th Congress，1st session，p. 2786（March 26，1886）。"他们有两种可辨识的职能，"参议员这样评价第三性，"他们用假嗓子唱歌，通常被选作东方君主后宫的内侍。"
④ Matthew Josephson：*The Politicos*（New York，1938），p. 163。康克林的言辞和商人反对经济改革派的表达异曲同工，他们称其为"慈善家、教授和百万富姐"。Edward C. Kirkland：*Dream and Thought in the Business Community*（Ithaca，1956），p. 26。

缺乏阳刚之气的指控的内涵。康克林的攻击对象是乔治·威廉·柯蒂斯，后者曾是德国大学的学生、《哈珀》杂志的编辑和知名的改革派，他的朋友包括布莱恩特、洛威尔和萨姆纳；他也是主张有识之士在政治中应扮演更积极的角色的杰出人士之一。在 1877 年的纽约州共和党大会上，党派领袖和改革派关于党派组织的论战陷入了白热化。当康克林发言时，他质问："这些在报纸上和其它地方鞭笞共和党人，对于共和党及党的仁心和使命扮演着校长角色的人是谁？""有的是政治上的'男帽商'、业余爱好者和闲散人士。"他继续说道——"男帽商"这一称号，参考了柯蒂斯的杂志近期开始发表的时尚文章，招来阵阵嘲笑。他斥责改革派用"自以为高人一等的虚饰的天真"招摇过市，嘲讽他们所谓的背叛和伪善，他们"腐败、虚伪的正直"，他用以下的话作为结语："这些人忘记了党派不是靠风度、女性杂志或唠叨建立起来的……"①

对于普兰基特后来提到的"名字从中间断开的纨绔子弟"的涵义，康克林在此尽其所能地表达清楚了。改革派的教养和一丝不苟的举止，说明他们十分女性化。文化代表了女性气质，柯蒂斯做女性杂志的编辑这件事也证明了这一点。近年参议员麦卡锡等人攻击来自东部的亲英的国务院预备学校工作人员涉及同性恋指控，这在美国的骂战史上不能算是全新的元素。"男帽商"这一术语的隐喻在当时广为人知，尽管《纽约论坛报》全文刊载了康克林的演讲，康克林的侄子在叔父的传记里记述这段场景时，还是用星号代替了"男帽商"这一侮辱性的词，仿佛是在省略一个不容错认的淫秽之词。②

---

① Alfred R. Conkling: *Life and Letters of Roscoe Conkling* (New York, 1889), pp. 540 - 541；有关整个事件的描述，参阅 pp. 538 - 549。
② 对柯蒂斯的抨击，参阅 Elmira 的 *Advertiser*, October 6, 1877，记录在 Thomas Collier Platt 的 *Autobiography* (New York, 1910), pp. 93 - 95。这是"一个名叫柯蒂斯的聪明男孩，头发像女孩子一样中分"，他的生活环境里全是女人；一个名叫康克林的红发男人打了他，这激怒了柯蒂斯的舅母们和他所有的女性邻居。

政客们所依赖的，亦是断定改革派行为不当的不言自明的前提，即当时被几乎所有男性和大部分女性接受的观念——在政治领域表现活跃是男性的特权，女性是被排除在外的；进一步说，政治上的才干实际上是对男性气概的考验。积极参与政治是男人的事，而投身改革运动（至少在美国）意味着要经常和具有攻击性的改革派的从事道德说教的女性打交道——可参考废奴主义者的案例。在关于女性选举权的辩论中，经常听到的男性意见是，男人的政治世界毋庸置疑充满了肮脏，参议员英格尔斯曾说过，净化它是一个"彩色的梦"，而女人若涉足其中，就会弄脏自己、失去性别。

假如女人涉足政治，就会变得男性化，正如男人一旦拥护改革，就会变得像女人一样。霍勒斯·布什内尔提出，如果女性获得选举权，几百年后，"女人的外貌和脾性就会改变"。女性的形象会变得聪明敏锐，身体结实、声音高亢、举止生硬冒失，充满自我肯定、意志力、胆量和对权势地位的热情。在这个女性自信的梦魇里，女人实际上会"改变生理机能，变得更高、更强壮，手脚更大，大脑重量增加"，很可能也会变得"更瘦、体型更结实、颀长干瘪，就像一切令人失望的、发展过度的性征一样"[1]。

作为对政治无能的补偿，女性总是展现出一种比男性更强的道德纯粹性（尽管这种纯粹性被认为是脆弱不堪的）；[2] 按照一般地理解，这只有在她们作为妻子和母亲时才能发挥效用。只要她们远离政治，理想和纯粹便是属于她们的领地。同理，一旦真实和肮脏必须存在，

---

[1] Horace Bushnell: *Women's Suffrage*: *the Reform against Nature* (New York, 1869), pp. 135 - 136。同前，p. 56："要求一脸络腮胡，是对天性最出格的叛逆。"
[2] 比较布什内尔："我们还知道，女人一旦顺从地让了步，常会表现出一种奇怪的卑微和道德上的自暴自弃。男人靠血缘而生，女人是从天而降的。也许部分原因是对女人的期望更高，也是因为女人们半神化的自主的状态，要求她们更真实、牺牲更大，超过了对前瞻的、勇往直前的男人们的要求。"同前，p. 142。

它们就是属于男人的领地。改革派认为自己把更纯粹和更公正的个人理想带入了政治；反对者则控诉他们意图将政治变得女性化，从而混淆两性的世界。正如女人参政是失去性征，改革派在政治中引入女性化的标准——即道德感——也是一种自我阉割。和改革派相系的旧词句——"长发男人和短发女人"——恰如其分地表达了这种普遍的感受。

　　要求赋予女性选举权是变态地去性征之举，甚至是反人性的，这是亨利·詹姆斯的《波士顿人》的核心主题之一。和布什内尔一样，詹姆斯害怕女人违反常理的攻击性，害怕女性主义原则会颠覆男人的世界。他的偶像，来自南部的巴西尔·兰森姆痛陈：[1]

　　　　整整一代人都被女性化了；男性气质正在从这个世界消失；这是一个女里女气的、神经兮兮的、歇斯底里的、喋喋不休的、言不由衷的时代，充满着空洞的辞藻、虚假的精致、夸大的孤独和矫饰的情感，如果我们不尽快防备，一切就会被前所未有的平庸、孱弱、平凡和自负所主宰。勇气和坚韧、洞悉一切但无惧现实、直面并接受这个世界的本来面目——一个极其诡异外加一些卑劣的混合体——这样的男性特质，是我想要保有的，或者也可以说，是想要复兴的……

　　詹姆斯眼中的世界，已被剥夺了男性特质，这显然并不是吉姆·菲斯克、卡内基、洛克菲勒或铁路大亨们的世界，也不是特威德集团或罗斯科·康克林的世界；而是有教养之人的世界，与他们的教育相

---

[1] *The Bostonians* (1886; ed. London, 1952), P. 289.

提并论的曾经是男性坚毅果敢的行动力及自信的生活，是以波士顿为代表的东部社群，这是举国上下詹姆斯最为熟知的地区。这个社会近乎痛苦地渴求一种人，他们在踏入思想和道德的领地时，不乏男性的行动力和自信心。

4

不论改革派是否全然意识到了，女里女气和徒劳无功的烙印成了他们的绊脚石，是他们和美国政治主流格格不入的标志。最先遭遇这一挑战的是西奥多·罗斯福。他来自和改革的主将们相同的社会及教育阶层，他早年就相信，对他们这类人的诟病都是正确的，假如改革要获得成效，必须由来自同一阶级的更为积极的新型领导人取而代之。在《自传》中，他忆及改革派时说，他们都是①

> 温和、体面的绅士，在画室和会客室里，边讨论政治腐败边摇头，但丝毫没有和真实生活里的真实人物斗争的本事。他们只会口头上叫嚣着"改革"，仿佛它是什么具体的物什——比如蛋糕，只要需求足够迫切，就可以随心所欲地拿出来，即刻能触及。这些只会在会客室空谈的改革派，用批评的热情来弥补行动上的无能……

当罗斯福写下这些文字时，他早已和戈德金这样的改革派分道扬

---

① *An Autobiography* （New York，1920），pp. 86 - 87.

镳，他们之间充满了挥之不去的强烈怨恨，他不时感受到的愤懑，源自其被视为道德背叛者，而对方无法理解的是，有他这样的背景之人，竟会在道德上丢盔弃甲。然而，这也是世纪末之时，他在全国范围内受到广泛欢迎的主要原因——他被描绘成一个东部人、作家、来自富裕阶级的哈佛人，却懂得如何与牛仔和骑士打交道。

　　尽管家人和朋友都不赞同，罗斯福还是通过加入他位于纽约的家附近的杰克·赫斯共和党社团，在 1880 年时从基层步入了政界。起初，虽然环境及政客走卒们的排斥使他感到不快，但他还是坚定地留在了政治游戏之中。第二年，他赢得了共和党内足够的支持，被派往奥尔巴尼①的立法机构。23 岁时，罗斯福第一次参加纽约州议会，那时他的光鲜背景依然是个包袱。正如亨利·F. 普林格所写："除了富裕的纽约人的出身，他还是个哈佛人。他戴的眼镜，两头系着黑丝细绳，很女人气。简言之，他就是个纨绔子弟，是展示美国向英国俯首称臣的那种漫画的配角形象。甚至连同样是新人，且多次与罗斯福并肩作战的艾萨克·L. 亨特在忆及他时，也称其为"一个玩笑……他梳的头发和讲话的方式，就是一个城里人——他整个人都是"。正如普林格的观察，罗斯福的弱项是良好的举止、语法标准的英语、对服装的品味，借用当时另一人的说法，即他以不幸生就的滑稽的高音，"用纽约第一代家族式的语言"回应大会主席，职业生涯出师不利。② 反对者很快就给他贴上了"娘娘腔的大学毕业生"的标签。当获悉全国大学联谊会——Alpha Delta Phi 兄弟会③——有 4 名成员列席议会选举委员会时，纽约的《世界报》（World）写道："天呐，天

----

① 纽约州首府。——译者
② Henry F. Pringle: *Theodore Roosevelt* (New York, 1931), pp. 65 - 67.
③ 该会成立于 1832 年，由塞缪尔·厄尔斯作为一个文学协会创立的，在美国和加拿大的大学及学院设有分会。——译者

呐！罗斯福老兄〔是〕代表委员会席位的交易员。让 Alpha Delta 用面纱遮上母性标志吧。""即将令满手老茧的州选民讶异和厌恶的是，一些满腹经纶的议员和律师正在把'学院政治'引入州立法机构的选举竞赛。Alpha Delta Phi 兄弟会，无疑为大学生们提供了单纯且令人称道的娱乐，但这并不能确保它会指导出更老练的政治家。"①

尽管如此，罗斯福营造出的强大个人形象很快开始占据各大报刊。他的冲劲和真诚赢得了诚心的喝彩，不论其教育和背景如何，他获得了正面的关注。州北部的一名编辑认为："令人愉快的是，看到偶尔有这样一个年轻人，既富裕又有教养，除了成为社交圈人士，还在乎一些别的东西——愿意把自己的幸运带进政府公职去。"一家波士顿报纸表示，尽管他受过"美学教育"，他做了一个"冷静睿智的共和党式演讲"。另一家认为，尽管他"身负……很多从新世界和旧世界的一流大学里学来的大块理论"，但他仍是"一个聪明无比的年轻人，有一些切合实际的想法"。斯普林菲尔德的《共和党》（*Republican*）担忧，智识教育会阻碍年轻人理解普罗大众的问题，但也愿意承认，罗斯福"有文化但这并未让他远离公众的目标"。在罗斯福成为公务员事务专员后，一位记者说："有他参与的改革，绝不会变成文化娱乐，也不会为掩饰向党派效忠而虚与委蛇。"

罗斯福熟知西部，他经营牧场的经历对其树立自己的阳刚形象大有裨益。他被描述为"男性化的、矫健的、精力旺盛的人……喜爱在西部狩猎大型猎物，在那里拥有大牧场"，他"早年在西部磨砺，在

---

① 此处及后续对罗斯福的媒体评论，引自哥伦比亚大学 1947 年的两篇硕士论文，其中有大量类似的引用，也是基于罗斯福的剪报——Anne de la Vergne：*The Public Reputation of Theodore Roosevelt*，1881 - 1897，pp. 9 - 16，45 - 46；和 Richard D. Heffner：*The Public Reputation of Theodore Roosevelt：The New Nationalism*，1890 - 1901，pp. 21 - 24，41 - 45，53 - 54。

校期间习得了如何自我保护"。他对印第安人的英勇事迹被反复提及。而他打猎的技能成为一项政治资本:"追踪赞成政党分赃制者时,他仿佛是在落基山脉追击北美洲灰熊,展现出了非凡的猎杀技能;向公务员腐败开火时,他就像在用带弹匣的步枪近距离射击。"罗斯福是唯一的改革派,他的人生经历中的公职改革堪比狩猎危险动物。

相对于城市的、商业化的、愤世嫉俗的、女性化的世界,罗斯福代表了西部的、户外的、活跃的、精力充沛的、男性化的生活方式,以及一种"真诚"和理想化的形象。他意识到自己是体现教育和改革可与活力和阳刚相兼容的表率,并不遗余力地把这一信息传递给崛起的新一代。1894 年,罗斯福受邀为哈佛毕业生演讲,选择的主题是"择优体系和政治中的男性气概",他敦促听众席上的人们不仅要成为"好人,还要有男子气概,不能让一切雄性特质全都集中在那些为恶之人身上"。1890 年代他更是大声疾呼,美国人应投身于积极、无畏、现实,同时也是理想化的政治斗争中。他常说,"繁重的生活"不单关乎民族主义和帝国主义形象,也关乎国内的政治改革。罗斯福一再重申,一个优秀的美国公民不只是批评,还会付诸行动;他会把自己投入"残酷而喧闹的决策会议",像男人一样做自己该做的,而不是避免接触"那些有时粗俗无礼,有时胸无大志,但确有实力、有技能、有效率的人";他应该发展"更原始、更男性化的美德,最重要的是个人身体和道德上的勇气",他必须"在思想和身体上都充满活力",拥有士兵身上那种被钦慕的"坚韧的美德"、"英勇无比的攻击力,若没有它,国家就……不可能获得任何成就"。"因为最初的失败或处境艰难就逃避竞争,这不像男人,这是懦弱",有文化、有教养的阶级肩负着一种特殊的责任,不该表现出"善意的懦弱",不该"放弃承担那些必须完成的艰苦工作"或陷入一种"半吊子"状态,真正的艺术家不是这样，这反倒是像"把玩小摆设的、有教养却一事无成的人"。①

90 年代中期，经济大萧条导致的焦躁不安愈演愈烈，这种态度受到广泛欢迎。"这种雄健的热情和力量，"一家加利福尼亚的报纸写道，"是美国政府急需的特质，尤其在当下这个一切政治和社会事务都处于转型的阶段。"

罗斯福鼓吹的斗志昂扬的民族主义和繁重的生活，助其树立了积极进取的形象。这是一个知识分子型政治家，拥有杰克逊式的好战和决策力，但和杰斐逊式的懦弱、亚当斯式的学院派以及柯蒂斯式的被阉割的决断力南辕北辙。他是一个毋庸置疑的"斗士"。"他喜好战斗，但这都是为了有一个好政府。罗斯福就是雄心勃勃的代名词。"1896 年，西奥多·伍尔西和赫尔曼·冯·霍斯特等学者批判美国的帝国主义，克利夫兰的《世界报》在罗斯福身上找到了对胆小学者的完美反驳。罗斯福的影响力，恰似一阵"爱国主义的微风……拂过反爱国主义者的盐碱地，在那里，伍尔西们、冯·霍斯特们和其余教授们正在被蒸发掉，一个和他们同样学养深厚之人带来了怡人的新鲜空气"。假如罗斯福在英雄气概的爱国主义和好战形象上有任何缺失，那么他弥补的方式是积极广泛地宣传自己在西班牙战争中与粗犷的骑士并肩作战的事迹，这毫无疑问让他成为民族英雄。"他广受欢迎，是因为他的某些男性化特质得到了大多数男性的认同，"1899 年，《哈珀》周刊这样评论道，"他们喜爱此人在马背上的照片——不论他追逐的是西班牙人、灰熊还是肉牛，不论他是战士、猎人还是牧场主。"

① *Harvard Crimson*，November 10，1894；参阅尤其是"The Manly Virtues and Practical Politics"（1894）和"The College Graduate and Public Life"（1894），这些引用均来自：*American Ideals*（New York，1897），pp. 51 - 77。

1900 年，《底特律新闻》在形容一次向罗斯福的致敬时写道："这是一个融合了两个奇异的对手——大学生和牛仔——的人，他们一起书写了当下的历史，男人们声嘶力竭地喝彩，女人们优雅地行礼。""真没想到，"第二年，《芝加哥日报》这样写道，"那些颓废的、城里长大、出入戏院、沉迷声色的年轻人，居然能认可罗斯福这样的真男人。但……流淌着热情的血液、充满活力的美国人，懂得如何欣赏他。"

一个城市化的商业文明为严重的经济萧条所困，初次遭遇对腐败的恐惧，罗斯福因此被奉为更具活力、更雄健的新一代先驱。他帮助有志于改革的有学问的贵族阶级重建权威，重塑他们的男性化美德，从而为进步主义奠立了基础。自许必须坚毅勇敢的美国人，在应对这种理想主义和改革之时，不再畏惧自己会被去男性化。在罗斯福身上，可以窥见美国政界普遍形象的雏形：一个被质疑出身过于高贵、太过理想主义、太有智识素养的野心勃勃的政治家，只要他有积极效力于军队的记录，依然能通过检阅；若是没有的话，参加过足球队兴许也行。

但罗斯福的成就，不仅是消减了绅士型学者在政治上的女性化和无效性这一负面效应，亦开始展现出这一类人的用武之地。他与他的同侪正逐步取代的那一代人中，有智识之士在主张领导权时，过分强调因为他们的社会地位和思想、道德品质使他们有权享有领导权。而罗斯福他们更倾向于依靠自身对全国性事务行使特殊而必要的职能。对他们而言，学者在政治中的角色是基于他拥有某些对政府运作越来越行之有效的服务性技能。受挫的绅士型改革派的政治时代走向了终结。随着进步运动一代的出现，专家型学者的时代即将展开。

八、专家的崛起

1

　　到了进步时代，曾让镀金年代的改革派无比苦闷的知识分子与权力的疏远，突然戛然而止。美国进入了经济和社会发展的新阶段，如何将前几十年累积的权势变得人性化并加以控制这样的新思虑，最终战胜了此前对于发展工业、占领大陆和创造财富的担忧。这个国家似乎弥漫着一种精神上的饥渴，迫切希望将基督教的道德标准用于社会问题——虽然这始终是它的信条，但鲜少转化为行动。它需要更多自我批评和自我剖析。绅士型改革派呼吁但未能实现的好政府的标准，似乎即将成为现实。

　　但是，这些标准本身也开始变化：对于好政府应该是何种作派，文官制度改革家们的想法有局限性，他们追随者寡的一大原因，在于无法言之有物地阐明好政府有何好处。现在，越来越多有智慧的美国人认为他们已经豁然开朗。要对企业家和政治角头们手中积聚的大量权势加以控制，使之变得人性化、道德化，就得净化政治，并建立可以有效把控美国经济的行政体系。政府职能必须变得更复杂，这样一来，对专家的需求也会随之增加。出于对民主本身的考量，曾经针对专家的杰克逊式质疑必须摒弃。民主制度和有识人士之间的紧张关系似乎正在消失——原因是始终看重专才的人正学着重视民主，而民主制度也正在学习接受专家。

这种新的社会秩序还需要探索和诠释——全世界几乎一致认为，美国正面临一个新纪元。举国上下严肃地自我批评，让思想焕发新生。既是专家又是社会批评家的知识分子，重新回到他们错失了一个世纪的美国政界的中央位置。然而，在国家事务中，对智识的认可并不符合过去几十年的绅士型改革派所期盼的样式。在他们眼中，思想的胜利主要在于社会阶层和身份地位：他们为智识遭到冷落而伤怀，部分是因为觉得它值得更多的尊敬，但对于其该有的用途则是完全保守的。但眼下，智识的领地与他们所有人的社会地位无关，而和它在调动和指挥这个国家躁动的、批判性的、改革的能量时的效用有关。智识重获新生，不是因为其所谓的传统影响力，而是它对变革的助力。在这方面，进步时代在社会批评和行政机构上的改变，并未回到海斯和加菲尔德年代所追求的保守型文官体制的老路，而是前瞻性地引入了新政的福利社会以及富兰克林·罗斯福的智囊团。

毋庸置疑，进步主义者营造新的道德氛围，比落实新的行政架构更有成效。这个时代的道德和智识需求，让知识分子不仅和美国公众，也和政界领导层旷古未有地和谐共处。一些有识之士从圈外进入政界，另一些人则直接崛起于体制内，在那里找到比他们的前任更安全、更受尊敬的位置。政治生活中的要职向对思想和学术感兴趣之人敞开——例如西奥多·罗斯福、伍德罗·威尔逊、亨利·卡伯特·洛奇、阿尔伯特·J. 贝弗里奇和罗伯特·拉福莱特等。在进步运动①的

---

① Progressive movement，是一项旨在治愈美国社会在 19 世纪最后四分之一世纪工业高速增长时期所产生的许多弊病的努力。第一次改革时代是在美国内战前，第（转下页）

杰出政治领袖中，布莱恩以一己之力保留了大众民主下的反智主义火种。① 拉福莱特地位特殊，尽管和一些同代人相比，他算不上学者或知识分子，但他对智囊团想法的诞生功不可没，这既是因为作为威斯康辛州长，他促成了威斯康辛大学和州政府的有效联盟，也因为他在担任参议员期间把高效的研究型工作人员带到了华盛顿。在自己的政治生涯之初，拉福莱特就强有力地证伪了乔治·华盛顿·普兰基特的学院背景对实用政治无效的断言，他在首轮竞选运动中召集了他的老同学，让他们担纲一个组织良好的政治机器的核心。如果说罗斯福展示了智识和男性气概可以兼容，那么拉福莱特证明了智识可以在政治上行之有效。

2

进步主义从地区政治和各州政治蔓延至全国性政治。新的政策机构最初在州政府运行，确立了专家们在立法上的重要地位。政治生活中专家角色的试验田并非在华盛顿，而是在各州首府，尤其是威斯康辛州的麦迪逊，那里开创了专家为"人民"和本州服务的先例。不论成败，也不论激发了多少敌意，拉福莱特在威斯康辛的试验，是全国进步主义政治的急先锋，也是新政智囊团的历史原型。威斯康辛的经验尤其有指导意义，原因是它预演了如今为我们所熟知的专家和知识

（接上页）二次改革从重建时期开始，一直持续到美国加入一战，作为第二次改革时期的一部分，进步主义植根于这样一种信念，即人类有能力改善社会中所有人的命运。因此，这是对社会达尔文主义的拒绝，当时许多富有而有权势的人物采取该立场。此外，进步主义也带有强烈的政治色彩，拒绝把教会作为变革的动力。——译者
① 对当时情形的描述，参阅约翰·里德报道的布莱恩访谈，见于 *Collier's*，Vol. LVII（May 20，1916），pp. 11 其后。

分子参政的整个过程：最初，一个变化和不满的阶段催生了对这类人的需求；接着，知识分子和专家拥护改革，设计并助其实施；而后，对改革的不满逐渐升级，通常是针对其有效性。最大的反感源于商界，他们迫使政府干预，质疑改革成本，并试图通过各种形式的控诉激发公众反对改革派，反智主义即位列其中。最终，改革派被驱逐，但并非所有改革计划都被颠覆。

我们所知晓的"威斯康辛理念"，发端于1892年。其时，在年轻的经济学家理查德·T. 伊利的指导下，威斯康辛大学新设了经济学院、政治学院和历史学院。弗雷德里克·杰克逊·特纳和托马斯·C. 张伯伦校长领导了这一举措的实施，希望威斯康辛成为中西部各州推广社会科学的先行者，他们认为，社会科学的潜力无穷，能为过去25年间形成的纷繁复杂的工商业界提供实用性指导。在他们的计划中，大学会成为施政和公民义务的培育中心，并会发展为卓有实效的州公共服务机构。

必须强调的是，大学的角色并无党派属性，它保持政党中立，更广义而言，对它的预期是服务于全体"人民"而非某个特定阶级的利益。它不提供政治宣传或意识形态，只提供信息、数据、建议、技能和培训。同样，对大学的期待是声望和实用性能共同提升。大学领导层并没有预料到对这些既定目标的任何深层挑战。在早年的一封信中，特纳要求伊利"向我简要说明，在你看来，这样一所学校如何能切实地服务于威斯康辛人民……学校的这些创新的实用性，能让我们赢得这些固执的威斯康辛资本家的支持——假如他们会支持任何东西的话"[1]。随后，特纳更清晰地表达了这种科学中立的理念：

---

[1] Merle Curti and Vernon Carstensen: *The University of Wisconsin* (Madison, 1949), Vol. I, p. 632. 此文详述了"威斯康辛理念"下大学的角色。

通过提供科学、法律、政治、经济和历史教育，大学向民主政府的各层级输出行政人员、立法人员、法官和专家委员，他们公正并睿智地在存在利益冲突的团体之间斡旋。当美国可以使用和理解"资产阶级"和"无产阶级"这两个词语的时候，也就到了发展有志为本州服务的人员的好时机，他们能帮助削弱两者对抗的冲击力，为双方寻找共同点，获得真正忠于美国最高理想的任意一方的尊敬和公信力。这一发展的标志早已显现，例如一些州已委任了专家；大学人士在州议会的比例有所增加；大学人士在联邦各部门和委员会更有话语权。毫不夸张地说，经济与社会制度和施政方面有智慧、有原则地进步，最大的期冀在于美国大学渐增的影响力。

特纳接着又提到，他可以预见在此过程中大学所面临的危险。"民主先驱"本就对专家缺乏尊重，专家不得不持续地与这类"有传承的质疑"抗争，但他们可以依靠"创新的想象力和品格"战胜它。[①]

到了世纪末，威斯康辛大学已然集结了一些杰出的学者，他们着重于州和市级层面的社会与经济问题，并产出了不少优秀的专著。而它的衍生体系正在帮助该州的民众接受教育。它的农民学院，契合了农业的发展目标，为提高威斯康辛的农业技术水平尽心尽力。但在1900 年拉福莱特当选州长后，它的项目成为争议焦点。作为该校的毕业生，拉福莱特对领导层的理想主义志向满怀同情，很快就为那里的专家找到了去处：为他的税改计划、铁路管理和重要立法献计献策。

---

① F. J. Turner："Pioneer Ideals and the State University"，这是 1910 年在印第安纳大学的开学致辞，重印文章见于 *The Frontier in American History*（New York，1920），pp. 285-286。

不久，大学的努力得到了另一个独立机构的补充——另一名威斯康辛大学近期毕业的硕士、精力充沛的查尔斯·麦卡锡组建的立法咨询服务处。麦卡锡对这一智库的志向，类似于特纳对大学的想法：它要成为中立的服务机构。他认为，在一个有铁路、电话、电报和保险公司的时代，州内的问题变得千头万绪，立法人员需要大量的信息才能从容应对。"让专家收集这些材料，是唯一明智的做法。"这完全不涉及在立法辩论中站在正方还是反方的问题：[①]

> 至于我们在威斯康星的机构，我们不希望在任何方面影响立法人员的判断，对于一切问题，我们都不会站队，不会赞同或反对任何一方；我们仅仅是政府的一个业务分支。我们不会对立法指手画脚，只会向能干和正直的立法委员们提供服务的人员，为他们收集、整理和呈现这些大忙人所需的信息；这完全是个业务机构。

现在看来，这一志向既诚挚又天真。拉福莱特任州长期间，在若干问题上是"非此即彼"；这挑战了"固执的威斯康辛资本家"的利益，而特纳曾希望从资本家那里获得支持。更有甚者，1903年之后，拉福莱特的朋友查尔斯·范海斯当上了大学校长，此人坚信大学是州政府的一个分支，这愈发激怒了保守派。即使全国媒体广泛报道了"威斯康辛理念"（多数人表示赞同），视威斯康辛州为积极行动的进步主义楷模，大张旗鼓地称其为"统治着一个州的大学"[②]，但情势

---

① Charles McCarthy：*The Wisconsin Idea*（New York, 1912），pp. 228 – 9.
② 有关范海斯时代的政治冲突，参阅 Curti and Carstensen：同前，Vol. II，尤其是 pp. 4, 10 - 11, 19 - 21, 26, 40 - 41, 87 - 90, 97, 100 - 107, 550 - 552, 587 - 592。

并未得到缓解。

　　记者的集中报道所引发的关注，也许让其它州的进步主义者开始思考如何进一步仿效威斯康辛州模式，却让州内保守派更坚定了信念——大学是针对他们的一项阴谋。事实上，大学的专家们并不认为自己是激进派，甚至不认为自己向政府建议了多少新举措。对在州务上最活跃的大学人士的追踪表明，服务于州政府的主要是技术人员（工程师、地理学家、科学家和各门类的农业专家）而非政策顾问，大学提供的技术信息远超意识形态。威斯康辛最杰出的社会科学家之一约翰·康芒斯认为，大学教员本身极为保守，他回忆道："除了进步派在有需要时会来找我之外，从未有人主动向我咨询。我从未发起过任何倡议。"[1]

　　但当大学人士被咨询税务、铁路制度和其它事项时，他们的话语权招来了嫉恨。让拉福莱特深感自豪的是，私人企业的利益统领威斯康辛的年代所盛行的那些大老板们的老派秘密会议，被他以周六的午餐会取代，在餐会上，他可以和麦卡锡、范海斯校长、康芒斯、爱德华·A. 罗斯、伊利及其它大学教授们同席，一起探讨该州的问题。[2] 受累于进步主义政策的商业利益集团多半实际上只是对政策面扩大心存担忧，他们逐渐相信，大学和州立法咨询服务处必须被归入敌方，它们和铁路委员会、税务委员会及工业委员会是一丘之貉。

　　1914 年，当威斯康辛进步派共和党人因全国性的党内分裂而受创时，保守派的机会来了。他们击败了拉福莱特的进步派继任者，扶

---

[1] John R. Commons：*Myself*（New York，1934），p. 110。比较麦卡锡："一般情况下，教授们只有在被问及时，才会冒险给出关于一个社会问题的意见。"同前，p. 137；有关为本州服务的大学人员名单，参阅 pp. 313 - 317。

[2] *Autobiography*（Madison，Wisconsin，1913），p. 32；关于他如何利用大学人员，参阅 pp. 26，30 - 31，310 - 311，348 - 350。

植一位铁路和木材商伊曼纽尔·菲利普再次上位。在竞选中，菲利普向大学专家发出了反智主义者的抨击，呼吁降低税收，缩减大学规模，停止让其"干预"政治。他表示，必须对大学进行彻底清洗；社会主义正在那里攻城略地，"许多毕业生离校时，他们的思想是反美的"。他认为，雇请专家会导致大学不断侵蚀政治。无论如何，把政府交到专家手上，意味着承认选举出的官员无能。如果默许一切政治智慧都囿于大学之内，其他人不如索性承认自己"脑力破产"。菲利普的攻击还包括要求取缔麦卡锡的"议案工厂"，即州立法咨询服务处。

竞选成功后，菲利普对这些机构的态度比在竞选中承诺的要温和得多。尽管他确实要求州议会取缔麦卡锡的智库、缩减和合并大学机构，但他变得越来越闪烁其词。大学的扩张虽被遏制，影响力减弱，但菲利普面对举国上下对大学态度友好之人强有力的、备受推崇的反对意见，终于与范海斯握手言和。甚至连麦卡锡都逃过一劫：州长发现，他声明的独立运作确实颇为可靠，保守派议案的起草人也开始启用咨询服务。[①]

大学对进步主义的贡献，在校内从未得到认可。正如康芒斯所言，校内很多工作人员是彻头彻尾的保守派。更有甚者，许多人认为，大学涉足实务，不论有怎样的政治庇护，本身就是对纯粹的、无私的传统智识理想的背叛。1920 年，J. F. A. 派尔在提到大学时，对范海斯将大学视为"州资本"的观点难以苟同。他说，这是

---

① 参阅 Robert S. Maxwell：*Emanuel L. Philipp*：*Wisconsin Stalwart*（Madison, Wisconsin, 1959），chapters 7 and 8，尤其是 pp. 74，76-9，82，91，92，96-104。从对大学的攻击中，《国家》杂志目睹了美国反智主义令人沮丧的一面。"在民主党和教授们之间，"它哀叹道，"存在着一条充斥着不理解和无知的天堑，自阿里斯托芬时代起，就从未变成通途。" "Demos and the Professor," Vol. C（May 27, 1915），p. 596。

对其职能的极端物质主义的看法，贬低了教育公正自主的传统，大学最终会为此付出代价。[①] 然而，威斯康辛大学的大多数专家无疑接受了麦卡锡在《威斯康辛理念》一书中所阐述的实用主义。他辩称，在经济等领域的那些老派思想家，"头脑里都是教条理论，从未在一线研究过政府的实际问题"。他们正在被具备常识的专家取代，后者在一线审视经济问题，"通过真实事件的确凿事实"来检验他们的理论。[②] 因而业余人士争论的是到底该接受还是拒绝专家，而学界辩论的是，掌握大学未来钥匙的究竟该是服务型专家还是纯粹的学者。

3

进步主义在权力场上的成就或许有限，但进步主义氛围似乎无限地蔓延开来，为思想在美国社会中的地位而忧心之人因此倍感振奋。智识的边界得到延展，变得自由而生机勃勃，现在，貌似也和位高权重者及全国上下的情绪产生了关联。梅布尔·道奇·卢汉关于艺术和文学的言论，也适用于美国生活的所有方面："障碍消失了，之前不相往来的人们走近彼此；全新的沟通方式和新的交流手段层出不穷。"[③] 在这段"小文艺复兴"时期，艺术和文学的主旨是解放；对于学界，这意味着施加更大的影响力的可能。到处都醉心于新志趣和

---

① J. F. A. Pyre：*Wisconsin*（New York，1920），pp. 347 - 351，364 - 365.
② *The Wisconsin Idea*，pp. 188 - 9；比较 p. 138. 要更好地理解麦卡锡的观点，需要将其代入实用主义的发展及和老一代学者分道扬镳的背景，相关阐述可参阅 Morton G. White 的 *Social Thought in America：The Revolt against Formalism*（New York，1949）。
③ *Movers and Shakers*（New York，1936），p. 39.

新自由。从铁路专营权和托拉斯的劣迹，到性生活和教育行为，没有什么不能拿来重新琢磨一番。需要揭发丑闻者告知公众发生过怎样的恶劣行径，需要评论员解释事件的涵义，需要牧师和编辑指点道德问题，需要学者们以哲学、法学、历史学和政治学来阐释进步主义的理论，需要从学院里走出来的各种技术人员对社会和经济问题进行详尽研究，甚至为新的监管委员会填充人手。

然而，这一轮的思想爆发并未带来社会变革；在这一阶段走向尾声之际，老派的美国主宰者东山再起，几乎和开始前一样完全控制住了局面。尽管如此，在氛围和风格上还是有了强有力的提升，对学者和文人乃至政客而言，氛围和风格都是第一要务。知识分子收获最丰，不论他们是沃特·李普曼、赫伯特·克罗利这样的评论家，还是约翰·杜威和查尔斯·A. 比尔德这样的学者。理论和实务间的天堑终变通途，他们的一切作品都被雀跃之心所感染。在 1914 年出版的著作《放任与控制》（*Drift and Mastery*）中，李普曼表达出了这种感受的精髓，他认为，全新的掌控力和精通能力是他这一代人未来的希望。思维最抽象的学者都因归属于某个学术团体而找到了存在感，外部世界欲追求足够的社会控制权就必须向其寻求建议。不再可能因所谓"太过学术"而摒弃某种思想，因为学界和社会之间的界限已无迹可寻。"一种更为新型的大学教授……随处可见，"一名观察家这样写道，[1]

> 专家无所不知，懂得铁路、桥梁、地铁，通晓能源和电力供
> 应，了解货币和银行、菲律宾关税、委内瑞拉的国境线、波多黎

---

[1] B. P. : "College Professors and the Public," *Atlantic Monthly*, Vol. LXXXIX (February, 1902), pp. 284 – 285.

各的工业，还有公职的分类，以及如何掌控托拉斯。

或许最重要的是，这些学术专家的才学不仅被需要，而且被称颂。少数评论家也许会担忧专家和民主制度间的关系，[①] 偶尔也有一些企业家惊骇于制度的成本，对理论家愈发强大的话语权心生不满，[②] 但总而言之，新型专家们在媒体上口碑良好，亦被大众所接受。1909 年，布兰德·马修斯认为，这"佐证了美国人民普遍意识到，对大学教授的偏见和对文人的偏见一样，正在迅速消亡，公众开始认可和感激他们为联邦所提供的服务……这部分是因为对专家和理论家的真正价值有了更多的理解"[③]。

此外，政治领导人自己对他们的接受度也很高。这一时代的特征是，像艾萨克·马可松这样的记者可以呈给西奥多·罗斯福一本揭发社会阴暗的小说家厄普顿·辛克莱的作品，作为证据，由此加速了《纯净食品和药品法案》（Pure Food and Drug Act）的通过。除了出现在参议院中的诸如贝弗里奇和洛奇这样为自己的"学者身份"感到自豪之人，合众国总统也可以被形容为知识分子，这在建国以来尚属首次。

---

① 参阅 Joseph Lee："Democracy and the Expert," *Atlantic Monthly*，Vol. CII（November，1908），pp. 611 -620。
② 例如，芝加哥包装商托马斯·威尔逊在 1906 年向国会委员会请求："我们反对的，也是我们恳请你们的庇护、实施否决的议案，它会把我们的业务置于理论家、化学家、社会学家等人之手，还会剥夺一些人的管理和控制权，这些人为建立和完善美国这一伟大的行业奉献了一生。"为免误解威尔逊是在反对一项将包装行业国有化的建议，有必要说明的是，他针对的其实是一项有关食品和药品安全的方案。House Committee on Agriculture，59 th Congress，1 st session，*Hearings on the So-Called* "*Beveridge Amendment*,"（Washington，1906），p. 5. 有关在控制食品和药业的斗争中，专家们实际扮演的角色，参阅 Oscar E. Anderson，Jr. 所著 Harvey W. Wiley 的传记：*The Health of a Nation*（Chicago，1958）。
③ "Literary Men and Public Affairs," *North American Review*，Vol. CLXXXIX（April，1909），p. 536.

更近距离地观察西奥多·罗斯福和威尔逊，即能发现他们分别以自己的方式成为智识与权力有限关联的鲜活示范。二人均在执政期间鼓吹思想对政府极为重要；但与此同时，两人谁也不完全同情同代的知识分子，也并不乐见他们的全然自信。必须一提的是，西奥多·罗斯福对思想有着积极而广泛的兴趣，乐于与克罗利、李普曼和斯蒂芬斯这类人为伍；他为艾德温·阿灵顿·罗宾逊安排了一份政府工作；吸引了积极并有奉献之心的那类人担任公职，而在超过一代人的时间内，这类人——我们会想起罗伯特·培根、查尔斯·J. 波拿巴、费利克斯·法兰克富特、詹姆斯·加菲尔德、富兰克林·K. 莱恩和吉福德·平肖——在政府里已近乎绝迹；他还召集学术专家咨询铁路管控、移民、肉类质检等问题。在将思想和智才重新纳入公共事务方面，他所做的比林肯乃至杰斐逊之后的任何总统都要多。布莱斯勋爵在评论罗斯福的成就时表示，他"从未在任何其它国家见到过比在华盛顿和美国政府的一线工作的人更为热情、层次更高和更富效率的公仆队伍，对他们的国家有如此高的可用性和可信度"①。这听上去完全就是镀金时代的绅士型改革派所追求的模式。

但罗斯福很快就因为一些可能被认为是微不足道的异见，与他的知识分子朋友反目，在面对异端思想时，他把自己装扮成了自命不凡的美国通。他估错了很多非暴力示威的重要性，比如想象揭发社会阴暗者是创造"革命气氛"的危险人物。尽管20世纪没有哪位总统像他那样有资格称为知识分子，但他和那些仰望他的有教养的中产阶级

---

① 引自 Paul P. Van Riper: *History of United States Civil Service*, p. 206；比较 pp. 189-207，及 John Blum: "The Presidential Leadership of Theodore Roosevelt," *Michigan Alumnus Quarterly Review*, Vol. LXV (December, 1958), pp. 1-9。

一样，对智识在生活中的地位持暧昧态度。他仰慕智识能力，一如其仰慕商业能力，当然，对智识的仰慕更为坚定。[①] 然而，他所称的"品格"，始终居于两者之上。事实上，他所体现的是美国人在政治和生活中偏好品格多于智识，以及一种几乎是普世的认知取向——这两者由于某种原因是对立的。他的著述中不断提及这种对立："品格之于人类和之于个人，比智识重要得多。""正如力量比外貌重要，品格高于智识，也高于天赋。""噢，我多么希望警示我的国民……那是一套低劣的机制，把单一的智识才华奉若神明，丝毫不顾及道德责任……"[②] 这些对欠缺品格的智识的谆谆告诫，本身并无谬误，但问题在于，若非真正相信美国生活中有一种为抬高智识而牺牲道德的趋势，这些告诫便毫无意义——在道德氛围浓厚的进步主义时代，这是一个奇特的判断。

据称，威尔逊把优缺点兼备的学者脾性带到了总统之位上；他的学生几乎都不认为他的个人特质适合担任合众国的政治领袖。他格外固执的头脑和缺乏善意的态度，更像是来自他的长老会身份而非学者职业，更有可能的是，这就是他个人标志性的特征。作为学者和批判性的智才，他活在旧时代。到1880年代末，他的创造性的智识生活几乎走到了尽头，在这十年间，他写下了杰作《议会制政府》（*Congressional Government*）以及更简明扼要的《国家》（*The*

---

① 比较1908年的一封著名的信："我完全不能像那么多显然是诚心诚意的人那样，去尊敬那些超级富翁。我很乐意向皮尔庞特·摩根、安德鲁·卡内基和詹姆斯·希尔礼貌地致敬，但要我看待他们像我看待如布里教授、北极探险家皮尔里、海军司令埃文斯、历史学家罗兹或猎人塞卢斯一样……即使我想，也无法强迫自己做到，且我也不作此想。"Elting Morison, ed. : *The Letters of Theodore Roosevelt*, Vol. VI (Cambridge, 1952), p. 1002.
② *Works*, Memorial Ed. , Vol. XIV, p. 128; *Outlook* (November 8, 1913), p. 527; *Works*, Vol. XVI, p. 484; 比较其它类似的表述: *Outlook* (April 23, 1910), p. 880; 1897年10月11日在 *Two Hundredth Anniversary of the Old Dutch Reformed Church of Sleepy Hollow* 上的演讲 (New York, 1898); *Works*, Vol. XVII, p. 3; XII, p. 623。

State)。他的品味、想法和阅读习惯，显示出他是维多利亚式绅士的南方版本，他的思想愉悦地逗留在美国进入复杂的现代社会之前。他坚信小企业、竞争经济、殖民主义、盎格鲁—撒克逊白人至上和仅限男性的选举权，即使这些思想早已被批判得体无完肤。他最初的思想来自白芝浩和伯克，将将错过了世纪末批判思想的百花齐放，它的影响力一直持续到进步时代。在 1890 年代期间，他作为国家事务的学者，忙于为学术界和外部世界牵线搭桥；当众多同期学者正致力于推翻镀金时代那些自鸣得意的预判之时，威尔逊正在向非学术人士灌输银行家和企业家希望大学校长们为其服务的理念。自他 1902 年成为普林斯顿大学校长起，就不再关注思想界的发展。1916 年，他坦率地承认："我已经 14 年没有通读过一本严肃的著作了。"① 如此我们便能理解，在他积极的公共职业生涯里，他的思考方式并未被美国智识生活最具创造性的一面所影响，他的思想也不会是同代知识分子的追捧对象。

威尔逊在 1912 年当选之时，的确获得了很多知识分子的支持，这些人因罗斯福而梦想破灭，被威尔逊不容错认的高贵风度所俘获。然而，战前，威尔逊并不因为自己的学术背景而倾向于大量起用知识分子担当政治顾问。此外，他对他称为"专家"的人有一种坚定的不信任感。和罗斯福及拉福莱特不同，他并未把专家当成改革的促进者或执行人，而是视为大企业和特殊利益集团的专属雇员。在持进步主义思想的大多数人眼里，大企业控制下的政府与聘用专家来规范不当商业行为的平民政府视同水火，而威尔逊却认为，大企业、既定利益和专家是一个坚固组合，只有还政于"人民"，才会被打破。和罗斯福不同，他辩称任何参与规范大企业的专家都会被大企业所控制。

① Arthur Link：*Wilson*：*The New Freedom*（Princeton, 1956），p. 63；参阅林克关于威尔逊思想的讨论，pp. 62 - 70。

"我所担忧的，"他在 1912 年的竞选中说，[①]

是专家型政府。上帝宽恕我们，在一个民主国家，我们抛下
这些任务，把政府全权交予专家。假如在学术上要靠一小部分人
的照拂，只有他们才懂得这些工作，那要我们干吗？因为如果我
们不懂得这些工作，就不是自由的人。我们应该从这些自由的机
构辞职，从学校里的某个人那里找回我们存在的意义。我想说，
我有幸听过的对大众问题最深刻的辩论，是我有时在员工俱乐部
里听到的；因为需要面对日常生活问题的人从不夸夸其谈，他们
只陈述事实。而我只对事实感兴趣。

威尔逊光顾员工俱乐部、批判华丽言辞的形象，令人耳目一新。但
总体上说，他在制定国内政策上做到了言行一致。和过去十多年一样，
在他执政期间，专家在政府内扮演的角色更形重要，此为必然。[②] 当

[①] *A Crossroads of Freedom：The 1912 Campaign Speeches of Woodrow Wilson*，ed. By
John W. Davidson（New Haven, 1956）pp. 83 - 84。威尔逊关于专家的理念，在某种程
度上似乎受到税收争议及罗斯福政权的纯食品问题中的专家角色所影响。同上，
pp. 113，160 - 161；参阅下文中对专家的评论：*The New Democracy：Presidential
Messages，Addresses，and Other Papers*，ed. By R. S. Baker and W. E. Dodd, Vol. I
（New York, 1926），pp. 10，16。

[②] 在大卫·F. 休斯顿任秘书的农业部尤为如此，休斯顿曾任华盛顿大学和得克萨斯
大学校长，对他的任命是威尔逊听从了豪斯的建议。在休斯顿任职期间，市场和分销
问题获得的关注大大超越过往，农业部遂成为吸引杰出农业经济学家的磁石。
　　进步时代的政府专才发展的启发性资料，见于 Leonard D. White："Public
Administration," *Recent Social Trends in the United States*（New York, 1934），Vol. II，
pp. 1414 其后。
　　需要补充的是，威尔逊在外交任命上奉行了优秀的传统，获任命者均出自学者和
文人团体。他向哈佛校长查尔斯·威廉·埃利奥特发出过两次邀请，但均遭拒绝；他
将国际问题专家保罗·芮恩施教授派往中国，将沃尔特·海因斯·佩奇派往英国（这
是个不幸的选择），将托马斯·纳尔逊·佩奇派往意大利（这是政治投机的委任），将
普林斯顿大学讳莫如深的亨利·范戴克派往荷兰，将布兰德·惠特洛克派往比利时。威
尔逊的大使任命大致令人满意，但布莱恩斥责由约翰·海伊、罗斯福和塔夫脱（转下页）

然，总统也从路易斯·布兰代斯那里寻求了多项关于经济政策的建议，后者对商业竞争的想法与他不谋而合。但威尔逊屈从于后湾地区和企业团体的敌意，将布兰代斯排除在内阁之外，大体上，他也会向各种不同类型的人咨询——比如他深谙机器政治和媒体关系的可敬的秘书乔·图姆尔蒂；他那思想足够进步但不善自省的女婿威廉·吉布斯·麦卡杜；尤为重要的是精明睿智的豪斯上校，其最基本的才华是满足威尔逊的虚荣心。豪斯的职责之一，便是传递富裕和有权势的群体的意见，他是威尔逊集团里诸如布兰代斯、布莱恩和麦卡杜等进步主义人士的有力制衡。

　　威尔逊政府头几年在知识分子人群中并不那么受欢迎——尤其是认为进步运动应该比实现小企业主昔日的竞争理想、抵制童工、提高黑人的地位、改善劳工的工作条件以及赋予女性选举权走得更远的那些人。[1] 志在改革的知识分子对威尔逊心存质疑，以至于连对他的妙语连珠的演讲都有所保留，认为他的基调似乎是一种道德至上但思想落后的过去时，他在改革推进上的踌躇，似乎也证明他们的怀疑是合理的。赫伯特·克罗利的观察是，威尔逊的思想是"完全相信自己始终如一地秉持公正，并用浮夸的言辞为这一信念添加光环"，他抱怨，总统的思维方式让"最具体的事务都变得抽象起来……其头脑仿佛一束强光，破坏了事物本来的轮廓，光虽强烈，但你几乎什么都看不见"[2]。

（接上页）建立的能干的专业外交军团，削弱了这些任命的影响力。布莱恩抨击部长任命是满足"有本领的民主党人"的需求，威尔逊对此表示赞同，阿瑟·林克将其描述为"20世纪外交部最道德败坏的一幕"。*Wilson：The New Freedom*，p. 106。

[1] Link：*Wilson：The New Freedom*，chapter 8。关于这一观点的经典陈述，来自沃尔特·李普曼，见于 *Drift and Mastery*，尤其是 chapter 7。

[2] "Presidential Complacency," *New Republic*，Vol. I （November 21，1914），p. 7；"The Other-Worldliness of Wilson," *New Republic*，Vol. II （March 27，1915），p. 195。Charles Forcey 的 *The Crossroads of Liberalism，Croly，Weyl，Lippmann and the Progressive Era，1900 - 1925* （New York，1961），其中对《新共和》团体与（转下页）

直到 1916 年，新自由运动近期成就斐然，而且威尔逊成功地让美国避开了战争，自由知识分子才全心转向了他的支持方。讽刺的是，战争让他们中很多人的影响力达到了单凭国内事务完全达不到的高点。历史学家和作家被动员起来进行宣传，形形色色的专家被聘为顾问。军情部门、化学战争部门、战争工业委员会里学者遍布，有报道称，华盛顿的宇宙俱乐部"差不多是各大学的教工大会"①。1919 年 9 月，豪斯上校为威尔逊组建了一个名为"咨询团"（The Inquiry）的学者团体（英国和法国早有类似的团体存在）。"咨询团"的专家成员曾一度达 150 人——包括历史学家、地理学家、统计学家、人种学家、经济学家、政治科学家——这些人，加上他们的助手和办事员，让整个组织的人数达到了数百人之多。"咨询团"一直保持秘密运作直至停战，后重组为美国和谈委员会的情报机构，其成员陪同威尔逊前往巴黎，并在那里发挥了重要作用。媒体对这一团体的评价中有的颇具娱乐性，老派的外交家对这群带了整整三辆军用卡车文件的业余政客团也将信将疑。② 但是，总体而言，有鉴于战争、和谈、国际联盟及盟约的讨论所激发的热情，大众

<hr />

（接上页）罗斯福及威尔逊的关系有启发性的阐述。关于新自由及至 1914 年陷入僵局和自由知识分子遭到冷对，参阅 Arthur Link：*Woodrow Wilson*，以及他的 *The Progressive Era，1910 - 1917*（New York，1954），尤其是 pp. 66 - 80。

① Gordon Hall Gerould："The Professor and the Wide, Wide World," *Scribner's*，Vol. LXV（April，1919），p. 466。杰洛德认为，在这样的经历之后不可能再对教授们摆架子。"教授们……，"另一人写道，"以学养丰厚出名，且让人倍感惊讶的是，他们实际上很有智慧。""The Demobilized Professor," *Atlantic Monthly*，Vol. CXXIII（April，1919），p. 539。保罗·范戴克认为，大学人士在战时成功地展示出男性和务实的一面，他们并非软弱无能。"The College Man in Action"，*Scribner's*，Vol. LXV（May，1919），pp. 560 - 563。把这些文字中的论点和西奥多·罗斯福早先的陈述两相比较，颇具启发性。

② 有关"咨询团"及其成员，可参阅其领导人西德尼·E. 梅兹的文章，见于 E. M. House and Charles Seymour, eds.：*What Really Happened at Paris*（New York，1921）；*Papers Relating to the Foreign Relations of the United States*，1919，Vol. I，*The Paris Peace Conference*（Washington，1942）；J. T. Shotwell：*At the Paris Peace Conference*，pp. 15 - 16。有关战时的科学动员，参阅 A. Hunter Dupree：*Science in the Federal Government*，chapter 16。

对学者扮演顾问角色的认可是超凡的。当然也有例外，譬如伊利诺伊州参议员劳伦斯·谢尔曼，他连篇累牍地痛斥战争期间政府权力的扩张，尤其反对"教授和知识分子的政府"，其言论充满了反智主义的怨念。[①] 然而，他预言了未来，因为战争造成的反响冲淡了进步主义精神。

大众的情绪一夕之间峰回路转。威廉·艾伦·怀特 1919 年时还向共和党全国委员会主席陈述，党内的"顽固保守派"已经没了活路，一年后就哀叹"法利赛人又回到了圣殿"，而人民甚至都不予反抗。"这是一个被上帝诅咒的世界！"1920 年，他在写给雷·斯坦纳德·贝克[②]的信中称，"如果 10 年前有人告诉我，我们的国家会变成今天这样……我会质问其推断从何而来。"[③] 由此产生的诸多后果对于知识分子的地位是致命的：这些人和威尔逊及战争行为绑缚在一起，于是乎，当大众反对威尔逊和一切与之相关的事务时，他们必受牵连。然而，多数人不经思考而拥抱战争思维的热情，更决定性地摧毁了他们自身的士气。除一些社会主义者，比如伦道夫·伯恩这样的思想家以及《七艺》

---

① 这一出色的演说是反智主义辞藻的堆砌，尽管在当时影响力一般，但有必要将其视为反智主义言辞的里程碑："……张口闭口都是理论、不容于人的知识分子，给一小撮政客身上贴金，满口术语，不切实际得难以言表……他们只能吸引反传统的、精神错乱的堕落之人……是精力旺盛的论文写手，阳光下的一切事物都是他们的书写对象……是一小撮社会主义者……一切都将大白于天下……是带着 X 光视线的心理学家，把不同颜色的手绢放在桌上，撒上半品脱的菜豆，用阴森的口气问你沃尔特·拉雷死于哪种疾病，要求你不数数就说出有几个豆荚。你的记忆力、理解力、集中精力的能力以及头脑的其它表现，都被打上标签放入暗格，以供未来参考。我曾和这些心理学家打过交道。如果这些人被放到森林里或者一块土豆地里，他们连一只兔子都杀不了，也不懂怎么挖个土豆出来让自己不至于饿死。这是一个教授和知识分子的政府。我重申，知识分子待在他们的地盘就行了，但一个国家，假如由教授统治，其最终命运必然是走向布尔什维主义和大爆乱。"*Congressional Record*，65 th Congress，2 nd session，pp. 9875，9877（September 3，1918）。
② 一位揭露社会阴暗的美国记者。——译者
③ Walter Johnson, ed. ：*Selected Letters of William Allen White*（New York，1947），pp. 199 - 200，208，213.

（*Seven Arts*）杂志背后的团体外，知识分子大多参与或全心支持战事，他们对胜利及之后的改革，与对进步主义运动一样寄予厚望。然而，和平带给他们的是失望、愧疚和罪恶感。"如果有机会再来一次，"沃特·李普曼说，"我会站在另一方……我们为死亡营（Battalion of Death）提供了太多的弹药。"赫伯特·克罗利承认，他没有预见到"美国人民在介入一场世界大战时所承受的心理压力"[1]。知识分子和大众之间的和解灰飞湮灭的速度远超建立之时。民众将知识分子视为谬误和无效改革的预言者、行政体系的建构者、战争的支持者甚至是布尔什维克党人；知识分子则认为美国到处是蠢材、巴比特[2]和狂热分子。有条件追求自由的年轻人移居国外，其他人则闭门阅读门肯。两者之间的隔阂需经历一个萧条期和另一个变革时代才能消除。

4

罗斯福新政时期，知识分子和大众的和解得以重建。政治的使命和知识分子的主流情感之间前所未有地契合。进步时代，知识分子和大众的宏愿逐渐合二为一。新政时期，这些宏愿愈加令人神往，对知识分子扮演更务实之角色的殷殷期盼，是威尔逊和罗斯福年代的任何人都未曾预料的。然而，少数反对者对新政怀有刻骨敌意，在美国政治中亦属罕见。当知识分子如日中天，一种憎恶之感在他们的对手中间累积，并于二战后爆发出来。

---

① Forcey：同前，pp. 292，301。
② 诺贝尔文学奖得主辛克莱·刘易斯 1922 年的作品《巴比特》（*Babbitt*）中，塑造了1920 年代美国浮华经济下虚伪空洞的人性，讽刺了满足于一套狭隘的价值观、只关心财富和赚钱的巴比特式人物。英语中 Babbitt 一词有粗俗的市侩之意。——译者

从长远来看，知识分子因这些不妥协的少数派而经受的困顿，并不亚于眼下新政的眷顾所带来的利好。但第一波的眷顾是多么令人热血沸腾！知识分子和其他人一样遭逢了萧条期，经历了失业和对士气的重创。新政为年轻的律师和经济学家提供了数千个职位，他们纷纷涌入华盛顿，投奔新设立的政策机构。公共事业振兴署（WPA）和全国青年总署（NYA）的研究、艺术和戏剧项目，挽救了失业的艺术家、知识分子和大学生。比这一实际援助更重要的，是一种润物无声的态度：通过请理论家和教授担任顾问、意识形态专家，新政让脑力和权势的关联变得比当代任何人记忆中的更为紧密——开国元勋时代之后便无来者。向刚从大学和法学院毕业的年轻人委派重要的工作，这本身就是创新之举。新政如此重视学术顾问，提高了每一位教授乃至一切持怀疑论或异见的思想者的地位。思想、理论、批判被赋予了新的价值，欲取之，则需求助于受过智识教育的人。[①] 经济的崩溃证明这些人不可或缺，而新政显示出了他们是如何让别人对此感同身受的。但不出意料，这一方的一小部分保守派知识分子和另一方的一小部分激进分子，未被新政的热情感染。（我们现已知晓，就连在 1933 年到 1935 年间强烈反对新政的共产党人也能一面向其内部渗透，一面操控令其勃兴的公众情绪。）

智囊团的创建是知识分子地位改变的主要体现，在新政头几年频频见诸报端。智囊团的要员，如雷蒙德·莫利、雷克斯福德·盖伊·特格韦尔以及阿道夫·A. 伯尔勒，最常遭到围攻，但他们代表了成百上千名更默默无闻的联邦机构职员，这些人主要是费利克斯·法兰克福特的门生，此人是从哈佛来到华盛顿的。新政之初，罗斯福总统声望极高，他的反对者们在心理上更自然、战略上也更容易借助打击

---

① 正如保罗·P. 范莱帕所指出的，这也赋予他们一定的影响新政策的特权，他将其描述为"意识形态的庇护"。同前，pp. 324 - 328。

他身边之人达到打击他本人的目的，指责他从邪恶的、不负责任的顾问那里听取意见。智囊团之于总统的作用之一仿佛某种避雷针。作为新政的中心人物，诸多原本可能会加诸他身的谩骂，现在落到了周围人的头上——假如形势不妙，他们还可以被调换至更隐蔽的岗位上。

随着雷蒙德·莫利率先退至幕后，雷克斯福德·盖伊·特格韦尔教授成为新政的保守派批评者最偏爱的打击对象。特格韦尔的不幸在于相信了某些策划方略，并撰写了几部著作详述他的思想。1934 年 6 月，他被提名为农业部副部长，对于一个如此邪恶的理论家将被推向高位，反对的声浪势如潮水。参议院里最难以取悦的巨头之一、南卡罗来纳的"棉花大王"埃德·史密斯坚称，特格韦尔"并非毕业于上帝的大学"，以致这位哥伦比亚大学的经济学家不得不费尽心力地证明自己真的做过自耕农，在孩提时代靴子上也曾沾满泥巴。（"告诉雷克斯，"富兰克林·罗斯福对亨利·A. 华莱士说，"我感到非常惊讶，原来他这么脏。"）史密斯告诉参议院，务农需要的文凭"来自艰苦的历练，没人能解决美国的农业问题，除非他有过在田里踩榨酒机的经历"。（他说不出昔日哪位农业部长符合这一要求。）为了安抚史密斯，罗斯福只得委任了一位史密斯钟爱的选民为美国联邦法警局局长，此人有一串击毙凶手的纪录，总统向内阁描述其为史密斯"最爱的杀人犯"。凭借这笔交易——教授换成杀人犯——的力量，特格韦尔最终以 53 对 24 票获得参议院通过。

针对特格韦尔的媒体报道越来越负面，他对纯净食品和医药品法案的热切支持，致使像专利药企这样的大型广告商动员媒体向其发出声讨。甚至像詹姆斯·法利这样既非激进派也非知识分子之人，都惊讶于这些报道如此"生硬和无中生有"。最激烈的批评者将特格韦尔描绘成一个两面派：一方面，他是从头到脚无能的、学术的、不切实际的理论家（门肯称之为一半是卑微的教员，一半是“《新共和》的理想主义者”）；另一方面，他又是高效的、潜在的颠覆性势力，有能力对社会结构造成巨大破坏。特格韦尔的耐心饱受责难，说明受雇于政界的学术人士其实没必要太顾及廉耻。[①]

既然智囊团要扮演反对者鞭笞的适当对象，就必须浓墨重彩地宣扬它作为权力中心的重要性。“智囊团，”《芝加哥论坛报》一名记者写道，“风头完全盖过了内阁，人们知晓它对总统有更大的影响力……来自各学院的教授们终于让内阁成员去做他们该做的事了——他们只是些部门领导和高级职员。有关日常行政事务，你可以去找内阁成员，但若是关乎政策和高层政府事项，你需要向教授团咨询。”[②] 诚然，在新政之初——头 100 天——人心惶惶的国会迅速而高效地通过了大批议案，无心也无时间再像以往那样锱铢必较。这为新政的内部策划小组留下了对法律文书乃至政策制定的格外充分的解读空间，那里的专家顾问尽管不欲掌控，却是手握重权。然而，合众国的权力架构决定了多数重要决策不可能长期交给在任何基层利益团体或选区内缺乏根基的一小部分教授人群。当恐慌情绪消退，国会的审阅流程恢复，学术顾问的影响力便受到了限制。多数情况下，新政实

---

① 在伯纳德·斯特恩舍尔未曾出版的博士论文中，对特格韦尔在新政中的声名和角色有充分地阐述：*Rexford Guy Tugwell and the New Deal*，Boston University，1957。有关他的任命之争很有启发意义：*Congressional Record*，73 rd Congress，2 nd session，pp. 11156 - 11160，11334 - 11342，11427 - 11462（June 12，13，14，1934）。另见 Arthur Schlesinger，Jr.：*The Coming of the New Deal*（Boston，1958），chapter 21；James A. Farley：*Behind the Ballots*（New York，1938），pp. 219 - 220；H. L. Mencken："Three Years of Dr. Roosevelt，" *American Mercury*（March，1936），p. 264。有关新政下专家的地位的更多洞见，可参阅 Richard S. Kirkendall 未出版的博士论文：*The New Deal Professors and the Politics of Agriculture*，University of Wisconsin，1958。
② *Literary Digest*，Vol. CXV（June 3，1933），p. 8。事实上，作为一个可辨识的组织，智囊团是应 1932 年的大选而生，在大选结束后解散。因为只是粗略提及，我遵照了当下的常规解读。

施的知识分子和实验者们乐见的举措，并不是出于专家的偏好，而是由于一些大型选区的需求。智囊团成员为大众服务——他们常常做得很好——但并不统治大众。这些自由派的智囊团成员提出的更为理想主义和试验性的方案，几乎无一例外地被忽略、简化或推翻。新政推行的由某些学术理论家倡导的通胀金融试验，确实未获成功，然而，为之撑腰的是来自参议院内部通胀论派的强大势力，而罗斯福的大多数专家顾问对此并不上心。在重要问题上，自由派的专家几乎全军覆没。杰罗姆·弗兰克领导的自由理论家们，力主全国工业复兴总署（NRA）的消费者以及美国农业调整署（AAA）的佃农的利益，但很快被判出局。特格韦尔想象中的农村重置计划被改得面目全非，最后，他自己也被发配到边外地区。雷蒙德·莫利在伦敦经济会议问题上和国务卿科德尔·赫尔产生了冲突，输给了这位内阁成员。[①]

尽管如此，教授治国的观点变得越来越流行，于是乎，一场名副其实的智囊团之战打响，它重新唤醒并加速了反智主义的旧传统。教授们并未主政——然而公众舆论的核心也并非毫无根据：他们确实代表了美国权力网络中的新事物。鉴于核心决策并不由其而定，他们并未行使大量的权力。然而，他们对掌权之人有着广泛而重要的影响，原因是教授们已然拥有特权，可以定立看待问题的方式，界定经济和社会问题的范畴。谴责教授和智囊团成员的右翼人士，对权力世界的想法如何诡怪姑且不论，至少他们的直觉是可靠的。即使大部分民众尚未成为忠实听众，至少他们手上还持有大众偏见的旧武器，于是很快便挥戈相向。此外，教授们享受了一段时间的知名度，盖过了资深政客和企业家的风头，后者发现这一切实在令人难堪，即迄今为止如

---

① 有关教授们的建议如何在一个领域被商业势力削弱的详尽阐释，参阅 Kirkendall 的文章，前文已有引用。

此寂寂无名和遭人轻视的一群人，居然在众目睽睽之下侵蚀了他们的地盘，让他们的社会角色重要性大大降低。门肯以他一贯赤裸裸的夸张道出了这种转变的讽刺意味："几年前，新政的所有以赛亚们都还只是遁世的不举之人，警察在街角点头示意都能让他们自豪得满脸通红；而今，他们的世俗地位仿佛血统纯正的王子，或红衣主教的那些幽灵般的随扈。"他接着说，智囊团成员如此成功，以至于开始相信自己有万能灵药。"你会怎么做，"他诘问，[①]

假如你突然被拽出单调的、散发着异味的学校办公室，那里唯一的音乐是二年级学生的呷舌声；你被扔到一个充满权力和荣耀的地方，几乎如同卡里古拉、拿破仑一世或皮尔庞特·摩根被全华盛顿的记者包围，他们等着记下你的每一句台词，报纸头版向你彻头彻尾的形而上学敞开？

新政的批评者夸大了知识分子的势力，将他们描画成不切实际、不负责任、玩阴谋的实验主义者，因为突然从隐者成为显贵而变得傲慢自大和争名夺利。《星期六晚邮报》显然是反智主义思想的港湾，随意摘录的几段评论就颇具代表性：[②]

---

① H. L. Mencken："The New Deal Mentality," *American Mercury*，Vol. XXXVIII（May，1936），p. 4.
② Samuel G. Blythe："Kaleidoscope," *Saturday Evening Post*，Vol. CCVI（September 2，1933），p. 7；Blythe："Progress on the Potomac," *Saturday Evening Post*，December 2，1933，p. 10；社论，*Saturday Evening Post*，December 9，1933，p. 22，以及 April 7，1934，pp. 24 – 25；William V. Hodges："Realities Are Coming," *Saturday Evening Post*，April 21，1934，p. 5。另参阅 Margaret Culkin Banning："Amateur Year," *Saturday Evening Post*，April 28，1934；Katherine Dayton："Capitol Punishments," *Saturday Evening Post*，December 23，1933。

一群教授被人从教室里拽出来，扔进了新政的漩涡。他们恃才傲物；他们是大众关注度的傲慢的追求者，而眼下终于有了机会；在新领域，他们恰似在壁炉前取暖的猫，热切地想一展自身……他们兴奋地四下询问："美元要怎么办？"仿佛美元的走向和他们有所关联——他们连筹集100美元都做不到……教授们的法案出台了，虽然或多或少被国会大厅里的非教授人士修改过，但里面依然有许多教授的思想……有想法的人都无法逃避这样的结论，即智囊团的大多数思想和计划是建立在俄国的意识形态上的……有人应该把商业生活的真实状况，告诉给这些聪明又年轻的知识分子和教授。鹳①不会带来利润和繁荣，健全的货币不会从卷心菜下长出来……最终，须得靠农民和企业家在大自然及政府智慧的支持下，分别去解决自己的痛症……

　　我们是否真的如此愚蠢和消极，允许自以为是的业余实验家们解开社会和商业这团乱麻，看看有无可能以他们喜好的方式恢复原样？……对美国生活、自由和工业的实验室测试……试管实验和用活生生的民族来做试验是迥然不同的。那么多活体试验堆积在一起……都是毫无实际经验的人……业余人士的政府——大学里的男孩，不论年龄——也许是喝多了学识的甘泉，最近又喝了不少俄国伏特加……那些理论家、政治梦想家、造雨人和变戏法的人……务实的参众议员们除了躲在更衣室，无处遁逃……

　　知识分子的辩护者力图更合理地估量他们的实权，并指出他们几乎不可能比那些他们所取代的"实干家"更糟。奥斯瓦尔德·加里

---

① Stork，与"股票"（stock）一词谐音。——译者

森·威拉德在《国家》杂志上写道，欢迎"实干家的全部路径"，并指出全世界的"实干家都深感茫然"。[①] 曾是新政顾问，后成为自由记者的乔纳森·米歇尔，对这一话题的分析洞若观火，他试图证明罗斯福启用学术专家，是美国行政运作危机和特殊情况的自然后果。教授们实际并未制定主要的政策，他这样写道，他们只是对具体手段提供建议。由于缺乏以此为名接受培训的公务人员，总统突然间向政界和行政系统之外的人求助，几乎是必然结果。[②] 在这一点上，米歇尔十分正确。政客们无法解决萧条带来的问题；没有合适的公务员能应付；大多数商业领袖似乎比一无是处还糟。正如塞缪尔·I. 罗森曼向总统建议的："通常在这种情况下，候选人召集到他周围的人包括一些成功的企业家、大金融家以及一些全国政治领袖。我认为，我们应该远离这些人。他们对解决眼下的乱象似乎没有任何建设性作用……为什么不去大学里找人呢？"[③]

然而，米歇尔的分析在新政的敌人眼中不啻为蛊惑人心：

> 罗斯福先生需要的是中立者，身上要不带华尔街的味儿，但也不会把富人们吓跑。此外，他需要有头脑、有才华和意愿执行他所决定的任何政策之人。罗斯福先生选择了大学教授，在这个国家，没有其它的群体更符合这些特征了……

> 美国没有世袭的有产阶级，可以从中招募新政的公职人员。最接近的类型是大学教授，华盛顿的中立的教授们是决定新政成败的

---

① "Issues and Men, the Idealist Comes to the Front," *Nation*, Vol. CXXXVII（October 4, 1933），p. 371。同样的观点另见于 *New Republic*："The Brain Trust"（June 7, 1933），pp. 85 – 86。

② Jonathan Mitchell："Don't Shoot the Professors! Why the Government Needs Them," *Harper's*, Vol. CLXVIII（May, 1934），pp. 743, 749.

③ Samuel I. Rosenman：*Working with Roosevelt*（New York, 1952），p. 57.

关键……在这个国家的历史上，有一群人曾被边缘化，旁人会不加思考地诟病他们——那就是殖民地的牧师，尤其是在新英格兰那边。这些人通常不问俗事，他们规戒自己群体的严格程度远超罗斯福的新政所能设想，他们依靠天启做出判断……新英格兰的牧师们早已作古，但大学教授是他们的旁系继承人……在未来，我们将会成功地为自己建立起由忠诚和传统支撑的专业的国家公职人员队伍。

我们难以期待这一切能抚慰企业家，还有被排挤的政客和其它保守阶级成员，他们认为专业的公务人员无甚必要，显然也并不相信教授是"中立的"，他们的确把富人吓跑了，竟然有一个阶级会被"不加思考地"诟病，这对其可谓风声鹤唳。比米歇尔的观点更温和的答案，也难以平复他们内心深处的恐惧，这种恐惧不是来自智囊团或专家，而是由于他们所信仰的世界崩塌了。在这样的对手中，新政赋予知识分子和专家的特权只能重燃反智主义的旧传统，也以新的猜忌和怨恨令其愈加坚固。

和一战一样，二战也增加了对专家的需求，不仅是新政雇用的那些类型，还有些人来自之前未曾利用的学术领域——甚至连古典学家和考古学家也因为对地中海的了解而突然间被重视起来。然而，当战争终了，长期压抑的对新政和战争本身的反感席卷了全国。对智囊团的攻伐因此奠下了基石。自此，知识分子和大众民主的亲厚再一次走向终结。

5

1952 年，阿德莱·史蒂文森成为对知识分子和智囊团积聚的不满情绪的受害者，自 1933 年以降，这种怨气就开始在美国右翼势力中持续发酵。不幸的是，他的政治命运成为标尺，自由知识分子以此来衡量智识在美国政治生活中的地位。于是，谬误自然而然地发生了：史蒂文森这一悲剧式英雄形象，具有足够的广度和吸引力，他的使命感令知识分子感同身受。经历过杜鲁门政府的窘境，他的文士风格让人耳目一新。但是，更具决定作用的是史蒂文森的行止和艾森豪威尔—尼克松的竞选风格的天差地别。史蒂文森的雄辩才能（以及他和有类似特长的竞选顾问合作的突出能力），与艾森豪威尔早期笨口拙舌的政治表现形成强烈对比，其后，尼克松煽情的"跳棋演讲"①、低俗的陈词滥调和对高层伙伴的歌功颂德，愈发加强了这一反差。最后，是形象丑陋的麦卡锡，他对竞选的贡献受到其党羽的热烈追捧。我们并不指望美国总统竞选都是高层次的，但 1952 年共和党竞选的调子，相形之下就连杜鲁门对华尔街的无耻挞伐都显出了一丝老派的尊严，更放大了史蒂文森的每一项优秀特质。

知识分子史无前例地以一致开放的心态接纳了史蒂文森。毕竟，西奥多·罗斯福是在漫长的公众生涯里逐渐在知识分子中赢得知名度的；刚当上总统时，许多知识分子对他的态度半是怀疑半是取笑；直至他离开白宫，才越发与之亲厚；1912 年的公麋党②运动是为巅峰，随后又因他的战争沙文主义而减弱。威尔逊虽独具一格、学养深厚，

① checkers speech，总统候选人尼克松 1952 年 9 月 23 日发表的一次演讲。之前他被指有涉及政治基金的不当行为，此指控危及他的候选人资格，因而他飞到洛杉矶发表电视讲话，自辩并攻击对手。他还表示，无论别人怎么说，他都打算留下支持者送的其中一件礼物：一只宠物犬，被他女儿取名为 checkers（跳棋）。此次演讲创下了当时的电视收视纪录，也令尼克松支持率大增，当然亦不乏嘲弄。后人以"跳棋演讲"一词比喻政治家的煽情演说。——译者
② 1912 年大选时西奥多·罗斯福成立的进步党，是大选历史上最成功的第三党，因罗斯福自比公麋而得名。竞选失败后，罗斯福宣布退出政坛，该党也于 1916 年解散。——译者

但大批知识分子团体待之以与其本人的举止相匹配的冷漠；知识分子大多认同沃特·李普曼当年对新自由运动的分析，认为它是计划失误、倒行逆施的运动，主要只为小企业牟利；最后，威尔逊的声誉因对战时暴民思维的抗议而严重受损，总统本人亦被累及。虽然富兰克林·罗斯福的智囊团获得了关注度，但他在首次总统竞选中令大多数知识分子失望，在新政的头几年也一直是不信任和左翼尖锐的批评对象。知识分子一直都不愿与之亲近，直至 1936 年的竞选前夜，即使那时，他们爱戴他的理由似乎也主要因为他的树敌。但史蒂文森大不一样：他尚为伊利诺伊州州长之时，知识分子对他几乎未有所闻，1952 年被提名之际，他已是高层的一颗新星，他们一听完他的就任演说，便迅速向其敞开了心扉。此人优秀得令人难以置信。

在麦卡锡分子们鬼哭狼嚎之际，这样的定论似乎顺理成章，即史蒂文森的惨败，也是美国知识分子和智识本身经过全民表决之后对他的否定。得出这一结论的知识分子，获得了批评者的附和，然而后者中的大多数人郑重地表达了不赞同：他们称美国的知识分子不理解也不为国家着想，变得不负责任、自高自大，终将会受到惩罚。无疑，很多知识分子受到了伤害；然而，史蒂文森是因为才智之名而被大众抛弃的观点经不起推敲，他的失败所隐含的意义也被过分夸大。因为1952 年时，他几乎毫无胜算。这一年，任何有人气的共和党人都能打败民主党人，而艾森豪威尔不仅有人气，他还是光彩熠熠的国家英雄，受欢迎程度远超史蒂文森乃至政治舞台上的任何人。在民主党执政 20 年后，假如两党制还有存在的意义，那么政党轮替早该发生。单单是朝鲜战争及其引发的不满情绪，就给共和党带来了足够的麻烦；能让他们获利的是次一级的问题，比如希斯事件和其他几起揭露共产党渗透到联邦政府的事件，以及揭发杜鲁门政府规模不大但影响恶劣的腐败。共和党竞选中，尼克松和麦卡锡比艾森豪威尔看起来风头更劲，要不是因为竞选以卑劣的方式激发出了大众对史蒂文森这类人应被摈弃的盲信，否则尽管本就希望渺茫，他也不至于遭到如此弃绝。

　　然而回顾历史，认为史蒂文森的风格、才智和正直不构成他的竞选资本，亦是缺乏依据的，若非因为在这些方面所获的名声，他的失败会更彻底。相信大部分民众完全无视他的这些品质，这样的观点同样站不住脚。假如真像他的一些仰慕者和贬低者共同认为的那样，他的人格魅力无过人之处，就无法解释他如何能在 1948 年以伊利诺伊州史上最高票数当选该州州长，也不能解释 4 年后，尽管他公开表示不愿被提名，民主党大会为何仅在简短听取了他有力的欢迎辞之后，即将其推举为候选人。（这是继 1916 年休斯之后的首次提名，他可能也是我们的政治史上唯一一位不情不愿的被提名者。）

　　甚至连史蒂文森的落败，也因他迥异于共和党的竞选方式而被放大。12 年前，温德尔·威尔基的竞选对手也是当时的政坛英雄人物，他赢得的票数几乎和史蒂文森完全一样——44.4 对 44.3——且威尔基被认为是格外活跃的领导人。事实似乎是，1952 年的两位候选人本身都颇具实力，在政治舆论兴奋的高点上，两者都吸引了大量选民加入阵营。落败的史蒂文森，得票比杜鲁门在 1948 年、罗斯福在 1944 年和 1940 年当选时的票数还要高。竞选结束后，他收到了大量投票给艾森豪威尔的选民的来信，表达对他参选的钦佩，并表示若非情势所迫，他们希望能转而支持他。

　　这并非意图否认史蒂文森的"形象"——这个词眼下十分流行——确实少了点什么。他对在民主党执政 20 年后接任党魁的难度心知肚明。然而，他对掌权的迟疑——尽管从某些角度可称之为靠谱——过于真实，反招来恶意。"我接受你们的提名——和竞选方案，"他向民主党大会表示，"但我原本希望向你们说这些话的是一个比我更强大、睿智和优秀的人。"在当时，这绝非正确的语气；这使人惶惑不安，很多人认为这比艾森豪威尔无聊的自信还要令人不快。史蒂文森的谦逊貌似是真诚的，但他以一种自傲的方式表达了出来。人们也许认可他有能力公正地、不依循传统愚见地分析公共问题，但对他能否像想象中一样掌控和运用权力怀有疑虑，在这一点上，近代的两位罗斯福总统已经以最有效的力量传达过了。（我们免不了要予以评论，艾森豪威尔和史蒂文森迥异的表象带有欺骗性：艾森豪威尔政权有绩优之处，然而，他执政时并未能团结或提升他的党派，而在野的史蒂文森却致力为其政党注入新的活力。）

因此，假如我们将史蒂文森的落败归咎于他在智识上的知名度，甚或将这种知名度视为不利因素而非一项资本，那就是被误导了。但对很大一部分民众而言，这项特质确实是不利因素；我们不欲夸大这群人的数量和影响力，但必须加以审视，原因在于这些人是探究一切反智主义设想的关键。

史蒂文森最易招致攻击的特质不是智识，而是风趣。[①] 风趣从未受到这个国家的政治领导人的欢迎。民众乐于接受的是幽默，林肯、西奥多·罗斯福和富兰克林·罗斯福时常用它来达到某种效果；但幽默是通俗的，通常十分简单，也很容易接近。风趣则是智识化的幽默，它更尖锐，与风格和圆融息息相关，是贵族的遗风。史蒂文森被

---

① 下文谈及的情形，摘自报纸的社论和读者来信，我也参考了 George A. Hage 极富启发性的、未出版的研究报告：*Anti-intellectualism in Newspaper Comment on the Elections of 1828 and 1952*，明尼苏达大学博士论文，1958；参阅同一作者的"Anti-intellectualism in Press Comment — 1828 and 1952,"*Journalism Quarterly*，Vol. XXXVI (Fall, 1959)，pp. 439 - 446。

反复称作"喜剧演员"和"小丑",被描绘成漫画里戴着愚蠢的帽子和铃铛的丑角。在朝鲜战争沉重和愤懑的阴影下,贬抑他的人认为这种风趣太不合时宜;艾森豪威尔无聊但庄重的语气更加应景。史蒂文森的支持者指出,他的戏谑从不针对朝鲜战争或其它选民认为严肃的事项,却往往弄巧成拙。他的风趣,非但未能替他掩饰公众形象上的不足,反而拉大了他和一大部分选民之间的距离。("他对英语语言的熟稔,远超普通美国民众。")有关竞选的代表性评论之一,来自一位写信给《底特律新闻》的女士:"我们需要和总统候选人有相通之处,这就是为什么我会投票给艾森豪威尔将军。"

史蒂文森是阿尔杰·希斯的品格证人,有鉴于此,一旦把智识和激进主义、激进主义和不忠划上等号,他就变得更加易受攻击。支持他的知识分子也因为同样的原因极易被抹黑。他们中许多人来自东部,尤其是哈佛大学,这在众多批评者眼里可不得了。"**哈佛指挥印第安纳如何投票**",这是《芝加哥论坛报》一篇社论的标题,文章的观点是,史蒂文森掌握在施莱辛格父子和阿齐博尔德·麦克利什①手中,这些人被认为是最邪恶的同盟。威斯特布鲁克·佩格勒未曾淡忘费利克斯·法兰克福特对新政的影响力,他不遗余力地提醒读者,史蒂文森和富兰克林·罗斯福一样,与哈佛藕断丝连。他在哈佛法学院待了几年,这在佩格勒看来,他在那里必定参与了法兰克福特的诡计;佩格勒认为,史蒂文森是"自 1933 年来断断续续出现的最危险的一类新政官僚"。在佩格勒的想象中,史蒂文森的支持者和传记作家力图淡化他与哈佛及所谓左翼联盟的联系,但这一切都瞒不过警惕的佩格勒,"这个斯普林菲尔德的奇迹男孩,正效力于一种过激的政

---

① 美国诗人,三次获普利策奖。——译者

治左派势力"。在右翼的臆想中，正因为史蒂文森和哈佛的邪恶关联，法兰克福特、希斯、施莱辛格父子和史蒂文森融会成一个不祥的形象。

其它大学联盟也好不了多少。当一大群哥伦比亚大学教员发表声明，褒扬史蒂文森并谴责时任校长艾森豪威尔时，《纽约每日新闻》以揭发署名者中所谓的"左倾教授"作为反击。一家中西部的报纸更为淡定地声称，哥伦比亚大学的学生和教员的反对呼声实际上对艾森豪威尔有利，原因在于所有人都知道，大学中人的"头脑已被来势汹汹的左倾社会主义思想和明确的共产主义信仰侵蚀"。这样的支持只会将史蒂文森置于死地。"史蒂文森作为知识分子，必定与他的顾问们想法一致，否则不会选择他们。投票给艾森豪威尔这样的普通美国人，便是投票给民主。"昔日对新政的憎恶，在作家群体中随处可见，对他们而言，这一不忠的论断意义重大："我们已远离了曾经造就美国这个伟大国家的优秀传统。大学里都是左派分子，这些'聪明的年轻人'想把这个国家带入一个'美丽新世界'。但愿我们不要再有另外 4 年的新政——这才公平。"

在讨论镀金年代的改革派之时，我曾谈及有关智识风格与女性化的关联，它在 1952 年的大选中重现。可惜史蒂文森先天不足。他在两次世界大战中的角色均为文职服务，无法与艾森豪威尔的将军履历抗衡。假如他曾当过拳击手、猎人或像西奥多·罗斯福那样的战士，或是橄榄球运动员（艾森豪威尔也有这项优势），或是杜鲁门那样的炮手、肯尼迪那样的战争英雄，那么人们对他的印象或许会稍稍缓和，不至于认为他太过脱离勇武的男性世界。然而，他只是拥有常春藤名校背景的绅士，他的职业生涯里，没什么可助其躲避历史遗留在美国人心中黑暗角落的余响。纽约《每日新闻》自贬身份地称其为阿德莱德，指控他用"厚腻的"嗓音"装腔作势"地演讲。他的嗓音和用词变成了质疑对象——"惺惺作态的用词"，据称让人联想起"一本正经的老女人，始终铭记自己曾在史密斯太太学校里的演讲课上得过 A"。至于他的支持者，都是"典型的、袖口滚着花边的哈佛自由主义分子"、"穿蕾丝裤袜的外交官"、"毛发服帖的膝头小狗"，因麦卡锡的指控而呜咽时，连"呻吟都带着香水味"，还会不时为他们自己的反共产主义"发出窃笑"。史蒂文森的批评者常说，政治是男人间的残酷游戏。州长和他的追随者们应当准备好一决雌雄。学一学理查德·尼克松，"用男人的方式解释经济问题"，他们能做得更好。

即使在并无积怨和粗鄙的角落，相较于史蒂文森，更偏好艾森豪威尔的"实际能力"的大有人在，他们鄙夷"象牙塔"。"依据过往的表现，我觉得，我们需要贡献卓越的艾森豪威尔，而不是思想家和演说家史蒂文森。"杰斐逊和约翰·昆西·亚当斯应该不会对一位党派人士的说辞感到陌生："艾森豪威尔对世界形势的了解，比这个国家的任意两个人加起来还要多，而且他并不是从报纸和书籍上学来的这些知识。"这样的话题不可能失去效用。8 年后，在尼克松和洛奇的竞选中，艾森豪威尔这样描述他们："这些人不只从书本上学习——甚至不是通过写书。他们学到的东西，来自直面这个千变万化的世界里的日常问题。"[①]

但在同样的大选中，约翰·肯尼迪证明了应该无需再次证明的东西——读书乃至写书，不会是一个有志成为总统的、思想和其它必备特质兼而有之之人的致命弱点。肯尼迪似乎把世纪初罗斯福展现的智识和品格的综合体带回了总统政治中，这一综合体包含对智识和文化

[①] *The New York Times*，November 3，1960.

特质的尊崇，以及公职系统对才智和专长的热情，而积极务实的美德将它们串联了起来。作为竞选者，史蒂文森表现得过于敏感和缺乏自信，他让知识分子产生共鸣的是对自己被孤立和拒绝的孤芳自赏；相反，肯尼迪浑身散发着权威和自信，满足了他们将智识文化和权力责任关联起来的希冀。他有艾森豪威尔的自信，但没有他的被动；不论他的宗教信仰、年龄还是提名时的寂寂无名，他击败尼克松很大程度上归因于在电视辩论中形于外的强大攻击性和自信心——西奥多·罗斯福也许会认为，这正是男性人格的展示。

对于大多数知识分子，甚至其中许多对权力抱有深刻怀疑之人而言，新总统的思想即使不深邃，似乎至少也是警醒、通达、世故和思辨的，而他也很快表达出智识和文化应当在国家利益共同体中占有一席之地的理念。肯尼迪之前的一些高度智慧的总统——例如胡佛——对总统的仪式性职能毫无耐性，认为这是在琐事上浪费宝贵的时间。而国父们对总统职位的设定并非如此。他们中许多人所理解的国家元首，是共和政体下的一位要人，他作为个人与公众间的交流是政府职能的重要一环。华盛顿本人的表现即成就了新政府，是行使这一职能的完美范例。20 世纪的美国人对公共宣传的狂热以及大众媒体的发展，为总统办公室的仪式化和大众化职能带来了巨大压力。富兰克林·罗斯福通过有技巧地使用广播讲话和媒体见面会，成为第一个把现代公众化需求转化为重要资本的总统。肯尼迪则最早注意到，知识分子和艺术家现在是大众的重要组成部分，因而不仅应被纳入国家的仪式性事务，更应为争取他们的效忠而特设一种官方嘉奖。于是，总统府被还原为一个符号：其内部装修通过电视展现给广大观众；对于人数较少但具有战略意义的部分观众，它再次成为文化的庇护所——在那里，罗伯特·弗罗斯特、E. E. 卡明斯和巴勃罗·卡萨尔斯受到欢迎。权势需要给智识一定的尊重,这样的思想被反复强化——令人印象最深的,应该是 1962 年春为问鼎诺贝尔奖之人举办的庆祝晚宴。席间,总统以他一贯的性格表示,自打托马斯·杰斐逊独自用餐时起,白宫的餐桌边再也未曾像现在这样汇集了如此众多的智慧人物。

诚然,这一切只是认可这一特殊利益团体正当性的仪式化方式,这种仪式的职能早已被理解,比如参加意大利节庆的爱尔兰政客,现身爱尔兰守灵仪式的犹太政客。和少数族裔一样,知识分子的地位也即将获得大众认可。新政府对人才孜孜以求,把专业性在美国政府中的地位提至一个新高度,这比通过仪式来认可文化的志趣更为重要。智识在政治上的声誉和接受度,在不同时期也许有起伏,但对专业性的需求似乎始终在上升。例如,艾森豪威尔政府尽管公开鄙视书呆子,恼怒于他们的对抗,但在利用专家上十分具有战略性;共和党领袖也对他们谓之"有利用价值"的友好学者表示出兴趣。对于更泛化的问题,我将在最后一章再次谈及,这关乎为数不少的专家型知识分子与知识分子团体中其他人的关系,也涉及知识分子发现自己游走于权力边缘时的状态。智识与权力关系中的困顿在于,存在一种普遍的观点,即智识的某些主要职能和权力挂钩所带来的威胁,不亚于当它被贬谪到失去地位之时。作为现代社会中的一股势力,智识面临的一个尖锐且吊诡的问题,肇因于这样一个事实:不论是与权力苟且,还是与重要政治角色隔离,都令它无所适从。

第四部分　实用主义文化

九、商业和智识

1

至少在四分之三个世纪里，商业被大多数美国知识分子贬斥为智识的宿敌；商人自身早已接受了这一定位，以至于如今这种敌意仿佛已是天经地义了。毋庸置疑，商业目标和智识目标之间存在着某些本质上的不和谐：它们追求的价值观相异，势必会产生冲突；并且智识对于任何机构性的组织和固定的权力中心而言，始终是潜在的威胁。然而，这种敌对也伴随着一定程度上的相互依存，不该总是处于公开的争斗模式。强化或弱化这种对立的历史环境，与对立产生的基础同等重要。美国的工业化时代背景让企业家成为思想和文化的劲敌，他们的地位是如此重要和强大，使得其余的对手竞相退场。

几年前，商业记者约翰·张伯伦在《财富》杂志上抱怨，美国的小说家一直以来对美国的企业家极为不公。他指出，在美国近代所有的虚构作品中，商人几乎总是被刻画为粗鲁、市侩、腐败、掠夺、支配、保守和不道德的。从德莱塞的《欲望三部曲》到现在的长长的商业小说书单里，张伯伦只找到三部是描写正面的商人形象的：一部是某流行小说家的毫无反响之作，其余两部是威廉·迪恩·豪威尔斯的

《塞拉斯·拉帕姆的发迹》、辛克莱·刘易斯的《多兹沃斯》
（*Dodsworth*）。[①] 但这两个例外的昙花一现，也印证了张伯伦的抱怨。
《塞拉斯·拉帕姆的发迹》成书于 1885 年，当时，小说家和商人的关
系尚未破裂；5 年后，豪威尔斯发表的《时来运转》中出现了一个标
志性的变色龙商人形象，其后又写了一些含糊其辞的社会主义者的社
会批判之作。最终，是辛克莱·刘易斯在他的《巴比特》一书中为这
个世界创作出了美国小城镇、小企业的奸商原型。

张伯伦写道，总体上，小说家对商人的描绘是教条式的（他称之
为"一种干巴巴的教条主义态度"），而不是基于对商业的实地观察
或对商人的切身了解。这一指控所揭露的不当目的，也许主要出于张
伯伦自身的臆想。我们的社会中不存在作家和商人和平共处的单一精
英团体；如果现实中的商人未能在美国小说中现形，部分原因在于美
国的作家鲜少涉足商人社会，几乎没有近距离观察的机会。这种敌意
不是单向的，而是相互的，妄断商人缺乏或未使用自我防御和报复的
手段是不符合事实的。

但张伯伦的主要观点是言之有理的：这个国家的社会小说里所描
绘的商人形象，传递出知识分子群体的普遍态度，在不同时期表现为
民粹主义的、进步主义的或马克思主义的，有时则是三者的不同组
合。内战后的工业发展之初，商人和文人间的嫌隙持续加深，到了进
步主义和新政时代，企业家和自由知识分子在社会科学领域的紧张关
系愈加一触即发。在繁荣时期，知识分子群体并未过多地参与政治冲
突，即使把企业家描绘成奸商也能与之相安无事。在政治或经济低谷，
冲突加剧，商人也无情地加入了掠夺者行列。商业和智识的价值观被

---

① "The Businessman in Fiction," *Fortune*, Vol. XXXVIII (November, 1948), pp. 134 - 148.

视为两条永不相交的平行线，这边是钱权至上的人，只在乎做大、逐利、增长和空洞的乐观主义；那边是思辨的知识分子，对美国的文明进程投不信任票，自许为素质和道德价值观的卫士。知识分子对商人为了利己而形塑文化、令其符合自身标准的伎俩了然于胸。商人无处不在，他们让政党的金库充盈，他们拥有或掌控有影响力的媒体和大众文化机构，甚至占据大学董事会和本地学校董事会的席位，指挥文化哨兵并向其提供赞助，他们的话语权遍布最终决策权的所在之地。

当代商人倾向于认为自己是有实际贡献的人，是全国人民的恩人，他们肩负巨大的责任，却苦于饱受反复无常的素未谋面之人的敌意，发现自己很难把这种观点当真，即他们这种人总能我行我素。他们眼见自己被福利国家的官僚制度所淹没，而这制度当然不是他们创造的；觉得自己被强大的工会逼入绝境，并经常受到知识分子煽动的公众的质疑。他们可能也知道在过去——例如安德鲁·卡内基的年代——伟大的商界领袖便是文化英雄，尽管也会遇到一些敌意。那个年代的商人是全国的显贵和贤能，几乎生活的方方面面问题都要向其请教。然而，自亨利·福特时代之后，这种英雄形象化为乌有，福特本人亦是这一类型的最后一位代表。商界人物只有在涉足政界或公共体系时才会登上新闻头条。例如，查尔斯·E. 威尔逊1953年任国防部长时，他在《纽约时报》的曝光度是3年前作为通用汽车总裁时的10倍之多。[1] 富人在政治上也许还是可以接受的——正如约翰·F. 肯尼迪、纳尔逊·洛克菲勒、阿弗里尔·哈里曼、赫伯特·雷曼、G. 曼宁·威廉姆斯——但这些并不是真正意义上的商人：他们是财富的继承者，通常因为自由的政治观点才受到瞩目。

---

[1] Mabel Newcomer：*The Big Business Executive*（New York, 1955），p. 7；有关企业高管权威的式微，参阅 p. 131。

商人时常认为自己是在知识分子营造的敌对氛围下，被知识分子及其同盟拉下神坛的。若然如此，他们就高估了知识分子的实力。事实上，损毁商人威望的主要是他们自身的成就：正是他们建立了巨型企业，这些缺乏人情味的机构在框定了他们的职业生涯时，盖过了他们的个人声望；正是他们自己不断鼓吹美国生活方式和自由企业，让这些虚浮的抽象概念尽人皆知，模糊和消减了企业家的个人声誉。曾经是伟大的人创造财运，如今是伟大的体系创造好运之人。

然而，智识和商业之间的紧张关系，却包含了一种不体面的亲密，其标志是如此多的知识分子正在反抗他们成长的商业家族。在商业和智识之间，实际上发展出了一种令人不安的共生态势。在美国，政府在艺术和教育上的作为远不如欧洲，文化始终依赖私人的捐助；近几十年来，即便知识分子以抨击商业为其要务，这种依赖性也丝毫不减。批判性知识分子的地位十分尴尬：为了工作和生计，他们把一只手伸向已故商人——诸如古根海姆、卡内基、洛克菲勒、福特以及其他一些赞助人——名下的赞助机构；但出于对高标准和价值观的追求，他们的另一只手又常常攥成拳头。智识和艺术的自由，无疑等同于批判和抨击、毁灭和重建的自由；但知识分子和艺术家的日常要务仍是雇员、门生或受益人——甚至是商人。这种扯不清的关联也影响了商人。他们重视个人声誉，惧怕并厌恶批评，又常仗着自身权势嚣张傲慢，却能清楚地体认到赞助教育和艺术将会增加他们的声望。若不含讽刺地说，他们亦是看顾传统道德规范的继承者，时常觉得有责任把财富用于行善。他们对思想并非全无尊重，在现代科技环境下，无论如何他们也必须或多或少地定期从饱学之士那里寻求实用的建议。最后，从更人性化的角度讲，他们同样对并非买来的敬重抱有一种天生的渴望。

商人的反智主义被狭隘地诠释为对知识分子的敌意，这主要是一种政治现象。但将其宽泛地解读为对智识本身的怀疑，乃是缘于美国人在生活的细枝末节上对实用主义和亲身体验的孜孜不倦的追求。对实用性的过度偏好往往仅归因于商业，但其实在美国几乎无处不在，只是某些细节因应社会阶层和历史背景而有所不同。就其本身而言，对实用性的某种有益的尊重无需辩护，也不应受到轻视，只要它不渴望排他性，只要人类在其它方面的体验不被诋毁或嘲笑。实用主义热情是一项美德；在我们的历史上，践踏思想的是把实用主义神秘化的倾向。

2

即使我将商业视为我们文化中反智主义的急先锋，也并不是想夸大它的作用。美国文化受惠于赞助教育和艺术的一小部分富人，这足以即刻构成一种反作用力。强调商业反智主义的主要原因，不是在于它表现得更反智，或是它比美国社会其它的重要组成部分更为功利，而仅仅是因为商业是美国生活中最强大、最普遍的兴趣。这真实地体现在以下两个方面：一是实用性要求在美国生活中具有排他性的力量，二是自 19 世纪中叶以来，商人为反智主义运动注入的能量，超过了其它任何社会势力。"这里本质上是一个商业国家。"1920 年，沃伦·G. 哈定曾这样说道，与之呼应的是卡尔文·柯立芝①的名言："美国的事业即是商业。"② 至少在 1929 年之前，正是这种商业的大

---

① 哈定与柯立芝均为美国总统。——译者
② Warren G. Harding: "Business Sense in Government," *Nation's Business*, Vol. VIII (November, 1920), p. 13. 引自柯立芝在 1923 年 12 月美国报业编辑协会大会上的演讲，见于 William Allen White: *A Puritan in Babylon* (New York, 1938), p. 253。

势令其分外值得关注。

　　美国商业反对智识的论断之所以成功，原因之一是它在许多方面与传统的民间智慧不谋而合。例如，商人有关高等教育和职业化的言论中，所表达出的对智识的感受亦是大众的普遍感受，正如爱德华·柯克兰所说：经常为教育系统投票的人，也是把孩子们带离学校或是不让他们上大学的人。我们不必惊愕地发现，像亨利·乔治这般"激进的"劳工改革派会劝告自己的儿子，既然大学会让他的头脑里塞满将来需要再弃置的东西，不如直接去报社工作，去接触现实世界；一位商业大亨也许会给出同样的建议。①

　　但凡有商业文学竭力主张上述的实用性考量，对思想的恐惧和对文化的鄙夷便会迅速浮现，成为无处不在的基调。它们依附于美国人对文明和个人宗教的两种普遍态度之上——首先，是对过去的一致贬低；其次，是一种自立自助和个人发展的心态，在此心态下，即使宗教信仰亦沦为实用的工具。

　　让我们先来检视美国人对过去的态度，这种态度深受我们技术文化的塑造。美国常被称为没有纪念碑或遗址的国家，意即没有那些不可忽视的人类先祖的精神遗存，而这些恰恰是所有欧洲人的生存之本，至少在最宽泛的表象上，就连最平凡的农民和工人都无法避开它们所隐含的意义。美国是逃离过去之人的国度。它的人民，是那些毅然决然选择通过移民将历史从人生中抹去的人。② 当美国人的脑子里只关注未来，他们发现自己被广袤的土地和丰沛的资源包围，却受困于劳动力

---

① Edward Kirkland: *Dream and Thought in the Business Community*, 1860 – 1900 (Ithaca, New York, 1956), pp. 81 – 82, 87。
② "乘船抵达的不是随意选择的欧洲人，"爱默生认为，"大西洋是一张滤网，各个城市、组织、家庭里，只有自由、爱冒险、敏锐和热爱美国的人才能通过。来的都是白皮肤蓝眼睛的欧洲人；黑眼睛的、血统纯正的全都留了下来，他们是欧洲的欧洲。" *Journals* (1851; Boston, Riverside ed., 1912), Vol. VIII, p. 226。

和技能的匮乏。他们格外重视以技术知识和发明能力来实现国家的财富，打开通向丰饶的未来之门。技术、技能——大美国主义所需的一切"专项能力"——都很受欢迎。过往被认为可鄙的不切实际和缺乏创造力的，应全盘推翻。需要承认的是，美国人在 18 世纪末至 19 世纪初显现出来的对过往的藐视，至少在有些方面是值得辩护的，在极端情况下甚至值得褒扬。所面临的危险并不完全是一种旨在摆脱历史包袱的技术或唯物的野蛮主义。美国人的态度代表了不少意涵，包括一种共和主义和平权主义，是对君主专制、贵族阶级以及对人民的残酷剥削的抗议；一种对迷信思想的理性抗议；一种对旧世界的被动和悲观情绪的积极且具有前瞻性的抗议；它昭示了一种活力旺盛的自然心态。

然而，就其后果而言，这种态度是反文化的，即使其初衷未尝如此。它刺激了一种智识形态的发展，这种形态，过去常常被简单地视为一座混乱、腐败和剥削的博物馆；它导致了对一切无法转化为实用智慧的思考的蔑视，以及对一切无法动员起来促成进步的热情的轻慢。这种对待人类事物的看法，迅速催生了这样一种认知——生活的表象和本质均在于实质上的进步；它也滋养了一种自大的观念，即只存在一种值得推崇的生活方式，那就是美国方式，而其它地方的人民主动摒弃了这种方式。[1] 许多美国人认为，文明的真正秘诀在专利局里。1844 年，一位演说家在耶鲁告诉大学生们，他们可以在那里窥见未来：[2]

---

[1] 比较托马斯·潘恩的《人的权利》："美国人在一切可改进的领域的快速进步，让我们得以合理地得出这样的结论，即假如亚、非、欧政府曾实施和美国政府类似的原则或未曾在初期就走向腐败，那么，这些国家的处境必然早已大大超越了现在。"*Writings*, ed. by Moncure D. Conway（New York, 1894），Vol. II, p. 402。
[2] Arthur A. Ekirch: *The Idea of Progress in America*, *1815 - 1860*（New York, 1944），p. 126。让我获益良多的是第四章里对美国人科技信仰的记述，尽管我认为作者视之为对科学的信仰略有谬误，因其主要涉及应用科学领域。整篇文章在有关内战前美国人的心态方面极具启发性。

哲学时代已成历史，几乎没有留下任何存在的印迹。荣耀的时代已消失无踪，留下的只是人类受难的悲剧传统。务实的时代开始了，我们无需动用太多想象力，就能预料它将与时间共存，与尚未揭开面纱的自然界奇迹一样熠熠生辉。

无论何地，随着机械工业的兴起，都在功利性和传统性之间画出了一条分割线。大体而言，美国站在了实用性、改良与发明、金钱与舒适这一边。显而易见，机械的日益先进正在摧毁往昔的惰性、不适和残酷，但未被充分理解的是，机械也造就了新的不适和残酷，打碎了传统与理想、情感与忠诚以及审美的感触。在这方面，欧洲和美国的标志性差异或许在于，在欧洲，始终存在一种抗击工业化丑态的强烈的浪漫主义及道德主义传统的制衡——这一传统，由诸如歌德和布莱克、莫里斯和卡莱尔、雨果和夏多布里昂、拉斯金和斯科特这些多姿多彩的人物传承下来。这些人用以对抗机械化的，是对语言和本地化、古董和纪念碑以及自然美的热忱；他们保留下来的传统能抵抗资本主义工业化，能质疑工业进步对人类的影响，能在道德、审美和人性上揭竿而起。

我并不是说没有美国人在做同样的事。一些作家确实对自以为是的进步理念发出了声讨，尽管在他们中间有人强烈地意识到自己的徒劳和孤立，感到自己是在反对主流。纳撒尼尔·霍桑也许会埋怨作家的艰难处境，正如他在《玉石雕像》的序言中所写的那样，这个国家"没有阴影、没有古物、没有神秘、没有绚丽而又令人懊丧的过失，除了光天化日下一片平淡无奇的繁荣，一无所有"；赫尔曼·梅尔维尔也许会像他在《克拉瑞尔》中那样，要求警惕

被流行科学

粗俗化——野蛮化的人

而他对科学进步主义的回应是："你们不过是在操练新的匈奴人"；亨利·亚当斯后来或许会以隔岸观火的嘲讽和退避三舍来看待美国的情势——但他们中间无一人把自己想象为代言人。梭罗的《瓦尔登湖》是人道的抗辩之声，是铁路网线之下埋葬的无数亡魂的憧憬。他对美国人对未来的热情免疫，反对全国上下对运动、扩张、技术和功利的偏好。1853 年，他写道[1]："这个国家的全部上进心，

> 并不是向上的，而是向西的，朝着俄勒冈、加利福尼亚和日本等方向，不论是靠双脚步行还是太平洋铁路，对此我全无兴趣。它并没有被任何思想照亮，或是被情感温暖，没有任何东西值得人们为它献出生命，甚至自己的手套——几乎没有任何东西可以让人拿起报纸。这完全是异教徒的——一种沿着伟大的西部路线奔向天堂的喧嚣。不！他们也许可以走上自己的命运之路，但我相信那不是我的。

保守的古典主义者和东方主义者泰勒·路易斯本着某种类似的精神，反对美国在吹嘘其个人主义的同时，通过其功利主义教育鼓励"千篇一律的平庸"。他质问："当每个孩子都被教导去不断重复这种毫无意义的自我标榜，失却了个人思想的所有特异性，就因为人们除了对进步的空洞想法、对过往的蔑视及对不确定的未来的盲目推崇之外再无空间接受其它，那么在这样的时刻，我们如何能指望找寻到真

---

[1] *Writings*，（Boston，1906），Vol. VI, p. 210（February 27，1853）。

正的原创力？"① 然而，这些抗议应者寥寥。安德鲁·卡内基称，"无知的过往的主要功用，不是教导我们去接纳什么，而是去逃避什么"；这位石油大亨认为，让学生"埋头研读已发霉的灭绝语言，学习令人恶心的神话故事以及过去一切野蛮的东西"毫无价值；詹姆斯·A. 加菲尔德并不希望鼓励美国年轻人"用逝去年代的生活，而不是我们自己时代的启迪和冲劲，来滋养他们的灵魂"；亨利·福特告诉一位采访者"历史或多或少都是废料，是传统"。上述这些人才是主流。②

　　一旦国内有颇具代表性的声音响起，这种对无机器的过往的屈尊俯就之感以及对技术进步的希冀，很可能早晚有机会跻身主流。最为真切的呼声来自马克·吐温，他就是一个具有代表性的例子。多年前，范维克·布鲁克斯在其非凡之作《马克·吐温的煎熬》中的一个令人难忘的章节里，谴责马克·吐温"对文学的热情不过是对机械的热情而已：他全盘接受了当代人的幻想，以为机械的进步等同于人类的发展"。布鲁克斯引用了吐温对派格排版设备③的狂热，后者认为这超越了人脑设计出来的其他一切东西；接着又引述了在诗人惠特曼70岁生辰之际，吐温写给他的古怪书信，信中祝贺惠特曼生活在一个物质利益多元化的时代，包括"令人惊叹的、种类繁多的煤焦油产品"，但未曾提及这个时代的非凡之处还在于造就了沃尔特·惠特曼

① Ekirch：同前，p. 175。
② Kirkland：同前，pp. 86，106；Irvin G. Wyllie：*The Self-Made Man in American* (New Brunswick，New Jersey，1954)，p. 104. 福特对自己言论的解释很有启发性："我并未说它是废料。废料只是我自己的看法……我不怎么需要它。"Allan Nevins：*Ford：Expansion and Challenge*，1915－1933（New York，1957），p. 138。
③ 马克·吐温热衷科技创新，曾言"一个没有专利局和专利法的国家必将倒退"。1880年，他听说一个叫詹姆斯·派格的人在研制一款自动排版机，因为看好其前景，当即投了5000美元，此后又追加，到1887年时已投入总额达5万美元，1889年甚至直接买下该机器的版权。然而机器因设计复杂，故障频频，迟迟未能投放市场，其间另一款名叫Linotype的排版机问世，占据了马克·吐温曾希望垄断的市场。马克·吐温由此陷入债务危机，靠巡回演讲偿债。——译者

这样的人。①

　　在这一点上，布鲁克斯的观感一如他对马克·吐温的其它观感，基本上正确无误。只是这封信对惠特曼而言，应该不会显得那么反常。30 多年前，惠特曼就曾以几乎相同的笔触写道：②

　　　　想想过去 6 年来为我们带来的无数舒适和奢华的发明创造——浴室、冰屋和冰桶——捕蝇器和蚊帐——门铃、大理石壁炉和滑动工作台——专利的墨水台和婴儿连体衫——服务设备和马路清扫设备——一言以蔽之，只消看一眼专利局卷宗的厚度，上帝保佑让你们幸运地生活在 1857 年。

　　尤为有意思的是，马克·吐温的想法折射出他对技术统领一切思想的忠贞不二。我用的是"折射"一词而非"体现"，因为他太过道德说教，而且是个悲观主义者，无法想象机械的进步是一个万灵的终极答案。他是个矛盾之人，很少有人能像他那样，在热切地拥抱商业工业化的价值观的同时，又对它们嗤之以鼻。他对技术进步最广义的评价，见于《亚瑟王朝廷里的康州佬》，他将 19 世纪的美国北方技术人员思维和 6 世纪的社会相提并论，以讥讽这两种文明。这个故事的道德担当在于，人类的劣根性和轻信必将超越机械的进步；只是在故事的辩证性上，享有一切优势的是康涅狄格佬，他们凭借对蒸汽动力和电力的掌控，建立了一个仁善的专政。"我在位所做的第一件正式的事——而且也是在我执政的第一天——便是设立专利局；我知道，

----

① *The Ordeal of Mark Twain*（New York，1920），pp. 146 - 147.
② Emory Holloway and Vernolian Schwarz，eds.：*I Sit and Look Out：Editorials from the Brooklyn Daily Times*（New York，1932），p. 133.

一个没有专利局和好的专利法的国家就像只螃蟹，除了来回横移，其它方向都去不了。"① 诚然，吐温对他刻画的北方佬主人公颇为矛盾；尽管如亨利·詹姆斯尖锐地指出的，身为作家的他思想也许不太成熟，但他不至于天真到不明白工业发明至少有其局限性。② 不论如何，康州佬享有思想上和道德上的优越感，以期唤起我们的同情心。马克·吐温的民族自尊心也在书里有所体现——他写信给他的英国出版商，称这部作品不是为美国写的，而是为英国写的；是对英国人批评美国的回应（尤其是马修·阿诺德那类人，虽然他并未明说），意在"撬动英国，提升一点这个国家的男子气概"。他原本可能要嘲讽整个人类以及（尤其是）北方佬的工业主义，但这些意图实际上被一种冲动吞没了，以此证明后来所称的美国生活方式。虽然此书对近代美国的种种劣迹进行了旁敲侧击，但它主要是对欧洲和过去时代，对那个充斥着肮脏、迷信、残酷、无知和剥削的社会做出的回应。假如马克·吐温的初衷是一视同仁地嘲讽 6 世纪和 19 世纪的社会，那么他的方式有误。但我们更易相信，他的敌意大多是朝着一个方向的；这样的诠释更符合他对派格排版机的狂喜，他指望靠它赚个几百万，却在上面亏了好几千。这也更符合《傻子出国记》里的基调，作家在书中承认，他更关心欧洲的铁路、火车站和收费公路，而不是意大利的一切艺术品，"因为我可以理解前者，但没有能力欣赏后者"③。这也可能有助于阐明《哈克贝利·费恩历险记》结尾处那高潮过后的一长

---

① *A Connecticut Yankee* (1889; Pocket Book ed. , 1948), p. 56.
② 在向丹·比尔德谈及此书的示例时，他说："你知道，我的这个北方佬既没有大学生的那种修养，也没有他们的弱点；此人是个完美的无知之人；是机械商店的老板；可以造出火车机车或柯尔特左轮手枪；会架设和运行一条电报线，但他是一个无知之人，仅此而已。"Gladys Carmen Bellamy: *Mark Twain as a Literary Artist* (Norman, Oklahoma, 1950), p. 314。
③ *The Innocents Abroad* (1869; New York ed. , 1906), pp. 325 – 326.

串情节一个方面，在这本书中，汤姆·索亚醉心于欧洲浪漫故事中陈腐的英雄主义，坚持认为黑奴吉姆是用他认为唯一合适的方法解救出来的，不论其仪式步骤多么繁琐；而对哈克贝利·费恩质朴的常识性的提议却弃之不顾。这段浮夸的荒诞情节因偏离了此书的基本道德主旨而遭到诸多诟病，但对马克·吐温而言，其意义重大。汤姆·索亚代表了传统文化的不切实际，哈克贝利则展现了本土美国人把握现实的天赋。

<h1 style="text-align:center">3</h1>

马克·吐温所表达的，无疑是美国人一种普遍的矛盾心态。它的主要信条，是对专利局和未来的强烈憧憬；但许多美国人也和马克·吐温一样，对主要在东部地区蓬勃发展的绅士文化心怀某种孺慕之情。（克莱门斯①自己企盼与这种文化"交好"，却又不知怎的将其变成了讥嘲，酿成了我们历史上最痛苦的对峙之一——即他在惠蒂尔②生日上的演讲铸下了大错。）这种文化有其局限性，然而，在马克·吐温一生的大部分时间里，它是这个国家熟知的唯一的高层文化，且在很大程度上仰仗商业阶层的支持。

在缺乏强大的世袭贵族和政府赞助的情况下，美国的艺术和学术环境依附于商业财富，因此，美国商业阶层的个人文化层次自始至终对智识生活的发展尤为重要。建国伊始，美国即为一个必须依靠劳动的社会，但早在18世纪中叶，艺术和学术发展的物质基础便在沿海

---

① 马克·吐温的本名。——译者
② 即废奴主义者约翰·格林利夫·惠蒂尔，马克吐温在其70岁生日庆典上发表了演讲。——译者

城镇建立，为一种对文化感兴趣的商业社会奠定了基础。早在 1743 年，本杰明·富兰克林就曾概述过一个在殖民地内部促进科学发展的合作计划，他观察指出："定居新殖民地的第一件苦差事，即把人们的注意力限制在生活必需品上，现在已经结束了；每个地区都有许多人安居乐业，有闲暇来发展艺术和提升大众知识的储备。"[①] 沿海城镇在大英帝国时期就已是大型区域，在那里，商人和专业阶层对学术、科学和艺术的进步怀有强烈的兴趣，正是这样一个群体，为新大陆的赞助模式开创了先河。

　　支撑这一群体的是商业财富——必须强调的是，掌握这些财富的人，并非一致认为追求生意和财富积累才是人生的终极目的。对于部分商人而言，做生意被认为是一种生活方式；对于另一些人而言，则是通向生活的一种方式，是多方面生存的其中一面，也许只是这种生存的一种手段。积累大量财富后退休之于后者至少是一个可以设想的目标。安德鲁·卡内基便是其同时代的富豪中尤为突出的一位，尽管未能践行，但至少他在口头上奉行着这样的理想。当 33 岁的他年收入 5 万美金时，他这样写道：[②]

　　　　继续为生意操碎心，并把我的大部分心思完全放在如何在最短时间内赚到更多的钱上，必将使我堕落到无药可救。我将在 35 岁时退出商界。

　　这种想法对意志坚定的从商者来说毫无意义，而这样的人一直存在

① Smyth, ed. : *Writings*（New York, 1905 - 07）, Vol. II, p. 228。
② Burton J. Hendrick: *The Life of Andrew Carnegie*（New York, 1932）, Vol. I, pp. 146 - 147。比较美国商人对希望尽快积累财富然后退休的欧洲同行经常表现出惊讶之情。Francis X. Sutton 等人: *The American Business Creed*（Cambridge, Mass. , 1956）, p. 102。

于美国。但卡内基所表达的理想依然振聋发聩。波士顿、纽约、费城和查尔斯顿的老派商人，通常都是多才多艺的都市人，与欧洲和东方的贸易往来造就了他们开放的思维。帆船时代慢节奏的业务流程，虽然很快就因 19 世纪中期迅猛发展的沟通技术而提速，但追求商业成功和尊贵的赋闲生活并无冲突。在 18 世纪晚期阶层相对固化的社会里，上层商人阶级的一大部分是财富和地位的继承者，为自己的商人角色增添了教养、闲暇和教育的优势。再者，18 世纪的商人常常积极涉足政治；他们心系执政者、立法、行政及商业，行动上广泛参与，思想上惯于自省。

19 世纪早期，商人作为文化人和文化促进者的理想依然延续。这一理想的代言人在宣扬敬业、节俭和持重的清教价值观以及鼓励赋闲、文化和多才多艺的绅士型理想时，并未感到任何违和感。这种生活理念，在领先的商业期刊《亨特商人杂志》（*Hunt's Merchants' Magazine*）的专栏里有所体现。① 其编辑和出版人弗里曼·亨特，是马萨诸塞州一位造船人之子，他和 19 世纪其它许多出版商一样，是从印刷机买卖入的行。他身上混合了新英格兰的智识与商业传统，外加白手起家者的实干经验；亨特童年时父亲便去世了，他必须自力更生。1839 年，亨特的月刊创刊号把商业描绘成一种崇高的职业，能提升思想、拓宽理解力，并增加人的"知识储备"。"我们的首要目标之一，"他写道，"将是提高和升华商业品格。"他强调了"诚实和高度

---

① 在检视弗里曼·亨特的《价值与财富》（*Worth and Wealth : A Collection of Maxims, Morals, and Miscellanies for Merchants and Men of Business*（New York，1856）一书中对商人的素描时，我被优秀商人所追求的广泛品质以及三种美德的共生所震撼。第一种是经典的清教徒美德，与个人的发展和纪律相关，形容词是上进、简朴、节约、刻苦、坚韧、守纪、节俭、勤劳、简单。第二种是商人-贵族式美德，与提升商业和社会水平相关，形容词是公正、慷慨、高尚、文明、人性化、仁善、诚实、负责、自由、礼貌、体面、适度。第三种可以明确认定为几乎是所有行业的优秀品格：清晰、明确、决断、仔细、专注、活跃、坚定。

荣誉感的重要性，在一切领域皆当如此，然而也有人空有其名，与高尚可敬的商人标准相去甚远"，商业亦是"一个包含和需要更多样化的知识的行业，其对有关土壤、气候、产能和别国消费情况——对世界各国历史、政治风貌、律法、语言和风俗习惯——的基本信息的需求，不亚于任何其它……"。他自行肩负起了维持这一行业的智识和道德水平的使命。"不论［未来要接替老一辈商人的］年轻人的思想在何处生根发芽，他们都会发现我们……尽我们所能地帮助初出茅庐的商人投入这项高尚而可敬的职业。"① 他的著作之一别有意味地取名为《价值与财富》。后来的作者们反复重申"商业和文明携手并进"的思想。多年来，亨特的杂志开办了涉猎广泛的"文学栏目"，讨论具有智识价值的书籍。它还报道纽约商业图书馆协会赞助的讲座。一位牧师的文章《闲暇—好处与滥用》被认为具有重要意义而被刊载。一篇有关"商业的优势和助益"的文章称，"在伟大的启发性原则之上发展商业的任何一国，在通识研究和探索上都是成效卓著的"。在此尤为重要的是，商人的作用是正当的，不仅在于他对物质的贡献，甚而因为他在职业追求上的荣誉感和诚信，更在于他还是商界之外的一个更普遍的文化的推动者。②

---

① 《商人杂志和商业评论》（*The Merchants' Magazine and Commercial Review*），Vol. I (July, 1839)，pp. 1 - 3；1850 年到 1860 年间，刊物更名为《亨特商人杂志》。更多有意思的相关段落，参阅 Vol. I, pp. 200 - 202，289 - 302，303 - 314，399 - 413。杰罗米·托马西斯所著的《弗里曼·亨特的美国》（Freeman Hunt's America, *Mississippi Valley Historical Review*，Vol. XXX (December, 1943)，pp. 395 - 407)，力图评价该杂志的强大影响力。他谈及了我曾强调过的主题，也阐述了杂志如何鼓励职业原则、务实和自我依靠的。这似乎是理想商人形象在企业家中间广泛流传的重要标志，以至于在 1850 年的纽约，"银行家、资本家、掮客、商业律师、铁路监察员和制造商们，皆以商人自居"。Philip S. Foner：*Business and Slavery* (Chapel Hill, 1941)，p. vii.
② 西格蒙德·戴蒙德观察发现，社会对 19 世纪早期的企业家的判断，通常基于他如何使用自己挣得的财富，不论是慈善还是勤俭。到了 20 世纪，商业组织通常被视作一个体系，不会因其慈善的副业就做出评断。*The Reputation of the American Businessman* (Cambridge, Mass.，1955)，pp. 178 - 179。

旧式商业理想中有一套对务实、道德和文化的强制责任，看起来似乎难以践行，但有足够多的人，尤其是沿海大城镇里的人，他们能够实实在在地身体力行并予以发扬光大。例如，我们会想到波士顿巨富、影响力非凡的阿普尔顿兄弟——塞缪尔（1776—1853）和内森（1779—1861）。塞缪尔在政商两界都很活跃，60岁时选择离开商界，将余生投入慈善事业，并为学院和研究院、学术社团、医院和博物馆慷慨解囊。他的弟弟内森，高度关注科学、政治和神学，资助了波士顿图书馆、马萨诸塞州历史协会及其它文化组织。内森曾说，若非偶然涉足了棉花行业，他做生意赚的那20万美元已让他知足了。亨利·亚当斯和布鲁克斯·亚当斯的外祖父彼得·查顿·布鲁克斯（1767—1849），其三个女儿分别嫁给了爱德华·艾弗雷特、纳撒尼尔·弗罗辛厄姆和大查尔斯·弗朗西斯·亚当斯；鉴于和生意保持了足够的距离，他36岁即退休（后又回归了几年），把时间都花在了公共服务机构、慈善和两位女婿的政治生涯上。这些人尽管在商界汲汲营营，但依然有能力全身而退。文化成就的理想之光，从未在他们的脑海中褪色。爱默生对才华横溢、有教养的商人和铁路大亨——约翰·穆雷·福布斯（1813—1898）的有力赞颂，意味着知识分子和商业理想的最佳代表之间的和解是有可能的：①

> 他去到哪里，便施惠哪里。毫无疑问，他精通骑术、射击、航行、内务和行政事务，但同时也是企业里最优秀的演讲者……然而，我告诉自己，因为他对人的同情、对文人和科技人员的尊敬，如此不含戒心，再无可能在其它任何企业里遇到可以超越他的人。

① *Letters and Social Aims* (Riverside ed.), p. 201. 有关福布斯的诸多轶事，可参阅 Thomas C. Cochran: *Railroad Leaders*, *1845 - 1890* (Cambridge, Mass., 1953)。

　　我认为，这个国家之所以伟大，正是因为诞生了他这样的人物。

　　在纽约，商业理想的杰出范例是著名的日志作家菲利普·霍恩（1780—1851）。霍恩的经历展示了一个扎根于本地的贵族体系是如何善于吸纳有才华的新人的。生为一名收入拮据的工匠之子，这位新贵无可比拟地实现了有识商人的完整人生。19 岁时，霍恩与一名兄长一起投身进口生意。40 岁上，他以 50 万美元的身家退休，开启了盛大的欧洲旅行计划。霍恩 16 岁后就未曾上过学，然而，他不像典型的自立更生之人那样满足于现状。"我深知自己的不足，"他在 1832 年写道，"我愿意用我在这世上的半副身家，换一个接受过传统教育的优势。"[①] 但在他的例子中，对阅历的顽固偏好弥补了正规教育的缺失。数年来，他藏书颇丰，广泛且智慧地阅读，艺术藏品少而精，此外他还经常光顾歌剧院和戏院，成为纽约社团的指导、哥伦比亚大学的理事及多个慈善项目的赞助人。他的家成为作家、演员、外交家及重要政客的聚会场所。他活跃于政界，曾任助理市议员，并曾短期出任纽约市长，在招待和指导诸如韦伯斯特、克莱和西沃德这样的辉格党人方面发挥了重要作用。和许多同类型人一样，他的见识也许颇多人为和造作，但若无这类人的资助和志趣，美国的文化和智识生活将会陷入更严重的贫乏。

4

　　福布斯和霍恩这样的商业人生，也许可以用来回击托克维尔的陈

---

① Allan Nevins 引自 Introduction to *The Diary of Philip Hone*（New York，1936），p. x。

述，即"美国没有一个……阶级，将对智识的追求与世袭的财富和赋闲代代相传，能令脑力劳动者与有容焉"①。但对于托克维尔，"世袭"一词无疑至关重要，霍恩和福布斯这一类型的社会人总体上无以为继，是为结果。这在 1830 年代就已初现端倪，当时，托克维尔访问美国并写下了他的不朽论著；在接下来的几十年里愈发显而易见。随着贸易重要性的相对下降以及制造业的崛起，受到海外贸易日益扩大和都市化影响的商界人士逐渐减少。美国经济和美国人的思维开始转向国内，变得更为自给自足。商业在内陆向外阿勒格尼地区和中西部疾速推进，文化机构与闲暇时的思想爱好并未随行。人力与物资比机构与文化的行动速度更快。阶级壁垒的破除，新业务机会向普通人开放，意味着商界和社会各阶层挤满了新贵，他们的品味和习惯在社会中越来越处于支配地位。早些年，尤其在沿海城市，根基强大的本地贵胄尚有实力吸纳、塑造和培养霍恩这样的新贵。当波士顿、纽约和费城成为盛极一时的文化中心，内陆地区的新城市还是一片荒芜，在那里，新兴人群和贵族后裔站在了同一起点，且新贵多次跑赢了贵族。当然，一些像辛辛那提和列克星敦这样的内陆城镇以自己的方式成长为文化中心，只是它们的实力略显薄弱。在内陆社会，新近成功的商人对于提高自我修养、让后代通过与专业人士或商业贵族联姻而进入上层的需求和机会都不大，虽然这在波士顿司空见惯。一切都是崭新而原始的。

一切不仅崭新原始，而且越来越动荡和危险。甚至像霍恩这样的人，也因时局不稳而连遭打击。在 1830 年代，他损失了约三分之二的财富，即使他为此重出江湖，也再难复制早年的成功。在美国罕见

---

① *Democracy in American*，（1835；New York，1898），Vol. I，p. 66.

的商业投机时代，财富的攫取和失去都易如反掌。商业流程加速，业务更加专门化。以往，对于那些适应了穿越大西洋的时长的进口商来说，在其间享受一段闲暇时光常常是可能的，但这种闲暇对于几乎在每个转折点都面临着新威胁或新机会的人来说已不存在了。生意需要更多的照看。商界人士某种程度上退出了以前作为官身直接参与政治的行列，并在更大程度上退出了文化生活。1859 年，英国旅行家托马斯·科里·格拉顿对年轻美国商人的观察是：①

> 他们做生意如同做苦力，对政治充满狂热。他们结婚。他们宣称绝不参加派对。他们放弃衣着上的一切虚饰。他们不能强迫皱纹和鱼尾纹爬上脸庞，但他们装模作样并很快就显露出一副沧桑、热切和憔悴的面容。他们的气质、举止和谈吐一成不变。他们并不宽广，不论是肩膀、信息量还是野心。他们的身体机能被压制，思维能力被禁锢。大脑的一小部分十分活跃，但其它部分如同一潭死水。唯有赚钱的才能得到了发展。他们没有能力吸收更广博或任意的知识。一切都仅限于贸易、金融、法律和小范围的本地信息。艺术、科学、文学，对他们而言，几乎是已作古的词语。

与此同时，商业出版物的文化基调也消失不见。曾享有颇高知名度和严肃性的亨特杂志的文化专栏，也任由这种特性走向衰落。1849年间及之后，原先在每期约占 8 个版面的书评，缩减为四五个版面，后变为两个半版面的敷衍式短评，直至在 1870 年的倒数第二期上彻

---

① *Civilized America*（London, 1859），Vol. II, p. 320. 也可参阅作者在同一段落的恶作剧风格的表达。

底消失。那年末，杂志与《商业和金融纪事报》合并。《亨特商人杂志》曾是月刊，新杂志为周刊。出版商在旧杂志的最后一期这样解释：商业通讯的速度加快，已使得商业月刊跟不上时代了。[①] 新杂志也编辑得颇有智慧，但对文学的关注度几乎为零。

美国社会被商业统领得越彻底，就越不认为需要依循外部的价值观来证明自身存在的合理性。早年，它在这样的宣言里寻求庇护，即热衷贸易是为了服务上帝；后来，服务对象变成了品格和文化。尽管这一论断并未消失，但在商业规则里不再显眼。当商业成为美国生活中的主线，当一个庞大的物质帝国在新大陆崛起，商业的合法化越来越依凭纯粹物质的内在标准——它所产生的财富。为美国商业辩护的立足点曾在于其造就了高标准的文化，如今主要在于其产生了高水准的生活。[②] 没有几个商人会迟疑不决地说：物质繁荣的发展，即使本身并非一种道德理想，至少也是其它一切道德理想的前提。1888 年，

---

① *Hunt's Merchants' Magazine*，Vol. LXIII, pp. 401 - 403。商业杂志的文化历史应该很有启发性。《亨特商人杂志》创刊号的首篇文章名为《商业通向文明的进步》(*Commerce as Connected with the Progress of Civilization*，Vol. I [July, 1839]，pp. 3 - 20;)，作者是奥尔巴尼的一名律师和政客——丹尼尔·D. 巴纳德，他也曾写过历史宣传册，后成为普鲁士特使。巴纳德的文章聚焦于"发展壮大的商业带来的人性化优势"。比较菲利普·霍恩的《商业和商业品格》，(*Commerce and Commercial Character*，Vol. IV [February, 1841]，pp. 129 - 146。创刊号上的另一位作者记录下了"在当今商业阶层中一种普遍的观点，即商业和文学是交战对手，追逐一方之人必须完全摒弃另一方"。作者意图驳斥这种观点，并确信"更自由的观点……正在公众的头脑中迅速成型"。"Commerce and Literature," Vol. I (December, 1839)，p. 537。但这种信心并不符合杂志自身所经历的文化走向，相关内容在 1850 年代大幅缩减。当然，我们必须小心，不要太轻易从这些证据中推断商人的文化意趣正在下降。但可以明确的是，对这些人而言，文化意趣在他们的商人特质里不再那么关键；通过文化影响来为商业辩护也不再如此重要了。
② 弗朗西斯·X. 萨顿等人在研究《美国企业准则》时发现，物质生产力占据主导，参阅 chapter 2 和 pp. 255 - 256。至于商业促进的非物质价值，它们是"服务性"价值、个人机会、政治及经济自由。一些企业家倾向于论断，成功足以成为全面忽略"自我改进"的充分理由。同前，p. 276。小企业主尽管表达了对自由和民主权益的特殊关注以及对大企业的憎恶，但他们似乎接纳了物质生产力作为普遍的商业重点和核心诉求。参阅 John H. Bunzel；*The American Small Businessman*（New York, 1962），chapter 3。

铁路大亨查尔斯·埃利奥特·珀金斯这样诘问：①

难道伟大的商人、制造商和发明家为这个世界所做的，不比牧师和慈善家更多吗？……难道我们还用怀疑，生活必需品和便利品的成本降低，是文明和进步最有力的推动者吗？其它条件相同的情况下，比起饥寒交迫者，温饱和富足之人会是更好的公民，这一事实难道不就是答案吗？贫穷是世上大多数犯罪和悲惨生活的导火索——降低生活必需品和便利品的成本即是在消灭贫穷，没有其它方式可以做到，完全没有。历史和经验表明，随着财富的积累和价格的降低，人类走向进步……在思维习惯上，在对他人的同情上，在对公平和慈悲的观念上……物质进步必须先行……其它一切的发展都立足于此。

在富兰克林认为文化进步的物质基础已经建立的大约一个半世纪之后，物质前提的必要性以这种前所未有的确信被表露无遗。

---

① Edward C. Kirkland：*Dream and Thought in the Business Community*，1860－1900，p. 164－165。今天，这种保守的经济唯物主义与为落后国家的独裁统治辩护的激进人士的思想有着奇怪的相似之处。它认为当贫穷、悲惨和蒙昧被战胜，政治自由和文化发展的好事就会接踵而至。这一论断经常被用来为某些国家的领导人及他们治下的时代辩护。

十、白手起家与精神生活的技术

1

当商人理想式微，代之而起的是白手起家之人的理想，后者反映出无数乡村男孩的经历和志向，他们即使没有成为百万富翁，至少也成了重量级的商界人物。近代研究社会流动性的学生们已经充分阐明，尽管商业年鉴里装点着不少非凡的素材，但白手起家的美国传奇故事的重要之处更多在于其神秘性和象征性，而非数据上的真材实料。[①] 即使在19世纪最混乱的扩张期，美国企业界的最上面位置依然主要属于那些生来就享有绝对优势的人。但是，亦有足够多的白手起家之人，他们的崛起十分具有戏剧性和吸引力，为神话故事增添了情节。并且，不仅最上面位置，中间位置也意味着令人瞩目的成功；有机会成为范德比尔特或洛克菲勒的人毕竟少之又少，但很多人可以小规模地复制他们的成功。如果生活并不能让每个白手起家者致富，至少可以让人升至体面的地位；为了实现这样的转型，人们急切地检

[①] 有关美国历史上社会流动的文章现已极为丰富，对其的概括与评论，参阅 Bernard Barber：*Social Stratification*（New York，1957），chapter 16；Joseph A. Kahl：*The American Class Structure*（New York，1957），chapter 9；Seymour M. Lipset and Reinhard Bendix：*Social Mobility in Industrial Society*（Berkeley，1959），chapter 3。

视个人经历的范围，以便寻找导向成功的蛛丝马迹。

此外，如果说美国的白手起家之人大多并非那种从贫困中起步者，那么他们在很大程度上是自力更生的，因为他们的商业成功是在没有正规教育或精心栽培的情况下获得的。理想情况下，自力更生之人的成功并不依赖于正规教育，对他们而言，商人品格之外的个人文化修养无足轻重。到了世纪中叶，这类人显然已占领了美国的舞台，亟须有人为他们的生活方式代言。费城的小文人提摩西·沙伊·阿瑟因写了《酒吧里的十夜和我的见闻》而青史留名，在那个年代，他也是著名的道德家和自助类文学的作家；1856 年，他提出："在这个国家最杰出和高效的，并非生来就拥有财富和显赫社会地位之人，而是通过个人的坚韧不拔赢取了这两样东西的人。"阿瑟坚持认为，这个国家的繁荣应归功于他们。[①]

> 因此，这些人的一生对于新生代而言是无价的……美国人迄今仅限于为赢得政治或文学成就之人著书立传……假如我们的年轻人只阅读这样的传记，必然会对我们社会的真正组成留下错误的印象，也不能认识到国家进步的活力出自何处……我们要将白手起家之人的历史铺陈于眼前，如此便能了解他们从群众中间成长起来的路径。

自我成就并不是全新的概念。它是清教宣教和新教蒙召之教义的历史产物。本杰明·富兰克林就标榜过它，但值得注意的是，他后来

---

① 在弗里曼·亨特的《价值与财富》（New York，1856，pp. 350 - 351）中有所引用。就在几年前，《伦敦每日新闻》里写道："富豪不该再为自己创造财富而感到羞耻。新贵应被视为一个高尚的词语。"Sigmund Diamond：*The Reputation of the American Businessman* (Cambridge, Mass. , 1955)，p. 2。

的人生并未遵循自己的廉价格言。在赚到了一笔可观的财富后，他被费城、伦敦和巴黎的智识生活和社会生活圈子吸纳，对政治、外交和科学的兴趣超过了从商。自我成就者作为一种典型的美国做派，在19世纪早期崭露头角。显然，这个词是1832年亨利·克莱在参议院一场有关保护性关税的演讲中首次使用。他否认关税会导致世袭的工业贵族，而坚持认为，恰恰相反，没什么比这更民主了；它会提供更多的机会，让贫民变得富足。"在肯塔基，我所知道的几乎每一家制造厂都掌握在有抱负的白手起家者手上，他们的一切财富都是靠耐心和勤奋工作得来的。"① 30年后克莱去世，而在此之前，具有这种特征的人不仅易于识别，且在精神上居于主导地位。

我说的"精神上"并不带嘲讽意味。厄文·G. 怀利在他极富启迪的名为《美国的白手起家者》(*The Self-Made Man in America*) 的研究报告中指出，自助类文学不是关于商业方式或技巧的文学；它并不涉及生产、会计、工程、广告或投资；它陈述的是个性的发展，新教的本源在其中体现得淋漓尽致。在自助类文学的作者群中，牧师尤为突出，特别是公理会牧师，② 这并不出人意料。自助即个性上的自律。自助类文学讲述的是如何整合意志资源——如何培养节俭、勤奋的习惯以及坚韧、克己的美德。在自助类书籍作者的想象中，早年的贫穷实际上是一项资本，因为自我克制有助于塑造通向成功的个性特质。

自助类文学的作者和白手起家者倡导的个性理念，明显不包含其笼统地谓为天分的东西。无疑，此处有一定的内在矛盾——谁不渴望

---

① Daniel Mallory, ed.：*The Life and Speeches of the Hon. Henry Clay*（New York, 1844），Vol. II, p. 31.
② Wyllie：*The Self-Made Man in America*（New Brunswick, New Jersey, 1954），chapters 3 and 4.

或羡慕"天分"呢？然而，自助类文学的普遍设定是，品格是必需的，而非凡的才华不是；甚而那些一开始就展露才华的人亦将失去发展品格的动力或能力。普通人通过强化自己的优秀品质并充分运用常识，便能比肩天才甚至赶超。"我们不需要天分，"一位纽约商人说，"即便有了，亦如某些伟人所说，天分不过是常识的加强版。"对非凡天赋的依赖会导致懒惰，以及纪律或责任感缺失。"天才"是虚无缥缈的。1844 年，亨利·沃德·比彻在和一群年轻观众谈及此话题时说：①

> 据我对这类人的观察了解，他们遍布在研究院、学院和剧社里；在乡村辩论俱乐部里；在年轻艺术家和有专业抱负的人组成的小集体里。他们给人的感觉是矜持、极度敏感、好逸恶劳；头发很长，衬衣领口大开；他们读许多悲春伤秋的诗歌，自己写出来的更加愁苦；他们十分自负、易受影响、不讨喜和无用：——没人愿意和他们成为朋友、师生或同伴。

几十年来，这种对天分和才气的质疑深植于商业规则之中。在比彻如此形容天才的 80 年后，《美国杂志》上出现了一篇文章，名为《我为何从不聘用有才之人》（*Why I Never Hire Brilliant Men*）。作者将经商天赋与无常的脾性、神经过敏和不负责任画等号；作为创业者，他与这类人打交道的经历不堪回首。"即使材料精良，但如果组装过程不仔细，同样做不出优质的鞋子，"他这样说道，"但若材料品质普通，只要在式样上格外花心思，结果会做出不错的成品。""所

---

① Wyllie：*The Self-Made Man in America*（New Brunswick，New Jersey，1954），pp. 35 - 36。

以，我从货运马车上或近在咫尺的其它地方获取绝大部分原料。这些人身强体健、头脑冷静，他们助我建起自己的生意，让我成为符合本地标准的富人。"作者也料到自己会被视为一个庸才，不懂得欣赏比自己优秀的人，因而颇有些自我辩白的意味。他坦率地表示，这样的判断很可能言之有理，[1]

> 因为我确实很平庸。然而……商业和生活建立在平庸者的成就之上；企业的成功并非因为聘请了有才之人，而是在于懂得如何善用普通人……
>
> 在我这幢位于杂货批发区的昏暗楼宇里，不需要〔有才华的〕人的陪伴，对此我感到抱歉。但我安慰自己，克伦威尔靠着朴实但满腔热血的义勇军，建起了全欧洲最好的军队；从一个内陆湖畔选出的12个卑微之人，组成了人类历史上最伟大的集体。

伴随这一切而来的是对正规教育的顽固敌意和对以经验为补偿的追捧。经验至上的原则，要求有抱负的年轻人尽早接触某位作家所称的"伴随单调沉闷的日常生活而来的自律"。正规教育，尤其是长期的那种，只会耽搁这种历练。木材业巨头弗雷德里克·韦尔豪泽[2]的总结是，大学人士"惯于认为自己是大学毕业生，所以不该像那些14岁就入行的办公室小职员那样从基层做起，逐步晋升"。[3] 值得一提的是，自助类书籍的作者和商人在此产生了分歧：他们通常提倡正

---

① Anon.："Why I Never Hire Brilliant Men," *American Magazine*, Vol. XCVII (February, 1924), pp. 12, 118, 122.
② 他1900年与人在华盛顿州合作创立木材公司，是今日世界上最大的综合性林产品公司之一，公司以其姓 Weyerhaeuser 命名，通常称美国惠好公司。——译者
③ Charles F. Thwing："College Training and the Business Man," *North American Review*, Vol. CLXVII (October, 1903), p. 599.

规教育接受得越多越好，但这种药方并不能让白手起家的商人们信
服。在商界上下，有两种关于免费公共教育的观点，一些人认为，这
些学校能培养更高效和守规矩的劳动者群体，另一些人则反对税收，
或相信教育只会引发工人的不满情绪。[1]

　　在两件事上意见几乎是一致的：教育应该更"务实"；高等教育，
至少在旧式美国传统学院已十分少见，而它对从商其实百无一用。商
界在高中阶段发起了一场长期的职业和贸易培训教育运动，总体来说
是成功的，而且还在很大程度上削弱了高中作为通识教育中心的地
位。一位马萨诸塞羊毛制品生产商表示，他更喜欢只受过普通学校教
育的工人，在他看来更有学问之人只是在为将来进入国会铺路，而他
拒绝高学历职员的理由是，不能靠几何学来经营他的工厂。他的立场
决不会令人侧目，企业类图书出版商亨利·卡莱·贝尔德的言论同样
不会，后者是美国第一家专注科技和企业书籍的出版公司的创始人。
"有太多千篇一律的教育，"他在 1885 年这样抗议道，[2]

> 譬如希腊语、拉丁语、法语、德语，尤其是记账，对出身卑
> 微之人而言，十有八九是一种志气上的打击，这只会培养出一群
> 想法刻薄的"绅士"，他们看低所谓的"贸易"，只满足于从事站
> 柜台的、销售丝绸、手套、线轴、花边或是"管账"的工作……
> 当我们的法定教育体系超出了在宾夕法尼亚州称为语言学校的范
> 围，就成了极端邪恶的东西——制造出的恶远大于善。如果决定
> 权在我手上，除了语言学校，任何孩子都不该花老百姓的钱去接

---

[1] 有关对教育的态度，参阅 Wyllie：同前，chapter 6；Kirkland：*Dream and Thought in the Business Community*，*1860 - 1900*（Ithaca, New York, 1956），chapters 3 and 4；Merle Curti：*The Social Ideas of American Educators*（New York, 1935），chapter 6。
[2] Kirkland：同前，pp. 69 - 70。

受更多的教育，除非对职业有用。在一个进步的体制下，我相信，今天的"高级中学"必然会被"技校"所取代，背后的支柱也许是"商店"……我们正在源源不断地制造太多所谓的"先生"和"女士"，其结果就是道德败坏。

古典教育和通识教育延伸至大学阶段，通常被认为比高中阶段的学术教育更糟，原因是这延长了年轻人无效学习的时间，让他们更愿意追求优雅的赋闲。一位商人庆幸儿子未能通过大学入学考试，从而逃过一劫。"每当我得知一个富人去世，留下一大笔钱兴办学院时，我会跟自己说：'真可惜，他没在贫穷的时候死掉。'"[1]

所幸，许多有影响力的企业家并不完全赞同这样的态度。老科尼利尔斯·范德比尔特常常被认为是对无知洋洋自得到极点之人，据称，当朋友告诉他，帕尔默斯顿勋爵说像他这样的能人只可惜没受过正规教育，范德比尔特回应道："你帮我带话给帕尔默斯顿勋爵，如果我受了教育，就没时间学习其它的一切了。"尽管如此，范德比尔特的财富把他带进了一个社会，在那里，文化修养缺失是一大障碍（据报道，他一生中只读过一本书——《天路历程》，且在上了年纪时）。"人们也许会说，我不在乎学习，"他向牧师忏悔道，"其实我是在乎的。我去过英国，看到那里的贵族和其他人，我知道我可能比他们聪明一倍，然而却不得不保持安静，什么都不敢说，生怕暴露我自己。"当时，他的女婿走进房间听到了他说的话，责备"准将"[2] 终于愿意承认这一点了，范德比尔特反唇相讥："我比半数以上你们这

---

[1] Kirkland: *Dream and Thought in the Business Community*, *1860 -1900*（Ithaca, New York, 1956), p. 101.

[2] "海军准将"是老范德比尔特的绰号，他以航运起家，是镀金时代亿万富翁之一。——译者

些有文化的人都过得好。"但他还是和牧师说："博士，如果我能有你这样的教育水平，我愿意今天就拿出 100 万美元来。"最后，他确实拨了这样一笔可观的款项，用于资助后来的范德比尔特大学。①

有报道称，安德鲁·卡内基曾在第五大道的街对面看见年长且比他富得多的范德比尔特，他对同伴嘟囔："就算他拿几百万来换我对莎士比亚的了解，我也不会答应。"② 但是，在更高层面上，卡内基和范德比尔特对教育的复杂感情是一致的。"通识教育，"他曾写道："为真正将其纳为己有的人带来了比谋求财富更高的品位和追求，也带来一个眼界大开的世界，百万富翁单靠钱是进不去的；因此，认为它不能让人受到最好的商业培训，恰恰印证了它属于一个更高的层次。"③ 卡内基为教育慷慨解囊，乐于与知识分子为伴，他的这些言论不会被指为言不由衷。但他也热衷于表达高等教育之于商业的无用论，他有多赞美"通识教育"，就有多鄙视美国的学院里遍地开花的通识教育。他喜欢念诵和自己一样经历过学徒阶段艰苦磨砺的成功人士之名，也喜欢记录商界的非大学生比大学生表现更优异的案例。"要在那个领域成功，当前的学院教育几乎是致命的打击。"他这样写道。④ 他对古典学院课程更是毫不留情。这种东西让人们"浪费自己的宝贵时光，去试图把教育从无知的过往中剥离，它的主要目的不是教导我们要接受什么，而是要逃避什么"。人们把孩子送进学院，"把精力耗费在学习诸如希腊语和拉丁语这样的知识上，这些对他们而言，不比乔克托语⑤更实用"，在那里，他们"被灌输野蛮人之间微

---

① W. A. Croffut：*The Vanderbilts and the Story of Their Fortune*（Chicago and New York，1886），pp. 137 – 138.
② Burton J. Hendrick：*The Life of Andrew Carnegie*（New York，1932），Vol. I，p. 60.
③ *The Empire of Business*（New York，1902），p. 113.
④ Wyllie：同前，pp. 96 – 104。
⑤ 印第安人族群之一的语言，极其难懂。——译者

不足道的小战役的细节"。教育向他们输入的都是谬误，让他们"对务实的生活不满"。"他们若是用上大学的那几年积极投入工作，就会成为各个角度上都更有学识之人。"① 利兰·斯坦福是另一位对现有教育毫无信心的教育慈善家。他表示，在来自东部的所有求职者中，最无可救药的就是大学生。当被问及他们能做些什么时，这些人会说"什么都行"，但事实上，他们"不具备任何明确的技术知识"，也没有清晰的目标或愿景。他希望自己所捐助的大学，能通过提供"实用而非理论教育"带来改变。②

当然，我们必须慎之又慎地对待单凭某些人对旧式学院古典课程的厌恶而得出的结论；许多智识出众之人亦有同感。旧式学院意图沿袭西方的文化传统，并反复强调值得尊崇的思想范式，却极少真正致力于推动批判式思维的进步。比起商人的轻慢，科学知识的迅猛发展、食古不化的管理者手中一成不变的老课表，以及传统学院里普遍盛行的闷闷不乐的教学法，更实在地打击了传统教育。而像卡内基、洛克菲勒、斯坦福、范德比尔特、约翰斯·霍普金斯及其它富豪的功劳还在于，是他们的支持让重整旧式学院和在美国创办大学成为可能。但若进一步审视商界关于教育的宣告，我们会发现，这些言辞揭示出对反思性思维、文化和过往的蔑视。

2

大约在世纪之交，商人对正规教育背景之于商业成功的态度发生

---

① *The Empire of Business*，pp. 79 - 81；参阅 pp. 145 - 147.
② Kirkland：同前，pp. 93 - 94。

了显著转变。在 19 世纪末的 20 年里，随着大规模商业的高速发展，大企业主生涯变成科层制生涯。靠着自身的成功，白手起家者很快就让自己这种类型成为历史。即便再不情愿，人们也开始意识到，未经教化的白手起家者的理想愈发脱离现实，尤其是在最吸引人的业务岗位上。必须承认，正规教育是一项突出的资本，有助于在科层制企业内谋求更稳定的职业：对工程、会计、经济和法律人员的需求，随着企业组织的变革而增加。因此，尽管"经验的学校"和"历练的大学"对商界的领军人物依然有着怀旧的吸引力，但反复操练正规技能的必要性必须得到认可。"这样的时代已然逝去，"1916年，《商业和金融纪事报》承认，"那时的年轻人完全可以从基层做起，无需常规之外的培训便可成长为某领域经理级别以上的人物，或是获取足够广博的知识和充分的锻炼，足以和其它国家培养的年轻业务专家们抗衡。"钢铁巨头埃尔伯特·H. 加里认为，商业人士越了解"那些同类的学校、学院和大学教授的内容，就越能开展好自己的业务"。①

对教育的重新接纳，也反映在执大企业牛耳之人的背景上。1900年到 1910 年间涌现出的企业高管，其教育水平只略高于 1870 年代的那一批人。② 但在新世纪的头十年里崛起的年轻高管们，都是直接从大学里聘用的。在梅贝尔·纽康麦③的企业高层样本中，1900 年时有

① Wyllie：同前，p. 113；有关 1890 年后，商界对教育态度的改变，参阅 pp. 107 - 115。
② 参阅 Frances W. Gregory 和 Irene D. Neu："The American Industrial Elite in the 1870's：Their Social Origins," 见于 William Miller, ed. : *Men in Business* (Cambridge, Mass. , 1952), p. 203，比较 1870 年代和 1901—1910 年的两代人，参阅 William Miller, "American Historians and the Business Elite," *The Journal of Economic History*, Vol. IX (November, 1949), pp. 184 - 208。在 1870 年代，37％的高管受过一定的大学教育；1901—1910 年是 41％。有关科层制职业生涯的出现，参阅 Miller 的论文："The Business Elite in Business Bureaucracies," in *Men in Business*, pp. 286 - 305。
③ 美国著名经济学家。——译者

39.4％的人受过一些大学教育；但 1925 年的数字提高到 51.4％，1950 年则是 75.6％。[①] 1950 年时，每 5 名高管中约有 1 人接受过一定程度的研究生教育（主要是法律或工程学方面）。

尽管这些数据表明，曾经被珍视的白手起家者模式正在被抛弃，但并不代表对文科的尊重有了提升。在选修制下，学院自身变得愈加职业化了。19 世纪，当有钱人把自己的儿子送进学院时，我们有理由认为，他们并非奔着职业培训而去，而是出于对智识进修和社会优势的考量（两者有时不易区分）。到了 20 世纪，他们这样做是因为职业培训可能会带来的可量化的财富（在 1954 年到 1955 年的男性大学毕业生中，最大的单一群体主修的是商业和贸易，其人数超过了基础科学和文科的总和）。[②]

美国高等教育越来越职业化的一个标志，是出现了本科生和研究生的商学院。其中最早的是宾夕法尼亚大学的沃顿商学院，建于1881 年；第二所 18 年后创办于芝加哥大学。1900 年到 1914 年间，此类学校遍地开花。早期的商学院身处学术教员的敌视和商界不断质疑的夹缝之中，即便对于从商学院得到的学术培养是否有用人们也依然心存疑虑。一如美国几乎所有类型的教育机构，商学院的教员和学生质量很快变得良莠不齐，课程表里纳入文科的程度也各异。托斯丹·凡勃伦尖刻地称之为"商人深层恶意的保护者"，玩味地称它们和神

---

① Mabel Newcomer：*The Big Business Executive*（New York, 1955），p. 69。1950 年，作者总结道（p. 77）："大学文凭被认为是大企业里成功职业生涯的入场券，尽管大学毕业生最初的工作可能只是体力劳动者。"约瑟夫·卡尔在他名为《美国阶级架构》的研究报告中（p. 93）建设性地指出："若要对当代美国阶级的潜在差异性进行简述，以取代过时的马克思主义思想，那么答案会是：是否拥有大学文凭。"

有时，雇主为了向白手起家者的理想表达一种仪式性的忠诚，会让一个必定会接任高管职位的新人预先快速经历一系列不断上升的副职，称为基层锻炼，这尤其适合高管们的儿子和女婿。

② William H. Whyte, Jr.：*The Organization Man*（Anchor ed. , 1956），p. 88.

学院不相上下，因为两者都与大学真正的目的——追求智识——同样无关。亚伯拉罕·弗莱克斯纳在其著名的大学调研报告中承认，商学院有时会聘请杰出人士担任教员，认为在学术追求的光环之下，大量职业课程才是主流。① 在大学内部，商学院常是非智识性的，有时甚至是反智的中心，为一系列顽固不化的保守思想保驾护航。当哈佛商学院院长华莱士·唐纳姆建议中西部的一所类似学校开设有关工会问题的课程时，他被告知："我们不希望学生关注任何可能让他们思考有关管理或商业政策的问题。"②

　　美国今日之商业环境，正如威廉·H. 怀特关于大企业的社会和文化层面的出色研究所反映的，呈现出和过往相似的模式。毋庸置疑，白手起家者已成过眼云烟。他也许会被作为神话人物雪藏，在原始的政治宣传攻坚战里发挥效用，但每个有头脑的商人都知道，在实际选聘和培训大企业员工时，科层制职业生涯才是关键。然而，在这样的选聘和培训中，自我成就式理想推动的商业反智主义传统依然健在。其形式不再是嘲笑学院或其它正规教育形式之于商业的价值，而是依照狭隘的职业原则进行选择性聘用。重要的是，正如怀特所言，企业的最高管理者并不一定认同这些职业原则。当他们在毕业典礼或其他场合就这一主题发表看法时，通常会提及通识教育、广泛培训以及将商界视同政界的重要性。我们无须怀疑他们的真诚。尽管他们工作勤奋，全情投入于保持自己的总体文化活力，但他们中的大多数都

① Thorstein Veblen: *The Higher Learning in American* (New York, 1918), p. 204; Abraham Flexner: *Universities: American, English, German* (New York, 1930), pp. 162 – 172.
② Peter F. Drucker: "The Graduate Business School," *Fortune*, Vol. XLII (August, 1950), p. 116. 有关这些学校和它们的问题的概述，参阅 L. C. Marshall, ed. : *The Collegiate School of Business* (Chicago, 1928); 以及 Frank C. Pierson 等人: *The Education of American Businessmen: A Study of University-College Programs in Business Administration* (New York, 1959)。

比下属受过更好的教育，他们倾向于为自己在智识上的止步不前略感惋惜。他们开始为初级主管们组织艺术课程，并赞助知识分子和商人之间的会晤。这样一来，昔日商人对文化作为商业生活港湾的认同感逐渐重获新生。不过，他们对受通识教育之人的关注似乎未能渗透到人力部门，而后者每年都现身校园招募人才。正因如此，商界对美国高等教育的巨大压力便是严格的职业化。

　　和职业化偏好相关的是重视品格或个性，而非思想；重视服从和动员能力，而非个人主义和天分。"我们曾经主要看才华，"一位主席说，此人必是在诉说一家怪异的公司的既往史。"现在，'品格'这个被用滥了的词变得十分重要。我们不在乎你头上有 Phi Beta Kappa 还是 Tau Beta Phi① 的光环。我们想要一个通才，他能应付一群通才。"一位人事经理表示："任何进步的雇主都会对个人主义者侧目，不愿向培训生灌输这种思想。"一位培训生则附和道："我总是愿意为了人与人之间的相互理解而牺牲个人天分。"在名为"与天才斗争"的章节里，怀特先生告诉我们，即使是在工业科学领域，这也是一项普遍守则；工业科学家背负着将知识付诸应用的枷锁；一家知名化工企业为招募科学家而制作的宣传片里，展现的是 3 位研究人员在实验室里开会的画面，旁白是："这里没有天才；只有一群一起工作的普通美国人"；和大学里的人相比，工业科学家的创造力低得可怜；"有才华"一词常与"怪癖、乖张、内向和神经质"这类词同时出现。②

――――――――――――――

① 此处 phi 疑为 pi 之误，Tau Beta Pi 是唯一代表整个工程行业的工程荣誉协会，也是美国历史第二悠久的荣誉协会，它 1885 年在美国顶尖私立研究型院校里海大学成立，旨在以恰当方式纪念那些以杰出的学术成就和工程专业学生的模范品格，或以工科校友的造诣为母校增光之人，同时培养工科院校的自由文化精神。——译者
② 同前，pp. 150，152，227－228，233，235，以及 chapter 16 各处。

3

当19世纪晚期的美国越来越世俗化，传统宗教里充斥的对宗教实用主义诡异的狂热，最终甚至从某种程度上讲取代了宗教本身。若是以从拉塞尔·H. 康维尔的《钻石就在你家后院》（*Arces of Diamonds*）到诺曼·文森特·皮尔的作品这些畅销手册的悠久历史为证，其信徒有数百万。从一切内在证据和我们对其读者群体的了解可知，它已成为美国中产阶级的主要信仰之一。正如我希望展示的那样，这是古老的自助文学的一个相当彻底地改变的后代，但无论如何，它为在美国社会广泛扩散的讲求实用的母题提供了强大的佐证。现代励志文学坚定地与时俱进：它要提供实用的东西。诺曼·文森特·皮尔写道："基督教是完全实用的。受挫之人，一旦将宗教信仰当成实用工具，便会转变为成功之人，这令人惊异。"①

当然，励志文学绝不仅限于美国；不论何地，只要个人成长的热情强烈到和宗教信仰之间的差异变得模糊，它就会蓬勃发展。基督教文明中始终抱持一种信念，即商业世界和宗教世界一定有某种联系，即使是剑拔弩张，因为两者都关乎道德、品格和规则。最初是明确的负面关系：中世纪对高利贷的禁止或限制表达了这样一种信念，即全世界的教会要以抑制经济剥削为己任。之后，清教事工的教义提出了另一种更正面的关系：商业上的勤勉是侍奉上帝的一种方式。商业成败由此成为个人灵性状态的写照。但是，年复一年，这种关系逐渐颠倒。侍奉上帝和服务个人之间的区别瓦解了。曾经，商业作为宗教教义的工具，是侍奉上帝的多种方式之一；现在，宗教教义成为商业的

---

① *A Guide to Confident Living*（New York，1948），p. 55.

工具，是利用上帝实现世俗目标的方式之一。人们曾经可以安心视商业成功为得到救赎的标志，现在他们认为，通过意志力就能在这一世得到救赎，随之而来的是世俗目标的实现。宗教是可资利用的。皮尔先生告诉读者，他的作品阐示了"一种简单而行之有效的思维和行动技巧"。它"强调了已在个人经验的实验室里得到证明的科学的精神原则"。"为您的业务获得新的可行想法的最佳途径，是本章所述的那种教会服务。""如果你实践你的信仰，便可治愈你的恶意、自卑、恐惧、愧疚，排除一切阻碍再生能量流动的障碍物。力量和效率都将为你所用，只要你相信。"[①] 正如 H. 理查德·尼布尔所言，现代美国神学存在着一种张力，它"倾向于将宗教定义为为了获得权力而顺应神圣的现实，而不是以启示的方式让接受者受到它的批判"。其结果是，"人依然是宗教的核心，上帝是他的助手而非审判者和救赎者"[②]。

旧时的自助类文学不论有怎样的错处，都与俗务及宗教生活有着天然的联系。它预判商业成功很大程度上是品格所致，品格则是由虔诚塑造的。在这种方式下，这是对新教道德规范、古典经济学理论以及一个流动的开放社会的历史趋同的自然反应，尽管智识上浅薄了些。恰如绝大多数现代研究的结果所昭示的，美国社会依然具有流动性，但成功的条件业已改变：如今与成功关系更密切的似乎是把握正规教育的能力，而非那些在旧时自助类文学中极其推崇的特殊性格特征。当被问及什么样的"管教"能走向成功时，19 世纪早期的一位商人很可能回答是："贫穷的规训和历练的学校"或"节俭和勤勉的训

---

① *A Guide to Confident Living*（New York，1948），pp. Viii，14，108，148，165。
② "Religious Realism in the Twentieth Century," in D. C. Macintosh, ed.：*Religious Realism*（New York，1931），pp. 425 - 426.

导"。面对同样的问题，现代商人可能会说："好吧，法学很棒，不过工程学也不错。"

现代励志文学立足于旧时的自助类文学传统，大体上与之类似，但也有迥异之处。在昔日的自助体系中，信仰塑造品格，品格有助于成功驾驭世界；在新体系下，信仰直接导向自我驾驭的能力，后者被视为健康、财富、知名度和内心平静的关键。表面上，这似乎抛开了旧时自助类书籍的世俗目标，实际上却背离了它们对现实的把握，模糊了俗世和精神的界限。在旧式文学中，它们相互交融；在新式文学中，它们含混不清。我相信，这一过程并非宗教的胜利，而是美国中产阶级的思想在根本上不自觉地走向世俗化。需要明确的是，取代宗教的不是明面上的世俗理念，而是精神上的自我操控，是一种对奇迹的信仰。宗教和世俗现实都遭到打击。人们很容易相信，崭露头角的年轻商人实际上求助于旧时自助类文学对商业世界的需求进行一种大略的指导，然而他们真正得到的助益却很少。今日阅读励志文学者，套用皮尔的话说，似乎都是"受挫之人"，且女性多于男性，她们尽管受商业的实用守则影响，却并未真正参与商业生活。

成功学作家力图给出的，是雷蒙德·福斯迪克所称的"日常生活之力量"。19世纪，成功学作家的基本许诺是宗教将带来财富。自1930年代初以来，许诺的重心日益向心灵和身体的健康偏移；励志文学中已经注入了从精神医学中放心地借来的内容，并从过去20年间的存在性焦虑（existential anxieties）中获得了一抹亮色。尽管成功文学让位于励志文学，后者的目标依然是日常生活的实用目标。在超过一代人的时间里，这种文学的隐喻式修辞已经被商业、技术和广告术语所浸润和庸俗化；人们常常会感觉到，精神生活可通过有效的模仿得到提升，就像技术进步一样，可以依靠系统的发展方式来实现。

路易·施耐德和桑福德·多恩布什在他们对励志文学主题极富洞见的研究中，谓之"属灵技术（spiritual technology）"①。一位成功学作者告诉我们，"上帝是 24 小时供电站。你只需接上插头"。另一人则表示，"宗教实践是一门精密的科学……遵循精神定律，就像无线电遵照它自己的定律一样"。有的说，"高层思想意味着'动力和效能'"，读者应该"插入电源"。有的说，"身体是……接收上帝广播站信号的装置"，是"最伟大的工程师……是你静默无声的伙伴"。有的说，铁路"通过在制动闸上的基督之手来省钱"。有人劝说读者，要"打开身体的每一个毛孔，接收上帝的健康"。还有人认为，辛克莱尔汽油的一则广告给出了"布讲我们的灵魂中尚未使用的力量的想法"。布鲁斯·巴顿在他妙不可言的《无人知晓之人》一书中提及，耶稣"从事工底层挑选了 12 人，把他们打造成了一个征服世界的组织"。"用商业方式对待你的灵魂事务。"埃米特·福克斯这般劝导。祈祷被当成有用的工具。格伦·克拉克说："一个正确习得并实践祈祷规则的人，也会在打高尔夫、做生意、工作、爱情和任职上做得更好。""学会正确地、科学地祈祷，"诺曼·文森特·皮尔这样要求，"用经过实证的方法祈祷。避免草草了事。"

励志文学中发生的一件引人注目之事，是自由意志和主观热情似乎已全面攻城略地且趋于失控，对此，我在评论美国新教的发展时已有所提及。宗教的元素日益衰减。早期的新教摒弃了大量宗教仪式，在 19、20 世纪的发展进程中更是不遗余力地简化教义。启迪思想已经完成了这一过程，因为它已基本上消除了教义——至少是绝大部分可称为基督教教义的内容。如此一来，剩下的唯有个人的主观体验，

① *Popular Religion*：*Inspirational Books in America*（Chicago，1958），pp. 16 - 4；这一段落中的引用，见于 pp. 1，6，7，44，51n.，58，61n.，63，90，91n.，106，107。

甚至连这也被归结为个人意志的表达。励志作家所说的可以通过思想实现一切愿望，意味着可以随心所欲地设定目标，并调动上帝来助你释放非凡的能量。能量确实是非凡的："你自己便拥有足够的力量，"诺曼·文森特·皮尔在一个段落里警示道，"可将纽约城夷为平地。这正是高等物理告诉我们的。"信仰可以释放这些能量，然后人便能克服一切障碍。信仰不是让人向命运妥协的方式：它"能使人斗志昂扬，对失败产生极大的抵抗力"①。

霍雷肖·W. 德雷瑟 在讨论新思想运动（New Thought movement）——启迪思维的早期表现方式之一——时曾表示："新思想的倾向……轻视智识和'客观思维'，仿佛成为知识分子是不得人心的，仿佛一个人可以通过'向伟大的潜意识发出指令'而得到自己想要的一切。"② 但大体而言，启迪式热情背后的反智主义是间接的：它们代表着对现实的回避，代表着对一切志在触碰真正问题的哲学的否定。同时，它们也昭示了一种自相矛盾的世俗化过程。尽管信奉福音的基督徒和牧师为自己著有成功的励志之作而自豪，但这些书籍本身甚至可能会将世俗知识分子定格为渎神者。西方的宗教遗产似乎更多是由这些知识分子看顾，而非那些积极鼓吹宗教"实用主义"之人。

宗教与自我提升之间的混淆不清，也许最恰当地体现在了亨利·C. 林克的非凡之作，即 1936 年到 1941 年间的畅销书《回归宗教》（*The Return to Religion*）中。我并不认为这部个别之作能全权代表励志文学，但在这里值得特别关注，因为它可能是美国有史以来庸俗和从众的手册之集大成者。虽然有那样的书名，但它绝非一部宗教或虔敬之作。本书出自一位心理咨询师和大企业人力资源顾问之手，此人

---

① *A Guide to Confident Living*，pp. 46，55.
② *Handbook of the New Thought*（New York，1917），pp. 122 – 123.

表示自己是以科学的方式回归宗教的，而此书将宗教视为"一种进取的生活模式，让个人成为其所处环境的主宰者而非懵懂的受害者"①。作者觉得有义务为了从众的意志而与个性和思想展开一场持久战。

这个问题的表述方式并非如此。林克学说的基本极性术语（polar terms）是内向和外向（是通俗意义上的，而非荣格所指的）。内向是坏的，它包括退缩、自省、个性和反思。其实只是自私而已。林克将苏格拉底的格言"了解你自己"，替换成"管好你自己"，因为"良好的个性特质是由实践而非内省培养出来的"。另一方面，外向则是好的，无私的，它包括社交力、亲和力及服务他人。耶稣便是一位外向的伟人。宗教的一项职能——貌似林克视之为主要职能——是发展外向性格以规范个性。林克表示，他去教堂，"是因为我很不愿意去，也因为我知道这对我有好处"。去教堂会让性格变得更好。打桥牌、跳舞和销售工作亦然，能让人与他必须取悦的他人有所接触。于个人而言最重要的，是远离自我剖析，做些能助其提高对事物掌控力之事。随之而来的将是对人的掌控力，从而提升自信。

对于这一切的目标，批判性思维是种负担。在大学里，知识分子和有分析头脑的学生脱离了宗教；在之后的人生阶段，有思想之人变得极度沉默寡言。在名为"思辨的傻瓜"的章节里，林克认为，智识和理性常被高估。

> 思辨本身并非目的，而是工具，个人通过它调整自己的价值观及人生使命，这些是无需思辨的。一如牙齿乃是用来咀嚼东

---

① 此处及下述段落的引用，见于 *The Return to Religion*（1936；Pocket Book ed., 1943），pp. 9, 12, 14, 17, 19, 35, 44 - 5, 54 - 61, 67, 69, 71, 73, 78 - 9, 115 - 116, 147 - 149, 157。

西，而非咀嚼它自己；头脑亦是用来思考外物，而非自虑的。头
脑是生存手段，而非生存目的。

相信并依照信仰行事才是重点。尽管宗教被称为无力思想之人的
庇护所，但真正的软肋，"其实是思想无法认识到所有思想的弱点"。
"不可知论是一种智识的疾病，信仰谬误好过毫无信仰……愚蠢的信
念好过完全没有信念。"就连手相术也得握住别人的手，颅相学也要
研究别人的头颅——而"所有这样的信念会让个人脱离他自己，促其
进入一个志向更为高远的世界"。不论如何，"对思辨的崇拜和对宗教
的智识拷问"，让人成为骗术、伪科学和政治万灵药的受害者。不幸
的是，美国举国上下都更偏内向，这使得人们推卸对失业人群应负的
责任，并以为联邦政府应该会采取措施。

思想对婚姻同样是一种威胁，因为内向会破坏婚姻幸福。离婚的
人恰恰比婚姻幸福的人有更多的智识兴趣。相比喜好基督教青年会事
工、学习《圣经》和《美国杂志》，热衷哲学、心理学、进步政治和
阅读《新共和》更易让婚姻乌云罩顶。在名为"教育之恶"的章节
中，林克攻击"自由思维的产生……也许是教育最有害的一个方
面"——他发现，教育的这一信条，同曾经的教会一样神秘和疯狂。
这样的教育造出了"冷酷的无神论"，创造了一种独善其身的文化和
惟知识本身的需求。自由主义把人从传统和过往的禁锢中释放出来，
却代之无物。接受自由式教育的年轻人倾向于认为父母因循守旧，他
们自己则消费无度、在思想上蔑视长者的虔敬、谋求与智识相关的职
业而非从事父辈的工作、强烈反对把做生意当职业。在陆军和海军军
营里，人们可以更好地了解什么是充实的生活，那里的人们直面真正
的价值观，且一定会变得愈发外向。

十一、主题的变奏

1

商人对有关实用性的先验优点的老调重弹,极易从美国的民间生活中体察到,但究竟是谁呼应了谁,并不总是那么明确。这种老调的表达方式因时间和阶层而异,但它的主旋律始终是可辨识的,因为它在广阔的职业领域和参差不齐的政治阵营中回响。充足的证据几乎一致指向了一种流行文化,后者傲然地相信自己有能力在没有正规知识甚或没有应用科学的情况下应对,其实是更好的应对。掌握和使用这些知识的意义始终受到质疑;不论如何,这被视为特殊人群的特权,正是这种特权和精雕细琢招来了他人的不满。

农民为这一共同话题加入了独特的乡音,这只是因为美国曾在很长一段时间里是个农业国。18 世纪末,10 个美国人中约有 9 个直接以务农为生;到了 1820 年,10 个里有 7 个;直至 1880 年,非农人口才赶上农民的数量。在许多方面,美国农民形似商人。他们可能常常将务农视为一种生活方式,但这种生活方式很快就变得与从商惊人地相似,即使其行为模式并非全然如此。幅员辽阔的美国大陆、乡村生活的流动性和非传统性,以及美国社会的新教热情,赋予农民商业性思维和投机的风格。农民时常入手超出其所能经济地耕作的土地，投机地持有以待升值，实施粗放管理而非精耕细作，集中精力培育单一的大型经济作物，在开挖和耗尽土壤肥力之后卖掉并搬离。早在 1813 年，加罗林的约翰·泰勒即在其《阿拉托》（*Arator*）一书中称，弗吉尼亚州因缺乏精细耕作而"几乎一片荒芜"，他恳请农民："克制，哦，请克制这种弑母行为吧，不是为了将来，亦非为了上帝，而是为了你们自己。"1830 年代，托克维尔总结道："美国人把商业特质带入了农业，如同对待其它的追求一样，在这里，他们对交易的热情展露无遗。"①

农民对于实用性自有见解，这在他们对科学发展农业和农业教育的态度上可见一斑。一个勤劳、忙碌但少有结余的农民群体，几无可能赞助艺术或教育；但一种接受的心态，至少是对应用科学的接纳，于他们自身有极大的裨益。然而就连这也被认为一无是处。当然，持不同意见的少数派总是有的，只不过绝大部分自耕农对农业进步所持的态度是一种粗鲁的、自欺欺人的实用主义。

一如美国生活中的其它方面，农业亦十分宽泛和多样化。但其中存在一个基本的阶级分层，恰好与理论思考的分层不谋而合，即 19 世纪早期自耕农与一小部分绅士型农民之间的分隔。绅士型农民是大农场农民、专业人士、学院或大学里的科学家、商人或农业杂志编辑，除务农之外，通常另有收入来源，他们对农业试验感兴趣，阅读并间或著写相关主题的书籍，希望利用科学知识改进农业，组织农业社团，参加或领导提升农业教育的运动。绅士型农民里有些家

---

① John Taylor：*Arator*（Georgetown，1813），pp. 76 – 77；Alexis de Tocqueville：*Democracy in America*（New York，1945），Vol. II，p. 157；在 *The Age of Reform*（New York，1955），chapter 2 里，我尝试对美国农业的商业元素进行评价。

喻户晓的人物，在其它领域亦成就卓然。其中包括康涅狄格州牧师贾雷德·埃利奥特，他在 1748 年至 1759 年间写成了经典之作《新英格兰农耕论》；本杰明·富兰克林一度是埃利奥特的通讯员，他在新泽西州伯灵顿附近拥有一个农场，希望从那里获利，并把它当作进行科学探究的试验田。华盛顿、杰斐逊、麦迪逊和加罗林的约翰·泰勒均因袭了启蒙农学家的传统，力图把 18 世纪英国农业革命的利好引入弗吉尼亚州的农业实践。紧随其后的是因钙质肥料试验而闻名的埃德蒙德·鲁芬，他是《农业记事》（*Farmer's Register*）杂志的编辑，后成为激进的地方主义者，在萨姆特堡打响了第一枪。在弗吉尼亚以外，积极推动农业改革的最令人瞩目的中心并不存在于某个知名的农民社团，而在耶鲁学院；在那里，对农业需求的把握与高等化学的研究联系在了一起。自小本杰明·西里曼开始，学院科学家关注土壤化学、农作物和科学农业；西里曼之后是约翰·P. 诺顿、约翰·艾迪生·波特和塞缪尔·W. 约翰逊。这些人所做的尝试之一，是推广尤斯图斯·李比希对土壤化学的研究。伊利诺伊州的乔纳森·B. 特纳也曾受教于耶鲁，他是推动农业教育进步的主要倡导者之一；对于启发《莫里尔法案》（Morrill Act）功不可没。在纽约，自学成才的农业杂志编辑杰希·布埃尔始终致力于宣传更高的农业标准。在宾夕法尼亚，才华横溢的作物培育和作物化学学生埃文·普成为宾夕法尼亚农学院院长，他助推《莫里尔法案》，直至 36 岁英年早逝。

这些人把科学好奇心和农业实践、公民责任感和追求农业利润结合起来，提供了一个智识与实用性统一的令人钦佩的佳例，且并不都是应者寥寥。他们的贡献影响了一大批绅士型农民，即农业社团和农场事务的支柱、农业期刊的读者、农业学校和学院的拥护者。一本农业实务的好书，卖得好的话，可能售出 1 至 2 万册。或许每 10 个农民里就有 1 人订阅农业杂志，内战前夕，统共有超过 50 份这样的杂志，其盈亏各有千秋。[①]

然而，农业改良的鼓吹者和绅士型农民遭到了自耕农的憎恶。这种憎恶带有一种阶级情感：绅士们组织并推动农业活动，让小农相形见绌。在乡村集市上，他们有可能会带来获奖的实验样本，其生产过程无须顾及成本；普通农民则竞争不过。[②] 他们的宣讲也遭遇了一种保守、麻木、怀疑创新、常常迷信的心态。美国的农民尽管在土地投机、迁徙和采用新机械上不循传统，但对农业教育和农业科学的应用极为保守。结果导致专业农学家和农业刊物编辑的工作环境即使不算充满敌意，也是质疑声不绝于耳。"如果你周围的农民，"本杰明·富兰克林向贾雷德·埃利奥特写道，"和我这里的一样，不愿放弃先辈们的失败之路，那么要说服他们尝试任何改进将是十分困难的。"乔治·华盛顿在信中不无遗憾地向阿瑟·扬写道，美国的农民更热衷于利用廉价土地，而非增加劳动力，结果是"许多土地只是被轻挠了一下，完全没有得到应有的耕作和改良"。早期在邻居们嘲弄的眼神之下开展试验的埃德蒙德·鲁芬总结道："大多数农民决意不去理解任何与化学有关的东西，不论多么简单。""我们的农民，"杰希·布埃尔抱怨道，"似乎普遍对农业改良态度冷漠、打不起精神，不是因为他们错误地理解了自己的责任和真正的兴趣，就是因为被一种诡异的

---

① 有关农业杂志的数量，参阅 Albert L. Demaree: *The American Agricultural Press*, *1819–1860* (New York, 1941), pp. 17–19；有关书籍和杂志，参阅 Paul W. Gates: *The Farmer's Age: Agriculture, 1815–1860* (New York, 1960), pp. 343, 356。
② 有关这方面的情形，参阅 Gates: 同前, pp. 312–315；比较 W. C. Neely: *The Agricultural Fair* (New York, 1935), pp. 30, 35, 42–45, 71, 183；以及 P. W. Bidwell 和 J. I. Falconer: *History of Agriculture in the Northern United States* (Washington, 1925), pp. 186–193。

愚昧所影响，担心别人的强大会对自己不利。"1831 年，《美国农民》（*American Farmer*）的编辑这样描述，农民"既不会主动取阅农业报纸，也不会相信里面的内容，哪怕碰巧听见"。20 年后，杰出的英国农业科学家詹姆斯·F．W．约翰斯顿在美国巡回演讲之后表示，农民们"抵触改变，更抵触这样的观点——对于应该做什么，他们并非尽在掌握"。他发现，纽约的农民反对农学院，"理由是学校里教的知识不被需要，它们能在农田里起到的作用令人生疑"[①]。

实际上，农民可以从农业改革家那里学到很多。即使是思想开明的农民也可能不了解动植物的习性、作物营养、合理耕作和土壤化学。很多农民迷信望月耕作，即根据月盈月缺进行播种、收割和耕种。这样的做法造成了浪费和土壤衰竭。[②] 对于改革者的指导，他们秉持一种"务实"者之于理论家的鄙夷态度，蔑称其为"纸上务农"。"那些按照书本务农的人，对我而言算不上农民，"有人说，"把那些靠双手而不是书本的人给我……让那些把农耕当成乐趣的人去做实验吧……让有文化的人去考虑大小写、词性、语态和时态：你我还是关心咱们的牲畜、奶棚、田地和栅栏吧。"[③] 面对如此强烈的成见，改革者和农业刊物的编辑英勇地开展了攻坚战。杰希·布埃尔抱怨道，在其它一切领域——战争与航海、法律和医药——美国人认为正规教育是一种有意义的助益，事实上不可

<hr />

① Carl Van Doren：*Benjamin Franklin*（New York, 1938），p. 178；Bidwell 和 Falconer：同前，p. 119；Avery O. Craven：*Edmund Ruffin*，*Southerner*（New York, 1932），p. 58；Harry J. Carman, ed.：*Jesse Buel*：*Agricultural Reformer*（New York, 1947），p. 10；Demaree：同前，p. 38；James F. W. Johnston：*Notes on North America*：*Agricultural*，*Economic*，*and Social*（Edinburgh, 1851），Vol. II，p. 281.

② Demaree：同前，pp. 4 - 6，10，48 - 49。有关耕地的浪费，参阅 Gates：同前，他的论点涵盖了重要的地域和种群问题。

③ Richard Bardolph：*Agricultural Literature and the Early Illinois Farmer*（Urbana, Illinois, 1948），p. 14；比较 pp. 13，103.

或缺：①

　　然而，神赐福于我们的"生活、行动以及让我们赖以生存"的农业，其实包含了比法律、医药、战争或航海更宽泛的实用科学，我们却不开设学校，不提供指导，不给予政府资助。在很多小规模的生活领域，科学知识被认为不可或缺；但对于一个如此重要的行业，科学的影响力本应会极大、极富效用，而我们却依我们的实践，认为其重要性尚不及小说家的虚构作品。在大多数其它领域，我们都认为思想是有效的力量，但我们忘却了它是农业的阿基米德杠杆，尽管不动，也会为世界注入丰饶、道德健康和幸福感。在这种令人惊骇的无视下，据普遍估计，农业本应成为我们当中一种滑稽而可耻的工作，难道不是毫无悬念吗？

　　然而，"农业进步最大的阻碍，"布埃尔认为，"是许多人所持的鄙夷态度，即科学里包含的一切不是对农耕无用，就是对农民遥不可及。"② 农业刊物的编辑不断劝诫，他们为消除对"纸上务农"的反感所做的不懈努力，似乎印证了他的话。并非所有的农业期刊都无懈可击，有些也在吆喝自己的奇思异想。但无论如何，他们发现不时地有必要表达歉意，辩白自己并未鼓吹任何过于理论化的东西，且大多数文章都是由务农者写就。1841 年，当李比希关于土壤化学的经典著

---

① Carman：同前，pp. 249-50。有关这些言辞的出处、具有指导意义的文章见于 pp. 234-254，以及布埃尔的文字 "On the Necessity and Means of Improving Our Husbandry," pp. 8-21。
② Carman：同前，p. 53。有关另一位编辑对农民的超实用主义成见较为温和的回应，参见 "An Apology for 'Book Farmers,'" *Farmer's Register*, Vol. II. (June, 1834), pp. 16-19；比较 "Book Farming," *Farmer's Register*, Vol. I (May, 1834), p. 743。

作推出了美国版，必须一提的是，本书在农业改革家乃至一些自耕农中间都赢得了不少人的追捧，他的发现却被《南方种植者》（*Southern Planter*）描绘为"精密的新理论"：①

> 尤斯图斯·李比希先生，无疑是一位十分聪慧的绅士和高深的化学家，但我们认为，他对农业的了解程度和耕田的马匹差不多，弗吉尼亚每个站在犁头前的老农，都可以告诉他那些与他的精密理论不相符的实情。

2

鉴于上述对科学和纸上务农的反感，农民不愿认可教育（农场的实务培训除外）能对孩子大有益处也不足为奇了。他们担心更多的学校意味着更高的税收，这盖过了他们对农学教育的期待。1827年，一位倡导办农学校者在《美国农民》上指出，农民们自身的"反对声最为强烈"。② 1852年，一名反对开办马萨诸塞农学院之提议的通讯员为《新英格兰农民》（*New England Farmer*）撰文，表示州内十分之九的务农者赞同他的意见。不论如何，他清晰地阐明了反对办学的观点：农民不需要它；他们认为这是"一个昂贵的大型试验"，却不能保证相应的回报；只会"引来一小部分高薪职员"，做着毫无经验且

---

① Demaree：同前，p. 67。有关自耕农和农业媒体，参阅 pp. 113–116；比较 Sidney L. Jackson：*America's Struggle for Free Schools*（Washington, 1940），pp. 111–114，142–144。这位农民最喜欢的世俗阅读似乎是他的黄历，老一代农民的黄历包含歧视性的轶事和诗歌，诉说有学问者的不切实际和愚蠢，这有时会应和他的反智主义情绪。Jackson：同前，pp. 12–13。
② Gates：同前，pp. 358–360。

无法胜任的工作；推崇这项建议的人，只是为了让富人的孩子及从事体面行当的人了解一些农业知识。而对此，"技艺教学给不了任何帮助，只有靠实践"①。

以上只是农村人口普遍不愿支持教育大业的一个方面。西德尼·L. 杰克逊在分析人们对公共学校运动的态度时指出，农民"在争取更好地办学上，更多是一种阻力而非助力"②。在 1862 年《莫里尔法案》通过之前，美国办农学院的各项试验主要由一小群敬业的农业改革家主持——这无疑在一定程度上解释了为何在一个以农业为本、迫切需要农业技能③的国家，在联邦政府介入之前，几乎无所作为。《莫里尔法案》在 1862 年通过，并非归功于大众的热切需求，而是再一次仰仗了一群意志坚定的游说者。厄尔·D. 罗斯在有关赠地运动的出色研究中观察发现"并未见到民众自发的兴趣"。被战争新闻淹没的大众媒体几乎漠视了《莫里尔法案》；连农业报刊都未表现出多大的热情，有些压根没有提及它的存在。④

该法案最初不过是个善意的承诺；其后的 30 年里，改革者们领教了有效执行一项大幅领先于民意的改革之难。莫里尔参议员的观点十分在理。他认为，美国的土地耕作非常糟糕且极其浪费，其它国家

---

① "Agricultural Colleges,"重印版来自 *New England Farmer*，n. s. Vol. IV（June，1852），pp. 267-268，Demaree，同前，pp. 250-252。

② Jackson：同前，p. 172；比较 pp. 113，127，及各处。

③ 1852 年，耶鲁的约翰·P. 诺顿教授写道："假设联邦有任意 6 个州在今年内为各自境内的农学校或农学院拨款——以大力资助各学部，填充图书馆、工具库、博物馆、设备部、建筑和土地，他们在这片大陆上也找不到够格的教授和老师为其服务。"事实上，他甚至怀疑，即使是一家位于纽约的机构也未必能找到"完全胜任之人"担任教职。Demaree：同前，p. 245。

有关改进农学教育的简史，参阅 A. C. True：*A History of Agricultural Education in the United States，1785-1925*（Washington，1929）。1851 年，爱德华·希区柯克为马萨诸塞州立法机关开展了一项欧洲农业教育调研，结果显示，美国各州的努力和欧洲大陆的国家——尤其是德国和法国——相比，远处于劣势。

④ Earle D. Ross：*Democracy's College*（Ames，Iowa，1942），p. 66.

在农业和机械教育上的投入远远领先于美国；试验和调研是必不可少的；农民必须获得科学新发现的指导；利用公共土地的收益，资助创办优秀的农业和机械学校，符合美国早期教育资助的先例；这不会干涉州自治，也不会和当时的传统教育学院里所授的那些课程混淆。有段时间，莫里尔的提议和地方政治势同水火，他的赠地办农学院理念在 1859 年被布坎南否决。然而，3 年后林肯签署了一项类似的法案。相比大部分农民，国会对改革的必要性更为信服。[1] 但不幸的是，正如罗斯指出的，这一制度对教育本身的意义从未被提及。反对声主要集中在所谓的违宪和一些细枝末节上——其结果是，国会通过的法案不足以实现倡议者的初衷。

依靠赠地而建的学院一旦建成便遭遇四面楚歌，有不少是来自现有学府的嫉妒，还有美国人对教育资源分散而非集中办学的偏好。招募有能力的员工难度极大。保守的教员以旧式学院的传统为后盾，往往并不能真正认可农业和机械教育的合理性，新学校里内讧时有发生。另一头则是思想狭隘的传统农民和民间领袖的反对声，他们坚持认为，科学对农民并无"实际"作用。正如罗斯指出的："对于职业培训的需要和可行性，农民们自身最难被说服。"即使不抵制这样的教育，他们也会反对一切与大学或实验科学发生关联的提议。彻底奉行实用主义的单独的农学院是可以的。威斯康辛州的格兰其辩称，任何职业都应由从业者来教导。"牧师教导牧师，律师教导律师，机械工教导机械工，农民教导农民。"一些州长希望尽可能远离传统学院

---

[1] 在国会有关赠地办学原则的辩论中，颇为引人注目的是对纸上务农的态度的呼应，正如明尼苏达参议员赖斯所言："与其建农学院，不如给每个人一所相当于 160 英亩地大小的属于自己的学校吧……不要把土地分给各州，让他们有机会花大众的钱，为富人的孩子提供教育。我们不需要光鲜的农民；我们不需要光鲜的机械工……" I. L. Kandel: *Federal Aid for Vocational Education* (New York, 1917), p. 10。

所代表的通识教育理念。俄亥俄州州长要求教育"简单而务实，本质上不需要理论性或艺术性的科学"；在得克萨斯州州长的想象中，农学院是"用来培训农场劳动力的"；印第安纳州州长认为，任何形式的高等教育都是忠实劳动的障碍。[①]

　　事实比任何观点都更有说服力——农民很少送儿子们去上学；一旦他们这么做了，孩子们就会利用教育机遇放弃务农——通常会投身于工科。多年来，农学院的学生相对较少，其中，学习"机械艺术"——比如工程师——的数量和学农的学生之比从 2∶1、3∶1、4∶1 到 5∶1 逐年递增。1887 年的《哈奇法案》建立了联邦实验站系统，与农学院紧密协作，提供了完善的研究设施，农业科学的处境有所改善。直至 1890 年代，农学院终于得以开展效用可观的科学教育。

　　赠地制度的另一项失策之处在于它是自上而下建立的。国会在发展农村中学体系、培养可升入农学院的毕业生方面并无拨备。1917 年的《史密斯—休斯法案》[②] 修正了这一失误，为农业中级专职培训提供联邦资助。1873 年至 1897 年的一段漫长萧条期之后，农业的再次繁荣也扭转了农业教育的命运。农民受利润驱使开始考量农业管理、动物养殖、土壤科学和农业经济。机械化的发展让他们的孩子更易从农场事务中脱身。1905 年之后，农学生的数量持续猛增，至一战前夕，几乎与工程专业生的数量相当。富兰克林·罗斯福政府的农业部副部长 M. L. 威尔逊回忆道，他所在的艾奥瓦州社群普遍的对纸上

---

① Ross：同前，chapters 5，6，7，和 pp. 66，72，80，87，89 - 90，96 - 97，108 - 109。一家报纸称，农学院是"古典学呆瓜和政治学教授的庇护所"，另一家指出，当务之急是"驱逐自鸣得意的博士们和满脸粉刺的'教授们'，取而代之的应该是那些真正了解在这个忙碌的时代、每天和世俗事务打交道的男男女女，缺少的究竟是何种教育的人们"。同上，pp. 119 - 120。比较 James B. Angell：*Reminiscences*（New York，1912），p. 123；"农民们……是最难以相信我们可以帮助他们的人。"
② 美国职业教育的基本法案。——译者

务农的鄙视，一直延续至世纪之交，直到他青年时期才发生转折：①

　　20世纪伊始，科学在广大农民身上掀起了一场革命。1902年，我去埃姆斯学农，在艾奥瓦当地，我并非第一个进入学院的男孩，却是第一个上农学院的。10到15年之后，这已被所有人接受，只要负担得起就行。

　　1917年，I. L. 坎德尔就此课题进行了调研，充分论证了赠地所建的学院"是莫里尔参议员及其支持者们曾力主的，意在为农业实践提供科学准备，然而直到不久前，即创建50多年后，它们才真正开始完成最初设定的职责"。②
　　读者不太可能会认为农业和机械学院是杰出的智识中心，但可能会对这里完成了什么以及主张了什么产生疑问。对于农学院在这方面的特征，我无需讳言。它仅是试图将职业教育和应用科学进行某种有效结合，而我认为这是一个有用的目标。关键在于，这种迫切需要的融合，是在农业改革者鼓动了一个世纪之后才实现的，他们的对手便是在农民中间广泛存在的认为理论对实践毫无助益的顽固念头。

3

　　务农可被描述为一种"自然"的生活方式，农民若是被世故的批

---

① Milburn L. Wilson，引自 O. E. Baker，R. Borsodi，和 M. L. Wilson：*Agriculture in Modern Life*（New York，1939），pp. 223 - 224。
② Kandel：同前，p. 103；比较 p. 106。有关这些学院里农学和机械课程学生的数量，参阅 p. 102。

评者所挟制或依循书本及科学思维，其遭受的损失有可能远大于获益。工业领域的工人阶层情况则几乎相反，他们的生活方式被认为是不自然的，需要对自身和组织具有一定程度的认知后，才能就自己的命运发表态度。相较于农民阶级，智识性的批评和工人运动之间的关系从一开始就显现出更为复杂的特点。亨利·德曼在其对《社会主义心理学》的出色探究中指出："未受到知识界及其意识形态影响的劳工运动，无非是把无产阶级变成新资产阶级的利益的代表。"[1] 这种观察中含有对美国劳工运动的某种恰如其分的讽刺意味，认为其目的不过是使无产阶级成为一个新的资产阶级。在美国，一如在其它地方，劳工运动在真正意义上是知识分子的创造。但这不过是一个为了塑造自己的独特个性而背叛了父亲的孩子。除非经历一个奇妙的辩证过程，否则就不可能培养出最终能在美国成功创建永久性组织的那种类型的劳工领袖：首先，知识分子的影响和他们对资本主义的系统批判，使人们意识到了劳工运动的必要性和可行性；但在之后连续的几个阶段，这种影响必须丢弃，工人运动才有可能去除干扰和累赘，致力于组织起有工作意识的工会，并在持久和成功的基础上站稳脚跟。

纵观历史，美国劳工运动并非始于狭隘地专注于工作本身、薪酬谈判或最终变为其核心特质的罢工。由始至终，资产阶级的领导贯穿其中，受到改革理论家目标的影响，掺杂着参与者的个人意愿，后者意欲在资产阶级社会中谋求稳固的地位或彻底改革这一社会。它的早期历史包括与一种全面改革的万灵药或另一种东西——如土地改革、反垄断、美钞主义、生产合作社、马克思主义、亨利·乔治的单一税——的关联。在运作了超过四分之三个世纪之后，这样的试验几乎

---

[1] Henri de Man: *Zur Psychologie des Sozialismus* (Jena, 1926), p. 307.

没有为美国劳工运动留下任何永久性的牢固组织，于是，其有效性被提上日程，只有当塞缪尔·龚帕斯和阿道夫·斯特拉瑟之类的务实型领导人接手之后，其重心才放到工作本身、薪酬谈判以及如何组织起技术性行业工会，强势到足以凭借自己的手艺垄断劳动力市场。

阿道夫·斯特拉瑟曾是社会主义者，塞缪尔·龚帕斯则是美国劳工联合会第一代人的精神指引，无疑这在很大程度上归功于两人在年轻时与社会主义者的对话。龚帕斯在自传中对这种早期的智识教育表示了不甚情愿的敬意，他指出：

> 大多数帮助奠定工会运动根基的人，都有过社会主义的体验，接触过更好的制度……他们都是有愿景的人……如果个人能够超越社会主义的定式而发展，那么社会主义的经历就有了建设性的作用，对于这样履行自己实际职责的人，可以有更快的洞察力和理解力，明白可触及的目标仅是通往更高精神目标的途径。

然而，尽管社会主义可能让这些人懂得了劳工运动的可能性，但劳工运动本身一旦形成，就让他们懂得了美国是不可能走向社会主义的。在投身工人运动的最初日子里，龚帕斯就不得不和"跟风者、改革者及轰动效应的追求者"——这是他对徘徊在劳工运动周围的空想家的称呼——做斗争；有时，这些空想家是他最可怕的敌人之一。正是社会主义者的出色表现，让他在 1894 年美国劳工联合会主席的竞选中落败，这是他唯一未获连任的一次。他相信，领导权只能托付给"那些心灵和头脑已被编织成日常劳动谋生经验之人"。"我看到了与知识分子纠缠不清的危险，他们不明白，拿劳工运动做试验即是拿人生做试验。"①

　　知识分子与龚帕斯这样的劳工领袖产生嫌隙，乃因两者对工人运动的期待南辕北辙。知识分子视劳工运动为通往更宏伟目标的路径——通向社会主义或其它某种社会重组方式。他们来自劳工运动之外，鲜有从工人阶级内部选拔而来。一般而言，他们对中产阶级的体面嗤之以鼻，而大多数劳工领袖，甚而大多数普通技术工人，都渴望得到这种体面。像劳工联合会这样一个重要组织，从未认同过他们的理想主义，他们也一直看不起其领导层。我相信，劳工领袖们自己最适合被解读为一群白手起家者，在这方面，他们与成百上千同类型的企业界人士并无本质差异。正如斯特拉瑟的经典表述："我们都是实际的人。"② 他们来自工人阶级行列，绝大多数人从未停止过希望劳工及其领导人能享有与商人同等的尊崇。他们接触过反资本主义和反垄断思想，但与知识分子不同的是，他们不熟悉政治和美学的先锋思想中充斥的对资产阶级文明的全面控诉。他们是优秀的爱国者，优秀的一家之主，其后也是优秀的共和党人或民主党人。③ 他们早期与知识分子——或者说他们眼中的知识分子——的接触，令他们心生疑窦。一开始是在劳工运动内部同社会主义教条主义者的斗争。劳工领

---

① Samuel Gompers：*Seventy Years of Life and Labor*（1925；ed. New York，1943），Vol. I. pp. 55，57，97 - 98，180，382。早期的劳工知识分子之一约翰·R. 康芒斯对劳工运动中这种对知识分子的不信任颇有体会，他认为，劳工运动吸引了一类知识分子，后者是糟糕的领袖。参阅 John R. Commons：*Myself*（New York，1934），pp. 86 - 89；另参阅其 *Industrial Goodwill*（New York，1919），pp. 176 - 179。

② 参议院教育和劳工委员会，*Relations between Labor and Capital*，Vol. I（Washington，1885），p. 460。比较 1896 年龚帕斯同样经典的表述："工会是工薪者的业务机构。"*Report of the Sixteenth Annual Convention of the American Federation of Labor*，1896，p. 12。

③ 对此，我的观点部分源于 Selig Perlman：*A Theory of the Labor Movement*（1928；ed. New York，1949），pp. Viii - ix，154，176，182，和 chapter 5 及各处。参阅 C. Wright Mills 有关劳工领袖是白手起家者的挑衅言辞，见于 *The New Men of Power*（New York，1948），chapter 5。

袖不断受到经济学家的批评，① 后者在很长一段时间里几乎集结成反对劳工的方阵——正如龚帕斯为他们贴的标签："教授团体是工人们明里暗里的敌人"，是"跟风之人、理论家和女里女气的男人"。终于，在世纪之交，"科学管理"运动被劳工们视为巨大威胁；龚帕斯视其领导者为"学术旁观者"和"知识分子"，只想在榨干工人们的精力后把他们扔进垃圾堆。这样的体验绝无可能鼓舞信心。② 事实上，劳工运动正努力在一个不友好的环境站稳脚跟，总的来说，在1900 年之前，是官方知识分子制造了这种不友好。即使那些并非不友好之人，也被视为不聪明、不受欢迎的盟友。直至进步运动来临，

---

① 虽然美国劳工运动一向对发展公共学校体系态度友好，但对高层文化和高等教育机构长期心怀疑虑。劳工杂志不时会尖刻地评论富豪们向博物馆、图书馆和大学的捐赠，指责这些是从工人的报酬里克扣的——"从辛勤的劳动者身上掠夺的可观数目，投进了那些工人和他们的孩子永无可能踏入及享有的机构。"一种针对高等学府的特殊敌意认为，那些地方穷人的儿子们永远去不了，"在那里，每年花费数百万来教富豪的儿子们橄榄球的野蛮新技巧"。可以想见，劳工杂志的编辑们担心，大学会被这些捐款所绑架，教导学生无需针砭现状，如此，高等学府就会成为破坏和阻止罢工之人的"孵化基地"。对洛克菲勒赞助的大学所提供的教育，还能有何期待？是人权，亦或富人高人一等?1905 年，一位作者甚至提及新的"理论型大学人士"取代了务实的老人成为行业领袖，他们并非来自阶级内部，与工人们更加疏远。大学人士"与普通劳工毫无共同语言，他们藐视工人，就像旧式贵族鄙视平民，南方奴隶主鄙视黑人"。1914 年，《美国联盟主义者》提出，私人捐赠有违追求真理的大业，"威胁到了学校的自由"。假如不能更多地投身于探求真理,它们"就必须让位于公共资金支持的州立机构"。*American Federationist*，Vol. XXI (February，1914），pp. 120 – 121。参阅 *Rail Road Conductor* （November，1895），p. 613；*Typographical Journal* （June 15，1896），p. 484；*Boilermakers' Journal* (March，1899），p. 71；*Railway Conductor* （August，1901），pp. 639 – 640；*American Federationist* Vol. X （October，1903），p. 1033；*The Electrical Worker* （May，1905），p. 40；*Railroad Trainmen's Journal*，Vol. XXIV （1907），pp. 264 – 265；（April，1907），p. 368；*Locomotive Firemen's Magazine*，Vol. XLIV （January，1908），pp. 86 – 87。

社会对美国学界越来越有同情心，无疑有助于缓解这种情绪。1913 年，《美国联邦主义者》认为，高等学府实际上在"帮助对社会和行业问题确立更具同理心、更民主的解读"。Vol. XX （February，1913），p. 129。龚帕斯频繁收到大学的演讲邀请，并花费大量时间维护那里的关系。*Seventy Years of Life and Labor*，Vol. I，pp. 437 其后。

② 参阅 Gompers：*Organized Labor：Its Struggles，Its Enemies and Fool Friends* (Washington，1901），pp. 3，4；Gompers："Machinery to Perfect the Living Machine," *Federationist*，Vol. XVIII （February，1911），pp. 116 – 117；比较 Milton J. Nadworny：*Scientific Management and the Unions* (Cambridge, Mass. ，1955），尤其是 chapter 4。

大量中产阶级知识分子对劳工的使命才更显善意，直到新政时期，强大的联盟才终于形成，尽管未必持久。[1]

龚帕斯时代之后的数年里，工会的壮大、成功和稳固让这些大型官僚机构愈发需要招募专家，为其法务、精算和经济问题提供建议，组织调研和新闻宣传、公关和游说，管理其庞大的教育分支机构。由此，领导这个国家 1800 万有组织劳工之人，变成了大量知识分子员工的雇主。但是，位居工会总部的知识分子所处的环境并不比其它领域有组织的知识分子社群更舒适——事实上，他们与工会领袖的关系，和商业知识分子与企业首脑的关系并非完全不同。

大体而言，三个方面的压力似乎令知识分子与工会的大环境格格不入。第一个只适用于一部分人——是对改革的热情，一种意识形态上的信仰，这可能让知识分子首先想为工会服务。这种人早晚会发现，自己并不能让劳工运动变得激进——倒被卷入了这个旨在为领导人物撑起权势和威望的大机器。工会专家发现自己的境况堪忧，随时会被利用，且不以他的意志为转移。（以传教士般的激情投入工作的工会专家们领到的报酬，通常少于以自我为中心的求职者。）如此，他的理想主义难免受挫。第二个离心力，源自对专业研究的执着、对真理的无私追求，这有时会与工会作为一个激进组织的必要性或一个领导者的个人要务相抵触。"他们使用数据非常草率，"一位专家这样抱怨他的工会同僚，[2]

---

① 关于这一联盟在近期部分的瓦解，参阅 James R. Schlesinger，"Organized Labor and the Intellectuals，"*Virginia Quarterly Review*，Vol. XXXVI（Winter，1960），pp. 36 - 45。
② 我在此处的论点以及劳工领袖和专家们的言辞，归功于 Harold L. Wilensky，*Intellectuals in Labor Unions*（Glencoe，Illinois，1956）各处，尤其是 pp. 55，57，68，88 - 90，93，106，116 - 120，132，260 - 265，266n.，267，273 - 276。有关劳工知识分子力量的有限性，另参阅 C. Wright Mills，同前，pp. 281 - 287。

他们根本不当回事。他们都是相对论者，不相信真理或科学的客观性；或者至少他们认为追求真相太艰难，于是就放弃了，借口是"谁会对真相感兴趣呢——管理层吗?"，基本上这是由于他们所持的马克思主义或社会改革的态度。一切都变得和派系造势有关……他们只想加深领袖的偏见……我有时希望自己去大学里教书。

专家们时常会探求令人不悦的真相，或成为让工会领导人直面现实困难的媒介，譬如在法律或经济事务方面。在这一点上，他们既被需要也被嫌弃。劳工杂志的编辑也许志在经营思辨性的智识刊物，而工会领袖的关注点也许更多是工会杂志在派系之争中如何站队。工会教育主管或许希望为工人提供通识类教育，而工会领袖或许只想进行简单教化，确保意识形态上安全无虞。

最后一种疏离，纯粹是个人的，与专家的教育背景有关，某些情况下也和个人文化修养有关。他置身事外，不是同一类人，在不需要他服务时，也没人找他作伴。在工会办公室里，人们在他背后小声抱怨，仿佛他真的在一条流水线上——或是在扶轮社的会议上："恃才傲物那种类型……你没法和他们一起工作……没人喜欢他们……他们不是同一类人……他们喜欢的女人也和别人不一样……"

劳工领袖对劳工知识分子的态度体现出一种矛盾心态，类似的态度也存在于商业团体及更广泛的社会中。哈罗德·维伦斯基已在研究劳工专家时发现，劳工领袖有时会因知识分子的专业知识而感到威胁或过于敬畏，并常常甚为崇拜。但他们用鄙夷的言辞令自己相信，专家即使不是有怪癖的，也是不切实际的。一位身居高位的工会官员自夸道，"我接受的是历练这所学校的教育"，这些混杂的情绪在他带着同样的自豪感说另一番话时亦流露了出来："我告诉我的儿子，去大

学念劳工法！"在某些领域，折磨那些非知识分子的是对专家的工作
挥之不去的妒忌："为什么那个狗娘养的能干轻松的活儿……我把自
己累个半死才从底下爬上来，还得每天晚上去地方上开会，而他只要
坐在桌子后头写写东西。"和商人一样，工会领袖也会盛赞与工作台
或工会组织的活动有直接接触的实用经验。"这些你从书本上学不到。
经验无可替代。"专家从一开始就处于挣扎之中；他是外行、后来者，
无法理解工人斗争或工人心理，因为没有直接打交道的经验。"关于
这件事，你的整个思维……很出色。你有一个法律的头脑；你来自哈
佛、耶鲁或跟那些人一样来自其他地方，你不明白工人在想什么。"
在这样的环境下，我们毫不奇怪专家不时会陷入一种自我怀疑的心
绪，保持缄默或试图伪装自己。他们的工作氛围也许在很多方面是激
发思维的、善意的，但如劳工机构专家的一名学生所言，其中的元素
之一是"无处不在的反智主义"①。

4

　　在美国，有组织的劳工运动虽是为了追求"资产阶级"的理想，
却为知识分子提供了一个不完全合意的环境，这一点不足为奇。类似
的问题也出现在非共产主义左派，尤其是社会党党内，这反倒更令人
惊讶，他们欠知识分子的债确实很重。认定当时的社会党是一股反智
主义力量或对知识分子不友善，是纯粹的误导。在 1900 年至 1914 年
间，美国社会党吸引了大量知识分子，他们不仅提供了无比重要的支

---

① Wilensky：同前，pp. 269，276。

持，还以个人著作为其扬名立威，大大拓宽了影响面。其中不仅有揭发黑幕的厄普顿·辛克莱和约翰·斯帕戈，还有关于社会主义和美国生活方方面面的批判性书籍的作者，这些发人深省的著作至今仍值得一读——譬如路易·B. 布丹、W. J. 根特、罗伯特·亨特、阿尔杰·M. 西蒙斯和威廉·英格利希·沃林的。不同于之后的共产党，社会党保持了一种并非铁板一块的智识氛围，产生的理论文献也并没有完全被马克思式经院哲学所束缚。美国的社会主义，在社会招募方面是多元化的，但思想上仍是自由的，甚至是甘于冒险的，部分支持者还为其加入了轻快的波希米亚风格。"《群众》，"它的一份期刊这样宣传，"有幽默感……享受着革命。"

但在某些领域，就连社会党也受到了无产阶级狂热信仰的冲击。在党内频发的派系斗争中，知识分子代言人往往被烙上中产阶级学者的印记，并被拿来与这一运动的捍卫者、真正的无产阶级相比较。（当革命热情受到质疑时，知识分子更常现身于左翼而非右翼派系。）社会主义知识分子往往出身稳健的中产阶级甚至富裕阶层[1]，他们试图在精神上去阶级化，顺应马克思主义的无产阶级理想，这难免导致了一定的自我贬抑和自我异化。因此，该党内的反智主义一派并非没有知识分子为其代言。[2] 作为其中一员，W. J. 根特认为，带着不拘

---

[1] 芬利·彼得·邓恩被一些富人对社会主义的兴趣逗乐了。"范德汉克比尔克夫人，"杜利先生说，"告诉这里的几位阔太太那种美妙的情形吧……聚会是著名的社会主义领导人 J. 克拉伦斯·卢姆莱主持的，他是卢姆莱家族的继承人。这位著名的无产阶级人士说，他是在研究他父亲之时成为社会主义者的。他相信，这个体系一定是哪里出了问题，居然让他父亲这样的人积累了 3 亿美元的财产……在场的女士们可以理解，这些行业领头人是如何愚蠢，因为她们知道自己的丈夫早上的时候是什么样的……聚会结束时，她们通过了一项决议，要求女主人的丈夫去跳河。"Finley Peter Dunne：*Mr. Dooley：Now and Forever*（Stanford, California, 1954），pp. 252 - 253。
[2] 查尔斯·多布斯有关"头脑"的文章，见于 *International Socialist Review*，Vol. VIII（March, 1908），p. 533，他注意到，"是'知识分子'在攻击'知识分子'，'领袖人物'在强烈抨击'领导层'"。

泥于教义的放纵热情的《群众》杂志太过轻率，无法认真地为将工人改造为信奉社会主义之人的基本事业做出贡献：

> 社会主义、无政府主义、共产主义、新芬主义、立体主义、男权主义、直接行动和蓄意破坏混为一谈，并没有发现什么麻烦。这就是来自大城市的不安分的小集团的特殊产物，他们致力于追求不一样的信念；即使已经站在疯人院门口，还在探索泡沫的新奇。

另一位名为罗伯特·赖弗斯·拉蒙特的知识分子认为，尽管党内需要足够的头脑，但不应是受过"传统资产阶级教育"的头脑，他总结道，存在"对知识分子及空谈的社会主义者的合理质疑"，是"无产阶级作为一个阶级走向成熟的最令人欣慰的标志"。[1] 对此，像乔治·H. 戈贝尔那样的右翼政党舵手也许会表示认同。当一边是知识分子、牧师、教授，一边是工人，"这个工人刚从工人阶级中崭露头角，且每天都与实际工作和困难打交道"，戈贝尔说，面对这样的抉择时，他总是与工人阶级的代表站在一起。[2]

党内最极端的反智主义立场——一个不折不扣的无产阶级丑角姿

---

[1] David Shannon：*The Socialist Party of America*（New York，1955），p. 57；Robert R. La Monte："Efficient Brains versus Bastard Culture," *International Socialist Review*，Vol. VIII（April，1908），pp. 634，636。有关社会主义运动中的知识分子，参阅 Shannon：同前，pp. 8，12，19，53 - 58，281 - 282；Daniel Bell："The Background and Development of Marxian Socialism in the United States,"见于 Donald Drew Egbert 和 Stow Persons, eds.：*Socialism and American Life*（Princeton，1952），Vol. I，pp. 294 - 298；Ira Kipnis：*The American Socialist Movement，1897 -1912*（New York，1952），pp. 307 - 311，以及 Bell 对这篇文章的评论，见于 *The New Leader*，December 7，1953。

[2] Bell："Background and Development," p. 294。比较右翼领导人马克斯·海斯在 1912 年的党派集会上对空谈的社会主义者和理论家的抨击。Socialist Party of America，*Convention Proceedings*，1912（Chicago，1912），p. 124。

态——并不是右翼分子或自我疏离的知识分子，而是受到"世界产业工人组织"（IWW）精神影响的西部党羽。党内的俄勒冈集团是强大的西部分支之一，为这种精神提供了绝佳的示范。据称，在该党1912年的印第安纳波里斯大会上，俄勒冈代表团拒绝在一家铺了桌布的饭店里用餐。州秘书托马斯·斯拉登曾撤掉了俄勒冈总部的痰盂，理由是嚼烟丝的无产阶级硬汉用不上这些高雅设施。斯拉登还在《国际社会主义评论》上撰文痛斥知识分子。他认为，这场运动属于工人，别无他选。社会党和工会"要不就让位，要不就拿起武器与'那些用胃思考的人'斗争"。斯拉登这样形容真正的社会主义无产阶级：①

> 他有自己的语言，不同于文明的惯用语，他没有文化，外表粗陋，他的道德和伦理准则尚未被社会认可，他信仰的是一种从未在任何正统或非正统的教会里宣讲过的宗教，一种仇恨的宗教……他的聪明才智，无法被出生、成长和生活在他的世界之外的知识分子所理解。
>
> 恰似森林野人的本能，他有着清晰的视觉，始终保持警醒，他的听觉敏锐，本性多疑，意志不容战胜……他一个猛扑就会撕碎你那微不足道的智识和做作的可敬，在他所主宰的调查范围内，是非对错都由他来决定。
>
> 这就是无产阶级……他几乎从未受过教育，毫无礼貌，也不在乎别人如何看待他。他上的是艰苦历练人生经验的学校。

① "The Revolutionist," *International Socialist Review*, Vol. IX（December, 1908），pp. 429 – 430。有关斯拉登，参阅 Shannon：同前，p. 40；有关一位认为无产阶级欢迎知识分子的社会主义者对斯拉登的回应，参阅 Carl D. Thompson："Who Constitute the Proletariat？" *International Socialist Review*, Vol. IX（February, 1909），pp. 603 – 612。

在这里，无产阶级的信念似乎融合了形形色色的原始主义，另一位西部人士杰克·伦敦曾试图将此类原始主义嫁接到社会主义运动上，但没有成功。社会党内的非知识分子更为典型的感受是其党魁尤金·V. 德布斯的温和立场。德布斯注意到许多社会主义者"取笑有智识的人，仿佛他们是外来的闯入者，与社会主义者格格不入"，因而埋怨智识不该是一个责备之词。运动需要有头脑的人，党派应该积极吸引他们。对德布斯而言，重要的是通常"官员、代表及公职候选人应从工人阶级内部遴选。知识分子掌权应是例外，因为他们来自别处"。劳工组织不该由知识分子管理，正如知识分子组织不该由劳工管理一样。德布斯认为，工人有足够的能力自己走上管理岗位。他对知识分子担任官方职位的担心，和对社会主义运动内部的分层和官僚化的忧虑高度一致。恰如真正的杰克逊主义拥趸，他坦陈自己认同"轮换任职"的信念。"我承认，"他说，"我执意反对文牍主义，也惧怕官僚主义。"①

5

在美国，尽管社会党默许了一定程度的多元化，但共产党是铁板一块：它不希望有任何作家不臣服于其标志性的僵化规则。再者，在一战前的最重要时期，社会党吸引的主要是深谙马克思主义的独立知识分子，他们作为理论家在党内担纲领导职位。共产党吸引的创作型

---

① "Sound Socialist Tactics," *International Socialist Review*，Vol. XII（February, 1912），pp. 483–484。发表这些言论的 3 年后，罗伯特·米契尔斯出版了《政党》，分析了欧洲左翼党派的寡头政治倾向。

作家和文学评论家的比重高出很多，他们对马克思主义或正统的社会规则几乎一无所知，至少在一段时间，曾心甘情愿地臣服于党的机关的管教和戒条。在共产党内部，随着知识分子的影响在 1930 年代期间扩大，一些反智主义倾向，尤其是无产阶级性之教义，成为实际上的主导，而这些在社会党内部只是一般的存在。道德势力的平衡发生了剧变：在社会党的圈子里，能感受到真正的无产者对知识分子在他们中间施加强大影响力有所不满；而在共产党的圈子里，党内的知识分子及其拥趸的痛苦显而易见，原因在于，不论职业亦或出身，他们都不属于工人。

美国早期的激进分子——譬如爱德华·贝拉米和亨利·德马雷斯特·劳埃德——有时会以某种居高临下、监管有缺陷者的态度对待工人阶级；但到了 1930 年代，一些美国作家被一种致命的伤感观念所左右，认为工人阶级的苦厄和"历史使命"赋予其优于中产阶级知识分子的巨大的内在道德优势。为了弥补他们有污点的阶级出身和中产阶级特质，许多这样的知识分子相信，他们必须通过为党提供某种服务让自己成为工人阶级神坛上的祭品。共产党自己敏锐地意识到皈依的知识分子的作用，同时也明白独立思想的涌入可能给党的纪律带来的危险，于是采取了利用知识分子的罪恶感和自我厌恶感的策略，以此来让他们与党保持一致。一方面，为他们提供信条，给他们一小撮但在不断壮大的听众；另一方面，企图驾驭他们心理上的脆弱以防其脱轨。这样的政策，效果喜忧参半；党派尤为觊觎的那些声名远播的文豪——德莱塞、辛克莱、斯坦贝克、海明威、麦克利什、多斯·帕索斯——被证明是最难驯服的，最不愿顺从默默无闻的党的雇用文人的命令。成就平平的文人则没那么自信，更依赖党为其带来的知名度，他们更为顺从，尽管在实现党的目标上亦非一贯如此。当 1933

年保罗·罗森菲尔德抱怨说一些文人已经放弃了作为艺术家的责任，转而投入"看看谁能最快地使自己与共产党和其他政党共有的庸俗主义和解的竞赛时"，他想到了这些作家。①

若要把真正的布尔什维精神注入美国激进作家的头脑，那么在《群众》时代生根发芽的波希米亚主义必须毁灭。必须让文人们体会到，波希米亚主义和一切形式的个人反叛都是不严肃的、微不足道的、神经质的。约翰·里德曾是个波希米亚主义者，一名急先锋。他说："这种阶级斗争，是诗歌的地狱"；如果是这样，无疑诗歌必须让位。他在另一场合宣称："布尔什维主义不是为了知识分子，而是为了人民。""你们这些人，"他向一位孟什维克理论家表示，"并不是活着的人，最多是一直琢磨马克思说了什么或者打算说什么的书蠹。我们想要的是一场革命，我们将实现它——不是用书本，而是用来复枪。"里德活得不够久，没能证明他能把这一信条的涵义践行到什么程度。他去世之后，鞭策知识分子的角色由迈克尔·戈德承担，多年来，他一直是党的重要打手。在为自己去阶级化和去智识化方面，戈德比大多数左派知识分子更为成功。② 弗洛伊德·戴尔对党派持同情态度，但也是一个无可救药的波希米亚主义者，他认为戈德作为一个文人，"因为某些难以理解的原因，为自己不是工人而感到耻辱……因而每当遇见工人，他就表现得无比敬畏，用华丽的辞藻赞美他们"。

① 引自 Daniel Aaron：*Writers on the Left*（New York, 1961），pp. 254 - 255。我的观点和示例大多来自这一全面的洞见深刻的研究报告，其后段落中的引用和事例，见于 pp. 25，41，65，93 - 94，132n.，162，163 - 164，168，209，210 - 212，216，227，240 - 242，254，308，337 - 338，346，409，410，417，425。1935 年之前，共产党采用"战线联盟"，对知识分子的态度相比其后要刻薄得多。
② 戈德彻底的"反哈佛"态度和 1950 年代的麦卡锡主义如出一辙，他试图否认自己曾在那里短暂求学。"有些敌人散布谣言，说我曾上过哈佛学院。这是个谎言。我曾在波士顿一个垃圾站工作，与哈佛在同一个城市。仅此而已。"

对于比戴尔年轻的一代作家而言，这种耻辱和敬畏感的缘由并没有那么费解。

共产党对于知识分子的功用的看法，是全国上下广泛遵循的实用性、阳刚之气和原始主义的主题所生发出的某些讽刺性的变奏；而有意思的是，除了术语上略有变化，党派的守则和商人所表达的某些态度颇为雷同。重要的任务无比实际——掀起一场革命。别的都是次要的；艺术和智识若不能付诸实践，便毫无用处。照党派特有的想象力，不能为革命所用的文人就被指控为资产阶级的文学娼妓：他们是"最古老、最令人尊敬的娼妓"，（借用一位必是无产阶级出身的年轻作家的言语）"文学害虫……喷了香水的妓女，只要30个银币，就可以跳肚皮舞，或模仿传说中的东方女人扭动腹部。"

革命大业不仅需要更高的道德纯洁性，而且需要一种厚重的阳刚之气，这是很多文人所欠缺的。实用性和阳刚性的政治需求，再一次与唯美主义的无用性形成对比。一位作家因为党派领袖把他的诗歌和短篇小说视为其工作之余的"爱好"而瞠目结舌——这是文学在党内未被严肃对待的活生生的例子。最糟糕的是，那些不愿面对阶级斗争的残酷现实的文人就无法拥有阳刚之气。对此，党内知识分子意见相左，但是，他们之中最赤裸裸的一些人却在挞伐文学人文主义者的十字军运动中，毫不留情地痛斥他们所谓的"仙女文学"。迈克尔·戈德曾告诉辛克莱·刘易斯，这些文人怀有"疯狂的妒忌心"，因为他们被"剥夺了阳刚之气的体验"。在一次针对桑顿·怀尔德的著名的文学讨伐中，戈德指控这位小说家宣扬一种"轻浮的、矫揉造作的、半吊子的宗教信仰，没有真正的刺激神经的血与火，是同性恋者做的白日梦，他们穿着优雅的长袍，以古老的方式穿梭在百合花丛里"。

在他们最为极端的时刻，那些试图制定共产主义文学标准的人，要求工人阶级作家提供据称资产阶级作家未能创造出来的"无产阶级现实主义"（戈德语）。让"伐木工、无业游民、矿工、办事员、养路工、机工、收割庄稼的帮工、侍者——这些对我们来说比那帮耍笔杆子还领薪水的更重要的人"，来撰写和阅读党的喉舌《新群众》（*New Masses*）吧，一位工人阶级作家急切地呼吁。"内容也许是粗鄙的——但我们差不多受够了对着镜子梳妆打扮、在鼻子上涂脂抹粉。我们在害怕谁？是批评者吗？害怕他们说《新群众》的文章充满了语法错误？天呐，兄弟，报亭里一摞摞整整齐齐、语法精准的下水已经够多了。"这类言辞往往会将文人驱离这一运动。让他们更寒心的是其中一人所说的："理想化的无产阶级地位的装模作样，单调地拨弄一根僵硬的琴弦，对其他层次的思想的敌视，贬低异见的写作和批评，回避辩论"。

这些差异，昭示出党派在与文人及其它知识分子打交道时面临的一个重要问题：它在急不可耐地想要利用他们的同时，又无法维持一种能确保他们不离不弃的基调。就连迈克尔·戈德，一个巧言令色让原本抱有同情心的知识分子始终与党派保持距离的人，有时也会对党派领导人对作家们的态度感到不安。他一度承认，知识分子被过度视为局外人："'知识分子'一词，成了'杂种'的近义词，这是美国的共产主义运动给人的感受。"党派成员将这种对知识分子的情绪当成内部斗争的武器：在 20 年代的一场派系斗争中，约瑟夫·弗里曼回忆道，福斯特集团掀起了针对洛夫斯通集团的口舌之战，理由之一就是他们出身学院，是资产阶级和犹太人。这一情绪产生了惊人的后果。马尔科姆·考利在"莫斯科大审判"期间担任一家重要的大都市非党派周刊的驻外编辑，在谈及托洛茨基时极为严肃地说："我从不喜欢他这类大城市知识分子，他们把人类一切问题都简化为光秃秃的三段论法，这让他们在每个问题上都是正确的……"

有段时间，即使只是人生中的短暂一刻，大多数激进作家接受了党派的准则，也接受了这样的论断，即知识分子以及培养他们的机构都是不好的。"我觉得我们是一群柔弱无能之人，"约翰·多斯·帕索斯在一战期间写道，"我们边喝茶边谈信仰，我们的激进思想无一例外地禁锢在体面的界限之内……我想要消灭我们愚蠢的大学和那里优秀的年轻人，那里灌输着晦涩难懂的东西——一切形式的混蛋文化，还有中产阶级的势利眼。"吉纳维夫·塔加德谈及迫在眉睫的"实际"革命任务时，认为文人百无一用：

> 务实之人组织革命，当你试图敲打出一支合格的军队或制定一项新经济政策时，再没有什么比身边有个目光迷离之人更令人恼火的了。如果由我来负责一场革命，我会立即赶走所有的艺术家；相信运气会在我完成了一些艰巨任务后，让肥沃的土地长出另一波庄稼。作为一个艺术家，我有种小孩子在他母亲正忙于家务时所有的那种感觉。我不想碍事，只希望在事情平静下后，待在一个不受打扰的地方。

许多作家加入这一运动是源于一种信念，至少对他们而言，脱离了资产阶级的世界将意味着脱离了它对文化的轻慢。然而，无论选择哪个世界，总要完成一项前期的实际工作——是资产阶级工业化还是新经济政策，是追求个人成功还是需要"敲打出"一支军队。

第五部分　民主制度下的教育

十二、学校与教师

1

任何把反智主义视为美国生活一大特征的人，必然也会认同我们民族经历中的一项标志，即我们对大众教育之功效不懈的、强烈的，有时甚至是感人至深的执念。古往今来，很少有观察家对这种信念的普世性或诚意表示过怀疑。亨利·斯蒂尔·康麦格在评判 19 世纪美国人的主要特征时言及："教育是他们的宗教"——尽管他又迅速补充，美国人对教育与宗教有着相同的期盼，要求它们"是实用的并能带来回报"。[①] 美国人是近代史上首个追随普鲁士先例，建立了免费公立学校体系的民族。初期的制度包括划出一部分公共区域，支持兴办学校的土地条例。迅速增加的校舍和图书馆，证明了他们对知识传播的关注；书院和肖托夸教育集会则表明这样的关注即使在从学校毕业之后也远未终止，而是一直延续到成人教育阶段。

---

① Henry Steele Commager：*The American Mind*（New Haven，1950），p. 10；比较 pp. 37 – 38。Rush Welter：*Popular Education and Democratic Thought in America*（New York，1962），这项关于美国人对教育的期望的研究提供了大量信息。

从最初起，美国的政治家就坚持教育对共和体制不可或缺。乔治·华盛顿在他的告别演说中，敦促人们推广"将知识普遍传播的机构"。至于政府形式对公众舆论的影响程度，华盛顿辩称："核心问题是，大众舆论需要启蒙。"1816年，年迈的杰斐逊告诫人们："如果一个国家想在文明状态下保持无知和自由，这是前无古人、后无来者的。"1832年，在初次面对选民时，年轻的林肯告诉桑加蒙县的人民，教育是"至关重要的话题，我们作为一个民族，必须投身其中"①。在成千上万学子的脑海里，青年时代的林肯靠在壁炉前，在跳跃的火苗中读书的形象，凝固成了一种理想（我相信，他们不需要琢磨他在看什么书）。在流行的言论中，每每某位编辑或演说家意图唱理想主义高调时，向教育致敬总是一个明智的做法。1836年，一位中西部小镇的编辑这样写道："假如真有那么一天，②

　　大厦将倾；当幸福的灯塔被熊熊烈火吞噬……渐渐变得昏暗，根源就在人们的愚昧无知中。如果我们的联邦还将继续……；如果你不想让自己的领地再被专制统治的余孽践踏；如果我们的国家想要福泽绵长；如果要让阳光无遮无挡地继续照耀在自由之人的脸上，那么，让这片土地上所有的孩子接受教育吧。这会让暴君在追求强权的梦想中颤栗，将受压迫之人沉睡的能量唤醒。是才智支撑起了国家庄严的荣耀之柱；有了它和高尚的道德，就足以让其免于土崩瓦解。

---

① 华盛顿的言论见于 Richardson, ed.：*Messages and Papers of the Presidents*，Vol. I, p. 220；杰斐逊的说法见于 *Writings*，P L. Ford, ed., Vol. X（New York, 1899），p. 4；林肯的话见于 *Collected Works*，Roy P. Basler, ed., Vol. I（New Brunswick, New Jersey, 1953），p. 8。

② R. Carlyle Buley：*The Old Northwest Pioneer Period*，*1815 - 1840*（Indianapolis, 1950），Vol. II, p. 416。

然而，如果我们从过往的华美之词回归当今的现实，最令我们侧目的是批评的体量，它揭示出美国人对教育的热情里已经失去了一些非常重要的东西。一系列教育问题的起因是漠不关心，比如拿低工资的教师、拥挤不堪的教室、双日程表的学校、破败的校舍、匮乏的设施，以及一些源于其它方面的弊病，包括对竞技体育、仪仗队、高中鼓乐队的偏重，少数族裔聚居区学校，去智识化的课程，缺乏严肃学科教育，忽视有学术天分的孩子。有时，全国上下的学校似乎都被体育运动、商业主义和大众媒体的标准所支配，这些都向上蔓延到高等教育体系，最糟糕的乱象体现在俄克拉荷马大学校长的大胆举措上，他希望那里发展成一所能让橄榄球队为之自豪的大学。[1] 诚然，教育的某些终极价值似乎永远让美国人感到迷惘。他们耗费巨大的心力和财力，把数量可观的年轻人送进高等学府；但这些年轻人到了那里，甚至连对阅读都不上心。[2]

2

尽管我们在言辞上高调承诺，但在我们的教育表现中，某些东西一直严重缺失，这一点对于那些真正心系我们之期盼的教育工作者而言是显而易见的。我们的教育著述史，对于那些动不动就缅怀往昔的现代教育批评家而言是一个巨大的挑战，因为昔日的时光显然从来都

---

[1] 有关这些弊端的令人印象深刻的批评文字，参阅 Robert M. Hutchins：*Some Observations on American Education* （Cambridge，1956）。

[2] 关于美国人进出大学之时的阅读状况，参阅 Lester Asheim："A Survey of Recent Research," 见于 Jacob M. Price, ed.：*Reading for Life* （Ann Arbor，Michigan，1959）；Gordon Dupee："Can Johnny's Parents Read?" *Saturday Review*，June 2，1956。

不那么美好。那些值得我们肃然起敬的人物留下的教育著述，很大程度上是一种充满了刻薄的批评和苦涩的抱怨的文字。美国人建立了一个公立学校体系，却在向其提供充分支持方面裹足不前。在向普罗大众传播知识的尝试上，他们足以和世界上的前卫国家比肩，却找来盲流和不称职的人担任教师，然后付给他们车夫的工资。

美国教育改革的历史，常常似乎是人和不友善的环境的斗争史。为教育而哀叹，成为我们的文学特征之一，一如清教徒布道中的哀叹。这种文学本应是抱怨的，这本身不足为奇，因为抱怨是一切追求进步之人的负担；但这里有一种近乎绝望的暗潮时刻涌动着。更有甚者，有人发现，它不仅存在于西部地区的教育前线或密西西比的至暗之地，而且在始终站在公立学校系统发展前沿、牢牢占据教育领先地位的马萨诸塞州亦是如此。该州教育改革家詹姆斯·戈登·卡特在 1826 年警告说，假如立法机关不改变政策，公立学校将在 20 年内彻底消失。[1]

霍瑞斯·曼在 1837 年后担任马萨诸塞教育理事会秘书长时，对一个全国最好的学校体系的批评可谓洞若观火。他认为，校舍太狭小、位置很不理想；校委会为了节约开支，无视课本的统一性，以至于一个班级在任一学科上可能会用多达 8 到 10 种课本；校委会成员薪水微薄，不被社会认可；一部分社区对教育毫不关心，完全不为学校系统出力，更富裕的人则弃公立学校而把孩子送去私立机构；在很多小镇，州内对学校的要求未得到遵守；"在公立学校，有能力的老师普遍是稀缺资源"，现有的老师尽管能力有限，却"符合了大众的需求"；"阅读课上，才学的匮乏显而易见"；"在正确拼写方面，学校在过去的半代到一代人时间里倒退了"；"学校里上阅读课的小孩有超

---

[1] *Essays upon Popular Education*（Boston，1826），p. 41.

过 11/12 不能理解文字的含义"。他担心"不尽责的校委会、不称职的老师，加上事不关己的大众，彼此拖后腿"，直至整个免费教育理念遭到摒弃。①

抱怨还在继续，哀怨的语调从新英格兰向全国各地蔓延。1870年，就在国家即将迎来中级教育的井喷时，后来成为全国教育协会会长的威廉·富兰克林·菲尔普斯此时正好是明尼苏达州威诺纳一所师范学校的校长，他宣称：②

> 它们［初级学校］主要掌握在胸无点墨和缺乏专业技能的教师手中。孩子们被灌输的只是知识的皮毛。在他们离开学校、走向广阔人生舞台之际，他们缺乏纪律、意志力和道德约束力……糟糕的学校和糟糕的老师在全国范围内比比皆是。有这么多糟糕的学校，国家还不如将它们关闭……它们用大众的钱换来可悲的愚昧，以极端错误的方式自我膨胀……美国成百上千所学校，比无组织纪律的少管所好不了多少。

1892 年，约瑟夫·M. 赖斯走遍全国，视察各地的学校系统，

---

① Horace Mann：*Lectures and Annual Reports on Education*，Vol. I (Cambridge，1867)，pp. 396，403 - 404，408，413，422，506 - 507，532，539。曼 1843 年的报告十分有意思，其中与普鲁士教育进行了广泛的比较。他提到，那里的"教师一职在大众眼中的地位如此之高，在其它行业或者商业部门尝过败绩者，不会被鼓励去学校管理上寻求最终的出路"。Life and Works，Vol. III (Boston，1891)，pp. 266 其后，尤其是 pp. 346 - 348。哈佛道德哲学教授弗朗西斯·鲍恩赞同曼的观点；他在 1857 年回顾新英格兰的学校体系，认为它"堕落到按部就班，节俭异常。任何茅舍都可以用作校舍，任何入门书籍都可以当作教科书，任何农民的学徒都有能力'到学校教书'"。*American Journal of Education*，Vol. IV (September，1857)，p. 14。
② NEA *Proceedings*，1870，pp. 13，17。有关 1865 年到 1915 年间一系列与此类似的怨言，参阅 Edgar B. Wesley：*N. E. A.：The First Hundred Years* (New York，1957)，pp. 138 - 143。

除了少数几个令人宽慰的例外，各个城市的颓废景象并无不同：教育是基层政治创造出来的；愚昧的政客雇请了愚昧的施教者；教学是毫无启发性的不断重复的操练。[1] 10 年后，在进步运动即将起步之时，《纽约太阳报》发出了别样的控诉：[2]

　　当我们还是孩子的时候，男孩们不得不在学校里做些什么。他们不是被哄骗的，而是被捶打的。拼写、作文和数学不是选修课，是你必学的。现在是个更为幸运的时代，初级教育在许多地方成了杂耍表演。孩童必须保持玩心，学习他喜欢的内容。很多贤明的老师鄙视那些老套的基础科目，而对于一个孩子来说，学习阅读似乎被视为一种不幸或罪恶。

　　整整一代人之后，当国家终于发展出了宏大的中级教育体系，教育本身变得高度专业化，教育学院的托马斯·布里格斯在哈佛做英格利斯讲座时，评估了国家对中等教育的"庞大投资"，并断言此举可悲地走上了歧途。"没有什么可敬的成就，"他观察认为，"就连中等学校课表上的科目都乏善可陈。"他认为，数学教育的成果假如用在商业上，只会导致破产或者坐牢。面对给出的 π 值和所有必要数据，也只有一半的学生懂得如何计算圆形面积。学外语的学生既无法阅读，也不会交流。学完一年的高中法语之后，只有一半的学生能翻译 Je n'ai parlé à personne[3]；选修法语课的学生中，只有 1/5 上这门课两

---

[1] *The Public School System of the United States*（New York, 1893）.

[2] Marian G. Valentine：" William H. Maxwell and Progressive Education,"*School and Society*, LXXV（June 7, 1952）, p. 354。在这段时期出现的此类控诉是对新教育的回应。参阅里斯·德艾米的言辞，见于 R. Freeman Butts 和 Lawrence Cremin：*A History of Education in American Culture*（New York, 1953）, pp. 385 – 386。

[3] 法语，意为"我是一个人"。——译者

年以上。拉丁语的教学状况同样糟糕。经过一年的古代史学习，学生依然不知道梭伦是谁；而学了一年的美国历史后，学生们仍说不出门罗主义的定义——尽管这两个都是课程中强调的主题。英语课也未能在大多数人身上培养出任何"对所谓规范文学的持久品味"，在书面英语方面，"绝大多数情况下，成效之不足亦令人震惊"[①]。

今天，我们生活在一个系统调查的时代，各种教育失败的证据多到不胜枚举，已到了书面记录都是徒劳的地步。[②] 对于这些证据的实际意义，存在着极为广泛的不同见解。许多专业教育学家持欢迎态度，认为这进一步证明了他们的观点，即传统的学习课程不适合大众教育体系中的绝大部分儿童。而教育系统的批评者辩称，这些发现无非是表明有必要回归更高的标准，并提升我们的教育士气。对于教育失败这一核心事实则争议相对较小；而这样的失败本身也突显了美国生活中的一个悖论：在一个如此热衷于教育的社会，教育制度的成果却始终如此令人失望。

3

诚然，我们也许会怀疑这些发现和批评是否有误导。校方和教育改革家的控诉史，难道不正是一种健康的自我批评的标志吗？许多这样的抱怨，不是引发了后续的改革吗？若衡量美国公共教育系统的不

---

① Thomas H. Briggs：*The Great Investment*：*Secondary Education in a Democracy* (Cambridge，Mass. ，1930)，pp. 124 - 128。
② 这些研究中，我最喜欢的是 1951 年洛杉矶对其 3 万名在校生的调研。除了一些其它发现，结果显示，八年级学生中几乎有七分之一不能在地图上指出大西洋的位置，有差不多比重的十一年级生（16—18 岁）不会计算 36 的 50%。*Time*，December 10，1951，pp. 93 - 4。

是一些抽象的完美标准，而是其兴建之初的目标，它难道不能算是成功的吗？这一切无疑值得详细探讨。美国公立学校体系的本意，是涵盖一个大范围的成分复杂的流动人口，它的来源是多层次的，任务也是多样化的，旨在融合成一个家国，开化民智，至少赋予人们基本的作为公民的能力，以维持共和体制的运作。这一切都做到了；在 19 世纪的大多数时候，美国即使在高端文化上并未取得举世瞩目的成就，那么它的教学体系至少帮助开发了民众的思维和能力，因而不乏外国观察家的反复关注和仰慕。

至此，美国人的教育信条本身无疑需要进一步审视。对大众教育的信仰，主要不是基于对思维发展的热情或出于自身利益而对求学和文化本身的自豪感，而是建立在人们以为的教育所能带来的政治利益和经济利益上。毋庸置疑，诸如霍瑞斯·曼这样的大学者和教育改革家确实心系思想的内在价值。但在试图就教育的重要性说服当权者和普通民众时，他们大体上还是以审慎的方式指出了教育对公共秩序、政治民主和经济进步的潜在贡献。他们深知，最令人无法抗拒的"推销"教育的方式，不是强调它能推动高端文化，而是它能塑造一个被认可的民主社会。他们采纳并向美国人的头脑里灌输的观点是，普及教育对平民政府而言是绝对不可或缺的。对于关心成本的富人，他们的解释是，普及教育是应对社会无序、缺乏专业技能且愚昧的劳动力、政府失职、犯罪和激进主义的唯一良方。对于中下阶层，他们描绘的教育是公共权力的基石，是机会之门，是在通向成功的竞赛中最理想的平衡器。[1]

---

[1] 教育改革家的观点，见于 Lawrence Cremin：*The American Common School*（New York，1951）；Merle Curti：*The Social Ideas of American Educators*（New York，1935）；以及 Sidney L. Jackson：*America's Struggle for Free Schools*（Washington，1940）。美国社会历史最有启迪性的档案，见于 Robert Carlton［Baynard Rush Hall］：*The New Purchase，or Seven and a Half Years in the Far West*（1843；Indiana Centennial ed.，Princeton，1916）；有关早年中西部人民对教育的态度，其中提供了大量的资料。

至于广大不善言辞的美国民众，除了为自己的后代提供向上发展的机会，他们对学校系统的实际期望难以考证。智识的发展并非人们关注的重点，这一点似乎很清楚，但也有一些证据表明，我在前文提到的宗教、政治和商业领域所表现出的反智主义，也渗入了学校的教育实践。似乎有一种普遍的担忧，即儿童不应对思维的运用形成过高的期待。露丝·米勒·埃尔森近期对 19 世纪的课本内容的研究表明，校内读本的编撰者试图施加给儿童的是我们所目睹的成人世界对智识、艺术和求学的普遍态度。① 传统学校的读本中曾经包含数量可观的优秀文学，但最优秀的那些极少入选，理由是它们会强化创造性智识的价值。

　　正如埃尔森女士所言，这些书本所体现的主要智识价值在于实用性。一本初级读物中提到："我们都是掌握实用知识的学者。"杰迪代亚·莫尔斯的著名地理课本里如此夸耀："当其它许多国家把卓越的才华浪费在精雕细琢的纪念碑装饰上以使他们的自豪感不朽时，美国人却遵照真正的共和主义精神，几乎完全投身于对大众和个人有实效的工作。"教科书的作者们骄傲的是美国在知识传播上的民主，甘愿为没有那么多进步的、高深的学者而付出代价。"我们没有像牛津和剑桥那样宏大的机构，可以向文学教授们支付巨额薪水，确保他们像修道士般的闲散……这个国家的人民，尚不打算进行太多的文学表演——他们宁愿瞄准有普遍用处的工作。"另一种类似的自豪感表达是美国高等学府与欧洲的不同，它们不只致力于知识的摄取，而且还注重学生的道德培养。美国的大学被自鸣得意地描绘成旨在塑造个性和强化原则的场所，而非流于对真理的追求。

---

① 给予我极大启发的是埃尔森女士的文章，"American Schoolbooks and 'Culture' in the Nineteenth Century," *Mississippi Valley Historical Review*, Vol. XLVI（December, 1959），pp. 411 – 434；其后段落的也引自此文，pp. 413，414，417，419，421，422，425，434。

公立学校的设计也被认为具有类似的目标。"孩子们，"爱丽丝·卡里在 1882 年的一本三阶读物的选集中说，"你们必须追求做个好人，而不是追求睿智。""人类的才华，"另一位作者说，"既不是一个人身上唯一的，也不是最佳的装点。"心灵的美德始终比头脑的优势崇高，这样的偏好以英雄文学的形式进入校内读本。欧洲的英雄们可能是傲慢的贵族，在战场上具有毁灭性的士兵，或者"领着养老金的趋炎附势的大学者，亵渎自身出众的天赋来纵容腐败宫廷之罪恶的诗人"。但是，美国的英雄都是单纯真诚、品格高尚之人。华盛顿作为这类文学的核心人物，在一些书籍中被描绘成自我成就和务实之人的典范，几乎无需智识生活。"相比天分，他更扎实，比天才更有决断力。他惧怕公众生活，不爱阅读，没有自己的藏书。"一本 1880 年代和 1890 年代的历史书这样写道。甚至连富兰克林都未被描述为 18 世纪的智识型领袖之一，也没说在他那有"世界之都"美誉的家乡及当地贵族阶层中他是个杰出的科学家，反而把他塑造成了自我成就者的范例，留下了泛滥的关于节俭和勤勉的格言。

编入读本的高雅内容也佐证了这样的感受。上半个世纪，唱主角的是华兹华斯的反智主义格言，下半个世纪则属于爱默生。1884 年，一本五阶读本引用了爱默生的《再见》：

> 我嘲笑这些知识，和骄狂之人，
>
> 嘲笑诡辩者的学校，和有学养的流派
>
> 当人们在树林中就可以遇见上帝，
>
> 他们那自大的狂妄又算得上什么？

人们对从智识中得到乐趣也存在着一定的偏见；反对阅读小说的

禁令不断被重提；偶尔还滋生出一种观念，即为娱乐而阅读是一件极不应该的事："一本残缺不全的书是被翻烂的，而一本仅仅为娱乐而读的书是不该被打开的。"埃尔森女士在仔细分析了这些读物后总结道："反智主义在美国文化中不仅不是新事物，而且早已全面渗透进了学校读物，自开国以来，被一代又一代的学生阅读。"

对艺术的高度重视，并不能弥补智识的降格。音乐和艺术的出现主要与白手起家的艺术家、国家纪念碑的讨论有关，与颂扬美国艺术有关。似乎对于校内读物的编撰者而言，重要的不是艺术家作品中的审美，而是他的艺术生涯是否体现了百折不挠的美德。对本杰明·韦斯特的刻画是，少年时期的他穷得买不起画笔，于是他拔下猫尾巴上的毛使自己能继续作画："于是我们知道，勤奋、独出心裁和坚持不懈，让一个美国小男孩成了当时全英格兰最杰出的画家。"但是，假如艺术生涯可以成为塑造品格的途径，那也有其危险性。18世纪英国道德家汉娜·莫尔的一段文字被挖了出来，她提出："在所有体面的国家，全身心投入艺术是女性走向腐化的一个主要源头……过度的艺术培养造就的腐化，全面导致了国家的衰落，它始终都是倾覆即将来临的不容错看的症状。"意大利人常被视为无与伦比的艺术成就和不健全的国家特质相辅相成的范例。值得一提的是，随着时间流逝，校内读物越来越倾向于借美国的艺术和文学发展来反驳欧洲人对美国文化的批评。艺术，当与民族自豪感联系在一起，被认为是一种工具，至少是可以接受的。

诚然，我们无法知晓校内读物的内容究竟在多大程度上影响了儿童的思想。但接受了这些书籍里的普遍态度的孩子，会认为学术和美术只是和欧洲劣等社会相关联的点缀，他对艺术的认知，主要是它如何服务于民族，对它的鉴赏则几乎完全基于其对个性的贡献。正如埃尔森女士所言，他会长大，"变得诚实、勤奋、虔诚、有道德。他会成为一位有用的公民，不会被艺术或学术的阴柔甚或危险的影响所波及"。他接触到的读本里的文化观念，为他铺垫的"是一个追求物质成功和完美人格的人生，但在这样的人生里，智识和艺术成就只有在能够发挥实际效用的时候才显得重要"。

这些校内读本的零星内容，更清晰地定义了美国人在 19 世纪所展现出的教育理念。它最感人的方面也许在于一种仁慈的信念，即教育不应是专有的，而应是普惠的。这一决心的执行获得了非凡的成功：学校成为推广社会和经济机会的强大机构。美国人不太能确定如何定性教育的内在标准，即使他们能定义这些标准，在教育投入计划的宏大范围内，执行起来也是困难重重。教育在加强有用技能和拓展社会机遇上的效用始终是明确的；但为追求智识和想象力的成就甚或思考的乐趣而开发大脑的意义则远不那么确定，也并未得到公认。困扰着许多美国人的疑虑是，这种类型的教育只适合赋闲阶级、贵族阶级、欧洲式的过往；和好处相比，它的潜在危险更明显；过度顾及思维的开发是一种自负或自恋，在道德腐朽之人身上司空见惯。

4

美国人不愿接受教育过程中智识的价值，也无法通过一个强大的受人尊敬的教育职业补足，因为这样的职业压根不存在。民众的态度并不要求发展这样一种职业，但即便有，美国的生活环境也会让招募和培训一流的专职队伍变得困难。

在任何现代社会，学校教师的形象都可能被视为一个核心符号。

教师是——或至少可以成为——第一个或多或少的全职的、专业的、能进入大多数孩子体验的思维生活的代表；孩子对教师的感受、他所掌握的社会对教师的看法，是他早期基本学习观念形成的关键点。诚然，在主要传授初级技能的小学阶段，这并非十分重要；不像在中学里，孩子迅速觉醒的头脑开始触及思想的世界。然而，在从小学到大学的任何一个阶段，教师不仅是指导者、学生潜在的个人楷模，也是关于成人世界普遍态度的鲜活线索。孩子们对思维培养方式的认知大量来自老师；通过观察老师获得的尊敬和认可，他们很快就能感知社会如何看待教师这一职业。

在诸如法国、德国和斯堪的纳维亚国家，教育在智识上的职能被高度认可，教师可能是地方上的重要人物，尤其是中学教师，他们代表了一个值得效仿的个人和职业理想。在那里，教师的工作有价值，受到高度赞誉，因此成为一名教师很值当。头脑敏锐而开明的教师，对于有天赋但并非成长于高学识家庭的孩子尤为重要，因为这些孩子没有其它激发思维的途径。然而，在美国的历史上，常见的情形是学校教师不适合作为引领学生进入智识生活的榜样。他们通常不仅自己没有智识生活，甚至在他们本该传授他人的技能上都不具备足够的能力。个人素质暂且不论，低薪、普遍缺乏个人自由令教师的工作与剥削及胁迫画上等号。

当代的评论文章几乎一致公认，美国的教师未得到很好的报酬和尊重。几年前，时任卫生教育福利部部长的马里昂·福尔索姆表示，我们教师的工资是"国家的耻辱"，反映了"民众对教师工作缺乏尊重"。[1] 这样的提醒在媒体上频频出现。某日，民众得知在密歇根州某

---

[1] *The New York Times*, November 3, 1957.

个城市，教师的年薪比收垃圾的人还少 400 美元；另一日，佛罗里达州的一群教师发现，州长付给自己的厨师年薪 3600 美元，他们写道，厨师比州内许多大学毕业的老师挣得还多。[1] 和其他美国人一样，教师的绝对生存环境要好于他们的欧洲同行，但比较各国的平均收入，他们的年薪比西方世界（除加拿大外）任何国家的教师都要低。1949 年，美国教师的平均年薪和人均收入比是 1.9；而英格兰的这一数字是 2.5，法国是 5.1，西德是 4.7，意大利是 3.1，丹麦是 3.2，瑞典是3.6。[2]

在这个国家，教师的职业地位低于其它国家的，地位也远不及美国的其它职业。正如迈伦·利伯曼所言，教师通常是从"下层民众中的上层"招募的。而社会上层和中上阶层几乎普遍抵制以教学为职业。教师们经常需要在学期内或"暑假"期间从事低等工作以补贴收入，比如充当侍者、酒保、管家、看门人、农场帮工、衣帽间看管员、牛奶工、一般劳动力等。他们来自学识有限的中层或中下层家庭，传统的读物可能是《星期六晚邮报》或《读者文摘》。[3] 对大多数教师而言，尽管他们的职业收入微薄，但至少经济状况好于他们的父母，日后，他们的孩子接受了更多的教育，也会更上一层楼。

尽管《黑板丛林》耸人听闻，许多城市贫民区学校显然乱象丛生，但有理由相信，美国中学的师生之间的私人关系是良好的；尤其是社会中层和上层的孩子们，他们响应学校的教育目标，相比展现出

---

[1] *The New York Times*, March 24，1957.

[2] Myron Lieberman：*Education as a Profession* (New York, 1956)，p. 383；本书第 12 章阐述了美国教师的经济地位。这些数据体现的美国教师的相对劣势，并未考虑其它各种非薪资形式的报偿；例如退休津贴及免费医疗。

[3] 有关教师的职业身份，最佳的简述来自 Lieberman：同前，第 14 章。研究表明，教师享有的社会地位比我所描述的要高一些，然而，这些研究是基于民意投票，在我看来，这种研究方式在有关地位的问题上产生的结果十分糟糕。有关教师的地位，亦可参阅一部未被足够重视的杰出作品：Willard Waller：*The Sociology of Teaching* (New York，1932)。

同等才能的来自下层的孩子，他们更能得到教师的青睐。然而重要的是，美国的青少年对老师更多的是同情而非仰慕。他们知道教师收入微薄，同意教师应获得更高的报酬。他们当中更有抱负和能力的人同时也得出结论——教学不适合自己。[①] 如此一来，教师职业的平庸往往会不断自我循环。只要教师站在其学生面前，充当智识生活及其回报的代言人，他们便在不经意间使这种生活显得毫无吸引力。

教师们的窘境可以追溯到我国历史上最早的时期。美国人对教育的热情从未高涨到足以给教师充分的扶持。在某些方面，这似乎折射出对于教育功能的盎格鲁—美利坚式态度，它迥异于欧洲大陆的普遍态度。[②] 不管如何，在这里，合格劳动力的市场始终是个问题，早期美国人社区在雇请和留任合适的校长上遭遇了极大的困难。在殖民地时期，受过教育的人有限，他们有太多的选择机会，不会满足于一般社区愿意支付给校长的工资。各种解决方案都尝试过了。一些小学由"女子学校"的女性主持，通常是私立的，但有时一部分或大部分工资会由公共基金支付；但直到步入19世纪，美国的社区才普遍转由女性任教。在一些城镇，校长由牧师兼任；或者校长同时负责一切本

---

① 关于十几岁的青少年对教师的看法，参阅 H. H. Remmers 和 D. H. Radler：*The American Teenager* (Indianapolis, 1957)；有关师生关系中的阶级因素，参阅 August B. Hollingshead：*Elmtown's Youth* (New York, 1949)；以及 W. Lloyd Warner, Robert J. Havighurst 和 Martin B. Loeb：*Who Shall Be Educated*? (New York, 1944)。

② 设想19世纪早期英国的劳动力市场略有不同，但公共教育师资的社会和经济状况，并不比美国更值得称美。参阅 Asher Tropp：*The School Teachers* (London, 1957)。在这方面有一定启发意义的是女王陛下的审查官 H. S. 特雷明希尔在1850年代访美时所言。他写道："老师们，不论男女，都享有极高的社会地位，任何从英国来访问那些学校的人都会为之目瞪口呆，特别是考虑到这些工作的性质……" *Notes on Public Subjects Made during a Tour in the United States and Canada* (London, 1852)，pp. 57 - 58。我相信，英国和美国的读者可以读懂我的句子，对大多数欧洲读者而言则比较不易理解。另一位英国观察家同样认为，美国教师的地位很高，尽管他们的报酬和英国教师一样微薄。参阅 Francis Adams：*The Free School System of the United States* (London, 1875)，尤其 pp. 176 - 178，181 - 182，194 - 195，197 - 198，238。

地事务，包括各种民事和教堂工作，例如任教堂敲钟人、当地书记员、镇传达公告员和镇办事员。其余的则接受了绝无可能找到常务校长的现实，转而短期聘用有志于未来在诸如教会和法律上寻求职业发展的年轻人。因此，许多社区才能暂时找来人品出众又有能力的教师，但恰是这种短期性证明了教学对真正有能力和品格之人而言，不过是人生的中转站而已。

　　长期留任校长的人似乎常常是个性淡漠，表现得分外不适合这一工作。许是因为只有病态的情形才会青史留名，威拉德·艾尔斯布里在他的历史著作《美国教师》里描绘了殖民地校长的特点，多涉及酗酒、诽谤、亵渎、官司缠身和诱奸。① 书中也提到，殖民地社区有时不得不找契约仆役当老师。大约在 1725 年，特拉华州一名牧师注意到，"每当船只进港，那些急于为孩子们寻找辅导员的人常说的一句话是，让我们买个校长去"。1776 年，《马里兰日报》上的广告称，一艘来自贝尔法斯特和科克的船，刚刚在巴尔的摩靠岸，并列出了该船销售的物品，"各种爱尔兰商品，其中包括校长、牛肉、猪肉和土豆"。大约在同一时间，康涅狄格州的媒体刊载了一则悬赏启事，据描述，其所寻的失踪者为"一名校长，脸色苍白，短发。有严重的疥疮，双腿疼痛"。身有残疾者无所事事，经常被拉去当校长。1673 年，阿尔巴尼一位面包师加入了当地已有的 3 名教师之中，原因据说是"他的手没力气了"。② 尽管这样的选择可能是源于仁心的滥用，但也反映出找到合适人选一如既往地艰难。只有马萨诸塞州一枝独秀，那里有足够多的受过教育之人，很大一部分的大学毕业生当了校长。

① *The American Teacher*（New York，1939），chapter 2.
② Howard K. Beale：*A History of Freedom of Teaching in American Schools*（New York，1941），pp. 11 – 12；Elsbree：同前，pp. 26 – 27，34。

尽管偶尔出现能干又敬业的校长，但与别人合不来的情形似乎一直如此显眼，以至于为教师职业树立了一个不讨人喜欢的形象。"事实是，"一位观察者在1725年这样写道，"这类人的职业和个人形象刻薄而猥琐，除非民众严肃反思孩子们的教育问题，否则这将是唯一的可能。"① 这种传统似乎一直延续到19世纪，我们看到这样悲哀的坦白："因为身体上的残疾而无法从事体力劳动的人，比如瘸腿的、肥胖的、虚弱的、得痨病的、癫痫的或者懒到不去工作的，他们通常用这些人当校长，让他们做他们做得了的事。"于是，这里浮现了一系列典型形象：一只眼或一条腿的老师、因酗酒而被逐出教会的老师、瘸腿的老师、误打误撞跑来的流浪艺人，以及"周六喝醉酒、周一折腾整个学校的老师"。②

真正的教育家们对教师资质的关注是普遍的，不分地域的。詹姆斯·戈登·卡特在描述1824年的马萨诸塞州学校时，宣称③教师可分成三种类型：（1）认为教学比一般劳动轻松且报酬可能更高的人；（2）接受了良好的教育，把教书当成临时工作，目的是维持生计或有更多时间选择其它职业的人；（3）清楚自己的弱点、担忧生活无以为继或在其它工作上难以谋生的人："只要一个年轻人的道德观足以让他远离监狱，他就能毫不费力地当上校长。"

几年后，北卡罗来纳大学校长约瑟夫·卡德维尔对该州教师的招募忿忿不平：④

---

① Howard K. Beale：*A History of Freedom of Teaching in American Schools*（New York, 1941），p. 13。
② R. Carlyle Buley：同前，Vol. II, pp. 370 - 371。
③ James G. Carter：*The Schools of Massachusetts in 1824*, Old South Leaflets No. 135, pp. 15 - 16, 19, 21。
④ Beale：同前，p. 93；比较早期有关教学的专著，Samuel Hall：*Lectures on School-Keeping*（Boston, 1829），尤其是 pp. 26 - 28。有关西南部地区教师职业的状况（"我们的老师大多数只是冒险者而已"），参阅 Philip Lindsley，见于 Richard Hofstadter 和 Wilson Smith, eds.：*American Higher Education：A Documentary History*（Chicago, 1961），Vol. I, pp. 332 - 333。

　　一个懒惰成性的人是所有向他提供帮助之人的包袱吗？那么有一种方法可以甩掉他——让他去当校长。在很多人眼里，教书差不多就是坐在那里无所事事。有人曾因为举止不当或违规行为而倾家荡产、债务缠身吗？那么学校管理工作向他张开双臂，在这里他得自食其力、隐姓埋名。有人自甘堕落，还不遗余力地腐化他人，有放纵、酗酒、诱奸和一系列的行为不端？不，他是否触犯了法律，在为自惭形秽的所作所为稍事弥补之后初出囹圄？他人格败坏、不值得信任，现在他开办了学校，孩子们蜂拥而入，只要他有意以此为生，我们就认为既然他能读会写、懂得计算平方根，就会成为一位出色的校长。

　　毕竟，美国文学里校长的典型形象不就是华盛顿·欧文笔下的伊奇博德·克兰吗？

　　克兰的绰号恰如其人。他个子虽高，却相当瘦削，肩膀窄小，胳膊和腿修长，双手悬垂伸出袖子老远，两脚真可用作铁锹，身子骨并不结实。他头小，顶上扁平，大耳朵，一双绿眼没有神采，长长的沙锥鸟鼻，像风标安放在锭子似的脖上，指示风向。谁在刮风日子见他大步沿山腰而行，衣服松散飘舞，会误以为饿神下凡或稻草人从玉米地里出逃呢。[①]

　　欧文笔下的伊奇博德·克兰并非一个彻头彻尾的恶人。在旅居当地期间，他尽其所能适应农民的家庭，承担各种杂活，逗弄和安抚年

---

① 此处译文借用《见闻札记》（华盛顿·欧文著，刘荣跃编译，广西师范大学出版社版）中的译法，并稍作调整。——译者

幼的孩子。他成了当地女人眼中颇为重要的人物，比她们通常见到的土包子更有学识。然而，这种"小精明和凡事易于轻信的奇异结合"对男人而言算不上英雄。当布罗姆·波尼恐怖的伪装吓跑了伊奇博德，并把一个南瓜砸在他轻信的脸上，他传递的亦是美国男性对旧时校长的标志性观感。

5

卡德维尔和卡特这些谋求某种教育改革之人的抱怨也许有些夸大其词；但即便如此，它们也只是映射出了盘踞在美国民众脑海里的典型教师形象。这是一个恶性循环。美国社会在优秀师资的选用、培养和报酬上已然捉襟见肘。他们有什么用什么，启用的人很大一部分都是不合适或无能者。他们倾向于认为，教书这桩事吸引的都是一些无赖，所以不愿支付给这些人超过其价值的报酬。当然，也有证据表明，若能找到既能干人品又好的教师，这些人还是很受欢迎的，并很快能在社区内赢得比其它同行高的地位；但直到很久以后，在广泛提升教师能力方面才有了更大的投入。

帮助美国教育冲破这一恶性循环的，是小学分年级制的发展和女教师的出现。分年级小学是针对大城市教育问题的措施，初见于1820年代，到1860年实现了普及。1860年，大多数城市的学校是这样的——学生大约6岁入学，14岁离校。分年级小学主要模仿了德国体系，让更小的班级成为可能，同班的孩子更有共性，也让教学工作在美国赢得了值得敬重的地位。这也增加了对教师的需求，教职向女性敞开了大门。1830年前，大多数教师是男性，女性掌管的主要是幼童和暑期班。当时流行的观点是，女性没有能力解决校内的纪律问题，尤其是面对大型的班级和更年长的学生群体时。分年级小学的出现对这些反对声作出了回应。尽管很多社区依然有抵制女性教员的呼声，但女教师的工资是男教师的一半甚至三分之一，轻易就能让人缄口。以廉价的方式普及教育这一伟大的美国式理想在此有了答案。到了1860年，在部分州，女教师的数量超过了男教师，内战更是加速了对男教师的取代。至1870年，近60％的师资力量是女性，而且人数还在迅猛增长。到1900年，女教师超过70％，25年后，这一数字史无前例地超过了83％。[①]

　　除了成本问题，接纳女性教师的同时也解决了对品行的要求。找到足够数量愿意接受低薪工作的令人敬慕的年轻女性并非难事，只要她们的品行符合校理事会那些僵化的有时甚至是严苛的标准，她们就可以保住工作。然而，关乎能力的问题并未彻底解决。新师资的特点是非常年轻且准备不足。在很长一段时间内，几乎不存在能向她们提供专业培训的公共机构，私下里以此为目的的研讨会也数量有限。当美国开始思考这一问题之时，欧洲国家对教师培养的探索已超过百年。1839年，霍瑞斯·曼在马萨诸塞州创办的第一所公立师范学校具有开创性意义；直到内战初期，这样的机构也仅有十多家。虽然自1862年起数量激增，但直至世纪末，依然赶不上教师需求的迅猛增长。1898年，只有一小部分新教师——大约五分之一——来自这一类型的公立或私立学校。

---

① Elsbree：同前，pp. 194-208，553-554。到1956年，这个数字降到了73％。在乡村地区，学校女教师的收入大约是男教师的三分之二。在城市里两者的收入均有提高，但最初她们的收入只略高于男性收入的三分之一。

此外，这类学校提供的培训也差强人意。录取标准颇为随意，甚至到 1900 年，高中毕业证书都还鲜少被纳入录取的必要条件。两年的高中或同等学力，通常是两到三年制师范学校的预备课程。四年制师范学校在 1920 年后才普及起来，当时师范学院已开始取而代之。甚至在 1930 年，美国教育委员会的一项调查显示，当时全国范围内的师范学校和师范学院毕业生中，只有 18％完成了四年制课程，三分之二只上了一年或两年。[①]

虽然自世纪之交起，美国社会为满足师资缺口投入巨大，但学生数量的爆炸性增长让他们疲于应付。教师市场供不应求，对提高入行标准的努力起了反作用。1919 年至 1920 年，据估计，美国的教师一半低于 25 岁，一半教龄不超过 4 至 5 年，一半在八年级之后接受的教育不超过 4 年。其后数年，开始进入教师教育至少在数量上增长迅猛的阶段。然而 1933 年，美国教育委员会发表的《全国教师教育调查报告》显示，全国范围内持有本科学历的小学教师只有 10％，初中教师只有 56％，高中教师只有 85％。除有略高于六分之一的高中教师拥有硕士学位，持本科以上学历的几乎可以忽略不计。和西欧一些国家相比，美国的教师教育劣势明显，落后于英格兰，远不及法国、德国和瑞典。"引人严重关切的是，"该报告的作者写道，"一般的学生和某些重要的教师群体，相比随机的普通民众，学识并不高出多少。"[②]

有多少能干的学生因为低工资或是围绕教师教育的种种妄言而不

---

① Elsbree：同前，pp. 311 – 334。

② E. S. Evenden："Summary and Interpretation," *National Survey of the Education of Teachers*, Vol. VI (Washington, 1935), pp. 32, 49, 89。其后有关进入教育行当之人的能力状况的资讯，参阅 Henry Chauncey："The Use of Selective Service College Qualification Test in the Deferment of College Students," *Science*, Vol. CXVI (July 25, 1952), pp. 73 – 79。另参阅 Lieberman：同前，pp. 227 – 231。

愿从事教育工作，这难以衡量。可以确信的是，教师在他们所教科目上的培训是不够的；但更令人侧目的是，不论他们在自己兴趣浓厚的领域做了多少储备，也并不会增加他们讲授这一科目的机会。上述调查报告整合了各项研究后显示，在某一学科上准备充分的高中教师，被指派为该科目教员的几率差不多只有 50%。这在一定程度上也许归咎于行政管理的疏忽，但主要原因是大量小型高中经济拮据，1959年，詹姆斯·布赖恩特·科南特对此抱怨连连。[①]

当我们审视美国教师培训史，艾尔斯布里的观点不容忽视："在致力于为公立学校提供足够的教员之时，我们为了数量而牺牲了质量。"[②] 普遍的预期是，每个人都应接受义务教育，总体而言，除南部之外，这也成为了现实。然而，国家不能也不会为实现全民教育的目标而在培养师资力量上投入巨大。寻找廉价的教员是长久的目标。教师被视为公职人员；美国人的平等主义理念是公职人员的薪资不应过高。在殖民地时期，尽管校长的薪资水平有较大差异，但总体上大约等同或略低于技术工人，且大幅低于专业人员。1843年，霍瑞斯·曼在对马萨诸塞州一个社区各种职业团体的薪酬水平做了一番研究后指出，技术工人的工资比同一地区的学校教师多出50% 到 100%。他还发现，女教师的收入低于工厂女工。1855 年，一位新泽西州的学校管理员相信，尽管教师们通常"不称职得令人发指"，但他们"做的准备已经超过自己所能承担的了"。他指出，

---

① 科南特根据其所观察到的有力证据总结道："除非毕业班的学生数量达到 100 个以上，否则进阶班级或者在任何课堂内单独分组都是不可能的，费用将高到令人咋舌。"他的调查显示，全国 73.9% 的高中十二年级入学人数少于 100 个，31.8% 的十二年级生在这样的学校上学。*The American High School Today*（New York, 1959），pp. 37 - 38，77 - 85，132 - 313。当然，教师的学术专长未被良好利用的重要原因之一是，对教师执照的培训课程有指定要求，却对学术上的要求未加重视。
② 同上，p. 334。

指望有能力有前途的人接受教师的低工资是个笑话，正因如此，"教师这个称谓，在某种层面上始终是个让人丢脸的词"。很多农民宁愿在打马掌上多花点钱，也不愿"找个合适的人来塑造自己孩子的品格"[①]。

当然，薪酬的短缺是丝毫不能依靠尊严和身份来补足的。更有甚者，增长中的女教师的数量优势，尽管是解决教师职业里品格败坏的弊病的一剂良药，却引发了一个棘手的新问题。在世界上其它地方，普遍的理想是——教师的实际招募大体上与之相符——男性应在一般教育事业上扮演重要角色，在中级教育上尤为如此。美国是西方世界中唯一一个将其初级教育几乎无一例外地交在女性手中的国家，而且中级教育大部分亦是如此。1953 年，这一国家在女性教学上几乎鹤立鸡群：小学教师中女性占 93％，中学教师中占 60％。西欧只有一个国家（意大利 52％）的中学教员中女性超过半数。[②]

诚然，问题不在于女性作为教师不如男性（实际上，我们有理由相信，在一些年级，尤其是小学阶段的低年级，女教师更受欢迎）。但在美国，教师被视为一项女性职业，不能提供完全合乎男性预期的职业身份。美国的教育和文化应该由女人操心的男性思维因此得以立足，男孩们在学校的经历无疑也有所贡献。教师群体中通常缺乏男性楷模和偶像，可以向他们传递思维世界属于男性的讯号，树立智识思考和文化生活的男性示范，同时又缺乏能被世人视为成功和重要的角色，让有冲劲的男孩们将教书设想为长期事业。实情是，在男孩们的

---

① *The American High School Today* （New York, 1959）, p. 273；有关曼，参阅 pp. 279 - 280。

② Lieberman：同前，p. 244，此处给出了 25 个国家的数据。英国、法国、西德和加拿大 4 个西方国家的女性中学教师从 34％—45％不等，平均为 41％。在苏联，60％的小学教师和 45％的中学教师是女性。有关这一问题的讨论参考同前，pp. 241 - 255。

成长过程中，他们认为男教师总有些偏女性化，并以一种礼节性的尊敬（类似面对女性）和男子的低眉俯首两者奇特交融的方式对待他们。[①] 在某种有限的意义上，男教师可能获得尊敬，但他决不属于"男孩一员"。

然而，教师职业的男性化问题只是一个大问题的很小一面。19 世纪时，男性进入教师职业，要么是临时的——是成为律师、教士、政客或大学教授的中转站——要么是承认在其它更有意义的职业上惨败而找的最后落脚点。调查显示，即使到了今天，富有才干者从事教学工作的初衷，要么是成为教育管理者，要么是彻底离开这一行业。近几十年来，一个新领域的发展致使有能力的男性和女性逐渐流出公立中学——大量学生人数众多的大专和社区学院为有志向的教师提供了更多可能性，他们在能力和培训上游刃有余，能跳出甚至绕开高中阶段，投奔这一类能带来更轻松的生活、更好的报酬和声望的机构。然而，在那里，他们教学的一部分，本该出现在一所高效的一流中学

---

① 例如，可参阅 Waller，同前，pp. 49 - 50 描述的事例。"据说，"沃勒写道，"白人男性的世界里从未真正认可哪位女性和黑人。我们也许可以把男教师加入被排斥的名单。"让问题更趋复杂的是教师职业的大众形象所带的中性光环，以及对已婚女教师长期普遍的偏见。19世纪的美国被一种吊诡的理念所主导，那就是教师必定是私人生活中的异类——这理念在小城镇里极易蔓延，也许直到近代才得以逐步消弭。加剧了这种认知的无疑是流氓校长的不良形象，但将孩子送入分性别学校的渴望似乎也起了促进作用。甚至在当下，这种持续的渴望还在折磨着许多天真无邪的女孩，一旦执行起来，善意的校长们就被无可救药地束缚起来。参阅 1852 年一位校长写下的感人文字，抗议别人阻止他和女性助理一同往来学校。Elsbree：同前，pp. 300 - 302。霍华德·比乐的《美国的教师自由吗？》中包含有关在教师身上施加个人限制的大量信息。尤其有意思的是 1927 年，一个南部社区对所有教师约法三章，其中一条是："我保证不恋爱、不订婚或偷偷地结婚。"Waller：同前，p. 43。甚至在当今，马丁·梅耶观察到："有意思的是，大多数欧洲学校是男校或女校，但教师不分性别，自由相处；而大多数美国学校男女混校，但教师在课余时间被严格按性别隔离。"The Schools（New York, 1961），p. 4。最后，旧式的反对已婚女教师的普遍偏见，通常强制已婚教师离开工作，也曾在多处将从事教师行业的女性限制在未婚女性和非常年轻的女孩。关于禁止已婚女性的原因，参阅 D. W. Peters：The Status of the Married Woman Teacher（New York, 1934）。

里。把普及教育的十三和十四年级交由另外的机构也许有一系列优点，但其本身并未增加国家的教师人才储备。为了扩充受过良好培训的师资力量，美国陷入了一种教育机制的死循环。上层教育领域——学院和大专——的报酬越丰厚，进入这些机构求学的年轻人数量越多，这些机构就越能吸引人才离开体系内的低层领域。在一个做教书匠缺乏吸引力的社会，要为推广大众教育寻找足够数量受过训练的人才，依然是荆棘载途。

十三、生活调整之路

1

在专职教育中涌现出的一场有很大影响力的反智主义运动是美国思想的显著特征之一。要理解这一为青少年教育领域带来极大震荡的运动，我们有必要审视 1870 年以来公共教育的重大改变。自 1870 年代起，我国开始大规模发展义务中等教育，直至 20 世纪，普通高中才成为大众化的机构。

在此，首先需要重视的是美国教育中的一些特异性——它的民主设想和目标的普适性高于一切。在美国之外，不存在所有儿童都需要长期接受教育的设想。大多数欧洲国家的教育体系顺应其阶级体系，尽管到了当代情况已有所改善。欧洲的儿童通常集中就学至 10 或 11 岁；然后各自进入专科学校或至少是学习专科课程。14 岁后，约 80％的人完成了正规教育，其余的人则进入学术性的大学预科学校。美国儿童上学必须上到 16 岁甚至以上，其中进入学院的人数多于欧洲国家进入学术预科学校的人数。美国人也更愿意让中学生在同一个屋檐下求学——通常是综合性的社区高中，且采用单轨制教学（尽管课程设置不完全一致）。理想的状况是，根据他们的社会阶层，他们不论在社交上还是在学术上都不该被分开；但是，贫穷和种族偏见这些无情的社会现实横亘于前，因而大多数班级的组成依然保留了为我们的民主教育理念所不齿的选择性。不论如何，和别国不同的是，在美国，无需早早就定下孩子的最终职业出路，其主因在于教育机制并不符合早期教育分流的需要。在美国，甚至连针对专门行业的专业教育都要延后到硕士阶段，至少也要到大学的后两年。美国的教育惠及者更多，持续时间也更长。它更加普世和民主，节奏也更为随意而非紧凑。但同时消耗也更大：为阶级服务的体系造成了下层阶级人才的浪费；美国的教育则趋向于全方位的人才浪费。

结构上的差异并不总是尽如人意，尤其在中等教育上。在公立高中涌现以前，美国的中等教育体制更多是选择性地仿效欧洲国家的做法，而非秉持我们的民主论调。19世纪期间，大多数美国人的普及教育止于小学分年级阶段的最后几个年级，甚至更早。小学阶段之后的义务教育，直到1870年后的30年才得以确立。1870年以前，和欧洲一样，美国儿童到了十三四岁后接受何种教育，其决定性因素是阶级体系。小康型家庭负担得起学费，对孩子的智识或专业发展也有所期待，可以送他们上私立学校——通常是寄宿制学校。自富兰克林时代起，这些学校培养出的学生是传统与"实际"的混合体——既有基于拉丁语、希腊语和数学的一系列经典通识课程，科学和历史常常作为补充；但在很多学校，学生也有机会选择"拉丁语课程"和"英语课程"，后者的课程设置更为"务实"和现代，强调的科目更适用于商业。私立学校的质量良莠不齐，最差的那些和公立学校的一部分教学内容重叠，最高端的则和高等学院有一定的融合。最顶尖的学校的毕业生进入高校之后，有可能会因为第一甚至第二年的学习内容重复而倍感无聊。①

中等教育如此倚重私立学校，有悖于国家对教育民主的道德承诺，因而为教育批评家所诟病。一边是大量普及的公立小学；另一边是迅速扩张的学院和大学——当然不是免费的，不过学费低廉且无歧视性。这两者之间的宽阔地带由一些开创性的公立高中填补，但大部分是私立学校，据估计，1850 年约有 6000 所。早在 1830 年代，这些私立学校被斥为排外的、贵族化的和非美国式的。对于一个已经承诺实行义务公共教育体系的国家，在中等教育阶段沿用这一体系似乎是合乎逻辑和必要的一步。产业正在发展，行业领域日趋复杂。对技能的需求日益增加，推行免费的中等教育在实用性和平等性上可谓一石二鸟。

公立高中的倡导者在道德上和职业上有理有据，他们的建议的法律基础在公立学校体系之中也已有迹可循。税收上的顾虑既短视又刻薄，但也只是暂时的阻碍。公立高中的数量在 1860 年后出现井喷。自 1890 年（对入学人数始有统计）到 1940 年，高中入学总人数几乎每 10 年就翻一番。到 1910 年，17 岁的孩子中有 35％在上学；如今这一数据超过 70％。按照这样的节奏，高中业已成为几乎每个美国青少年都可以去的就学机构，大约三分之二的人从那里毕业。

尽管对美国高中的综合表现众说纷纭，且各地差别巨大，但无可否认的是，青少年的义务中等教育是教育史上划时代的成就，非凡地呈现出我国让教育成为创造均等机会和社会流动性工具的希冀。既然我将对高中课程存在的问题无所讳言，那就格外需要在此强调这一成

---

① 私立学校并非进入高校的必经之路；学生也可参加许多高校开设的"预科班"，其目的是为帮助将来的申请人在古典学、数学和英语上完善基础，适应大学课程。这样的预科班大量存在——直至 1889 年，400 所高校里有 335 所仍有设立——证明了中等教育为有意寻求高等教育的人所做的准备是不够的。Edgar B. Wesley：*N. E. A.*：*The First Hundred Years*（New York，1957），p. 95。有关私立学校，参阅 E. E. Brown：*The Making of Our Middle Schools*（New York，1903）。

就的正面价值，同时也要指出，欧洲最近一代人的学校体系即便未依照其教育标准，至少也在某种程度上一直在仿效美国高中的民主特色。

高中发展为一个大众机构，其特点也发生了巨变。到了世纪之交，受众面相对较小的高中依然有着高度的选择性。学生上高中主要是因为他们想上，也因为他们和他们的父母把握住了高中所提供的特殊机遇。人们常说，六七十年前上高中的学生主要是那些打算上大学的人，这是种误解。实情是，直到过去15年里，这种说法才更贴近事实。今天，约有半数高中毕业生进入高校——这一比例令人震惊。我不了解在世纪之交究竟有多少比例的高中毕业生实际进入了大学，但有数据表明有多少人为此做了准备。1891年，29％的高中毕业生有此打算。到了1910年，有意进入学院和其他高等院校的占49％。此后，这个数字一直在波动。①

影响高中的一个重大变化是，虽然入学曾是完全出于学生自愿并因此相当有选择性，而现在，至少对16岁及以下的学生而言，是强制性的和一视同仁的。当高中开始现象级壮大之时，进步主义者和工会人士正在痛批旧工业时代的童工之恶。对抗这一恶行的最有效方式之一，是提高强制教育的年限。1890年，有27个州实施了强制教育，到1918年，所有的州都设立了相关法律。立法者也更为迫切地设定离校的法定年龄。1900年，在施行相关法律的州，年龄设定为14岁零5个月这一均值。直至1920年代，该数字接近于今天所达到的均值，即16岁零3个月。此外，国家福利制和强大的工会确保了这些法律得到越来越多地执行。要保护青少年免受剥削；他们的长辈也需

---

① 参阅 John F. Latimer: *What's Happened to Our High Schools?* (Washington, 1958), pp. 75 - 78。有关 1870 年以降中等教育在美国社会中的地位的深刻简述，参阅 Martin Trow: "The Second Transformation of American Secondary Education," *International Journal of Comparative Sociology*, Vol. II (September, 1961), pp. 144 - 166。

要保护，方法是让青少年远离劳动力市场。

于是，不加甄选且不情不愿的高中生日益增多；他们上高中不是因为想要进一步求学，而是因为法律强制。责任的包袱就这样易手了：免费高中曾向自愿进入的学生提供了宝贵的机会，现在的高中则俘虏了一大群学校管理者认为有义务满足的受众。1940 年，美国青年委员会的一个教育委员会这样写道："即使某个学生的能力不够，但也要牢记，上中学不是他的个人意志使然，适当的教育是他可以向社会要求的正当权利。"①

年复一年，学校里心存疑惑、勉强乃至敌对的学生比重越来越大。可以预料，学生的平均能力水平和兴趣必然有所下降。很明显，旧的学术课程已不能再按 1890 年时 35.9 万名学生的相同比例在数百万高中生中实行了。因此，若公共教育主要针对的是小学阶段，教育能够且应该惠及每个人的美国式理想相对容易施行。然而，一旦中等教育也被纳入公共教育，是否每个人都能被教化的问号越来越大，可以肯定的是，并非每个人都能按同一种方式受教。在质疑的声浪中，变革正在酝酿。

学校管理者的处境很难不引起我们的同情。即使在 1920 年代，很大程度上他们还被社会法令委托管理准监护机构。作为托管机构，学校必须照看无心于学业但在法律约束下不得不就读的学生。此外，学校面临的压力不仅是法律上的，还包括如何吸引尽可能多的青少年，尽可能长时间地保持主动求学的意愿。② 教育者们雄心勃勃地接受了他们的任务，开始探索更多可能会引发青少年兴趣的课程，尽管

---

① *What the High Schools Ought to Teach*（Washington, 1940）, pp. 11 - 12.
② 诚然，大萧条和工会权力的扩大也对此产生了重要影响。但即使是在 1918 年，全国教育协会（NEA）依然鼓励一般的孩子接受教育直到 18 岁。*Cardinal Principles of Secondary Education*（Washington, 1918）, p. 30。

传统教育标准怀疑这些课程的优点。随着时间的推移，他们对于高中应该培育怎样的思想以及课程设置的学术性越发弃之不顾。（有意进入高校的男生女生总能坚持下来；所以他们需要顾及的是其他学生。）关于中等教育的大讨论里，越来越频繁地掺杂了一项决定性的全新标准——"学校的吸引力"。

需要接收大量目标和能力各异的学生，并对众多学生行使监护职能，因此学校必须引入多样化的课程。中学很难沿用1890年或1910年时的课程设置。但对那些将指导公共教育的人提出的问题是，学校的学术内容和知识水平是否应尽可能根据每个孩子的意愿和能力来提高各人水平，或是否有充分的理由放弃任何这样的目的。若执意保留课程的智识性内容，需要一个致力于智识价值观的大众和教育行业；需要极高的行政智慧；在许多社区，需要的财政支持要比学校实际得到的高得多。

然而这一切都仿佛海市蜃楼。在专职教育领域掀起数量优于质量和所谓实用性优于智识发展的运动之前，数量本身鲜少是个问题。学校体系致力于培育有兴趣、能力和天分的学生，但美国的教育者们不仅不会把资质平平、不情不愿或能力不佳的学生视为一种限制或特殊考量，反而掀起了一场十字军东征，将在学术上无志向、无天分的孩子视为文化英雄，为他们高唱赞歌。由于美国社会生活的现实，在发展正规教育和智识能力方面有必要与教育理想相妥协，这样的说法可说服不了他们。相反，他们充满敌意地宣称，这种教育是无效的且早已过时，一个真正民主的教育体系最高尚的目标在于提供给孩子们一系列立竿见影的工具，可以满足他们当下的志趣。这一征伐过程在1940年代和1950年代的命运多舛的生活调整运动（life-adjustment movement）中达到高潮，而它值得我们关注，是因为它在此间表明了人们对童年和就学、品格和志向以及智识在生活中的地位的某些普遍态度是如何产生作用的。

2

对中等教育的全新解读的兴起，在全国教育协会各大委员会和美国教育委员会的一系列准官方表态中有迹可循。当然，这些表态对地方上的学校理事会或监管人而言，并无强制意味。它们只是体现出教育思维的流变，并不是课程设置的政策实际发生变化的真实反映。

19 世纪临近尾声之际，有关公立高中的目标，两种截然不同的观点争夺起了主导地位。① 早前的观点直至 1910 年依然占优，并至少在其后十年间影响力不减，这种观点可能被贴上的标签是陈旧过时的或智识上太过严肃，端看意见人对其抱有多少同情心。持这一观点的人认为，高中首先应该提供学术性的科目，以规范和发展学生的思维。它的消息灵通的倡导者非常清楚，大多数学生在高中毕业后就没有接受过教育；但他们的主张是，为进入大学做准备的教育对今后的人生同样大有裨益。因此，哪怕对于不以上大学为终极目标的孩子，中等教育的使命也应该是"思维文化"，这一说法来自威廉·哈里斯，他是学术课程的主要倡导者之一。这类教育的代言人心系的是不论具体课程内容如何，学生都应该在每个所学科目上学习足够长的时间，直到可以扎实掌握其中的内容。（在旷日持久的教育论战中，"掌握"一个科目是智识主义者的心之所向，而满足孩子们的"需求"则是他们的对手所持的核心观念。）

阐述中等教育的学术性观点的最令人难忘的文献，是全国教育协会十人委员会 1893 年的一份著名报告。创立这一委员会的目的是考察高校和中等学校之间的混乱关系，并为高中的课程设置提供建议。

① 有关这一争端的概述，见于 Wesley：N. E. A.：*The First Hundred Years*，pp. 66 - 77。

该委员会的构成，反映了高校教育人士的主导地位，有趣的是，与后来为类似目的而设立的委员会形成反差。委员会主席是哈佛校长查尔斯·威廉·埃利奥特，成员包括教育专员威廉·T. 哈里斯以及另外四位学院或大学的校长、两所杰出的私立中学的校长、一名大学教授以及仅有的一位公立高中校长。委员会为审议主要学术学科在高中课程中的设置情况而设立了一系列附属会议，同样显示了高校方面对此的全面控制。尽管有多名校长和院长参与其中，但也不乏在美国智识文化史上赫赫有名的大学教授——本杰明·I. 惠勒、乔治·莱曼·基特里奇、弗洛里安·卡约里、西蒙·纽康、伊拉·雷姆森、查尔斯·K. 亚当斯、爱德华·G. 伯恩、阿尔伯特·B. 哈特、詹姆斯·哈维·罗宾逊以及伍德罗·威尔逊。

十人委员会向中学推荐了四个系列的课程供选择——古典课程、拉丁语科学课程、现代语言课程和英语课程。这些课程的差异主要在于对古典语、现代语和英语的依赖程度不同，但它们全部要求至少以四年英语课、四年外语课、三年历史课、三年数学课和三年科学课为基础。在这方面，当代的读者会注意到，这和詹姆斯·布莱恩特·科南特近期在高中调查报告中的建议十分吻合，后者认为，这是面向"有学术天分的男孩和女孩"的基本设置。①

十人委员会设计的课表表明，他们认为中学是一个学术培养的中间机构，但他们并没有中学只是大学预科机构的谬想。然而，委员会几乎是大肆渲染了相反的观点，称"只有数量上微不足道"的高中毕

---

① 科南特建议四年数学课、四年外语课、三年科学课、四年英语课、三年历史课和社会科学课。此外，他还认为许多学术天分的孩子可能希望学习第二门外语或者一门额外的社会科学课程。*The American High School Today*（New York, 1959）, p. 57. 科南特认为，所有学生毕业的基本要求，应该包括至少学习了一年科学、四年英语和三至四年的社会科学。

业生最后进入了大学或科学研究院。委员会表示，高中的主要职能是"为人生目标打基础"，而不是为了上大学，假如主要的科目均得到"连贯和彻底地传授，并且……附以相同的志趣……用以培养观察力、记忆力、表达力和推断力"，那么，学生获得的智识训练对步入大学和未来的人生均有助益。"中学应以统一的方式，在同等程度上向每一位致力求学的学生传授所设各科目，勿论学生未来可能的发展方向或他的教育会在何时终止。"①

委员会意识到在高中扩大音乐和艺术教学有其意义，但显然他们认为这些是次重的，并提议将这方面的决定权留在地方上。成员们还提议，语言教学应该始于小学阶段的后四年，可悲的是，这并未被采纳。他们认识到，有必要提高中学教师的素质，以便有效落实他们这些建议；他们敦促提高师范学校的低标准，并建议各大学更多地致力于对教师的全面培养。

事实上，这些高中并没有完全按照委员会的保守理想发展。即使在 1880 年代，实用的职业培训项目——手工技能培训、店铺工作和其它类似课程——便已如雨后春笋。那些思虑高中管理和课程设置的人，越来越为学术理想持续唱主角而坐立不安，他们认为这种学术理想源于高校对高中的"奴役"和"征服"。他们坚称，高中的本意应当是教育公民承担社会责任，并为各行业培训劳动者，而不是为大学培养新生。高中应被当成"人民的大学"，而不是大学的预备学校。

---

① 有关内容可参阅 *Report of the Committee on Secondary School Studies Appointed at the Meeting of the National Education Association*，*July 9*，*1892*（Washington，1893），pp. 8-11，16-17，34-47，51-55。委员会认为，学生们在高中所学的内容应该在之后决定上大学时为其做好准备。高校和科学研究院不论何种项目，均应录取任何完成优良的中学课程的学生。委员会发现，在当下这是不可能的，因为学生接受的高中课程是"十分凌乱和不完善的——蜻蜓点水式地接触大量科目，或许在多样的领域获取了有限的讯息，完全称不上充分地培育"。

他们认为，更多地考虑到不想上大学的孩子的需求才是符合民主原则的。要顾及这些需求、尊重儿童的发展规律，就要舍弃"掌握"的思路，给予青少年体验、抽样和选择科目的自由，让他们从一些科目中获得可以保留并加以运用的内容，然后传递给他人。严格要求孩子们学习特定的科目，只会增加他们辍学的风险。

一些历史性力量也倾向于支持新型教育者。当商界看好教育的时候，往往会赞美和鼓励他们在做的事情。不断增长的学生人数增加了他们论点的吸引力。他们所推崇的民主原则在 1890 年后正历经复兴，并得到了大众的应和。高校本身数量巨大、竞争激烈和质量如此参差不齐，以至于在追求学生数量的同时，在坚持过去的招生标准方面远不够警惕。此外，他们依然无法确定自己继续下来的古典课程的价值，大约自 1870 年起就一直在试验选修制以及更为宽泛的学科项目。学院和大学的教育者们不再对中等教育问题有浓厚兴趣，于是，这一领域的改革家们遭到冷落，权威性的批判和反对不再。越来越多的高中教员来自新式的州立师范大学；一度由高校的学术权威撰写的高中课本，现在则出自公立学校监管人、高中校长和主管或教育理论的学生之手。

3

十人委员会在新的教育思维上所做的轻微让步，不足以引起支持者的不满情绪。他们未能预见即将发生的高中生数量的异常增长以及学生群体日益增加的异质性。十人委员会的课程理念很快就显出颓势。到了 1908 年，当全国教育协会的规模和影响力陡增时，它通过了一项决议，反对公立高中应主要作为大学的"适应性阶段"的观点（显然这也并非十人委员会的主张），敦促高中应该"顺应学生在智识和职业方面的一般需求"，并建议学院和大学也同样应根据这些需要调整自己的课程。[①] 于是，天平发生了倾斜：人们不再指望高中能适应大学；相反，大学应该设法效仿或适应高中。

1911 年，全国教育协会新成立的委员会暨处理高中与大学衔接的九人委员会提交了另一份报告，它表明一场教育理念的革命正一触即发。委员会的改组本身就是一种启示。1893 年的那份报告中出现过的身份显赫的大学校长、成就卓著的大学教授此时已无迹可寻，就连精英中学的校长们也不见了。九人委员会的主席是布鲁克林高等技校（Manual Training High School of Brooklyn）的教师，他的委员会里没有任何基础学术科目的权威，成员均为学校督学、理事、校长，还有一名教育学教授和某学院的一位系主任。十人委员会里是一群试图为中等学校设计课程的大学人士，而新成立的九人委员会成员来自公立中学，他们通过全国教育协会向高校施压："除非某科目是对所有高中生都可能具有普适性的科目，否则要求将任一特定科目的四年学制作为进入高等院校的条件是不合逻辑的，经本委员会判断，应即刻停止。"

九人委员会强调，高中的任务"是为培养良好公民奠定基础，并助其做出明智的职业选择"，但它也应培养独具一格的个人才能，这"几乎与发展文化的共通性同等重要"。学校被敦促全面开发"每个男孩女孩当下的"主要志趣。委员会质疑通识教育应先于职业教育的理念："一个有机发展的教育理念要求尽早引入具有个体实用性的培训，

---

① N. E. A. *Proceedings*, 1908, p. 39.

从而将通识教育和职业教育结合起来……"他们敦促在所有学生的教育中应更多地关注机械学、农业和"家用科学"作为合理元素的作用。基于其为高校预备的传统理念，公立高中[①]

　　负责指导成千上万的学生远离适合他们的、需要他们投入的追求，转向不适合他们的、不需要他们投入的其他追求。通过专门的书本教程发展出了错误的文化理想。在物质财富的生产者与分销商和消费者之间造成了鸿沟。

　　到了 1918 年，中等教育从大专院校的理想和综合大学的控制之下获得"解放"，至少在理论上已经完满，即使这尚未反映在全国的高中课表上。那一年，全国教育协会的中等教育改革委员会在一份文件中为美国的学校制订了目标，对此，埃德加·B. 卫斯理教授的评价是，"在教育史上，也许没有任何其它出版物比这本 5 美分 32 页的小册子更加重要。"[②] 这份名为《中等教育的要旨》（*Cardinal Principles of Secondary Education*）的宣言获得了美国教育部门的官方背书，印制并发行了 13 万本。它掀起了全国范围内对教育政策的大讨论，一些教师培训机构对其推崇备至，要求学员牢记其核心内容（从而违反了新教育理念的一大要义）。

　　新委员会指出，进入四年制高中的学生超过三分之二没有毕业，其中很大一部分学生毕业后没有上大学。这些学生的需求不容忽视。以一般智识教育为目标的旧观念必须重新审视。能力和态度的个体差

---

① "Report of the Committee of Nine on the Articulation of High School and College," N. E. A. *Proceedings*，1911，pp. 559 - 561.

② Wesley：同前，p. 75。

异值得更多关注。必须采用新的学习法则来测试科目和教学方法；不能再"主要根据任何学科作为逻辑上有组织的科学的要求"来判断这些法则。[1] 简言之，各学科的内部架构将被降格为一种教育标准，并被对学习法则的更大遵从所取代，然后想必就被发现了。

此外，孩子现在并不被认为是需要开发的头脑，而是需要在校内接受培育的公民。新式教育家坚信，人们不应满足于期望公民因学识广博便成为好公民，公民素质、民主和公民道德必须言传身教。委员会制定了一套教育目标，其中甚至未提及智识能力的开发或对中等学术科目的掌握。委员会称，学校的职责是在每个学生身上培养能使他成为好公民的能力，从而促进民主。"因此，有价值的家庭成员资格、职业和公民资格必须被列为三大主要目标。"委员会随后表示："本会认为，教育的主要目标如下：（1）健康；（2）掌握基本过程〔这在上下文中明显是指基本的 3R 技能，委员会无疑非常正确地意识到 3R 技能现在需要在中学阶段继续教学〕；（3）有价值的家庭成员资格；（4）职业；（5）公民资格；（6）有效利用闲暇；（7）道德品格。"

委员会有充分的理由认为，传统高中在鼓励对音乐、艺术和戏剧的兴趣上几乎无所作为——但它们并没有把这些作为一系列智识性课程的有益补充，而是作为一种替代的课程。委员会表示，高中"一心追求智识的训练，很少用文学、艺术和音乐激发积极的情感反应并产生正面的愉悦感"。此外，高中在大多数科目上过于强调深究。应重新组织研究，以使一个科目就算只学习一年也能"对那些不再往下学的学生具有确切的价值"。这将使这些课程"能更好地同时适应继续学习者和辍学者的需求"。

---

[1] 此处及下文段落中的引用，见于 *Cardinal Principles of Secondary Education* 各处。

委员会进一步指出，各学院和综合大学应仿效中学的做法，考虑到它们有义务成为教育普及机构，并据此安排相应的课程。"认为高等教育应该局限于少数人的观念，在民主意志之下必将消失"——它如此预言。话外音之一是，高中毕业生不仅应该能够自由地升入大学，还应该怀有职业志向，而且一旦进入大学，他们仍应能够接受任何形式的教育，为"他们自己和社会带来益处"。为了应付学生数量的增加，高等院校应该从某种程度上将学术研究替换成职业进阶教育。委员会还敦促鼓励所有正常儿童尽可能接受全日制学校教育直至 18 岁。

委员会颇为合理地敦促对高中课程加以区分，以提供宽泛的选择；但委员会表达这一目标的方式却揭示了：

> 加以区分的基础广义上应该是和职业相关，比如农业、商业、神职、工业、美术和持家技能的课程，从而证明通常对其的命名是正确的。对有特殊学术兴趣和需求者，也应有所顾及。

也应有所顾及。这种对高中的学术方面的提及不过是其主要目的的附属，一语道破自十人委员会的报告完成以来，在四分之一个世纪里这一主题的主导思想已然走了多远。

委员会报告的措辞清晰地表明，委员们认为他们所建议的并非是教育的后退，而是朝着实现民主大业迈进了一步。报告洋溢着进步主义时代和对战争的理想主义色彩——希望让教育的世界成为民主的庇护所，为每个孩子带来充分的机会。委员会认为，我们的中等教育"必须以所有青少年都拥有完整的、有价值的人生为目标"——因此，教育远远超出了以开发思维能力为目标的局限。中学教师被敦促去"努力探求目前正变得至高无上的伟大的民主运动的内涵"。在尝试发展个人和各类群体的独特优点之时，高中"必须以相同的热情发展共同的想法、共同的理想以及共同的思考方式、感受和行动方式，从而使美国以一种丰富、团结、共通的生活方式，在一个追求人类和国家民主的世界里负起真正的责任"。

<h1 style="text-align:center">4</h1>

《中等教育的要旨》定下的调子，表达了当前直到生活调整运动时期的所有关于中等教育政策的准官方声明，它的出现正值高中生人数规模发生巨变之时。1910 年，高中生为 110 万，1930 年迅速上升至 480 万。报告一发表，所有的州都通过了义务教育法——1918 年，密西西比州成为最后一个加入者。

此外，过去数年，学校一直忙于应付 1880 年至一战间涌入我国的移民浪潮带来的儿童教育问题，在未来多年里还将继续如此。例如，到 1911 年，在 37 个最大型城市的公立学校里，有 57.5％的儿童出生在异国。① 移民的孩子眼下正进入中学，他们带给小学的阶级、语言和美国化问题，如今摆在了中学的面前。向这些孩子传递美国生活的讯乃至最基本的卫生问题，对许多学校管理者而言，似乎比依循旧的教育思路去开发他们的头脑重要得多；扎实的拉丁文基础对于比如布法罗一个波兰移民的孩子而言根本无关痛痒，这样的念头并不难理解。移民中的为人父母者并不了解美国人的方式，不足以指导孩

---

① 有关这个宽泛的主题，参阅 Alan M. Thomas, Jr.："American Education and the Immigrant," *Teachers College Record*, Vol. LV (October, 1953 – May, 1954), pp. 253 – 267。

子们的学习需要，如今学校承担了家长的角色。此外，上午在学校里接受美国女教师的管教的孩子们，被期望下午就能把言行举止和个人卫生常识带回家，让父母也牢记于心，从而成为美国生活方式的传递者。在这样的背景下，我们就能更好地理解《中学教育的要旨》所强调的"有价值的家庭成员资格"、"健康"和"公民资格"。人们普遍抱怨当代学校越俎代庖地行使包括家庭在内的其它社会组织的过多职能——这在很大程度上源自教育者们对上述问题的应对方案。

专职教育的变化，对中等教育的新理念同样是利好。原本充其量只是教师培训中一种权宜之计的师范学校，现在正被师范学院和教育院校所取代。教师培训行业和教学过程的研究双双日趋专门化和专业化。不幸的是，正如劳伦斯·克雷明所观察到的，教育院校和师范学院的发展过程是高度自治的。① 专业教育家的思维世界和学术界的渐行渐远。教师学院和哥伦比亚大学其余学院的遥遥相望——"第120街是世界上最宽的街道"这一双关语的由来——象征着美国教育架构中存在着一条更大的鸿沟。专业教育者们被任由发展自己的思想，与大学学者的对话可能涉及的智识领域并不能左右他们。和埃利奥特的时代截然相反的是，学者们鄙夷小学和中学教育的问题，认为眼下投身其中的都是蠢才；太多的教育家对这些人的后撤表示欢迎，这样他们就可以自由地为中级及以下的学校制订计划，践行自己的信条。

在《中学教育的要旨》中的观点逐步取代十人委员会的想法的同时，一种很大程度上建立在"民主"和"科学"追求之上的新的正统教育正在成型。那些以教育民主为中心之人都是约翰·杜威的信徒；而那些把"科学告知我们的东西"应用于教育之人则是爱德华·李·桑代克的拥

---

① *The Transformation of the School*（New York，1961），p. 176.

竭。人们通常认为，民主与科学的联盟顺理成章，原因是存在一种普遍的信念（必须一提的是桑代克对此并不认同），那就是两者之间早已建立起某种和谐的关系——既然都是好事，就必然服务于相同的目标，导向共通的结论；事实上，一种民主的科学真实地存在着。[①]

有关杜威思想的运用或说是误用，我还将在下一章继续阐述。此处有必要略表一二的，是测试的技巧以及各种心理研究和教育研究的运用。当然，大部分这样的研究是有价值的，尽管必有一定的假设性。但难以理解的是，在沸沸扬扬的专业教育氛围中，一个原本只是持续性的调查被提升为一种信仰——且并不是经由实际从事研究之人，而是那些渴望发现其用武之地并急于借科学权威之名四处讨伐之人。美国人的头脑似乎极易相信，任何能用数据表达的所谓的认知实际上就和表达它的数据本身一样精准且具有结论性。一战时的军队测试就是一个经典案例。迅速广为流传的说法是，美国陆军甲种测验（Army Alpha tests）实际是智力测试；它让测定心智年龄成为可能；而心智年龄或者说测试出来的智力是固定不变的；绝大多数美国人的心智年龄只有 14 岁；因而教育系统必须应付成群的多少有些迟滞的儿童。[②] 尽管对这些测试的过于自信的解读招来不少口诛笔伐——其中就包括约翰·杜威——但滥用测试似乎是美国教育中反复出现的元素。当然，一些人从这些测试中总结出人的智力应被看低，这将指向截然不同的结论。对于那些并没有被美国的民主信条迷住之人——爱德华·李·桑代克即是其中之一——心智测试的效用在于鼓励精英主义观点。[③] 但是，对

---

① 有关在近期美国政治思想中民主和科学相同的融合，犀利的分析文章参见 Bernard Crick：*The American Science of Politics*（London，1959）。
② 有关测试的早期影响的简要描述，参阅 Cremin：*The Transformation of the School*，pp. 185－192。
③ 参阅例如默尔·柯蒂有关桑代克的观点的讨论，见于 *The Social Ideas of American Educators*（New York，1935），chapter 14。

于那些镇守"民主"价值观的人来说，所谓大众心智局限性的发现，只会鼓励教育方式和内容上的探索，以满足智识平庸或无追求之人的需要。用林肯的话说，主张民主的教育者也许会说，上帝一定爱慢学之人，因为他创造出了那么多这样的人。精英主义者也许会冷酷地拒绝如此庞大的一群人，但民主的教育者会拥抱他们——就像充满爱意的母亲拥抱她残疾的孩子一样——并试图根据他们所谓的需求来规划课表。

在此不可能过分强调进步主义的道德氛围为新的教育信条提供了动力，因为这一信条是在热情的慈善事业和令人窒息的理想主义背景下发展起来的，缺乏天赋者和弱势群体的需求在其间得到了慷慨的照应。教育家们经年累月地探索了一套规范和一个信条，其有效性现在似乎比以往任何时候都更加确定，因为它似乎在道德上顺应了民主的要求，在智识上符合了科学的发现。对这种信条的集中呐喊，从未像现在这样频频出现在这片土地上——教育是为了民主、为了公民资格、为了孩子的需求和兴趣，是为了所有的青少年。美国教育学家的身上携带着一种道德紧绷感，且莫名缺乏幽默感，这种气质对那些被排除在他们的思维世界之外的世俗头脑而言，也许永远是个谜。教育学家必须完成的任务愈单调，他们奏响的音乐就会变得愈崇高和激昂。当他们发现有机会引入一门家庭生活或家庭经济学方面的新课程时，就开始调谐自己理想主义的琴弦。当他们觉得自己即将为学校的看门人确立受到尊重的权利时，就会两眼放光，加快节奏。当他们试图确保学校洗手间的位置标识清晰到连最鲁钝的孩子都能找到时，就会得意忘形地疯狂奏响民主和自我实现的华彩乐章。

教育著述的无聊季节就此拉开序幕。教育的专业化使每个庸常的问题都得到了清醒地对待，教育者们开始沉迷于严肃而可悲的东施效颦和学术卖弄。他们不满足于自己仅作为低端实用性的拥护者，于是开始发展每一种装饰艺术，不论多么简单、常识性和合乎情理的提案，都为其披上最崇高的社会或教育目标的外衣。例如，学校是否有必要教孩子一些安全方面的知识？若是如此，某位校长可以呈交一份自命不凡的论文给全国教育协会，此文并非有关教导儿童小心行事这一重要但也许是例行的日常教学工作，而是关于一个崇高的主题：“对统一课程设置中意外防范教育之价值的思考”。现在，他们已经可以假装要点不在于防止青少年被灼伤或被车撞，而在于向他们传授这些知识赋予教育更高的价值——尽管至少在这个案例中，发言人到底在结束语处做出了让步：“我想说的是，意外防范的教育不仅有助于统一课程设置，而且可以减少意外的发生。”①

5

来自海外的旅行者囿于教育改革家的著述，很可能把美国中等教育设想为一个僵化不变的体系，它被高等院校的需求捆绑着，缚于旧的学术研究观念上，难以接受其所负责的各种各样的学生。在全国教育协会 1920 年的大会上，发言人感叹高中依然“充斥着大学要求的规则和标准”，那里的校长和教师“受过学术训练，但有的也仅仅是学术观点”②，这听起来像是一种抱怨，和新教育学家的文章遥相呼应。事实上，教育创新者在拆除高中的旧学术课程方面成就斐然。对于一个外行乃至一个专业的教育人士来说，很难弄清其中有多少是合理的。然而有两件事似乎是肯定的：首先，1910 年之后的课程变动丝

---

① N. E. A. *Proceedings*，1920，pp. 204 - 205.
② 同上，1920，pp. 73 - 75。

毫不缺革命性；其次，到了 1940 年代至 1950 年代，生活调整运动的教育家们愈发变本加厉地主张废除学术课程。

十人委员会所支持的旧学术课程在 1910 年前后达到顶峰。那一年，学习外语、数学、科学或英语——其中任意一门课程——的学生数量比学习所有非学术科目的学生总和还多。在其后的 40 年间，高中课程提供的学术科目从大约四分之三跌到了大约五分之一。1910 年，九到十二年级的公立高中学生中有 49% 学习了拉丁语，1949 年降到了7.8%。全部现代语言科目的上课人数从 84.1% 降至 22%；代数从56.9% 降到 26.8%，几何从 30.9% 降到 12.8%；数学的整体上课率从89.7% 降到 55%。假如忽略新加入的名为"科学通论"的通识课程，则科学课的整体上课人数从 81.7% 降至 33.3%；如果包括"科学通论"在内，则是降至 54.1%。尽管英语课在纯数量上几乎保持不变，但在许多学校体系中也被稀释了。历史学和社会学的情况十分复杂，因而无法用数字表达，但上课人数的变化使其在时间和空间上变得更狭隘了，即更着重近期的历史和美国史，简化了更久远的历史及欧洲史。①

----

① 约翰·拉蒂默在《我们的高中怎么了？》(*What's Happened to Our High Schools?*)一文中汇总了教育署的统计数字，我参照了他所展示的数据；尤其可参考第四和第七章。需要强调的是，以百分比显示的上课人数并没有忽略一项事实，即在高中学生数量急剧增长的同时，全国有更多的青少年学习了某些学术科目，尽管高中学生的上课人数比重有所下降。然而，自 1933 年到 1939 年，不仅学习某些课程的学生比重下降，上课的绝对人数亦首次出现减少。

我们可以审视一个恰好得到充分调研的领域所受到的影响。在二战期间，中学的数学教育问题引起了官方的重视。1941 年，海军官兵训练团报告说，4200 名大学新生候选人中有 62% 未通过数学演算考试。在高中时期，学数学一年半以上的只有 23%。1954 年的一项报告显示，全国 62% 的大学认为有必要让一年级新生学习高中代数。参阅 I. L. Kandel: *American Education in the Twentieth Century* (Cambridge, Mass.，1957), p. 62；以及 H. S. Dyer, R. Kalin 和 F. M. Lord: *Problems in Mathematical Education* (Princeton, 1956), p. 23. 许多高中似乎倾向于生活调整理论家普遍持有的观点，即外语、代数、几何和三角 "除了为上大学做准备和配合部分大学课程之外几乎没有什么价值"，且 "正因如此，这些领域的多数教学应该推迟到大学阶段"。Harl R. Douglass: *Secondary Education for Life Adjustment of American Youth* (New York, 1952), p. 598.

1893 年，十人委员会在视察高中课程时发现，统共 40 门科目，但由于其中 13 门仅在少数学校开设，因此基本课程就靠这 27 门。到 1941 年，有不少于 274 门科目，其中仅有 59 门可以归为学术课。最令人侧目的可能并不是 10 倍的增速，也不是学术科目降到了仅占五分之一这一事实，而是教育理论家的反应——他们坚信，学术课程仍在束缚中等教育。1940 年代末至 1950 年代，在美国教育委员会鼓励下蓬勃发展的生活调整运动中，人们将全国上下对中学教育的热情调动了起来，使教育体系更契合被认为在某些意义上不堪造就①的孩子的需要。

从某种意义上说，生活调整运动可谓二战以来美国青少年斗志危机的余波。但这并不仅限于此：教育领导者和美国教育委员会试图让 1910 年以来的反智主义运动的价值观彻底占据主导地位。时任教育委员会主席的约翰·W. 斯图贝克，考察了二战结束后不久的全国中等教育后发现，每 10 位青少年中仅有约 7 人进入中学的高年级（十到十二年级），坚持到毕业的不到 4 人。② 尽管之前的 40 年，学校一直致力于提高自身的"吸引力"，大量青少年依然对完成中等教育无甚兴趣。丰富学术课程的努力似乎在其一项主要目标上无所建树；现

---

① "不堪造就"一词当然不会被生活调整思想的教育家所使用。这是我的解读，指的是既不能吸收学术教育，也不能学习有意义的替代课程的中学阶段青少年。
② *Life Adjustment Education for Every Youth*（Washington，n d.［1948?］），p. iii. 此文由联邦安全总署的教育部门发表，由中等教育部门和职业教育部门起草。后文段落中引用的有关普罗瑟决议和文中的其它目标陈述，参阅 pp. 2 - 5，15n.，18n.，22，48 - 52，88 - 90 及各处。
　　在教育署支持生活调整运动的同时，在 1947 年的报告中，总统的高等教育委员会倡导高校自身不应该继续选择"擅长口头表达的和有能力掌握抽象概念的人作为偏好对象"，他们应该更关注培养其它能力——"例如社会敏感度和适应性、美术能力、运动技能和灵活性以及机械才能和独创力"。*Higher Education for American Democracy*：*A Report of the President's Commission on Higher Education*，Vol. I（Washington，1947），p. 32。

下的观点是，课程依然不够丰富。

　　生活调整运动提出，要通过"刺激教育项目的发展，使之更契合全体青少年的生活调整需要"来改进这一状况。要做到这一点，就必须想出一种教育"让所有美国青少年都能更好地以民主的方式生活，对自己满意，并且成为有益于社会的家庭成员、工作者和公民"。1947 年 5 月，在芝加哥召开的全国会议上，与会者通过了查尔斯·A. 普罗瑟博士起草的一项决议，他来自行业教育机构，是明尼阿波利斯邓伍迪学院的院长。在最初的版本中（其后为"避免误读"对措辞略作了修改），这项决议体现出与会成员们相信中学未能充分满足绝大多数美国青少年的需要。据称，他们中有 20％正准备上大学；另外 20％正准备从事技术性职业。但发起征讨的发言人认为，对剩余的 60％，这两条路都不适合，他们应该获得生活调整方面的教育。对于被忽视的需要生活调整教育的那 60％的人，生活调整的理论家圈画出了他们的特征。这些孩子主要来自无技能或半技能家庭，家庭收入微薄，提供的文化氛围极不理想。他们比其他孩子上学晚，在学校里始终落后，成绩差，智力和阶段考试分数较低，对功课缺乏兴趣，并且"在情绪上晚熟——感到紧张、缺乏安全感"。

　　在罗列了它们的目标对象身上这一系列令人沮丧的特征之后，教育署的首份生活调整指南的作者们紧接着提到，"这些特点并非要为这一群体打上低人一等的烙印"。这些教育家所标榜的一种特殊的自相矛盾的"民主"类型，使他们有可能自信满满地断言来自不良文化背景的不成熟、没有安全感、紧张、学习迟缓有障碍的孩子，某种意义上和来自良好文化背景教养下的更成熟、更有安全感、更有自信和天赋的孩子相比，"丝毫不低人一等"①。这种对"民主"流于口头的恭顺,似乎让他们忘记了自己不容置喙地断言了全国大部分的孩子都或多或少是不堪造就的——套用普罗瑟的决议的说法,这意味着他们不仅不适合为大学做准备的学术课程,甚至也不适合通向"技能岗位"的专职教育。那么,什么样的教育适合这些不幸的大多数人呢?必定不是智识开发或知识积累,而是如何承担家庭、消费者和公民义务的实务培训。他们必须被教导——《中学教育的要旨》的读者应该会熟悉这些说法——过"有道德的生活";家庭生活;公民资格;闲暇时间的利用;如何关心健康;"职业调整"。对此,《青少年的生活调整教育》的作者们称其为"一种把生活的价值置于知识的获取之上的教育观"。这一说法隐含了一种观念,即知识和"生活的价值"几乎毫无关系,这成为整个运动的基石。主张生活调整的教育家们坚定不移地认为,智识培养丝毫无益于解决普通青少年的"真正的生活问题"。

6

我们很难从华盛顿的教育署编撰的有关这一主题的各种公告上,推断出生活调整运动背后的思维逻辑。然而,在运动尚未得名之时,普罗瑟博士作为一名有经验的专职教育管理者,在 1939 年哈佛大学

---

① 以"民主"的名义断言如此大范围的美国青少年的素质,是这一运动令人费解的特点之一。然而,至少有一名支持者细化了这一问题,他说这个被忽视的群体缺乏"被激发出的兴趣或显性的资质",但这"对有大量不需要特殊资质或兴趣就可以完成的工作的社会而言,或许是件好事"。Edward K. Hankin: "The Crux of Life Adjustment Education," *Bulletin* of the National Association of Secondary-School Principals (November, 1953), p. 72. 这是个合理的观点,对生活调整教育内涵的评判更为真实。只是这根本算不上"民主"。

的英格利斯讲座上提出了它的基础性理论。[①] 在公开的讲座内容里，虽然偶尔能发现受约翰·杜威对教育民主的热情影响的痕迹，但普罗瑟主要的依据来自心理学研究，并表达出了对"科学"发现更加彻底的虔诚。（生活调整的教育者们借着科学的名义什么都愿意做，除了鼓励孩子们学习科学。）在普罗瑟的想象中，桑代克和他的追随者们证实了智识带来的好处不可能从某个研究、情形或问题转移到另一个上。"毋庸置疑，科学已经证伪了一般教育的观念及它的基本理论，那就是记忆、想象、推理和意志可以作为一种能力得到培养。"一旦这种过时的观点被废弃，这是必须的，剩下的就是各种具体的技能培训。比如说，综合性的机械技能是不存在的；只有通过实践和运用才能发展出的具体技能。思维也是一样。比如，记忆这种东西也是不存在的，只有具体的事实和想法，在我们需要用到的时候它们能被我们想起。

因此，与那些认为教育即是开发智识能力的旧观念相反——需要开发的一般心理素质并不存在；只需了解具体的内容。这些东西的实用性和可教性是密不可分的；一项知识越是能立即运用，越是容易即刻被教授。学校一门科目的价值，可以通过它直接适用的即刻发生的实际生活情形的多寡来衡量。这样一来，重要的不是教导学生如何概括总结，而是直接向其提供日常生活所需的讯息——例如，教他们如何保持健康的身材，而不是教授生理学。传统课程只包含了曾经有用但现在已时过境迁的研究。"一般规律似乎是，一个科目设立的时间越短，在校外事务中的实际运用价值越高，时间越长，它的内容就越

---

① *Secondary Education and Life* (Cambridge, Mass. , 1939)。这一段和其后几页上概括性的观点主要见于 pp. 1–49；尤其 pp. 7–10，15–16，19–21，31–35，47–49。

不能满足真正生活的需要。"当学习内容能立即并直接从校内转用到生活上，学生就更愿意接受，也更易牢记它。事实上，正是一个科目的实用性，决定了它规范思想的价值。"正因如此，商业数学优于平面几何或立体几何；学习保持身体健康的方式胜过学法语；学习择业技巧好过学习代数；日常生活的实用科学优于地质学；简单商务英语胜过伊丽莎白时代的经典。"

普罗瑟说，科学研究得出的结果不可辩驳，最佳的教学材料是"调整生活的而不是越学越多的教育课程"。那么，为什么高等院校还要坚持把不实用和不值得教授的传统科目绑在中学身上呢？他认为，并非是这些科目的教师的既定利益使然，主要原因是高等教育机构需要一些手段来遴选更有能力的学生，淘汰其他学生。（要相信，像语言和代数等科目的教学，其作用不是教育任何人，而是充当障碍，阻止相对较弱的学生进入大学。）这种过时的方式，要浪费宝贵的 4 年时间去徒劳地学习所谓的"学科型"科目。普罗瑟认为，现在可以通过几个小时的心智测试以更经济和准确的方式来筛选适合大学的学生。到那时，"作为一种可能的倡议"，传统主义者也许可以被说服放弃所有学生的至少一半学术课程，仅根据其剩余的实用价值保留少许的旧科目。按此标准，"所有的外语和数学，应当从为大学做准备的必修科目名单中剔除"，偏向于更有实用性的科目，如物理、英语和社会科学。

许多有直接应用价值的新学科应被加入课程表：有极强应用性、能培养"沟通技能"的英语；和现代生活有关的文学；科学（仅指"定性的"科学）课程，能教给青少年"日常生活的简单科学"，告知"科学如何提高生活舒适度……让我们享受生活……帮助人们完成工作……增加财富"；实用商业指导和"适合青少年的简单经济学"，也许可以用有关"美国青少年经济史"的资料作为补充；聚焦"青少年公民问题"和本地社区的公民课；仅包含各类应用算术的数学；社会研究，关注"健全的社区建设"、设施与礼仪、闲暇的利用、青少年的社会和家庭问题以及"美国青少年的社会史"；当然，最后是"审美艺术体验"、"实用艺术体验"及职业教育。这样，课程设置便符合了现代心理学研究所发现的教学定律，所有的孩子会在更大程度上受益于中学教育。[①]

在此，普罗瑟以一种颇为简单粗暴的方式表达了许多教育家从实验心理学——前述的"科学"——中得出的结论，抹杀了心智训练的有效性，破坏了作为通识教育理想基石的基本假设。当普罗瑟无比自信地断言科学已经"不容置喙"地证伪了普通教育的假设时，他内心也是这样认为的。在这种非凡的教条主义背后，有一个很有意思的思想史篇章。19 世纪的美国以及其它地方所表达的古典通识教育的老派理想，是基于两个假设。一是所谓的官能心理学。在这种心理学中，思维被认为是一个由许多部分或称"官能"组成的实体，这些官能包括推断、想象、记忆等。这些官能被设想成和身体机能一样，可以通过练习来增强；在通识教育中，通过经常性的思维训练，这些官能逐渐得到强化。人们普遍相信，某些科目在强化思维训练方面有着明确的优势——排在首位的是拉丁语、希腊语和数学。发展这些学科的能力，不仅是为学习更高深的拉丁语、希腊语或数学打基础，相比之下更重要的是锻炼思维能力，从而在面对无论何种任务之时都能游刃有余。[②]

---

① 这一学校其后关于课程内容的全面和权威的观点，参见 Harold Alberty：*Reorganizing the High School Curriculum*（New York，1953）。
② 1828 年的耶鲁报告，是美国关于这种思维训练观点的经典表述，最早见于 *The American Journal of Science and Arts*，Vol. XV（January，1829），pp. 297 - 351。后大部分的重印见于 Hofstadter 和 Smith，eds.：*American Higher Education：A Documentary History*，Vol. I，pp. 275 - 291。

人们很快发现，在哲学分析或人脑功能的科学研究下，官能心理学渐渐无法立足。再者，随着知识量的急速增加和课表内容的相应扩展，人们往日对古典语言和数学在思维训练中专享尊贵地位的信心，似乎越来越成为一种狭隘的自负。[①]

然而，大多数当代心理学家和教育理论家意识到，官能心理学和古典—数学教程的式微本身并未解决思维训练是不是教育的可实现目标这一问题。假如思维训练毫无意义，那么几个世纪来以通识教育的名义所做的一切，似乎都是基于一种错判。头脑是否可以得到强化或综合锻炼这一问题，在历经官能心理学后显现出更为具体的新形式：在一个思维过程中得到的锻炼和开发，能否发展出一种思维能力并转移到另一个思维过程中去？当然，这一概括性问题可以分拆为无数具体的问题：记忆的行为（正如威廉·詹姆斯早期在自己身上进行的基本试验中问及的）是否有助于其它的记忆？锻炼一种形式的感官识别力能否提升其它的识别力？学习拉丁语能否有助于之后学习法语？如果训练成果确实能转化，那么经过多年加强的通识教育所积淀的转化有可能会促生全方位的训练有素的头脑。然而，如果训练的转化并未发生，大多数进阶式的学术科目除了本身所包含的知识内容之外，确然无甚意义。

不论如何，出于为这一重要核心问题寻找线索的自信，实验心理学家们在桑代克的刺激下，自 20 世纪早期即开始探索有关能力转化的实验性证据。任何阅读过有关实验内容的读者都可能得出结论，即他们只针对了极为有限的方面，在充分性上经不起推敲；不论是个人还是集

---

① 这种自负也曾让许多低劣的教学方法变得合理。例如，大量的证据表明，旧时的学院里古典语言教学被狭隘的语法至上的精神所左右，而不是作为一种指引学生接近古典传统文化生活的工具。参阅 Richard Hofstadter 和 Walter P. Metzger：*The Development of Academic Freedom in the United States*（New York，1955），pp. 226 – 230；Richard Hofstadter 和 C. DeWitt Hardy：*The Development and Scope of Higher Education in the United States*（New York，1952），chapter 1 和 pp. 53 – 56。

体，他们并没有很好地阐明他们最终要面对的重大问题。然而，大量独创的通常很有意思的实验造成的后果是，某些类型的依据确实逐渐积累了下来。其中一些在桑代克 1901 年和 1924 年发表的两篇论文中有所呈现，教育思想家们将其视为决定性证据，反对在任何意义上用能力的转化为思维训练的想法辩护。不管怎样，一些教育理论家把握住了这些以及其它研究人员给出的类似依据。正如 W. C. 巴格莱曾言："任何能让放松标准一事合理化的理论，都不可避免地受到欢迎"，这些人并非蓄意为之，但他们为了改革高中以顺应大众的目标而歪曲了实验结果。[①]

　　实际上，积累下来的实验证据自相矛盾、令人困惑，但那些坚称其结论无比清晰和明确的教育家不过是回避了那些并不能佐证自己观点的发现。事实上，他们滥用实验结果，制造了教育思想史上的大丑闻。假如一个定性的实验研究有任何意义，那么这些教育家忽略了大部分材料，因为五项实验研究中实际上有四项显示出，在某些条件下，转化确实是存在的。杰出的实验心理学家的主要观点从来不曾支持像普罗瑟这样的教育学家所引用的"经过科学论证"的转化并不存在的结论性说法。今天的实验心理学并未让他们松一口气。杰罗姆·布鲁纳在其非凡之作《教育过程》中总结道："过去 20 年，几乎所有有关学习的内涵和转化的证据都显示……一个可以确定的事实是，大规模的转化过程可以通过适当的学习获得，甚而在最优的条件下，适当的学习能让人'学会如何学习'。"[②] 当然，为通识教育的理想提供依据的依然应该是人类对教育的体验而非实验心理学；只是当这一科

[①] W. C. Bagley："The Significance of the Essentialist Movement in Educational Theory，" *Classical Journal*，Vol. XXXIV（1939），p. 336.

[②] Jerome S. Bruner：*The Process of Education*（Cambridge，Mass.，1960），p. 6. 布鲁纳指出，一个重要的考量是学习者从结构上掌握一个问题，这是通过学习获得的。有关当代对于思维训练的讨论和实验证据的简史，参阅 Walter B. Kolesnik：*Mental Discipline in Modern Education*（Madison，1958），尤其是 Chapter 3。

学问题成为说辞，它的终极判断实际上远非生活调整的教育家们所呈现出来的那样，而是大幅偏向那些相信思维训练可行性之人的观点。

7

生活调整运动以一种极端的形式展现出职业教育 40 多年来的演进方向：在中等教育大众化的体系里，严肃的学术教育对除一小部分学生群体外的人而言，是不可能实现的。在以教条的形式框定 60％这一不堪造就的学生比重之时，运动的发言人是这般坚信不移，而他们的一些批评者认为，这完全是一个妄断的数字。似乎这也是源于对"科学"的坚定信仰。1940 年，普罗瑟博士作为全国青年总署的成员，十分了解华盛顿对青少年问题的观点，因智力测试而享有盛名的心理学家刘易斯·M. 特曼，在美国青年委员会一份名为《美国青年怎么了?》的出版物中提出，若要在高中的传统古典课程里表现出色，智商必须达到 110，但美国的青年中有 60％达不到这一水平。不论如何，这一数字和生活调整运动的教育者们的算数相差甚远。[①] 更重要的是，妄图以这样的结论作为整个国家的教育政策依据是不负责任的。有关个人的智商是否为永久不变的基因属性，心理学家尚未达成一致（直到 1939 年，争论依然很激烈）；如今，令人瞩目的实验结果表明，个人的智商假如得到足够的关注和培养，往往能提升 15 到 20个点，甚至更多。（当底层社会的孩子获得特殊的关注时效果尤为显著。在纽约市名为"更高的地平线"的项目中，许多在初中时期智商

---

① 意即假如特曼的发现被采纳，那么 60％的美国青年可能不适合高中学术课程；这些人中必然有不少的人会适合普罗瑟决议中提到的有用的行业替代学科。

低于正常水平或近乎迟缓的贫民窟孩子的智商和学习成绩得到了提升，被大学录取，一些人甚至获得了奖学金。）此外，智商单方面绝无可能成为一个人可能获得最高学术成就的无误差的标杆；而且还要考虑到其它可转换的变量，例如教学质量、课业量及学生的动力和意愿。心理学家和教育学家意见相左的是，在当今的教学方式和低迷的士气之下，究竟有多大比例的高中生能从学术课程中获益。①

最后，生活调整运动中有关青少年可否教化之观点的立论，也忽视了其它国家在中等教育方面的成就。新式教育学家们反复论及西欧国家的中等教育课程是"贵族化的"、阶级固化的、有选择性的、传统的，对于民主的、普惠的和前瞻性的美国中学教育不具有示范价值。因而，美国的教育家们对将欧洲教育史作为教育方针的思想来源避而不谈，转而从"现代科学"中汲取实际指导，向"民主制度"寻求道德灵感。欧洲教育指向的是陈旧的过往；科学和民主指向的是未来。和苏联的科技竞赛颠覆了这种思维方式。苏联的中等教育既不普及，也不像我国这样平民化。然而，作为一个不能以贵族式和传统性一笔带过但又大规模仿效西欧体系的教育系统的范例，它以一种不容忽视的方式展现了高要求学术课程是可以大范围推行的。

我们不可妄断这样的论调——教育目标只适用于被忽视的那60％的底层青少年——会得到生活调整运动的教育者的首肯。低估这一运动的十字军理想是一种谬误——没有什么比 1947 年普罗瑟博士

---

① 有关学术能力分配的各种评估及其对教育政策的影响，参阅 Report of the President's Commission on Higher Education：*Higher Education for American Democracy*，Vol. I, p. 41；Byron S. Hollinshead：*Who Should Go to College*（New York, 1952），尤其是 pp. 39 - 40；Dael Wolfle：*America's Resources of Specialized Talent*（New York, 1954）；以及 Charles C. Cole, Jr.：*Encouraging Scientific Talent*（New York, 1956）。"我坚信，"一位教育心理学家写道："更良好的教育……能让一半甚至更多的高中生……获益于此〔古典课程〕。"Paul Woodring：*A Fourth of a Nation*（New York, 1957），p. 49。

在有关生活调整运动的大会上的总结陈词更一针见血的了。他表示："在一切教育史上，从未有过像这样的会议……与会者如此忠于他们的信仰，这是一个采取行动的黄金时机，所有美国青少年将获得他们曾被长期剥夺的教育传承。你们所计划的（普罗瑟向成员们保证）是值得为之奋斗的——是值得为之牺牲的……上帝保佑你们所有人。"

　　正因如此，生活调整派的教育者们很快便说服自己，他们的崇高教育理想不只适用于被忽略的60％：对这群人有利的，也将对所有美国青少年有利，包括那些有天分的。一份生活调整手册的作者们颇为坦率地承认，他们正在设计一种并不亚于"乌托邦式的中学蓝图"，那是一种学校，"只有罕见的天才教师才能运作"，他们如此补充道。① I. L. 坎德尔嘲弄道，生活调整的理念是"对于60％上了高中的但研究显示在此间一无所获的学生有好处的东西，对全部学生同样有好处"②。如此，这一运动的十字军战士成功地把古典课程的拥护者曾经的普惠性设想本末倒置。之前的观点是，人文学术教育对所有学生都有好处。现在的论断是，所有学生都应在很大程度上接受本是为学习速度慢的人设计的教育。美国的实用主义和民主，终于可以在所有青少年的教育中落实。生活调整运动能一劳永逸地树立学习速度慢者和有天赋者相比"丝毫"不低人一等的思想，以及一切课程科目和所有孩子一样都是平等的这一原则。1952年，全国教育协会的教育政策委员会在描述理想的乡村学校时这样表述："'科目'里没有贵族，数学和机械、艺术和农业、历史和家政都是对等的。"③

---

① *A Look Ahead in Secondary Education*，U. S. Office of Education（Washington，1954），p. 76.
② *American Education in the Twentieth Century*，p. 156；比较 pp. 173－181. 有关生活调整运动的普惠性理想，参阅 Mortimer Smith：*The Diminished Mind*（Chicago，1954），p. 46。
③ *Education for All American Youth*，*A Further Look*（Washington，1952），p. 140.

借实用、民主和科学的名义，许多教育者接纳了所谓不堪造就和不易造就的孩子作为中学教育体系的核心，有天分的孩子则被边缘化。一群期盼着有一天"教育的贵族化和文化传统终将被彻底抛弃"的教育学家，对于展现出不凡的智识好奇心的孩子是这样说的："我们能给予他们的任何帮助都应该是他们自己的，但这些得利的孩子直接从周围的环境中习得。我们的教导之于他们的成长只是偶然。因此，学校为满足这些不寻常之人而调整教学计划是不必要的，也是徒劳的。"① 在这样的氛围下，正如杰罗姆·布鲁纳所说："公立学校排名前四分之一的尖子生将是下一代智识领导力的源泉，但他们也许是近代我们的学校最为忽略的群体。"② 这一群体确实被许多教育工作者忽视，某些人并不把他们视为教育制度的希望、挑战或是预期的标准，而是一种异常的、附带的特殊问题，有时甚至是一种病态。我也许略有夸张；但如若不然，就很难理解为何一位教育署的官员能写下这样不计后果的言辞：③

　　有相当多的——估计约有 400 万——儿童在心理、身体和行

---

① Charles M. MacConnell，Ernest O. Melby，Christian O. Arndt 以及 Leslee J. Bishop：
New Schools for a New Culture（New York，1953），pp. 154 - 155。若要为这一奇谈怪论
提供一定的理由，需要说明按照现行的组织方式，我们的中学经常感到能为有天赋的、
智识上有好奇心的孩子所做的并不多。

② Bruner：同前，p. 10。比较 James B. Conant："我们尤其容易忽视特别有天分的青少
年。我们既不能足够早地挖掘他们，又无法适当地加以引导，我们的高中也不能充分
地教导他们。" *Education in a Divided World*（Cambridge，Mass.，1948），p. 65；比较
p. 228。关于教育有天分的孩子的问题，参阅 Frank O. Copley：*The American High
School and the Talented Student*（Ann Arbor，1961）。
　　在 1950 年代中期，大约 5％的天才儿童在美国的学校里受到特别的、正式的关
注。一项早期研究（1948）表明，约 2 万名学生在为尖子生设的特殊学校或班级，约
有 8.7 万在为心智不全者设的特殊学校或班级。有关这些及其它尖子生项目的数据，
参阅 Cole：*Encouraging Scientific Talent*，pp. 116 - 119。

③ 美国教育委员会高等教育委员会副主席劳埃德·E. 布劳驰的文字，见于 Mary
Irwin, ed.：*American Universities and Colleges*，由美国教育委员会出版（Washington，
1956），p. 8。后有人指作者实际是在建议为有天分的孩子建立特殊项目以及做其它安
排，但我认为，这些考量不能抵消这一系列诡异的分类所造成的影响。

为方面都严重偏离了常人水平，需要特殊的教育资源。他们之中包括盲人和视障者、聋人和重听者、不良于言者、残疾人士、体弱者、癫痫患者、心智不全者、有社交障碍者及天赋异禀者。

8

对于诸如此类的想法，尤其是它们的拥护者对于普惠全民的主张，总有来自全国各地的父母、校董事会和教师发出抗议之声。尽管如此，为了顺应新式教育的理念，许多初高中已经"充实"了课表，加入了乐队、合唱、驾驶、人际关系、家庭生活、"家政"和消费者教育的新课程。美国一些社区的孩子有可能直到成年也没有机会了解他所接受的公立高中教育并非在全国各地都得到相同的认可，而且有可能完全无法服务于他的志向。数年前，耶鲁校长 A. 惠特尼·格里斯沃尔德报告了一个任何大学招生办都不会感到陌生的案例。一位来自中西部的优秀年轻人申请了耶鲁大学，他本该大有希望，但结果还是未予考虑，理由是他高中最后两年的学术课程中只包含了两年英语课和一年美国历史课，除此之外是两年的合唱课、两年的演讲课以及打字、体育、新闻、婚姻与家庭、品格问题等课程各一年。①

细究公立高中引入的新课程的特点和内容，以及新旧教育机制论战中的言辞，我们不难发现，生活调整之辩的核心问题，实际是在饱受争议的大众文化教育层面。究其原因，学校考量的问题之一在于大

---

① *Liberal Education and the Democratic Ideal*（New Haven, 1959），p. 29；这一事例最初是由格里斯沃尔德在 1954 年报告的。

量的高中生应该且能够培养出怎样的品格和文化修养。传统教育主要
建立在对不同课题之价值的信念之上，预想能通过在某种程度上掌握
学术课程，为实现一般生活目标而开拓思维，为专职、商业或其它有
意义的岗位做好准备。（而职业技术教育能服务于那些不能或不愿参
与此类竞争的人。）与新式教育工作者的说法相反，传统教育并非完
全无视孩子的需要，但它设想孩子总体而言能在接受分门别类的学术
教育时从自己的思维活动中得到一些乐趣，在从一个阶段走向另一个
阶段时从自己的成就感中获得满足。若学习过程令他感到厌烦，那么
克服这种厌烦所需的自律至少也是一种净益。（有些人无疑会矫枉过
正，提出厌烦感本身就有极高的价值，其依据是下面这句讽刺之
言——学什么无关紧要，只要不喜欢就行；有关这一观点的极端言论
助新式教育者勾勒出了一幅传统教育令人唾弃的画面。）在政治上，
旧式教育是保守的，它接受了社会的既定规则，要求孩子在这一框
架——主要是 19 世纪的个人主义思想——下展现自我。但它也是民
主的，通常并不认同更不乐见这样的观点，即某个社会阶层的极大一
部分人在参与学术竞争、精通某项课题或思想以及个性训练上一定是
缺乏天分、永无出头之日的。

新式教育在本质上亦是政治保守的，但它对民主的溢美之词、仁
慈地对待孩子的方式（更不用说这一点已成为右翼怪人反复烦扰的对
象）使它看起来，或者说至少对它的拥趸而言，是"进步的"，甚而
是激进的。它以自己意识到并接受大众具有智识局限性的现实主义为
荣，同时对接纳、鼓励和培养学生群体中最无天分之人的理想主义也
引以为豪。它立足于对孩子的关注，并避免对其能力做出太多的判
断。对于孩子在智识活动中——至少是有难度的活动中——体会到的
乐趣或成就感，它并不心存幻想。恰恰相反，它相信作为一项主要目

标，让孩子享受学习的前提是满足他的需求和兴趣，并把这些兴趣视为教育过程的基石。它的拥护者们不认为自己忽视了教育孩子思考；对于应该鼓励孩子思考什么样的问题，以及需要积累多少知识和努力才是有效思考的先决条件，他们的意见与传统教育工作者的迥然不同。他们认为，孩子的世界首先是固化的，并在这样的框架下指导孩子如何思考，无论这在时间和空间上有多狭隘，也不论其如何肤浅。他们不承认自己抛弃了发展个性的目标，反而坚称他们所鼓励的是更符合社会性的、合群的、民主的个性。

当我们审视新式教育者所提倡的新课程范围和内容——在一些方面，他们成功地付诸实施了——我们意识到，新式教育确实想要教育出"全面的孩子"，且以此为标准塑造品格和个性；他们的主要目标，并非将孩子塑造成在这个有着生产和竞争、志向和职业、创造力和分析力的世界里受过良好训练的一员，而是要帮助他们顺应这个有着消费和嗜好、娱乐和社会顺从感的世界，或简言之，让自己体面地适应被动和享乐主义风格所归纳出的一个掷地有声的术语——"生活调整"。在这样的世界，至关重要的是，学生学习的不该是化学，而是清洁剂的测试；不该是物理，而是如何驾驶和保养汽车；不该是历史，而是本地煤气厂的运营；不该是生物，而是去动物园的路；不该是莎士比亚或狄更斯，而是商务信函写作。新式教育非但没有把消费和个人风格问题交给家庭及其它机构，反而把家庭本身转化为充分研究的对象，更有甚者，唐突地将其重新定位（"怎么让我的家庭变得民主？"）。生活调整运动的一位教育者解释道，他想要孩子们学习在校内提出质询（即抵制他所谓的一些教师身上顽固不化的"非常明确的学术倾向"）："我怎么才能保持健康？如何表现出最佳状态？如何和别人更好地相处？怎样才能使业余爱好有助于我的社会成长?"①学校反复灌输的理念符合青少年的兴趣，这也包括大众传媒广告里宣传的那些内容。一个眼见为实的案例是，在纽约州某社区的所有七到十年级，"家庭生活"课一直以来都是必修课。其所涵盖的主题有："发展校园精神""我的保姆职责""与人群相处""怎样被人喜欢""长了粉刺怎么办""学习整理卧室""怎样让房间更漂亮"。八年级学生要答的是非题包括："只有女孩儿要用止汗剂""香皂可以用来洗头发"②。

如今，美国教育中的生活调整热潮早已走向低谷。原因之一也许是，在美国的社会体系中，中等教育的职能发生了一系列的大范围改变。正如马丁·特罗所观察到的，我国的中等教育"发轫于精英的预备体系；在多年的蓬勃发展中成了大众的终端体系；现在，为了成为大众的预备体系，不得不再次经历痛苦的转型"③。新式教育者们最初设计教育方针的环境已荡然无存，他们的观点再也找不到大批的应和者。从1900年代到1930年代，大多数高中生的父母自己并未上过高中，很多人初来乍到，这一国家和它的语言于他们而言都是新事物。他们较为被动地接受了新出现的教育专家的观点和项目设计。而今天的高中生，其父母通常至少是高中毕业，与他们为伍的是一大批受过大学教育的中层阶级，他们对教育的问题尤为关注。这些民众对高中教育理当如何有自己的想法，也有自己的文化追求，不愿把新式教育的教条当成最终定论，以阿瑟·贝斯特和莫蒂默·史密斯的著作

① Richard A. Mumma："The Real Barrier to a More Realistic Curriculum：The Teacher，" *Educational Administration and Supervision*，Vol. XXXVI（January，1950），pp. 41 - 42.
② 基础教育委员会的《公告》（*Bulletin*）（April，1957），p. 11。真正探索这些课题的学校并不多见，但教育家们设计核心课程时，它们经常占有一席之地。例如，有关按学生兴趣推荐的基础课程表，可参阅 Alberty：*Reorganizing the High school Curriculum*，chapter 15。
③ "The Second Transformation，"p. 154.

为代表的反攻新式教育思想的新兴文学，在他们当中拥有大量的读者。再者，与上一代人不同，高中不再是终端机构。高中的理念和项目必须顺应这样的事实——一半的高中毕业生将会继续某种类型的高等教育，他们所接受的技能和专业培训要比旧式高中培养的普通白领工作技能复杂得多。父母们愈发认识到，不规范的本地学校会威胁到他们的孩子获取学院和大学教育有利地位的机会，他们也愈加倾向于向学校管理层施压，要求提高教学标准。最后，后斯普特尼克时代的教育环境让谋求更多教育投入的人加紧了步伐，他们现在可以声称，我国已经和苏联展开了现实中的教育竞赛。近几年，这些反作用力开始产生效果。然而，引发生活调整运动的观点并未在教育行业或普罗大众那里销声匿迹。很多在专职教育行政层面和教学中心任职的人，依然不为学术卓越的新要求所动。美国的教育身处的境地恰似一个新政权，为推行政令，它必须仰赖公共服务体系，然而那里遍布着坚定的反对之声。

十四、儿童与世界

1

新式教育的两大智识支柱，一是科学的应用或谓之错用，二是对约翰·杜威教育理念的解读。两相比较，杜威的理念更形重要——他笃信通过科学的力量启发教育思想，进一步为教育者提供了兼容并蓄的世界观，满足了他们的慈善欲望及让教育服务于民主的热情。杜威的观点自19世纪末起逐渐兴盛，他的贡献是将对儿童的关注和实用主义理念以及日益增加的社会改革要求关联了起来。自此，他在新的儿童观和新的世界观之间成功地搭起了桥梁。

任何关心新式教育的人，都难免会考虑到它对杜威理论的运用。在反智主义的研究中考虑这一点，可能会不幸地被解读为试图将杜威定性为反智主义者——对于一个如此专注于教儿童如何思考的人，这似乎并不公平。也可能被解读为试图为美国教育的失败寻找"替罪羊"——这样的嫌疑无可避免——但我的目的并非如此：此举是为了审视某些思想的趋势和后果，而杜威对这些思想做出了空前有力的表达。

试图阐述这些思想的局限性和错用之举，不应被一概而论地视为对进步教育的全面谴责，恰如劳伦斯·克雷明对历史的洞见所表明的那样，进步教育包涵了若干思想流和各种倾向。虽然进步主义的声誉因外围的极端分子而无端受损，但它的核心是一些健全而重要的东西。今天，部分是由于许多"保守的"学校敏锐地借鉴了进步教育的创举，我们因而轻易地遗忘了过去的保守教育是多么阴暗和自负，它是如何默许甚而利用儿童在课堂上的被动性，给极度专横的教员提供了多大的空间，又是在多大程度上依赖于死记硬背式教学的。进步主义的主要力量来自其在方法上的创新。它试图调动儿童的兴趣因材施教，往教师和教育工作者的头脑里灌输对儿童天性的充分认知，建立教育学规则使教师肩负的职责不至于被武断地权威化，培养儿童的学习能力和表达能力。它的最大优点，是把一个太多人认为所有真理都已经确立的领域作为它的试验田。在一所实验学校里挑出一些学生和教师，激发他们内心特殊的奉献感和兴奋感，就有可能得到非凡的成果，就像许多进步主义学校已经且依然在做的那样。① 不幸的是，因为这些成果是在特定的实验状态下获得的，不论多么有启发性，都难以指望它们得到普世的应用。

进步主义的价值在于它的实验性和对幼童的作用；其短板则是宣扬教条、概括笼统、无法衡量自身方法的实际局限，首当其冲的是它倾向于打散整个课程设计。在较为年长的儿童的教育中，这种倾向变得极为严重，尤其在需要探求复杂的有规划的学习项目的中等教育上，课程设计问题成为当务之急。到目前为止，我有意不称其"进步教育"，而对于其中某些更为宽泛和包容的事物，我更愿意谓之为

---

① 在这方面，实验学校的状况近似于工业社会学中著名的霍桑实验，这一实验以探索怎样的工作条件能提高生产力为目的，最终的发现是，激发生产力的一系列持续提升的是实验本身的心理学情境，而非任何的特殊工具。

"新式教育"。新的教育体现了将某些进步主义原则阐述为一种信条，试图对它们在大众教育体系中的适用性提出包容性主张，将它们主要是从非常年幼的儿童开始的教育实验扩展为所有年龄段的公共教育机制，最后才是强调"进步主义"，并以此掀起对有规划的课程和通识教育的挞伐。整个过程中，不论先后，杜威的思想时常被引用。他的言论和观点在1918年的《中学教育的要旨》中清晰可辨，也在其后所有有关新教育的文字中频频闪现。他被称颂、阐释、引述、讨论、神化，偶尔甚至被细读。

普遍的说法是杜威被误读了。人们一再指出，杜威不得不一听说某些教育活动以他的名义进行就立即提出抗议。也许他的意图被广泛甚而经常性地违背了，但阅读杜威的著述并理解本就相当困难。他写过一篇极其含糊晦涩的散文，以至于威廉·詹姆斯一度称此文"受了诅咒；甚至可以说是被上帝诅咒了"。他的风格让人联想远方军队隆隆的炮击声：人们知道在一个遥不可及的地方正发生不祥之事，却无法确定它究竟是什么。这种标志性的风格在杜威最重要的教育著作里变本加厉，这说明他作为教育代言人的极大影响力某种程度上可能是由于他的确切意图令人难以捉摸。秉持各种教育思想的学校，从他的文字中解读出符合自己需要的意涵。虽然我们倾向于认为，新式教育最为反智的发言人严重误读了杜威的思想，但更公正的说法也许是，就连从事生活调整的教育者们也可以通过为这位大师的话加上诚实和智慧的注脚从而收为己用。劳伦斯·克雷明观察到，"不论多么牵强，在《民主与教育》以及生活调整委员会的声明之间也可以画出一条智慧之线"①。

---

① *The Transformation of the School*，p. 239.

事实上，这条线确实太过牵强，无法让人不怀疑。风格上的严重缺陷极少，如果有的话，也"仅仅"是风格上的问题；它们体现出的真正困难是理解上的。比愚钝或头脑发热的追随者扭曲了杜威思想的观点更有可能的是，其作品的未解之疑意味着在思想上确实存在模糊和差距，这本身就代表了教育理论和我们文化中的一些难点以及尚需解决的问题。不论是否得到了大师的首肯，杜威的很多追随者所做的是抗议主宰和控制、抵制文化的价值和思虑的人生，推崇某种自主性的民主和实用的观点。因此，他们在教育上重复了政治上的平等主义者、宗教上的福音主义者和商业上的实用主义先知的论调。在检视杜威理念如何为其所用之前，我们先来看看这一理念的精髓及诞生之际的智识环境。

2

杜威的教育理论贯穿始终的目标包含了一系列崇高的志向。首先，他意图构建一套教育理论——关于智识的发展和知识的作用——它完全契合达尔文主义。对于这位出生于《物种起源》出版的那一年、被勃兴中的进化科学哺育的思想家而言，不具科学性的现代教育是毫无价值的。

杜威最初是把个体学习者看作以自己的思维为工具来解决环境所带来的各种问题的人，其后，他发展出了一种有关学习者成长过程的教育理论。他认为，现代的教育体系必须顺应民主制度、科学和工业化的时代背景；教育应致力于满足时代需求。而最重要的是，教育实践应当摒弃那些基于前民主时代和前工业化社会的，认为知识是思考固化真理的赋闲与贵族式思想的做法。杜威觉得，他和他的同代人现在必须克服一系列承自过去时代的人为二元论，尤其是存在于知识和行为之间的二元论。对杜威而言，行为包含于知识之中——而并非像一些不明所以的批评者所说的，知识臣服于行为、比"实践"低一等——知识是行为的一种形式，行为是获取和运用知识的方式之一。

杜威也试图探求教育在民主和进步社会中的坐标。如何建构一个教育体系，避免简单地把儿童塑造成社会想要的模样，而让现实社会的缺陷渗透进教育的根基？一个民主社会要真正服务于所有成员，教育的设计就必须让这些成员从幼儿期起即能开发自身能力，并学习如何提升这些能力，而非简单地复制外部社会的特征。在此意义上，他将教育视为社会重建的主要力量。一言以蔽之，如果要重建社会，首先，人们必须在儿童身上寻找能让社会再生的力量。杜威认为，除非学校以孩子为中心，除非不再倚重教师的专制和传统课程的分量，而代之以孩子们自己发展出的兴趣和主动性，否则这将难以实现。在成人温和地指导下激发出他们的学习主动性和兴趣，既是为了促进学习过程，也是为了塑造一种适应社会改革大业的品格和心态。

这是对杜威理论的一个过于简略的表述，但它至少有助于展现他如何表述他的问题所在，并在解决问题时将注意力转向核心人物——儿童。我们或许可以从这里开始，因为儿童的概念——不是单纯的智识构建，而是注重一系列深层次的情感投入和需求——处于新式教育的核心。关于之后必须详细阐述的内容，我相信，杜威和他的同时代人所形成的、后来纳入新式教育思潮的儿童中心论，比后达尔文时代的更加浪漫和原始。这种对儿童的概念以及对其自然成长的相关假设，使得杜威及其追随者在解决那些他认为应该解决的二元论问题时难度更大。尽管他不断地竭力澄清，但既要以儿童为中心，又要证明仍有必要维护教育的秩序和权威，使两者难以权衡。最后，包裹着儿童这一角色的圣衣也让人们很难用现实主义的方式来讨论民主在教育中的作用。

为了理解杜威及其同时代人如何看待对儿童的情感投入，有必要在某种程度上重现世纪之交的智识氛围，那正是他那一代人开始致力于推动美国教育转型的时刻。当时，对儿童的兴趣及专业教育人士心态的转变，在美国和欧洲同时进入了加速期。1909年，瑞典女权主义者爱伦·凯写成了她的家喻户晓之作《儿童的世纪》（*The Century of the Child*），它集中体现了那些认为儿童已重获新生之人的殷殷期望。但是，此类表述逐渐泛滥起来。1900年，在全国教育协会的年度会议上，佐治亚州公共教育督学提交了一份鼓舞人心的文件，名为《这是一种什么样的儿童行为？》。他在其中宣称：[①]

> 若我被问及，这个世纪最伟大的发现是什么，我不会选择人类在木材、石材、钢铁和黄铜方面的一切辉煌成就作为答案；不会提及印刷机、织布机、蒸汽机、蒸汽船、海底电缆、电报、无线电报、电话和留声机带来的规模效应；不会选择仰望星辰，指向我们的太阳系中新增的两颗行星；不会推举放言将颠覆人脑和人体研究的伦琴射线；不会选择任何让全世界的生产力非凡提升的、节省劳动力的机器和设备。在时间的洪流中，凌驾于这一切之上的，人类进步的食指将准确无误地指向这个正接近尾声的世纪里最伟大的发现——儿童。

[①] 此处和其它引用，参阅 G. R. Glenn：“What Manner of Child Shall This Be？” N. E. A. *Proceedings*，1900，pp. 176 - 178。

在阐述了儿童被发现的重要性之后，这位学校官员进一步总结了上个世纪取得的进展，在他的想象中，当时，教育是"专横的少数人专享的特权"，依然由"无所不能的民主派多数人"主导。美国的儿童已被赋予均等的机会，但进一步的改革尚在酝酿中。"我们美国人发现，旧教育体系已不能适应他们的需求……我们不再要求儿童顺应体系，我们正在尝试调整体系以适应儿童。"接着，他转而谈到宗教意象，把美国教师比作基督，因为他们把美国儿童从死亡的裹尸布中解救出来，正如基督解救拉撒路，任其自由成长。他以超凡的先见之明预言，未来，教师面临的基督式挑战将越来越大，他们被寄予的期望是拯救上帝最卑微的孩子们："那时候，教师的能力是以他如何对待一个聪明的男孩或女孩来衡量的。从新世纪开始，教师的能力将以他如何对待平庸的、有缺陷的孩子来衡量。在世界历史上，从未像现在这样，对教学能力的真正考验不是对学校里最好的学生做什么，而是对最糟的学生做什么。"[①] 新的教育心理学将是"回头的浪子和迷途的绵羊的心理学"。一旦对儿童的研究尽在掌握，学校的发展极尽完善，教育体系将惠及并使每个美国儿童获得发展，而美国人生活中的"大喜"将会到来。"当我们拯救了这些美国儿童中的每一个，并使他们所有人都能为我们伟大的民主政府的财富、智慧和权力做出贡献时，我们将为此欢欣鼓舞。"

我之所以在此引述这些言论，是因为尽管它们出自在职教育工作者而非理论家，却简要地总结了当时流行的教育思想中一些观点。它们反映了其中的宗教式热情和仁善，还有儿童在现代世界所处的中心

---

① 当然，这不符合像查尔斯·威廉·埃利奥特这样更为传统和非福音派的教育家们的观点。他曾写道："一个教育机构的方针，不论哪个年级，绝不应该依据资质最平庸的孩子的需要来决定……" *Educational Reform*（New York，1898）。

地位，对民主和机会作为教育成就之标准的关注，对平庸的儿童及他们对教育系统的需求的重视，对教育和儿童研究的乐观，认为教育在本质上是一种成长，也反映了它的信念，即一个适当的教育，哪怕是侧重于个别儿童的自我实现，也会自动地朝着实现和拯救民主社会的方向前进。

这位佐治亚州的学校官员很可能一直在阅读该领域当代先驱的著作，因为他有关儿童的观点与他们当时的文字基本一致。杜威当然也是其中一员，那时他才四十出头，对教育的研究才刚刚起步；但我们也有必要了解一下两位年长于他的先驱人物，即教育家弗朗西斯·威兰德·帕克和心理学家 G. 斯坦利·霍尔，两人在当时的影响力更易估量。帕克曾被杜威奉为"进步教育之父"，此人有着非凡的活力，是一位成就斐然的教育家和杰出的学校管理者。1870 年代，他重建了马萨诸塞州昆西市的学校体系，即便以最一丝不苟的传统教育表现的标准来评判，他所取得的成就也可称得上无与伦比。不久，他就任芝加哥库克县师范学校校长，他的教学理论和教学技巧在那里日臻完善。他无疑是约翰·杜威和斯坦利·霍尔的重要榜样，前者在 1896 年建起自己的"实验学校"之前，对库克县师范学校印象很好；后者曾有一段时间每年都要造访帕克的学校，"为自己的教育思路寻找灵感"。

帕克阐述的教育理论在很多方面过于陈旧，与新思潮格格不入。比如，这些理论完全是前达尔文主义的，不带有一丝一毫的更高端的功能心理学，正是后者让杜威的著述广受欢迎。然而，帕克有关儿童的观点是极为重要的，在很大程度上，他是福禄贝尔的追随者。他说，"儿童，是上帝臻于完美的造物"，要回答"儿童是什么"这样的问题，便是在接近对神的认知。"他赋予儿童身上的神性及……这一神性表现在通过可见、可触的事物探寻真理。"他断言："儿童的自主趋向，是与生俱来的神性的记录。""我的教师同仁，在此，我们只有一个目的，即理解这些趋向，并朝着它们的去向为其推波助澜，顺其自然。"如果儿童是神的载体，是"过往的果实和未来的种子"，那么，自然可以得出结论："所有教育活动的中心是**儿童**"。我们可以进而推测，帕克认为所谓儿童的自发行为并非空谈，部分原因在于他亦将儿童设想为对一切充满好奇的人，对所有话题都天生感兴趣，是正在塑造中的博学者，也是与生俱来的艺术家和手工艺人。因而他建议进行高要求的课程设计，不同于大多数后来的进步主义者，他甚至认为小学的所有年级都应教授语法，因为它需要被"全盘掌握"。

一如杜威后来的所作所为，帕克强调学校即社会："学校是家庭的模版，是一个完整的社会、民主的萌芽之地。"若运用得当，便可期待由它来实现非凡的再创造。"我们必须相信，我们能拯救**每个儿童**。公民应当在内心对自己说：'我期待着这个世界通过美国的普通学校教育重获新生。'"①

在写下这些话语的那个时代，儿童研究运动的先锋 G. 斯坦利·霍尔表示："儿童的监护人首先要努力做到的是不干预天性……他们应该深刻认识到，童年直接出自上帝之手，不但毫无朽坏，更是世间最完美之物的留存……没有什么比成长中的儿童的身体和灵魂更值得人们爱、崇敬和侍奉的了。"这一时期，杜威自己也表示："儿童自身的天性和能力，为一切的教育活动提供了素材和起点。"他还说："当我们冒失地把一堆特别的，诸如阅读、写作或地理等与他的社会生活无关的科目引荐给儿童时，是有违儿童天性的，德育所能获得的最佳成效便大打折扣。学校科目的真正重心不是科学、文学、历史或地

① Francis W. Parker: *Talks on Pedagogics* (New York, 1894), pp. 3, 5-6, 16, 23-24, 320-330, 383, 434, 450.

理，而是儿童自身的社会行为。"[1]

　　显然，展现给世界的新式教育不仅是一种工具，更是一种信条，它超出了对某种严格的教学成果的预期，而成为某种实现个人或人类终极救赎的承诺。例如，我们现在将看到，G. 斯坦利·霍尔是如何预见到，按照儿童成长的天性设计的教育将为未来培养超人。杜威对教育的可能性的早期观点同样得到了极高的褒扬。他在《我的教育信条》这本小册子中说道，教育"是社会进步和改革的根本方法"。所以，教师必须被视为"参与其中，不仅是在培育个体，而是在构建适宜的社会生活"。每一位老师都应将自己看作"为维护恰当的社会秩序、确保正常的社会发展而设的公仆。有鉴于此，教师始终是真正的上帝的先知，是真正的神的国度的引领者"[2]。显然，这么高的期望值会给一切教育改革的提议带来重负。

　　这样的信条，这样昂扬的信念，在被确立为主导的信条之前得先要克服不少顽固的阻力。对这样的出征感到责无旁贷的人，不可能过于纠缠细节或探究自身观点的局限和危险性。不幸的是，在教育这类现实领域，重要的往往不是追求一种理论或信条，而是在尝试践行的过程中将遇到的重心和程度问题；没有一种自然而然的方法能从一堆观点中推导出何为适度。例如，新式教育的早期发言人要求尊重儿童，但尊重何时止、敬畏何时起难以说清道明。尽管杜威自 1930 年代起便就其理论的运用过度和过分简化提出了警告，但即使在晚期作品中，他也承认，很难在不放弃某些基本承诺的情况下确定界限可以或应该划在哪里。

---

[1] G. Stanley Hall: "The Ideal School as Based on Child Study," *Forum*, Vol. XXXII (September, 1901), p. 24 - 25; John Dewey: *My Pedagogic Creed* (1897; new ed. Washington, 1929), pp. 4, 9.

[2] *My Pedagogic* Creed, pp. 15, 17.

3

在此，杜威及他那一代人所形成的儿童理念，其魅力也许可以用浪漫主义的传承来诠释，它相当于甚至是超过了后达尔文时代自然主义的吸引力。对这一理念最为详尽的陈述，来自对儿童采取浪漫主义态度的欧洲作家们——杜威每每满怀景仰地提及卢梭、裴斯泰洛齐和福禄贝尔，一如他谈起爱默生，后者的论文《文化》为他的很多观点埋下了伏笔。这些教育改革家在世纪之交提出的教育理念是浪漫的，原因在于它在个人的发展——如情感、幻想的范围、个人成长的紧迫性——与社会秩序的必要性之间建立了一个对照，而社会秩序囊括了对特定知识、道德行为规范以及适合传统和制度的个人装备的需求。他们崇尚儿童的天性，反对人为造作的社会。对他们而言，儿童踏着荣耀的云彩降临世间，教师的神圣职责是确保他们保有自由，而非将外来的戒规强加于他们。他们设想的儿童生活或多或少直接接触自然和参与活动，而不是吸收仅对成人有意义的传统或阅读书籍，并掌握并非由儿童的愿望和兴趣而是由成人社会设定的技能。[①]

这种教育观点在世纪之交又一次在西方思想家中间流行起来，美国为它提供了尤为肥沃的土壤。这个国家一直有着纵容儿童的强烈倾向——19世纪赴美的旅行家在这方面的观察高度一致。此外，作为一个单一而灵活的国家，美国的教育大业较之欧洲国家在传统桎梏下的教育体系更易接受诱人的新事物。我国的福音气氛也是一股势力——指向这一结论的，是新式教育家有关"拯救"每个美国儿童的

[①] 在此，我们想起卢梭在《爱弥尔》中所言："当我扔掉儿童的课业，我也扔掉了他们悲伤的主要源头——书本。阅读是童年时代的恶魔，但这几乎是你能为儿童找到的唯一活动。爱弥尔在12岁上几乎不知道书本是什么……当阅读对他有用时，我承认他必须学习如何阅读，但在那之前，他只会认为它是讨人厌的东西。"

言辞，以及许诺获得拯救的儿童亦将拯救文明的潜台词。1897年的这位年轻教育改革家坚信，好老师会开创"真正的上帝的国度"，然而数十年后，就连杜威这样世俗的思想家都失去了这份雄心壮志。

新式教育家的宣言强调诸如自发性、本能、活动和天性，若仔细聆听他们的弦外之音，便能意识到教育问题展现的方式。儿童曾经是浑然天成的、神圣的——后达尔文时代的自然主义和浪漫主义传统在此携手——而他的需求和本能的"自然"属性成为一项要务，教育者若有违背便是亵渎。

现在，我们已经准备好理解新式教育思想核心观点的重要性：学校的课程不应基于社会的需求或对受教育之人的预判，而应基于儿童的兴趣和发展的需要。这并不单单意味着儿童的天性为教育过程带来了负面限制，因此任何驾驭它的企图都是徒劳——这么说也是多此一举。它意味着儿童的天性对教育过程是一个正向的引导——儿童天生自发产生的需求和冲动，应该为教育过程带来活力。

在1901年的一篇名为《基于儿童研究的理想学校》（*The Ideal School as Based on Child Study*）的启发性文章中，G. 斯坦利·霍尔试图表明这一指导原则究竟是何物。他表示，他会尝试"暂时摆脱一切现有做法、传统、方式和理念，去探究假如完全基于全新的、对童年的天性和需求的综合认知，教育将会变成什么样"①。简言之，他要剥除教育陈陈相因的传统理念，因为它们是旧时的禁锢，他认定当下的儿童研究成果和教育的使命有着更大的关联。霍尔指出，学校一

---

① 霍尔：同前，p. 24。有关其后段落中的引用，参阅 pp. 25，26，30，39。比较帕克的观点："我希望这些话语用斜体字标出，我们不推崇自然为中心，也不推崇历史和文学为中心，我们推崇的是儿童为中心，他是上帝最高等的造物，他的身体、头脑和灵魂的法则，决定了他自身的天性和成长的条件。"Discussions at the Open Session of the Herbart Club, Denver, Colorado, July 10，1895（1895），pp. 155 - 156。

词在字源上的本义是闲暇，"无需劳作，是尚未开始为生存而战时的远古乐土的延续"。以这种方式理解，学校代表了健康、成长和异端，"它们的一磅分量，抵得上一吨的教导"。

鉴于儿童的健康、闲暇和成长具有自然和神圣的性质，每一次对他们时间的侵占，对他们课程的任何要求，在我们让他们接受之前，都必须经过双重考验和令人信服地证明：

> 我们必须克服对字母、乘法表、语法、比例尺和书籍崇拜的恋物癖，必须反省……卡德摩斯的发明似乎是在人的头脑中种下了一颗真正的龙牙；查理曼大帝和其他许多世界伟人都不会读和写；学者们认为科涅利亚、奥菲莉亚、贝翠丝乃至我们的圣母，都大字不识。骑士们——中世纪的精英领袖——认为，书写不过是文吏的雕虫小技，对于那些自己的聪明才智已绰绰有余、反感被他人意见左右之人而言，这不属于他们的关注范围。

当然，没人会想到，在哈佛和德国的大学接受了同代人中最顶尖的也是十分传统的教育的霍尔，却认为新式教育应以摒弃文化修养为目标。[1] 其观点的重要性在于，他坚信存在一种自然且正常的儿童发展过程，对课业的考量应受其支配。他的某些特殊建议相当合理，[2] 有些仍在实践中发挥着良好的效果。同样有意思的是，一如帕克坚持语法的价值，霍尔倒不认为强调自然发展意味着彻底摒弃古典语言的学习。霍尔的观点是，至少有些孩子应当学习语言；对当代读

---

[1] 设定这一目标，要等下一代的教育家们来实现。参阅上文，第一章的例 L。
[2] 我认为这一说法极有洞见："富人的孩子通常过早地个性化或过度个性化，尤其当他们还是孩子时，必须接受规范和打压；而穷人的孩子通常不够个性化，应该被纵容。"相比霍尔崇尚的"自然"方式所代表的意义，这对社会环境有更高的敏感度。

者而言格外有意思的是，回顾过去 70 年，霍尔觉得自己非常清楚地知道在儿童的成长过程中何时学习这些科目才算得上是"自然的"。"至于那些快要消失的语言，如果要学的话，拉丁文不应晚于 10 或 11 岁开始，希腊语决不能晚于 12 或 13 岁。"一代人之后，当大多数推崇新式教育之人认为这些语言毫无用处时，看到其中任何一门语言从小学阶段开始学习都会令他们震惊不已。

霍尔希望通过对儿童的科学研究能在教育中实现什么，这被公认为一种乌托邦。收到慷慨的拨款并经历了 5 年的试验后，他"毫无疑虑和畏惧地"认为，设计出一个能满足教育预言家甚至说服保守主义者的计划是可能的，"因为它将囊括最好的一切"。

> 但根本上，它是以儿童为中心而非以学校为中心；它可能有些类似宗教改革，坚持认为安息日、《圣经》和教堂是为人而存在的，并非人们为造而造；这符合现代科学与心理学研究的方法和结论；它让宗教和道德更有效；最重要的或许是，它赋予学校的个性化教育最充分的权利，契合共和政府的形式，且致力于让人类成为更完美的超人；发展的成效是对艺术、科学、宗教、家庭、国家、文学和一切人类机构的最高考验，亦是终极考验。

无疑，霍尔对学拉丁语的 10 岁儿童的希冀及对未来超人的呼唤，与生活调整教育家的追求相去甚远；后者反对专门学科，并建议在班上讨论"我如何让所有人都参与派对上的活动？"或"在初中阶段我可以约会吗？"① 不过，乌托邦总有办法在其规划者的眼皮底下抄近路。

---

① 这些示例引自 Alberty：*Reorganizing the High-School Curriculum*，pp. 472 - 473。

4

了解新式教育的浪漫主义和达尔文主义背景，有助于我们理解为何杜威将教育定义为生长。杜威的"教育即生长"的理念，并非敷衍的界定或随意的隐喻：它代表了一种探寻和重塑教育过程之精髓的尝试。在《民主与教育》中有一段经常被引述的文字，立竿见影地展现出杜威令人困惑的文风，以及他所认为的"教育即生长"的理念的重要性。他写道：①

> 我们只关注生长的条件和意涵……当说到教育即发展，一切都基于发展如何界定。我们的基本结论是，生活即发展，发展和生长即生活。转换成对应的教育理念，意味着（1）教育过程没有目标，它本身就是目标；（2）教育过程是持续的重组、重塑和转型……
>
> 既然在现实中生长只和更多的生长有关，那么教育只从属于更多的教育……教育的志业是提供确保生长或生活富足的条件，不论年龄……
>
> 既然生长是生活的特性，教育即全部的生长；在自身之外，它是无目标的。学校教育的价值的衡量标准，是激发了多少持续生长的渴求，并为实现这样的渴求提供了多少方法。

此中的涵义值得深思：我们未被要求思索教育类似于生长，或与生长有某种共通之处，或可能被有益地视为一种特殊的生长形式。我

---

① *Democracy and Education* (New York, 1916)，pp. 59 – 62.

们被敦促接受教育即生长；生长即生活；生活即发展；最重要的是，试图设定教育的目标是无意义的，因为除了更多的教育，目标并不存在。"教育的目标，是帮助个人继续接受教育。"[①]

乍看之下，教育即生长的理念言之有物。当然，教育并不是一种衰缩的形式。说它等同于生长，似乎在表明学习过程与自然界之间存在一种理想的关联。这种非机械性的思路令人耳目一新。它与我们的认知一致，即教育是累积的、自我扩展的，它会引导我们的思路和性格变得更广、更复杂、更强大，也更精细。然而，一些批评家认为教育即生长的观点带来了无尽的麻烦；我相信，经由杜威的一些追慕者之手，这一理念成为现代教育史上最恶作剧的隐喻之一。生长是一个自然的、动物性的过程，教育则是一个社会化过程。儿童的生长，照字面之意，是自动自发的，需要的只是一般地照料和营养；其终点很大程度上是由基因遗传决定的，而教育的终点必须人为设定。在考量一个儿童的教育时，我们可以自由地考虑他是否应该学习两种语言，但在考量他的自然生长时，我们无法决定他是否应该长出两个脑袋。

既然生长论本质上是一种生物性的隐喻和强调个体的概念，这一理念的影响必然会让人的思想从教育的社会功能转向教育的个人功能；它不再体现儿童在社会中的地位，而是反映其个人的而非社会的兴趣所在。[②] 生长论致使教育思想家在自我决断、自我引导的内在成长与外力塑造之间建起了一种不可调和的对立——内在成长是好的，

---

① *Democracy and Education*（New York，1916），p. 117. 杜威在早年的一篇文章中提到："教育的过程和目标实为相同的东西。在教育之外设定任何附加在自身目标和准绳之上的目标将会令教育过程失去大部分意义，也会让我们在对待儿童时依赖错误的外来刺激。"*My Pedagogic Creed*，p. 12.

② 比较 Boyd H. Bode，*Education at the Crossroads*（New York，1938）其中的批评，尤其是 pp. 73 之后。在各种口诛笔伐之中，我认为这篇作品和 I. L. Kandel：*The Cult of Uncertainty*（New York，1943）最有启发性。

外力塑造则不好。学习杜威理论的人也许会立即辩驳，指出他的教育思想不应被解读为过度偏向生物方面和个体，或是对集体和社会考虑得不够充分。人们也许还会质问，有谁在写教育问题的著述时，像他这般正面地谈及教育过程的社会性和终极的社会职能？

然而，问题并非在于杜威是否缺乏对教育的社会性的认知，而是在于个体生长的理念成为教育思想家手中的棋子，他们沉迷于以儿童为中心的教育论难以自拔。尽管杜威并不接受儿童和社会的对立作为定论——事实上，他希望两者间实现友好的融合——但教育即生长的观念的历史影响提升了儿童的地位却罔顾了社会问题，因为儿童的生长代表了健康，而社会的传统（包括课程设置的传统）代表了陈腐的、极为专断的要求。一位前沿的心理学家这样形容传统："社会的权威或社会的任何方面向儿童呈现的都并非一种行为导向。只能依靠每位儿童的体验。要识别怎样的行为底线是令人满意的或不满的，这样的经验只在儿童感同身受时才得已致用。"①

正如批评家和追随者通常所认为的那样，杜威从不主张目的不明的教育。至少在这一点上，他立场清晰。在早期和晚期的教育著述中，他经常提及，若缺乏引导，儿童将无法从自己所接受的教育中获取适当的内容；儿童的每一种表面的行为和兴趣，每一个零散的兴奋点，不一定都是有价值的；教师必须以某种方式指点、引导和发展儿童那些"向前发展"的冲动，同时又不施加"外部的"目标。②

---

① Goodwin Watson，引自 I. L. Kandel：*The Cult of Uncertainty*，p. 79。
② 参阅 *The Child and the Curriculum*（1902；Chicago，ed. , 1956）全文，尤其是 pp. 14–18 以及 pp. 30–31 上的重要段落。在此，他呼吁在儿童的兴趣和进步的方向之间需要一种持续的交互，才能达到一种积极的相互融合。另参阅 *Democracy and Education*，pp. 61–62；以及 p. 133："自然或原始的能量激发出一切教育的动力和限制力；但不能催生它的方向和目标。"1926 年的某一时刻，杜威背离了他一贯仁慈的口吻，表示一些进步学校有计划地放弃引导是"相当愚蠢的"。

　　杜威所面临的是别样的窘境：对教育即生长的坚持，除了更多的教育以外不能设定任何的终点，使得他无法确立一套标准，让社会能据此通过教师来引导儿童的兴奋点。教师受到严格的限令，只能施加一定的指导，在儿童的兴奋点和需求之间进行一定的识别，但不能有方向性的规划。[1] 儿童的兴奋点应该"向前发展"——但去往哪个方向呢？这样的一套准则有一个对于教育目标的假设，即成年人对于儿童应该知晓什么和成为什么的预判。"让儿童的天性完成自己的命运。"[2] 杜威这样敦促，但提出儿童有自己的命运，即暗示着一种方向或目标，它随着时间消散且不符合儿童的视角。正因如此，之后所谓的进步教育，尽管在方式方法上往往极其丰富巧妙，于目标却是如此徒劳而迷茫；其所标榜的教学方法都具有极高的价值，但对于这些方法该用来教什么却相当不清不楚，甚至是混乱无序的。调动儿童学习兴趣的早期工作取得了卓著的成效，但这些兴趣常常取代了学习本身。进步教育的教学方法越明确，它的目标就越不清晰——在这方面，它似乎书写了一个美国生活的寓言。

　　鉴于教育即生长的理念，杜威对课程设计的含糊其辞是可以理解的。诚然，他在学术生涯中写下了大量有关课程设计的文字；但从他的主要教育著作中很难看出，对于美国的学校体系，究竟什么是好的课程设计，或者说应该有怎样的多样化替代课程，他持何种观点。这种缺乏对课程设计的关注，符合他的一贯态度，即教育不应设定目标，因为唯一合理的目标是进一步教育的能力。在写《民主与教育》时，杜威相信"单单是继承的传统内容就总是让课程表不堪重负"，因而需

---

[1] "［父母和老师］把'自己的'目标作为对儿童成长的合理预期是十分荒谬的，就像农民设定耕地的目标而不考虑环境条件。" *Democracy and Education*，p. 125。
[2] *The Child and the Curriculum*，p. 31.

要"经常性地检验、批判和修正"。他还担忧，课程设置"所代表的价值观很可能是成年人的而非儿童和青少年的，或者是上一代的儿童，而非当下的儿童"。在此，他似乎将自己的权威赋予了一些人，后者相信课程应从根本上按照儿童表达出的意愿来制定，即便不是年年不同，也应该代代相异——因为检验和修正不是间歇的，而是"经常的"。①

在有一点上杜威可谓直言不讳："任何主题，只要当下有吸引力，就不需要询问其效用。"在此，他罕见地给出了具体示例以飨读者："比方说，拉丁语作为一门学科，要求它必须在抽象意义上具有价值，以作为它出现在教学中的充分理由，这是不明智的。"这个例子很容易让人认同，但杜威又进一步补充，拉丁语不需要通过它在未来有某些确切的效用来自证。"当学生真的有意学习拉丁语时，这本身便是其价值的佐证。"②

这种意图显然非常纯粹，从上下文可以看出，杜威仅仅是在表达自己高度肯定学生对所学内容的自发的认同感。这并不意味着他们要学习任何令人愉悦的东西。他至少已在一部作品中警告过教育工作者，不要过度开发"那些仅仅带来乐趣、兴奋或转瞬即逝的东西"③。然而，似乎无法回避这样一个结论：如果每门学科的价值都像他所敦促的那样，取决于选择学科时的具体情形，那么，教程设计所必需的对科目的长期评估将变得异常困难。杜威表示："抽象地说，价值并

---

① 此处提醒我们，帕克亦有同样的进取精神："不要两次都做同样的事情。不要做曾经做过的事情。如果儿童曾经站起来，那么现在让他坐下。不论做什么，做些不同的事。摒弃模式化。整齐划一死路一条——多样性才是生存之道。"N. E. A. *Proceedings*，1880。

② *Democracy and Education*，pp. 283 – 284.

③ *The School and Society*（1915；ed. Chicago，1956），p. 136。这一警告的上下文所呼吁的并非一个固定的学术性研究项目，而是杜威在其中称为"专业功课"方面的持续学习。关于杜威如何驳斥对有序组织学习科目的攻击，参阅 Cremin；同前，pp. 234 – 236。

不存在什么程度多寡或先后顺序。"因此："我们无法在这些科目中建立一个价值等级"①。

换句话说，如果有人从等级制角度出发考虑以下观点，也许会倾向于同意：学科被赋予永恒的价值，这种价值同样适用于所有学生。但是从这个命题中也可轻易得出结论，任何学科都是平等的——正如全国教育协会后来指出的，"数学和机械、艺术和农业、历史和家政都是对等的"。对杜威而言，学生"真的有意"学习拉丁语，即其价值的铁证。如果某人以"驾驶技术"或"美容文化"取代"拉丁语"，认为每一种科目只要它能"立即引起人们的兴趣"即是合理的，那么我们可以想象，后来的教育者们会如何玩弄杜威的观点。杜威自己应该不会这样偷梁换柱，但他的理论为这么做扫清了障碍。

杜威的理论对于课程体系设计的影响是灾难性的。即使人们意识到在各科目之间建立的任何价值等级都有其条件和局限性，但在设计一门需要沿用数年的课程时仍然必须考虑到这种等级，因为在某种程度上，最初几年的课程必须被视为后来年份某些选择的预备。学习拉丁语或其他类似科目的迫切愿望，绝非任何一个儿童的"天生"冲动。正如杜威所言，只有当成人世界认定学习拉丁语这一选择对其中一些孩子是有益的，以及在怎样的年龄段才适合开展，只有当成人社会为这些儿童安排好适当的课表、社会经验和智识经验，使在学还是不学之间做出选择对他们变得可能且有意义时，儿童才可以"真的有意"学习拉丁语。简言之，成人社会的一部分必须有设计教程的志向并愿意进行相应的组织活动。② 这样的组织，尽管给儿童留有较大的

---

① *Democracy and Education*，pp. 280 – 281.
② 但可参阅杜威的反面论调："在教育中，这些外部施加的目标大行其道，导致重心落在为遥不可及的将来做准备，让教师和学生活动变得机械化和生搬硬套。"同前，p. 129；比较有关教育目标的整个段落，pp. 124 – 129。

选择余地，但仍超出了杜威所许可的校内"指点"和"引导"的范围。

5

杜威关注个体的主要表述是生长论；为民主服务的教育理想则体现在他对教育的社会职能意识的表达上。如前文所指，尽管生长论令许多教育工作者形成了反社会的偏见，但这并非杜威对这件事的观点；他觉得，个体的生长与民主社会秩序的诉求非但不存在想当然的敌对态势，反而展现出一种完全和谐的融合。在他眼中，新式教育决非无政府主义或超个体主义。现在，这些从传统的桎梏中解放出来的儿童将被抚养成人，以承担社会责任；但这些将被定义为对他人和对未来的责任。比起过去的教育，新式教育自身肩负的社会责任要求更高，社会意义也更重大。它的目标将是充分实现民主的原则。在设定这一目标时，杜威坚定秉承美国传统，因为建立了公立学校体系的伟大的教育改革家们同样心系其对民主的潜在价值；他也是完全与时俱进的，因为美国民主的复兴和扩展是进步主义者最核心的志向之一。

杜威相信，传统教育的基础是知识理论以及只适用于前民主社会的道德发展，在民主社会仍然施行的话将会阻碍民主理想的实现。自古典时代起，社会划分为有闲的贵族阶级和被奴役的工人阶级，前者是知识的守护者，后者从劳动中获取实践知识，这鼓励了知与行致命地分道扬镳。①

---

① 有关杜威对这一主题的论述，参阅 *Reconstruction in Philosophy*（New York，1920）。

然而，在一个几乎人人各司其职且彼此之间有许多共同志趣和目标的民主社会，将有可能克服这种分道扬镳，达成一种对知识的理解，而这可以为其中涉及的社会行为正名。一个既民主又进步的社会，"必须奉行一种教育，它会培养个体对社会关系和控制的兴趣，以及在不引起混乱的情况下确保社会变革的思维习惯"①。

杜威在任何时候都没有听信过一种谬见，这种谬见认为社会变革的全部负担都可以加诸教育过程之上。他在《民主与教育》中提到，直接的教导和劝诫，本身并不能带来思维和品行上的改变；这样的改变还仰赖"产业和政治环境"的改变，对此他没有给出清晰的界定。但教育可以做出重要的贡献："学校能规划我们想要实现的社会类型，并通过塑造相应的头脑来逐步改造更广泛且更顽固不化的成人社会"②。这句话简要地表达出杜威要求学校担当民主之代表的思想精髓，同时也展现出其教育理念的一个核心矛盾：他不得不假定，在儿童的需求和兴趣及"我们想要实现的社会"之间，存在着一种既定的和谐。否则，要么就必须牺牲教育即生长的理想，要么就得放弃成人依照想象中的美好社会来"塑造头脑"这一外部施加的目标。

杜威的关于教育如何服务于民主的观点，与早期教育改革家所形成的思想有所不同。后者期望公立学校体系能增加普通人的机会，与此同时把一个受欢迎的政府形式所必需的精神和道德素质赋予普罗大众。他们倾向于传统，认为成人社会要为教育设定目标并依此设计相应的课程。但这一想法是杜威不能接受的，他谋求为民主和教育建立另一种更含蓄、更无所不在却更"自然"的关联。这种观点的后果之一，是他的《民主与教育》尽管充满了对赋闲和劳动阶级的泛泛之

---

① *Democracy and Education*，p. 115.
② 同上，p. 370。

谈，却几乎毫不涉及有关美国社会具体的阶级架构，或教育机会与这个架构的关联，或扩大机会以增加社会流动性并打破阶级壁垒的手段。简言之，他对教育和民主问题的看法不是从经济或社会的角度，甚至不是从政治角度出发，除非从最广义的角度来看；而是主要从心理学和社会心理学角度。在杜威的理论中，为民主教育的目标服务的是儿童的社会化，他们将被培养成合作的而非相互竞争的个体，并"饱含"服务精神。

杜威首先严词否定了基于阶级分层的教育体系；正是这种有闲和有教养的阶级与受奴役的劳动阶级共生的态势，导致了极不健康的学与用的分离。学与用的对立、知与行的背道而驰，只有在一个民主的教育体系下才能被打破，这样的教育体系能融合背景各异的儿童，不会在校内重现社会上的阶级壁垒。他辩称，民主"超越了一种政府形式；它主要是一种协同生存的模式，一种相互联结的体验"①。民主教育家的问题在于，如何将学校塑造成一种专有的环境、一个微型社区和一个萌芽期的社会，尽可能消除外部社会环境中的不良特质。这是因为一个开明的社会想要传递的不仅仅是它所有的成就，还有如何"创建更好的未来社会"。②

那么，民主的学校团体有何特征呢？当然，教师将不再是严厉的权威，用僵化的方式施加外部目标。他会对儿童自发和原始的冲动保持警觉，把握住那些有助于他们达成建设性目标的东西，并在必要时给予温和的指导。学生自己也会积极参与制订他们的教育目标，并计

---

① *Democracy and Education*，p. 101。诚然，除政府职能外，民主的准则也适用于其它的社会机构，但鼓励人们将民主设定为应用于家庭和学校的普适、专一的原则是一种严重的错失。我认为，杜威对美国教育的重大讹误在于，他为"民主生活"这一单调、束缚式的修辞加上了貌似权威的认定，从而禁锢了美国的教育家对教育的方法及目的的探讨。

② 同前，pp. 22-24；比较 *The School and Society*，p. 18。

划如何执行。学习将不是个体的或被动的,而是集体的、主动的;在学习过程中,学生将学到的是分享想法和经验,将学会换位思考和相互尊敬,并习得合作的能力。这些习惯,显然能在未来重塑整个社会;其原因是,正如杜威在其不常被关注的一句话中所说:"在指导青少年们的行为时,社会通过决定青少年的未来决定了自己的未来。"①

民主目标对教育的内容和方法影响深远。一旦学习是有闲阶级的行为的传统观念被抛弃,其所代表的教育风格也立即遭到质疑,它既不符合民主或工业化,也不符合科学的时代。现代的教育流通使它摆脱了阶级交往的束缚。智识的激发无处不在。"单纯的智识生活,即治学和求学的生活,因此发生了一种巨大的价值转变。学术和学者方面的用语正在变成责难之词,而不是尊称。"但我们依然试图挣脱"中世纪教育观念"的枷锁,这种观念"在很大程度上仅仅吸引我们天性中智识性的一面,吸引我们对学习、积累讯息和掌控学习符号的渴望;但并不吸引我们制造、执行、创造和生产的冲动和倾向,无论是以实用的还是艺术的形式"。

事实上,智识型教育只对少数人有意义:"显而易见,对智识的特殊兴趣在绝大多数人类身上并不常见。他们有的只是所谓实践的动力和意向。"正因如此,有那么多年轻人一学会基本的阅读、写作和计算就离开了学校。另一方面,"如果我们要以一种不那么排他性的方式来设定我们的教育终点和目标,如果我们要在教育过程中引入吸引那些主要对执行和制造感兴趣的人的活动,我们应该会发现学校对学生的影响力更加重要,持续时间也更久,有更多的文化内涵"。杜

---

① *Democracy and Education*,p. 49.

威谈到，教育正在往这个方向转变，当新的趋势"被我们的学校制度全盘地、无一例外地采纳时，未来充满了希望"。"当学校把这个社会的每个儿童请进来并训练成这一微型社群的成员，以服务精神灌溉他们，为他们提供有效的自我指导工具，那么，我们将拥有一个有价值、有爱、和谐的更大社会最深层和最佳的保障。"①

杜威及其追随者在实现社会理想的尝试中，逐渐遭遇到一对矛盾——对成人权威的恐慌和对社会变革的渴求。如前文所指，杜威一向赞同成人进行课堂指导；但他反对由成人设定教育的终点和目的，原因在于其生长论所倡导的是教育无终点。然而，当社会变革的力量在教育工作者队伍中越来越强大，就越显而易见社会变革的理想毕竟是成人的目的，要实现它，儿童的配合是靠不住的。

面对大萧条时，这样的情形尤为突显。1938 年，当杜威写下《经验与教育》时，他感到有必要提出比以往更严厉的警告，即新式教育已矫枉过正，以至于教师惧怕在课堂上给出建议。他甚至听闻在一些案例中，教师把物件和材料丢给儿童，自己袖手旁观，因为他们觉得给出使用上的指导是错误的。"那么，为何还要提供这些材料呢，这不也是某种形式的建议吗？"尽管如此，教师的职责依然是只作为小组活动的带头人，且其提供指导只是为了小组的利益而非"以此展示个人权力"。

对成人权威的恐惧继续噬人地存在着——害怕强迫"儿童的活动进入表达教师意图而非学生意图的通道"。杜威重申，新式教育最合

---

① *The School and Society*，pp. 24 - 9。比较 *Democracy and Education*，pp. 9 - 10，46 - 47，82 - 83，88 - 89，97 - 98，226，286 - 290，293 - 305。一位有志于"发展民主生活技能"的近代教育家的典型解读是："学校的民主生活应该和校外生活高度关联，引导学生理解它的意涵，并寻求在自身涉及的一切活动中推而广之。"Alberty：*Reorganizing the High School Curriculum*，p. 50。

理之处在于强调了"学习者参与目标的规划，并在学习过程中以此来指导相关活动"。然而，他也提到，"目标的规划是……一种相当复杂的智识运用"，而他没有提及的是，年幼者参与其中的程度是难以体现的。[①] 他不安地观察到，进步学校在安排课程时举步维艰，[②] 但尚不确定他是否认为这种困顿与对幼童能参与一项需要大量复杂智识活动的期待有关。

杜威对成人权威的焦虑，缘于他渴望避开一些我们披荆斩棘也想要避开的东西——向儿童灌输循规蹈矩的习惯。假如有他不欲目睹的情形，那就是培养出墨守成规的个性。但他认为，这样的危险只会来源于成人社会及其代言人——教师。在谈及传统教育时，他写道：[③]

> 既然从众是目的，那么儿童身上独特的个性就被抛在一边，或被当成恶作剧和无政府状态的根源。保持一致意味着整齐划一。其结果是，人们对新事物缺乏兴趣，抵触进步，恐惧不确定性和未知事物。

杜威对成人的权威忧心重重，认为它是对儿童的唯一威胁，以至于他难以想象儿童的同龄人也会构成一种威胁。我们很难相信，他真的打算将儿童从成人的世界中解放出来，结果却将其丢进了一个更繁

---

① *Experience and Education*，pp. 84 - 85；比较 pp. 4，59，64，66，77，80。
② 同上，pp. 95 - 96。
③ *Democracy and Education*，p. 60。杜威对传统教育的解读有时是近乎进步主义的、野蛮的冷嘲热讽。传统教育确然常常是僵化和缺乏想象力的，但我质疑杜威是否全然公平，尤其是当他将其描绘成"专制"而"冷酷"地采用了"类似于用约束衣和链子拴成串来对待囚犯那般的程序"，完全对立于个性的培养，只提供"已消化完毕的食材"，并制定了一整套规则，让个人在获取信息的同时"失去自己的灵魂：失去对有意义的事物及与这些事物［信息］相对应的价值的鉴赏力"。*Experience and Education*，pp. 2 - 5，11，24，46，50，70。

杂的同龄人文化的魔掌中。然而，思辨的或书卷气的孩子在杜威设计的课堂上几乎无处安身，对他们而言，把求学当成一种社会活动并不是个全然令人满意的过程。"在社会情境中，"杜威赞许地写道，"儿童必须将自己的行为方式与他人的联系起来，使自己融入社会。"[1] 正是这样的行为让参与者建立起共同的认知。在他的观点中，难道就没有对那种对社会活动漠不关心或踌躇不前，坚持维护自己的独立性的儿童，有过一点疑虑吗？"依赖性，"杜威写道，[2]

> 代表的是一种力量而非弱点；它涉及相互依存。总有一种危险，即个体的独立性提高，个人的社会能力就会降低。使一个人更依赖自我的过程，也可能会让他愈加自给自足；这可能导致疏离和冷漠。它常常使一个人在与他人的关系中变得如此麻木不仁，以致产生出一种幻觉，认为只靠自己真的能站稳脚跟和单独行动——这是一种莫名的荒唐行为，应对世间大部分本可补救的苦难负责。

在 19 世纪美国的大背景下，这些言论是完全可以理解的。在其思想成型期的研究工作中，杜威所看到的猖獗的经济个人主义创造出了一种个体类型，它确实是独立的，即使尚未步入疯狂，至少也到了反社会的地步。在课堂上，过去的教育模式偶尔会给专断跋扈的教师发泄冲动的空间。如果指望有谁能在 1916 年时，预见到儿童中间会出现像大卫·理斯曼在《孤独的人群》中诊断出的那种同龄人群体的从众行为，或者在课堂及儿童生活规范中观察到成人权威的式微，这

---

[1] *Democracy and Education*，p. 47.
[2] 同上，p. 52。

种想法可能有点过分了。今天，当我们对儿童的从众行为感到不安时，我们往往更担心他们服从同伴的指令和大众媒体的指向甚于对父母或老师的言听计从。我们还意识到，成人权威的过度缺失甚至有可能给儿童造成与成人专制同样严重的困局。

在杜威构建其教育理论时，这些考量并未进入他的视野；但也有可能是他的理论本身所导致的事态发展超出了他的预期。核心课程的教育者们假借杜威的即时性、实用性和社会学习的原则来鼓励孩子们在学校讨论"我怎样变得受欢迎？"或对父母的命令进行不动声色的抵制，并问及"为何我的父母如此严格？""我如何应付思想陈旧的父母？"和"我应该随大流还是遵从父母的意愿？"①。这些话题意味着同伴间的相互影响已渗入课表本身，这定然会让杜威觉得受到了冒犯。从众和服从权威的问题切实存在，但改革传统的课堂并未将其解决。

也许杜威对学习的社会性有所高估。他和同时代的其它思想家，比如最出名的乔治·H. 米德，尤为关注建立头脑的内在社会性，在这方面他们成就斐然。但在某种意义上，这一头脑概念几乎表明杜威的教育观不足以证明是合理的。假如思维活动本质上是社会性的，那么，人们终究可以声称，学习的社会性前提可以在各种各样的学习中得到满足，而不仅限于课堂上的字面意义的社会合作。新式教育工作者们不太愿意承认，比起在学校工作坊里和其它人一起制作船模的孩子，一个独自坐在那里阅读关于哥伦布的航海故事的孩子所得到的社会体验，虽然形式不同，但至少有着同等的复杂性。而在杜威的著作中，事物因其社会性而获得意义——这一重要且有说服力的观点——

---

① Alberty：同前，pp. 470，474。

时常被偷换成一种更易引起质疑的见解，即一切学习必须是公开共享的社会行为。①

更重要的是，教育过程和成果之间关系的概念似乎格外机械化，对于像杜威这样始终想要合理解释生活的跌宕起伏的人尤为如此。专制的课堂必然催生循规蹈矩的想法，社会化的学习则会造就理想的社会型人格，这样的观点乍看之下颇有道理，其中却蕴含着生活中应当避免的一种固步自封的理性。比如，杜威是否真的料想到传统教育仅在美国一地便造就了一种头脑，其明显特征是"对新事物缺乏兴趣，抵触进步，恐惧不确定性和未知事物"？建立在权威基础上的教育不可避免会产生一种循规蹈矩的思想；教育体系的风格及其产物的本质之间有着一一对应的关系，这些说法难道一定正确？杜威关于教育过程的观点似乎完全未考虑到这样的事实：伏尔泰接受的是耶稣会教育；在清教徒家庭强大的专制架构下，发展出了对近代民主发展至关重要的人格类型。期待教育将轻而易举地造就想要的人格类型，这是前无古人的。

最后，践行这样的理念，即教育不应被视为儿童未来——杜威一向称之为"遥不可及的未来"——生活的准备，而应当是生活本身、生活的拟像或人生经历的某种预演，这是相当困难的。在校内体验和其它经历之间实现某种延续性的想法似乎值得推崇。然而，杜威不仅认为教育即生活；他还进一步表示，学校应为儿童提供"有选择性"的环境，尽可能呈现一个去芜存菁的社会氛围。然而，学校越是成功地完成这一任务，就越不符合所谓反映和体现生活的理想。一旦承认学校展示给儿童的并非生活的全部，就等于承认存在一个受到外部目

① 参阅 *Democracy and Education*，pp. 46-48 的相关段落，其中杜威对"社会性"这一用语的意涵颇为玩味。

标作用的选择过程；如此，我们便再次因循了传统观念，即教育毕竟不是镜像或还原生活的综合性尝试，而是专司其职的生活的一部分。

假如新式教育家们真的想要在校内还原生活本身，他们必然对什么是生活抱有一种格外慈悲的态度。对每个成人而言，生活所带来的除了特定的合作方式，还有成就、愉悦及大量的竞争、挫折和失败。但新式教育家们并不接受学校为儿童搭建的微型社会里也应该对此有所体现。恰恰相反，他们最强烈的意愿是保护儿童，让他们不至于敏锐地意识到，在成人的环境里，自身的局限可能会带来怎样的伤害。他们更偏向于玛丽埃塔·约翰逊的主张，后者是"有机教育"的先驱和进步教育协会的创办人，她认为："儿童不该知道失败……学校应满足儿童时期的天性需求，而非设定要求。任何教育体系中，如果有的儿童成功、有的儿童失败，那它就是不公正、不民主、非教育性的。"[1] 因此，在她位于亚拉巴马州费尔霍普的实验学校里，没有考试、不分年级、没有争取升级而不得的失败，衡量成功与否并非通过学习了多少科目或赢得多少次升级，而是过程中的投入和快乐，这在约翰·杜威和伊芙琳·杜威合著的《明日之学校》（*Schools of To-Morrow*）中得到了热情的颂扬。相比传统学校，这种教育理念也许对儿童有更好的影响，也许没有，但若说它更贴近"生活"，显然难以让人信服。

对于这些反驳，新式教育家们有一个自认为满意的答复：新式教育要培养孩子了解和适应的并不是过往残酷和自私的个人主义生活，而是眼下和未来的生活，并寄望于它将更社会化、更合作、更人性化——这样的生活，杜威认为更符合"当下的科学型民主社会"[2]。

---

[1] Marietta Johnson：*Youth in a World of Men*（New York，1929），pp. 42，261；比较约翰和伊芙琳·杜威在 *Schools of To-Morrow*（New York，1915）中对她的学校的溢美之词，尤其是 p. 27。
[2] *Schools of To-Morrow*，p. 165.

但这样的回应，只会将注意力转移到要设计一个既适应儿童生长同时又能重塑社会的教育有多困难上。时移世易，一些新式教育家自己都开始起疑，杜威的教育思想是否成功融合了儿童的生长和社会的重建。1938 年，博伊德·H. 博德指出，当下生长论的教条形式"阻碍了[教师]认识到自己需要一种指导性的社会哲学"①。要相信杜威的融合是成功的，必须先确信儿童的天性和民主文化本就是和谐统一的，而这并非人人赞同。对某些批评家而言，强调儿童的天性和自主性与强调为民主而教育，两者之间似乎总会顾此失彼。毕竟，儿童可能会在某个时间点上自然而然地出现叛逆倾向；但要自觉产生重建社会的意向或让头脑"充满服务精神"，这绝无可能。在大萧条时期，整个社会重建主义派都曾坦陈这种动力的缺失，认为美好的未来社会需要教育家们承认一切教育都是某种意旨的体现，并且在教育过程中施加"外部的"目标在所难免。② 教育的社会重建主义思潮并未留下长久的印记，但它的确帮助进步教育家们意识到，"外部的"——即成人的——目标在校内占据主导是一种必然。那些期待教育成为杜威在 1897 年所说的"社会进步和改革的基本手段"之人，不可能如他们所期望的那样，将此大业交予儿童之手。

6

杜威的教育理论寄希望于教育的有效融合，以克服教育思想中某

---

① *Progressive Education at the Crossroads*，p. 78.
② 有关杜威理论中的一些政治难题的深刻分析，参阅 Frederic Lilge："The Politicizing of Educational Theory," *Ethics*, Vol. LXVI（April, 1956），pp. 188 - 97。

些老旧的极端化和二元论。儿童与社会、兴趣与律例、职业与文化、知与行的两两对立，必须彻底解决并最终走向和谐共处——这些对立本就源于贵族式思想框架，如今的民主社会超越了贵族社会，应当可以付诸实现。这种乐观主义对杜威的教育理论至关重要：他认为，教育二元论不是反映人类问题本质的线索，而是一种可以去除的流弊。在杜威发表他早期并且最重要的教育著作时，他眼中的世界确实在进步。他认为，科学和民主的时代比任何人类已知的过往都更优秀、更理性、更有智慧；它将立即成为一种更好的教育的发源地和受益者。

有鉴于此，杜威的教育思想带有一种独特而隐晦的乌托邦色彩——正是这种理想主义元素让无数教育理论家趋之若鹜。杜威的乌托邦并非扎根于描绘理想的教育体系。他太过睿智，不会为一个终点可视的领域绘制蓝图，他认为教育是对经验的不断重建，这一论点本质上是站了反方。他的乌托邦是一种方略：他相信，老旧的极端化和二元论并非现实特征，因而必须予以抵制、消减、掌控和限制；它们其实是过往泛滥的错误的世界观所导致的错判。相比通过各种流于狭隘的和不愉快的方式解决这些极端化，我们可以做得更好；上层的融合能让人将它们一网打尽。

在此层面上，杜威呼应了此前诸多美国思想家反复提及的对过往的鄙夷。他的言辞给人的印象是，他把人类的整个体验过程视为谬误的源头，必须对其加以遏制。为了让像教育这样的事业保持活力，需要为其赋能，以革除旧习。他在《民主与教育》中有一段异常雄辩的文字："现下，不仅是过往的延续……而是抛下了过往的生活。"正因如此，研究昔日的文化产物不能帮助我们理解现在。重要的是过往的生活，对生活而言，这些文化产物仅仅是逝去的死物——当生活超越了它的过去，便达到了最佳的状态。"通晓过往及其传承在走入当下之际至关重要，反之则不然。"把研究过往作为主要的教育内容，会丧失现在和过去之间的重要联结，"有可能把过去当成现在的对手，现在则或多或少是对过去的无效模仿。在这样的情境之下，"在杜威继续说下去时，他的论述似乎到达了高潮，"文化成为一种装饰和慰藉；成了难民营和庇护所。"[①] 它也因此不再是变革的统率，不再有能力修正现在、创造未来。

在此，我们有必要再次回到儿童身上，因为儿童掌握着未来的钥匙；他的内在能量可以把世界从过往的重负下解放出来。但在此之前，儿童自身必须摆脱世界的压制、一切与文化机器有关的死物、社会对学校的禁锢，获得自由——在适当的教育机制下，他们也确实能够得到自由。杜威相当现实地认识、断言和重申，依靠儿童自发的冲动来指导这一过程有其局限性。然而，恰恰是这些冲动让美国的教育家们兴致高昂。既然杜威的目标是把儿童从昔日的枷锁中释放出来，直到他们可以驾驭过往的文化，于是，美国的教育家们假借他的理论，称其看低过去的文化及那些仅仅是装饰和慰藉的"产品"，并且最终催生了解放儿童、使其自由生长的教育项目。杜威笃信儿童中心论并将教育定义为无目的的生长，其思想在教育目标的大讨论中被施以浓墨重彩，即使经过四分之一世纪的澄清，依然未能遏制对其理论的反智主义曲解。

与弗洛伊德相似，杜威认为，社会经由一种强制的过程将规范、戒条和习惯传授给儿童。但相比弗洛伊德，杜威的假说对可能性的推

---

① *Democracy and Education*，p. 88。在此我向读者引荐 John Herman Randall, Jr. 对于杜威对哲学史的解读所提出的批评，构思完美且不无同情，他质问："杜威是否会全然摒弃想象力为生存的合理性所做的一切贡献，只是因为世界尚未通过行动变得焕然一新？" P. A. Schilpp, ed.：*The Philosophy of John Dewey*（Chicago，1939），pp. 77 - 102，尤其是 p. 101。

演更为乐观。弗洛伊德认为，个体被社会化的过程是在真切地削弱他的本能，但在某种形式上，这种悲剧是无可避免的。杜威眼中的社会，破坏了儿童的"可塑性"，而这是他们"改变流俗的力量"的源泉。教育充满了"肆无忌惮的强压、曲意逢迎的讨好和墨守陈规的教条，磨灭了儿童的鲜活心性、制约了他们旺盛的好奇心"，成为"利用儿童之无助的艺术"，[1] 教育本身亦是被社会利用的艺术，社会禁锢了它最有用的自我提升能力。对杜威而言，俗世是儿童痛苦的根源，在很大程度上这是可以通过教育实践来补救的；对弗洛伊德而言，两者势不两立，即便在细节上加以改造甚至完善，本质上还是水火不容。[2]

不止一代人对进步教育的试验佐证了弗洛伊德的观点。旧教育的弊端得到了修正，通常也颇具成效，但新的补救措施也激化出了其它问题。对成人专制的遵从减少了，但对同伴的依从眼下成了一个严重问题。教师的权力被削弱了，取而代之的是一种微妙的操纵，它需要教师的自我欺骗，而这常常激怒儿童。对学业的忧心忡忡并未消弭，为打消这些顾虑而引进的器件因缺乏标准、认可和成就感，反而造成种种挫败感。

在其最后的关于教育的重要宣言中，杜威声称："现有制序的志向是同化和扭曲新事物，使之与自己一致。"在不无得意地评论进步

---

[1] *Human Nature and Conduct*（1922；Modern Library ed.，New York，1929），p. 64.

[2] 和杜威相似，弗洛伊德的思想对教育的影响有好有坏。相较杜威，多个领域对弗洛伊德的观点中的教育意涵的曲解更甚。1920 年代，弗洛伊德的心理学经常被进步教育家用来支撑起本能释放的指导思想。它也引发了教育的心理学主义，通过将教育过程作为心理疗法的业余替代品，注意力偏离了基本的教学职责。诚然，要在教学过程中，在儿童心理需要的合理关注和用心理学取代教学甚至是心理操纵之间划清界限是有困难的。有关弗洛伊德和杜威考量本能和冲动如何关系到社会，我读过的最优秀的短文，见于 Philip Rieff 的 *Freud：The Mind of the Moralist*（New York，1959），Chapter 2。

教育带来的某些改进之时，他亦颇为遗憾地表示，自己所建构的观点和原则同样不得不臣服于这种制序化进程。"在师范大学和其它地方，我的观点和原则被转化为一系列现行律例下的固定课表，教学和记忆都是依据某种标准化流程……"又是死记硬背和标准化流程！他表示，用"正确的理念但错误的方式"来培养教员毫无可取之处。杜威以一种值得敬重的大无畏，最后一次提醒进步教育工作者，塑造教师品格的是正确的培养方法，而非教授的科目或律例。追求正确的方法，一个民主社会才有可能建立；遵循"专制原则"，教育只会适合"反常之人并破坏民主社会的根基"。① 因此，对于一种将适当的反制序化方法予以制度化的探索，道阻且长。

---

① "Introduction" to Elsie R. Clapp: *The Use of Resources in Education* (New York, 1952), pp. x - xi.

第六部分　结语

十五、知识分子：疏离和服从

1

形形色色的反智主义继续在美国生活中盛行，但与此同时，智识有了新的、更积极的意涵，对知识分子的接受度有所提高，且在某些方面获得了更令人满意的地位。这种陌生的认可尴尬地落到了他们的肩上。他们中的许多人对被拒绝早已习以为常，多年来，基于对将会继续遭到排斥的预期，他们每每以一种强大而传统的方式回应社会。许多人开始感到，独善其身是唯一适合采取的能够保持尊严的立场。他们担忧的并不是被拒绝或公开的敌意，对此，他们早已学会如何应对并几乎已视为意料中的宿命；他们担忧的是无法保持疏离。很多思想极其活跃的年轻知识分子最大的焦虑是，当自己愈发被认可、接纳和采信时，只会开始走向服从，不再创造、批判或发挥真正的作用。这是他们的处境中的根本矛盾——他们憎恶反智主义的表现，认为这是我们的社会有重大缺陷的标志，但也为自己得到认可而忧心忡忡，并走向更深层的分裂。当今知识分子团体中最大的分歧，也许就是曾经的疏离和眼下的认可所附带的价值定位。让我们先来审视这一问题近年来的演变，而后考察知识分子团体历来所持的立场，并从中抽丝剥茧。

对于 1950 年代所有流行的反智主义，知识分子自己，尤其是上一代或更早期的知识分子，并不像 20 年代时那样倾向于掀起一场对美国价值观的反击。相反，讽刺的是，当他们重新拥抱自己的国家的那一刻，亦是他们受到不忠于宪法的最严重指控之时。就连麦卡锡主义都未能令他们止步——这位参议员和他的乌合之众可能会摧毁某些迄今被视为理所当然的价值观，但这种恐惧恰恰提醒我们，过往美国价值观里的某些东西确实弥足珍贵。一些站出来与麦卡锡对抗的显赫的老派保守党参议员，被视作美国人正直崇高的标杆，赢得了高度的尊敬。

《党派评论》（*Partisan Review*）可称得上是美国知识分子团体的喉舌，1952 年，编辑们在该刊几期上进行了令人难忘的专题讨论，对知识分子的新气象给予了近乎官方的认可，其标题掷地有声："我们的国家和我们的文化"。[①]"美国的知识分子，"他们解释道，"现正以全新的视角看待美国及其制度……许多作家和知识分子如今感到与他们的国家及其文化的距离更近了……好坏暂且不论，大多数作家不再认为疏离是美国艺术家的宿命；恰恰相反，他们很想成为美国生活的一分子。"

对于编辑们提出的有关知识分子与美国的关系问题，25 位撰稿人的回答表明，绝大部分人不仅察觉到知识分子与其所处社会之间的日渐亲厚，且在很大程度上对此欣然接受。但若我们忽略他们的理由，或是附带的不该过于自鸣得意的警告，那便是夸大了这种认可；并可能表现出一种并不存在的沾沾自喜。不论如何，他们的观点综合起

[①] 重印为 *America and the Intellectuals*（New York，1953）。

来，展现出了一度遁世的知识分子阶级的一群人发生了怎样的思想转变。大多数撰稿人都同意，这种习惯"只会加深的疏离感"似乎已经站不住脚了。他们中的一些人谈到疏离是一种历史现象，强调疏离通常是一种矛盾的情绪，昔日伟大的作家和思想家在声讨美国社会的同时，也强烈地肯定了美国社会的许多价值观，并表达了深刻的认同——往往正是抗议和认同之间的张力，孕育了伟大的成就。

没有人怀疑知识分子作为一个具有批判性的不墨守成规者所扮演的角色至关重要，也没有人认为他们该弃之不顾，转而成为社会的应声虫或辩护人。但公认的是，美国的知识分子不再把国家视为必须逃离的文化沙漠，或如一位作家所言，当他们拿美国和欧洲作比较时，不再带有"青春期的羞耻感"。相比二三十年前，现在的知识分子对美国更有归属感；他们接受了美国的现实。有人写道："我们正在见证一个可以称得上美国智识界资产阶级化的进程。"改变的不只是知识分子；国家也在变革，向着更好的方向。文化上更趋成熟，不再是欧洲的附庸。有钱有势者早已学会了接受甚而听从知识分子和艺术家。因此，美国成为投身智识工作和艺术活动的乐土，且令人回报颇丰。即使是一位发现整个专题讨论过于志得意满的撰稿人也勉强承认："美国是一片蛮荒之地的看法，现在看来挺蠢的。"

2

在参与专题讨论的 25 位撰稿人中，只有 3 位——欧文·豪、诺曼·梅勒和 C. 赖特·米尔斯——对编辑提出的问题背后所隐含的情感完全无法苟同；而第 4 位——德尔莫·施瓦茨——则认为，必须抵制"如今已在知识分子当中占主流的循规蹈矩的意愿"。对这些异见者而言，重回美国怀抱不过是屈服于当下的保守主义和爱国主义压力，是甘于安逸和怠惰。"我们的国家"和"我们的文化"这些想法本身就是一种冒犯——"这是退缩和安于现状，"C. 赖特·米尔斯说，"是软弱和焦虑下的服从"，是"为合理化知识分子的行为而做的无谓尝试"。老一辈知识分子的成年记忆里还保留着 30 年代甚至 20 年代的文化争端，对他们而言，这不过是一种意愿，挣脱本就是误入的疏离的肆意束缚，但在年轻一代看来，则是一种难以理解的道德沦丧。

两年后，当时持不同意见的撰稿人、批评家、时任布兰迪斯大学教授的欧文·豪，在同一杂志上振聋发聩地宣告，反对《党派评论》专题讨论中的主流观点。在题为《这个服从的时代》一文中，[①] 豪断言，这次专题讨论"是一个令人堪忧的迹象，表明知识分子在文化顺从之路上已经走得多远"。他表示，资本主义"在其目前所到达的阶段，为知识分子找到了一个荣光加身之地"，后者非但没有拒绝同流合污，反而很享受回归"祖国的怀抱"。"我们或多或少都是投降者。"甚至连那些仍试图保持批判立场的人，也变得"有责任感、中庸。并且驯服"。大众文化行业以及不断壮大的高等学府体系里的新职位激增，帮助知识分子融入了永久的竞争型经济。"知识分子在美国的自由遭到了严重威胁，捍卫权利是生存的先决条件，但知识分子大体上表现得不堪一击。"

豪对心甘情愿被同化的反感早就有迹可循：波希米亚社群。福楼拜曾说过，波希米亚是"我血统的祖国"，豪相信，它也是文化创造力在美国的立足之本。"美国的知识分子生活最振奋人心的阶段，恰

---

① *Partisan Review*，Vol. XXI（January-February，1954），pp. 7 – 33。

逢波希米亚社群的兴起。"他这样断言，之后，仿佛念及这一主张的不妥之处，他又补充道："康科德也是一种波希米亚，沉静、颠覆和超然融为一体。"波希米亚曾是一种战略，让艺术家和作家团结起来与世界一战、为世界而战，但如今这一角色已然瓦解。"作为智识生活舞台的波希米亚逐渐淡出视野，剩下的只是操纵和虚伪。"波希米亚社群的分崩离析，很大程度上加深了"诸多美国知识分子身上有目共睹的孤独感，以及自由乐观主义理想破碎后悲戚的与世隔绝感"。年轻作家们曾并肩面对世界。如今，他们"湮没于郊区、乡村和大学城里"。

豪表示，这并非谴责任何人"自我出卖"，也非呼吁知识分子采取物质禁欲主义。问题在于，它"逐渐磨灭了一个人坚持己见和耐受寂寞的能力"，这可以从一连串的小妥协上看出。"最需要警惕的是，智识生涯的全部——为那些绝无可能由商业文明实现的价值而奉献一生的信念——逐渐失去了磁力。"在他看来，与商业文明的斗争本身即具有重要价值。这是因为，假如商业文明和艺术价值的交锋不再像我们曾经以为的那样剑拔弩张，他断言："我们就必然要舍弃20世纪大量的，也是最优秀的文学作品、评论和思辨的观点。"

豪遗憾"先前那些至少能让抵抗变得容易的确定性已经不在了"。尤为让他愤怒的是，莱昂纳尔·特里林在专题讨论中提出，1950年代的文化环境尽管有种种不足，但比起30年前还是有所进步的。豪反驳道："对1923年精神自由的文化生活与1953年的沉闷乏味，或是两个时期的文学成就进行任何类比"，都不过是一种逗趣的幻想。即使富人接纳了知识分子，也不过是因为知识分子变得驯服，不再动不动就挑战权贵，反倒在他们面前表现出"某些有损尊严的卑躬屈膝"。知识分子的软弱更甚从前，尤其是新现实主义者，他们"攀权附势，拱手交出了表达的自由，却未赢得像政治人物那般的影响力"。一旦知识分子"被社会认可的制度吸纳，他们不仅丧失了传统的反叛精神，某种程度上也不再充当知识分子了"。几乎其他任何选择都好过听凭一身才华为他人所用："彻底远离权势的源头，哪怕是对我们文化的每个方面都盲目、无理地排斥都较之更为健康，因为它允许进取心自由发挥。"

豪的文章并非全然是个人看法，它不啻为左翼知识分子的某种宣言。数年后，一位名为洛伦·巴里茨的年轻历史学家以类似的观点审视社会规范，并阐述了一种看法："任何接受和认同其所在社会的知识分子，都是卖艺的娼妓、传承的背叛者。"他质问道："从定义上看，一个有思想的人是否必须保持批评家的姿态；一个真诚地相信和认同更大的社会活动的知识分子是否能够调和他个人的思想追求与社会的要求。"① 他呼吁知识分子从社会机构、相关性、责任和权力中有原则地撤出："让知识分子融入社会，他会冒着让自己被社会完全同化的风险……当他触及权力，权力亦会触动他。"正确的应对之道是主动远离社会责任："当知识分子变得对社会负责，而不是对智识负责，他的思想定然会失去一部分自由和韧性，而这些正是他最基本的武装之一。"假如知识分子撤回象牙塔，那是因为"有必要剥除社会责任感和相关性，重获源于孤立和疏离的自由"。

<h1 style="text-align:center">3</h1>

从《党派评论》专题讨论中的主流情绪，到豪先生和其它异见者

---

① Loren Baritz: *The Servants of Power* (Middletown, Connecticut, 1960)；参阅同一作家的文章，见 *Nation*, January 21, 1961, 以及我自己对这些问题的讨论："A Note on Intellect and Power," *American Scholar*, Vol. XXX (Autumn, 1961), pp. 588–598。

的看法，我们听到的实为昔日熟悉的对话中的两种声音。对疏离的自觉关注非但不是我们这个时代的美国知识分子所特有的，实为过去近两个世纪里，西方世界知识分子群体生活中的一个重要主题。早年，当知识分子的生活和工作依附于教会或贵族或两者兼有时，罕有被社会一致疏远的情形。然而18世纪以降，近代社会的发展创造出了一系列崭新的物质条件和社会条件，以及一种全新的意识。在整个西方世界，早期的现代资本主义人剥削人的丑恶、物欲横流与残酷，触怒了敏感的头脑。赞助制度的终结，思想与艺术的市场的发展，使艺术家和知识分子与中产阶级的思想之间产生了尖锐的、常常令人不适的冲突。知识分子通过多种方式从资产阶级的新世界逃离——个体反抗社会的浪漫宣言、波希米亚式的团结一致、政治激进主义。

譬如，在寻找伟大的历史先例时，豪先生很自然地选择了福楼拜这位法国资产阶级之愚昧的不知疲倦的品评家。[①] 在英国，马修·阿诺德试图在《文化与无政府状态》（*Culture and Anarchy*）一书中以另一种方式剖析新的文化环境。在美国，超验主义者们源源不断地书写着个体情感在适应现代社会之时所经历的困难。

正如每个国家的资产阶级发展各有不同，其所遭遇的普遍问题也自有其多样性。在美国，疏离的背景使20世纪的知识分子坚守独善其身、绝不妥协的立场，显得像是一种正统、公理和传承；因为在19世纪的美国社会，被接纳的作家无论是一般的还是先锋派的，都有可能受到时而温和、时而极端的疏远。对于这个社会，人们可以真切地说，大约在19世纪中叶，即使是那些归顺者也从未完全臣服。因此，在我们这个时代，那些从这个社会的历史中形成自身的角色观

---

① 必须一提的是，福楼拜意识到自己角色的危险性。他曾写道："责怪蠢货，自己也会有变蠢的风险。"

的知识分子，才会对知识分子应该体验成功或与权力有任何瓜葛深感诧异甚至产生抗拒。

但这并不是常态。早年曾有两个知识分子团体与行使影响深远的社会权力有关或负有责任，即清教教会和开国元勋。随着时间的推移，这两个团体都失去了自己的主导地位，部分归因于自身的谬误，部分则是由于其无法掌控的历史环境。然而，两者都留下了非凡的遗产。清教教会建立了新英格兰的智识主义传统，这一传统随着大量新英格兰人在各地定居而扎下根来，它对跨越整个 19 世纪及步入 20 世纪国内充满活力的智识生活居功至伟。[①] 清教徒先驱们曾铸下大错，但至少他们尊重取得杰出的智识成就所必需的思想和精神的力量。这种力量存在的地方，常有一种奇妙的振奋人心的效果。

开国元勋们的遗产本身虽带有清教徒思想的色彩，但同样功不可没。在新兴国家的发展过程中，每当人民忙于从殖民身份中解放自己、打造新身份时，知识分子似乎总是扮演了重要角色。美国启蒙运动的领袖们在这方面发挥了标志性作用：他们给了新共和国一个连贯的、相当可行的思想体系，给了它的身份和理想的定义、对历史地位的认知，以及民族情感、政治体系和政治守则。

大约 1820 年后，曾滋养了大革命、采纳了宪法、哺育了联邦党人和杰斐逊主义者的旧共和秩序，旦夕之间被一系列经济和社会变革所摧毁。随着向外阿勒格尼以西地区的迁居，工业的发展，政治中平权主义信条的兴起以及南部杰斐逊主义的式微，曾领导并在某种程度上控制着美国民主进程的贵族阶级日渐疲软。平信徒和福音派已将传

---

① 事实上，若非有三种文化血统的滋养，很少会有人意识到，这个多样化的大国在智识和文化生活上将会陷入怎样的贫瘠：第一种是在 19 世纪占主导地位的新英格兰，第二和第三种分别是犹太人和南方文化复兴时期的作家，他们在 20 世纪的智识生活中扮演了重要的角色。

统教会拉下了王座。如今，带着新的政治风格的新型民主领袖也将罢黜占据政治领导地位的专职商人们。在商界，一类全新的实业家和推动者很快也将让这群人彻底靠边站。

剩下的是拥有可观财富、赋闲的和有文化的绅士阶级，但相对而言，他们的影响力微不足道。这一阶级是严肃文学和文化机构的受众及赞助者。他们阅读一般美国作家的著作，订阅老学究的杂志，赞助图书馆和博物馆，把儿子们送进传统的人文艺术学院学习古典课程。这个阶级发展出了自己温和的社会抗议传统；因为它有强大的贵族成见，反感到处出现的平民民主最粗鄙的特征，它有成套的行为准则，反对新资本家和种植园主赤裸裸的物质主义。美国最具标志性的道德抗议传统，便是由一些不愿妥协的贵族后裔创造出来的。

然而，如果人们认为这一阶级承袭了旧共和秩序下、经过开国元勋们精雕细琢的朴素传统，便会立即看到他们的相对弱点：他们保留了贵族阶级的礼仪、抱负和成见，却未能保住自己的权威。旧共和秩序领袖的思想轮廓经过后来几代贵族阶级的继承，变得越来越龟缩和无力。接续国父的文化的，我称之为骑墙文化（mugwump culture）——我说的骑墙不仅是指镀金年代的上层阶级革命运动这样的传统解释，也指已经出局的贵族阶级的智识和文化观。纵观整个 19 世纪，这一阶层都是独立和开化的美国思想自我表达的主要受众。[1] 骑墙思维，新英格兰的影响再次在其中起了决定性作用，它从清教徒那里继承了某种庄严和崇高的愿景，却无法维持长久的热情。从国父那里和美国启蒙运动中，它更为直接和迅速地承袭了一系列智识追求和公民思

---

[1] 相比形容这种文化背景的惯常用语，我更属意这一说法。有时这被称为绅士派文化，但相对我的考量，这含有太多新英格兰本土的意味。桑塔耶那的用语"绅士传统"更恰当些，不过我相信，骑墙文化这一表达方式能更好地引申出这种社会秩序的宽泛的政治意涵。

维。然而，在骑墙文化氛围中，18世纪共和式的智识美德逐步衰减和枯竭，这很大程度上是因为骑墙派思想家们普遍被剥夺了机会，无法使这些美德与经验建立起任何亲密或有机的关系。对国父的文化而言，重要的是它经受了实际经历的考验，被迫应对严峻而复杂的权力问题；骑墙文化的特点则是它和经验的关系以及与权力的联系日渐疏远。

骑墙思维再现了国父们的经典思想——对秩序的热情和对思维的尊重；渴望世界变得合理化、政治制度成为应用理性的体现；设想社会地位是政治领导权的适当支点；对个人在应扮演的社会角色上的风光表现的隐隐担忧。然而，他们已从这个国家正在发生的最为紧迫和激动人心的变革中撤退，已被排除在中央商业和政治机构的管理之外，并选择不和普罗大众的愿望保持一致，这一贵族阶级造就了一种过于精致、干瘪、冷漠、势利的文化——正是桑塔耶那在定义绅士传统之时所想到的一切。其领袖更关心智识是否受到尊崇，而非是否有创造力。G. K. 切斯特顿所言及的另一个方面，可能适合他们：这些人展现出的更多是拥有智识的自豪，而非运用它的乐趣。

和大多数美国人不同，这些人虽固守传统，但对其而言，传统并非力量的源泉或迷恋的开端。当传统和个人才华之间不可避免地产生冲突时，他们的天平极大地偏向个人判断和创造的反方，因为这是其理念的一个核心部分，即这种自信必须只能被视为利己主义和自我放纵。这种教条的批判原则，尤其适合一个深陷困境、对维护自身地位焦虑重重的阶层。批判作为一项任务，是为了传递"正确的品味"和"良好的道德"——品味和道德经过精心定义，对于任何政治或审美上的反对现有秩序的行为，一概以不赞同论之。文学是"道德"坚定不移的守护人；道德的意涵始终是传统的社会道德，而不是艺术家或思想家独立的道德底线，即使后者是基于艺术形式的规范或对真理的诠释。文学应当投身于乐观主义及生活令人愉悦的一面，不能支持现实或阴暗的东西。幻想、淫秽、神秘、个人主义和反叛同样都是越界的。

因此，1823 年，美国批评家塞缪尔·吉尔曼在《北美评论》中谴责华兹华斯和骚塞"不乐意顾及其作品所面向的普通受众的精确的智识基调和精神"。吉尔曼认为，这些作家不受欢迎是自找的："他们的诗作是一种自言自语。他们游离和超脱于尘世之外。他们的本意似乎只是运用自己的才华，满足自己对诗词的癖好。"① 诚然，此处对原创的拒斥，与 19 世纪欧洲许多优秀诗人所经历的排斥并无太大不同。差别在于，虽然也有和吉尔曼的批判思路雷同之人的存在，但欧洲的环境错综复杂，尚能给作家们留有一席容身之地进行自我展现。美国的文化环境则简单得多，更易被单一的、善意却狭隘的阶级所支配。

这个阶级在面对真正的天才时局促不安，托马斯·温特沃斯·希金森和艾米丽·狄金森的关系提供了最佳亦是最糟的范本：他虽然这般鼓励和善待于她，有时甚至能理解她，但除了把她想象成又一个有野心的女诗人外，再无其它，且他一次次称其为"阿姆赫斯特的那个有些失常的女诗人"。他也忍不住地向她暗示，参加波士顿女子俱乐部的聚会或许可以帮助她战胜孤独。②

几代人以来，已经确立的批判模式努力让作家们接受一种社会群体的情感，后者本身是"游离和超脱于世界之外"的。曾造就了激进的异见者和律法守护者的强烈的清教徒信念，再也无迹可寻；同时湮

---

① William Charvat: *The Origins of American Critical Thought*, *1810 – 1835* (Philadelphia, 1936), p 25. 我所熟知的对于骑墙文学和智识环境最优秀的描述，见于佩里·米勒的 *The Raven and the Whale* (New York, 1956) 中的前几个章节。
② George Frisbie Whicher: *This Was a Poet* (Ann Arbor, 1960), pp. 119 – 120.

灭的，还有曾经塑造和检验国父思想的艰苦的现实以及强大的权势。人们普遍意识里的清教徒社会是一个小众群体，存在着令人惊异的实际问题，但它奠定了智识领域的杰出传统，先是在宗教上、后又在政治上催生了重要的文学作品。开国元勋们肩负迫在眉睫的政治压力，向世界贡献了经过检验的杰出政论范例，他们这一代人在文学、科学和艺术领域取得了长足的进步。骑墙文化尽管以相对富有的社群为倚仗，但不论在政治文学还是科学兴趣上都无所建树。它以历史和中规中矩的文字见长，对自发和原创则冷眼相待，这使得它只能吸引次级人才而非顶尖人才。一旦找到二流作家，它就很少向一个一流作家致以最高的敬意。它错过了本土最有原创力的头脑——霍桑、梅尔维尔、爱伦·坡、梭罗、惠特曼，却把最热烈的掌声献给了它最出类拔萃的代表——库珀以及欧文、布莱恩特、朗费罗、洛威尔和惠蒂尔。我们太容易对骑墙文化下的大众轻描淡写，他们毕竟为国家的一大部分文化生活提供了支持，但他们无法欣赏和鼓励这个国家大多数一流的天才，这是一个无法抹去的污点。

不管怎样，长期以来，对于在骑墙文化浸润下的孤立、匮乏的头脑产出的美国文学，美国的批评界有着充分的共识和强烈的悲鸣。1915 年，范维克·布鲁克斯抱怨道，美国文学在高雅派与低俗派之间灾难性的分歧中饱受折磨；近年，菲利普·拉夫借鉴了 D. H. 劳伦斯的手法来描绘白脸和红脸的截然对立，它们分别是亨利·詹姆斯和沃特·惠特曼的标志。在这些批评家的脑海中，美国的文学和思想领域已经分道扬镳，一边是情感、精致、理论和纪律，一边是自发性、活力、愉悦感官的现实以及抓住机遇——简言之，这是头脑的品质与经验的材料之间的痛苦分离。这种隔绝可追溯到骑墙文化，体现在一些狭隘和贫瘠的头脑所书写的美国文字上。霍桑在写下以下文字时，也许不仅是在为自己，也是在为 19 世纪几乎所有出身良好和有思想的美国人打抱不平："我未曾真正活过，我只是梦想活过……我几乎没有见过这个世界，除了稀薄的空气，我所编织的……故事，再无处可依。"

这一切或许有助于我们理解 19 世纪时，对智识的敌意缘何而来。当强悍的男性化实用主义的代言人，以及贵族式、女性化和不接地气的文化的批判者们，共同向智识开战时，他们的观点并非全然站不住脚。只是他们把身边观察到的苍白无力的智识表象，误以为是智识的本来面目。他们未能意识到，正是他们自己的行为在某种程度上致使它变成了现在的样子，他们的口诛笔伐——将恶名昭彰的民粹主义和无所顾忌的"功利主义"加诸其身——在某些方面阻碍了美国的智识发展。反智主义者的行止，具有一种自我实现预言的性质。部分是在自己的授意下，智识与注定走向失败的使命绑缚在一起，为它代言的是日渐衰微的社会势力，包裹着它的则是一个无法渗透的凡尘俗世。

4

假如我们把思考对象从大众转向美国作家自身，就会发现几乎直到 19 世纪末，后者主要关心的都是关于自己的身份和技巧的一些基本问题。他们不得不在全国上下发声，把自己从对英国文学的本地化模仿和对英式批判的过度依赖中释放出来，但同时又要避免陷入与之相对的一边，即文学沙文主义的危险。他们必须调和贵族式偏见，这种偏见大部分人都有——库珀便是其中鹤立鸡群的例子——其他人则对自己身边正在壮大的美国民主所具有的无可否认的吸引力、坚韧性和承诺抱有同情。他们中间最优秀的那批人，需要与自己的遗世独立和解，这本身就是有冲击力的话题。他们必须揣摩，该如何面对美国为有创造力的作家所提供的物质条件，这和欧洲作家所面对的情况不同。没有纪念碑、没有古迹、没有伊顿、没有牛津、没有埃普索姆、没有阿斯科特①、没有古董、没有传奇、没有符合既定意涵的社会——这样的感时伤世在霍桑、亨利·詹姆斯及其他人身上蔓延，哪怕偶尔出现克雷夫科尔这样的作家，看到远离封建主义和压迫的好处，也于事无补；还有一些像爱默生这样的人，他们坚信，只要具备适当的想象力，即可体察美国社会作为文学主题所蕴含的全部潜力。②

于是乎，为文人构建一种职业，再次有了全然的必要性（不仅为文人，也为在大学里教书的学者，这些可怜的院校大多只有供教员和青春期的叛逆者使用的狭小宿舍楼，连图书馆也没有，还处于这样或那样的派系压制之下）。起初，几乎没有人因为严肃的创作型作品获得可观的版税，而作家们除了要面对通常的经济窘况，还要与知名英国作家的盗版作品残酷竞争，在缺乏国际版权协议的当时，肆无忌惮的印刷社能通过极其低廉的成本侵占市场。直到 1840 年代，朗费罗和惠蒂尔拓宽了公众的想象力之前，也许只有欧文和库珀提及通过自

① 英国著名赛马场。——译者
② 1840 年代，爱默生曾写道，美国尚未出过一个天才，能从时间洪流中的野蛮主义和物质主义中看到另一个"神的嘉年华"，就像任何人都能看到的从荷马时代走向加尔文主义斗争的昔日的欧洲。"银行和关税、报纸和密会、方法论和集权制，对无趣之人而言是平庸而单调的，它们和特洛伊城以及德尔斐神庙一样，建立在奇迹般的基石之上且同样稍纵即逝。我们的滚木法、伐木的技艺、渔场、黑奴和印第安人，我们的船只、放弃的东西、流浪者的愤怒和老实人的胆怯、北方的贸易、南方的种植、西部的拓荒、俄勒冈和得克萨斯，都未曾被歌颂。然而，美国在我们眼中是一首诗；它的广袤疆域眩惑了想象力，不用等太久就会有人为其加上格律。" *Complete Works*（Boston，1903 - 1904），Vol. III，pp. 37 - 38。

己的创作赚到了钱，但这两人都不靠版税过活。几乎每位文人都需要其它生计来源，不论是继承的遗产、妻子的信托基金、讲座和教学收入，亦或报刊的编辑职位，或者像梭罗这样数年从事体力劳动。[①]

数十年间，对于自身的窘境，美国作家通过各种方式表达了抗议——避世、移民、公开批评。然而，他们更倾向于将自己的疏离看成追求其它价值观的结果，而非一种价值观本身。总体上，他们并不囿于现代思想家遇到的最大困境，即在很大程度上他们是自我意识的产物。他们在他们所处的社会饱受磨难，却不会被自身的痛苦遭际压垮。（我们想起梭罗的戏谑与黑色幽默，他印了1000本《河上一周》，其中700多本滞销，就堆在他自己的房间里，他说："我的图书馆里现在有差不多900本书，其中大概700多本是我自己写的。作者目光所及之处都是自己的劳动成果，这难道不好吗？"有着类似失望经历的当代作家，哪个不能从这样的言辞中提炼出对现代文化的一整套理论呢？）当我们把美国作家的处境和一个真正苦涩的与世隔绝——比如爱尔兰的乔伊斯那样——相比，它似乎不值得大惊小怪。事实上，他们对国家的心态颇为矛盾，后来的批评家们沉醉于这些人主动的疏离，可以从这些早期作者的文字中找到些内容，强化自己与他们血脉相连之感。注意到梅尔维尔的"我感到我是个被放逐者"这样的文字似乎是心之所至，自然而然被忽略的是他在另一场合所表达出的认同感："我希望，美国能关注那些越来越优秀的作家人群，这是为了这个国家，而不是为了那些作家自己。假如别国赶在我们之前把给这些笔尖上的英雄戴上桂冠，那将是何等的耻辱啊！"总而言之，在《党

---

① 威廉·查瓦特在关于创作者经济状况的有趣研究中观察发现："1850年前，没有一部以书籍形式出版的真正原创的文学作品具有任何商业价值，这样的情形一直持续到很久之后，我们大多数的经典作品在经济效益上一败涂地……" *Literary Publishing in America*，*1790 - 1850*（Philadelphia, 1959），p. 23。

派评论》的专题中，理查德·切斯的观察十分有说服力，他相信："现代批评家口中的昔日美国伟大的作家所体会到那种'疏离感'或'被剥夺感'，实际上连一半都没有。"

但是，大约在1890年之后，美国作家和其他知识分子较早年更有凝聚力，他们愈发不甘于受绅士风度和保守主义的限制，并奋起反抗美国社会。从1890年代到1930年代，他们为新的言论自由而抗争，疏离近乎成了一个集结号，是他们在审美观和政治上的一种示威。此前，美国的智识主要和维护旧价值观有关。现在，不论是在史实还是民意上，它所关联的是宣传新事物——政治和道德、艺术和文学上的新思想。就在美国知识分子19世纪时被安逸和绅士理想主义包围的地方，如今他们颇为迅速地确立了知识分子团体谈论现实的腐败与剥削、性与暴力的权利，甚而是义务。智识的敌友双方一直认为智识是被动而徒劳无功的，而它却渐渐再次涉足并皈依了权势。大众曾把它和保守主义阶级及右倾政治态度勾连起来，1890年之后的知识分子阶级却成为一股左倾势力，并在大萧条期间大批走向了极左。

我们因此注意到有关知识分子地位的最尖锐的一面。我希望前文已经阐明，反智主义是建立在这个国家的民主建制和平权主义情感之上的。知识分子阶级，不论是否享有精英的诸多特权，在其行止、思维和职能上必定是精英式的。大约到1890年为止，大多数美国知识分子都来自有闲的贵族阶级，不论在其它方面有怎样的局限性，他们都毫无异议地接受了自己的精英身份。1890年以降，局面发生了改变。身份问题又一次成为知识分子的困顿，原因是在他们的情感和顾虑与普罗大众产生前所未有的隔阂之际，正值他们空前地努力拥护那些所谓代表人民反对特权的政治使命之时——对于这一目标，不论这些使命是民粹主义、进步主义还是马克思主义的思想形态，都无关紧要。

　　因此,20 世纪的知识分子发现自己付出的众多努力是相互矛盾的:他们试图成为民主社会怀有信仰的优秀公民,同时,又要抵制那个社会不断造就的文化低俗化。美国的知识分子鲜少直面自身的精英特质与民主志向之间不可调和的矛盾。普遍不愿面对这种冲突的极端表现是,作家经常攻击阶级壁垒,却又始终渴求受到特殊对待。既然知识分子和人民的联盟总是不完美的,一个信奉民主的知识分子阶级必然会不时体会到深切的失望。在政治气候充满希望与活力时——当某些民主理想兴盛,比如进步主义和新政如火如荼的时刻——这种失望感也许会被掩盖或遗忘,但无法长久。紧随进步主义之后的是1920 年代的反弹,新政之后则是麦卡锡主义。一旦大众不能满足知识分子对政治和文化的需求,知识分子迟早会受到伤害或惊吓,并寻找某些方式来表达情绪,但还不至于痛斥他们广义上的盟友。大众文化现象已经为他们与人民的疏远提供了发泄渠道。对社会主义的期冀崩塌了,此刻就连一切重大的社会变革新运动都打消了对亲厚关系的期待。那么多知识分子迷恋大众文化的理由之一——和问题本身的严肃性无甚关联——在于他们从中找到了合理的(即非政治性的)方式来表达和民主社会的疏远。而至关重要的是,一些对大众文化最尖刻的挞伐来自那些曾经或依然是民主社会主义者的作家。那些刺耳的甚至是无人性的声音,经常从大众文化的讨论中听到,从某些方面讲,可以解释为一种对不符合预期的民众的潜在的愤懑情绪。

　　20 世纪知识分子的处境变化最有力的证明,也许是自 1890 年起,知识分子首次被表述为一个阶级。当知识分子团体开始脱离赋闲人群,知识分子与社会这一大问,再次浮出水面。19 世纪早期,许多有识之士和一些专业知识分子名垂青史;但并未产生任何建制,能使他们能形成有规模的社会团体并有实力在全国范围内融为一体、互通有无。直至世纪末，全国各地才发展出真正意义上的大学体系；适合前沿研究的大型图书馆；发行量大、愿意接受新思想并向作者支付丰厚酬劳的杂志；大量在国际版权保护协议下运作的有影响、有理想的出版社，它们清醒地意识到本土作家的潜力，不为虚伪的禁令所限；各种学术领域的有组织的专业社团；一系列学术期刊；需要受过培训的技能的、日益庞大的政府官僚机构；以及对科学、奖学金和文学予以资助的财力雄厚的基金会。先前不存在的一些智识类职业，现开始在全国范围内普及。若想了解变革的深度，我们可以联想一下，譬如1830年代的揭短杂志；或杰克逊时期的《哈佛法学评论》；或波尔克时代的古根海姆奖学金；或在克利夫兰设立的WPA①戏剧计划。

　　正当知识分子的数量开始增多、影响力变得更大，对美国社会及其机构和市场的参与度更高时，他们的疏离感也越来越强烈。昔日对疏离感的体认，在骑墙文化的特殊条件下逐渐现形。它的基本源头，是寂寞的被忽视的作家或受挫的贵族阶级；它最高亢的陈词——亨利·亚当斯的《教育》——在骑墙时代落幕时姗姗而来。亚当斯的这一著作早已成书，但直到1918年才广为流传，战后的知识分子如获至宝，视为自身的代言，表达了他们在美国文化中的地位；它也恰如其分地让同代人重新发现了早已被淡忘的梅尔维尔的作品。显然，战后的知识分子如此推崇亚当斯，并非由于对他的独居生活和极其尖锐的与世隔绝感产生了多少共鸣，而是因为他把内战后的美国痛斥为粗鄙的、物质化的、没头脑的社会，这符合他们对1920年代之美国的

---

① WPA联邦戏剧计划（WPA Federal Theatre Project），是美国首个全国性的由美国政府支持并资助的剧院项目，作为公共事业振兴署（WPA）的工作之一。该项目设立于1935年，目的是在大萧条时期为失业的戏剧人创造就业机会。其负责人是教育家和剧作家哈莉·弗拉纳根。——译者

观感。尽管骑墙文化的疏离感和这一代人先锋性的疏离感在背景上大相径庭，但对疏离和不适、失败和哀叹的感知，在两者间建立了精神联结。至少对一部分人而言，越发清晰的一点是，"民主"知识分子对这个社会的融入感不会比贵族知识分子强。

颇为讽刺的是，战前几年，独善其身成为睿智的年轻知识分子的一个固定原则。"小文艺复兴"正是发生在这数年里，其间，这个国家的文学和政治文化似乎又一次焕发出创造性和活力，把过去的一切沮丧都嘲弄了一番。然而，知识分子及艺术家的疏离始终是值得思量的事实，当他们陷入与国家传承之间的狭隘争斗，这种疏离开始逐渐凝结成一种意识形态。对美国作家而言，重要的似乎并非是远离一般而言的现代社会或现代工业化、现代资产阶级，而是确有所指地远离这些在美国本土所表现出来的东西。

这一情形的最佳展现，来自范维克·布鲁克斯早期华丽的文化哀歌《长大成人的美国》（*America's Coming-of-Age*）和《文字与领导力》（*Letters and Leadership*），分别出版于 1915 和 1918 年。书中，布鲁克斯以一种后来令他懊悔不已的热忱与说服力，展示了关于"一个从没有为了自己而耕耘生活的种族"的悲惨真相。他认为，从一开始，美国人的思维就夹在了清教徒守则中无望的戒规和商业自我主张的严酷现实之间，并早已发展出一种不全面的双重性，不利于打造或成就一流的艺术家和思想家。一方面，它造就了一个充满理想和抽象理念、不屈服于任何现实的世界，另一方面，这又是一个充斥着物欲、没有灵魂的聚敛财富的世界；而处于夹缝中的是一个有思想的阶级，它正以惊人的速度从青年走向中年，接着开始缓慢地无情地腐朽。一个国家的生活"处于禁锢的发展之下"，"全民族的思想被封缄起来以防止经验与其背道而驰，而这种经验正是文学汲取其全部价值之源"，

这样的国家塑造的是一群被浪费的、扭曲的、未能成就的人才：①

> 诗人、画家、哲学家、科学家和宗教人士，甚至是在迈出自
> 我发展的第一步时就遇到了阻滞、匮乏、挫败、怨怼和防备，在
> 这一惊人的微观世界，因为缺乏领军人物而停滞不前，同时，我
> 们的社会也无可救药地对何为领军人物心存疑虑，致使造就这些
> 人物的一切重要元素日益枯竭。

美国人的经历未能制造出一种智识传统或对之报以同情的土壤，其后果是，"我们比任何国家的人民都更需要伟人和伟大理想，却未能将我们潜在的伟大发展壮大，并且〔因为外流〕而失去了不可估量的资源，它们反而成功地发展了自己"。一种过度勃兴的个人主义，阻碍了集体精神生活的形成。开拓精神，一心想着怎么去获取和征服，它已然培养出了一种唯物主义，后者与怀疑论及创造性的想象力无可救药地对立着；先驱们向往的哲学——即清教主义——强化了蔑视人性的理念，同时也释放了人的贪欲，阻碍了人的审美本能。美国的商业发轫于开拓精神——清教思想——以及边远地带②的机遇，确实变得比其它地方的商业更富有冒险精神和吸引力，但正因如此，它也同化并带偏了美国人品格中太多优秀的成分。其后的社会，虽形态丰富，但几乎没有"有机的本土文化"，而且丝毫不令人惊讶的是"我们的正统文人，不论他们在自己面前摆出什么样的模型都无法超越部落对艺术的看法，即不是当成娱乐就是当成助眠药"。

---

① *America's Coming of Age*（New York：Anchor ed.，1958），p. 99；比较 pp. 91 – 110 及各处。
② 尤指 19 世纪美国西部。——译者

在布鲁克斯的此番痛陈之后，他对马克·吐温和亨利·詹姆斯的研究（某种意义上也是一种记录）所引发的观点后来被同时代一位又一位作家反复批判或书写。相同的控诉，虽目的不同，口吻却更尖刻，出现在更流行的 H. L. 门肯的讽刺文章以及有关斯普恩河、温斯堡和泽尼斯三地的文学作品中——它们描绘了刻薄、匮乏、挫败的人生，禁欲和专制之下美国小镇的酸红果文化（sour little crabapple culture）。① 在 90 年代微弱的反叛声中加速成形的美国观，在小文艺复兴时期变得清晰起来，如今在移居海外的一代人中发展成一种固定的信念，近乎一种执迷。1922 年，当哈罗德·斯特恩斯编撰其文集——《美国的文明》（*Civilization in the United States*）时，布鲁克斯和门肯均贡献了作品，多位撰文者似乎争先恐后地想要证明这样的文明并不存在。他们说出了一代人的想法——在美国，代表公正的是萨科-万泽蒂事件，代表科学观的是斯科普斯审判，代表气度胸襟的是 3K 党，代表礼节的是禁酒令，代表对法律的尊重的是大都市黑帮，代表这个国家最深刻的精神内涵的是股市的疯狂。

5

崇尚疏离的潜在前提之一，是认为美国的文化问题不是现代社会

---

① 这是一个多么古老的话题！1837 年，连朗费罗都表示，甚至波士顿也不过是"大农村"，在那里，"意见专制超越了一切信仰"。四分之三个世纪之后，约翰·杰伊·查普曼用相同的笔触写道："未曾目睹之人，难以想象美国小镇上的那种专制。我相信，诸如美第奇家族、教皇或奥地利暴君这样的旧传统和它比起来就像儿童的游戏。" Samuel Longfellow, *Life of Henry Wadsworth Longfellow* (Boston, 1886), Vol. I, p. 267; Jacques Barzun, ed.：*The Selected Writings of John Jay Chapman* (New York：Anchor ed., 1959), p. xi.

普遍问题的变异，也许更为严重，是一个全然独特的病态案例。好像其它国家从未遇到过庸俗的资本家和叛逆的艺术家、他们不欢迎的作家或侨民间的尴尬对峙。疏离心态因而扭转了关于欧洲和美国的对垒的共识。在普通人的脑海中，欧洲长期代表着压迫、腐败和朽坏，而美国代表了民主、纯真和活力。在知识分子内部，这种颇为简单的认知被彻底反转了：现在，是文明的欧洲对立于庸俗的美国。自本杰明·韦斯特和华盛顿·欧文时代起，艺术家和作家便将观点付诸行动，纷纷离开美国，在海外度过了自己职业生涯的大部分时间，在1920 年代，知识分子团体中的一部分人移居巴黎。

然而，1930 年代以降，这种欧洲-美国的简单对立崩解了。时移世易，这一对立显然越来越站不住脚，现在人们可能意识到，其实它从未曾真正站住脚。欧洲国家和美国一样走向了机械化，发展出了大众社会；尽管小题大做的欧洲人可能称其为欧洲的美国化或可口可乐化（Coca-Colanization），仿佛大众社会只是美国的输出或侵入；但承袭了托克维尔传统的睿智的解读者会洞察到，作为工业化和大众文化先锋的美国是预演而非造就了欧洲的事件。

自 1930 年代起，美国和欧洲的文化对立发生了剧烈的变化。大萧条让移居海外之人回归故里，在此他们发现了一个形成中的新美国。到了 30 年代中期，一个全新的道德和社会环境有目共睹。美国人的政治智慧似乎被赋予了生命，经济崩盘将它从沉睡中唤醒。新政最初是知识分子的质疑对象，末了则赢得了绝大多数人的效忠。对于国家的智囊似乎有了新的需求和尊重。再次勃兴的劳工运动，实实在在地成为一股社会重建的力量，而非单单是又一个利益团体。人民自身也似乎比以往更有吸引力，这既反映在他们面对危难的紧迫感中，也反映在他们面对旧统治者越来越自信的迹象中。空气中充满了抗议之声和对自我的重新发现。20 年代的易怒和随性的否定似乎一去不返，那时的幻灭感和道德上的无政府主义不再能满足抗击国内反动分子和外来的法西斯分子的需要。现在需要的，似乎是正面的信条和可以借鉴的过往。

一旦旧思想烟消云散，新思想幻化成形，变革的波及范围让人叹为观止——那么多风格、动机和出身各异的思想家及作家开始重新集结，在一个崭新的精神焦点四周渐次围拢。一种惊人的文学民族主义滥觞于此，阿尔弗莱德·卡津在《吾乡吾土》(*On Native Grounds*)的最后章节中出色地评价了它的特点。知识分子内心被一种热切的渴望所占据，想要重新审视美国，去报道、记载和摄录它。作家对美国的过往有了新的兴趣，并对其更为敬仰。例如，20 年代构思和撰写的大量传记都旨在贬抑，比如 W. E. 伍德沃德对华盛顿诡异地攻击、埃德加·李·马斯特斯对林肯的无情批判、范维克·布鲁克斯对马克·吐温的严词挞伐；而 30 年代和 40 年代的传记作品的特点是感情充沛、柔和且角度全面，卡尔·桑德堡对林肯一生的描写，可谓极其恢宏感性的里程碑。

领导大家重新夺回美国的重任又一次落到了范维克·布鲁克斯这位雄辩地预言了疏离感的人身上。1936 年，他通过《新英格兰的盛世》(*The Flowering of New England*)启动了我们这个时代最不朽的历史作品之一——《缔造者和发现者》(*Makers and Finders*) 系列，借此一一诠释了 1800 年至 1915 年美国文学史上所有一、二、三流人物。现在看来，除了自己早期的作品外，美国人的一切于他而言都不再格格不入，他为自己作品中对美国文化的尖锐抨击深感懊悔。至此，他已经从对重要作家的局限性的无情断言，转变为对部分作家的重要性的深情探寻。仿佛一位对族群的过往有着浓厚兴致的家族史学家或族谱学家，他对聆听一切家族轶事有着无尽的耐心，他重构了几乎整个美国文学史，充满了真知灼见，但极少用到昔日的批判口吻。

当然，布鲁克斯并不寂寞。就连以其红鼻子形象长期以来为布鲁克斯对美国的严肃批评提供了滑稽对照的门肯，也免不了陷入怀旧。的确，他对新政尖刻而保守的回应，为他自己打上了不可磨灭的旧时代人物烙印：在哈定和柯立芝时代再正常不过的不敬，在罗斯福治下则是彻底的大不逊，而他的幽默天赋似乎也耗尽了。但当他终于开始写他迷人的三卷本自传时，其中弥漫着一种与布鲁克斯相似的温柔的怀旧感；了解门肯曾是怎样一个顽劣者的人，都会从当时的环境中窥见一些仁慈，毕竟他从中获得了发挥其独特的嘲讽天赋的广阔空间以及如此多的个人成就感。同样，辛克莱·刘易斯的《多兹沃斯》也采用了全新的口吻，到 1938 年，他对美国主义的鼓吹变得公开甚至更加志得意满，在《挥霍的双亲》（*The Prodigal Parents*）这部晦暗的小说里，似乎除了通过为美国资本阶级价值观辩护来反对年轻人的叛逆外，再无其它。最后，他向一个不愿相信的欧洲读者宣布他写《巴比特》并非因为恨而是出于爱，一些美国评论家则已经开始对此表示质疑。甚至连约翰·多斯·帕索斯这个最早在激进小说中表达对美国文明的不满的年轻作家，也转而在《我们站立的土地上》（*The Ground We Stand On*）中探寻能催生新的政治信仰的昔日美德。

这种日益壮大的美国主义，部分归因于欧洲的旧文化和道德在美国知识分子中逐渐丧失了核心地位。两者之间文化对峙的重心逐渐偏移。T. S. 艾略特、格特鲁德·斯坦和埃兹拉·庞德，是最后一批移居海外的美国大家。在大萧条让美国知识分子归乡之后，法西斯促使难民艺术家和学者紧随其后，移居海外的潮流发生了转变。美国不再是人们想要逃离的地方，转而成为投奔之地。欧洲的知识分子开始把美国视为一个可以投奔的国家，这并非总是出于性命的考量，有时仅仅因为他们认为这里是适合生活并带来回报的地方。早在 1933 年前就已开始的涓涓细流，很快变成汹涌的浪潮：阿道司·赫胥黎、W. H. 奥登、托马斯·曼、爱因斯坦、勋伯格、斯特拉文斯基、米约、亨德米特以及更多不如他们出名的人物；所有流派的艺术史学家、政治学家和社会学家。曾是工业化领头羊的美国，如今成为西方世界的智识之都，假如这样的首都存在的话。① 在很多欧洲人看来，这样的情形第二次出现是不可原谅的。无论如何，美国—欧洲的对峙，在大西洋两岸均失去了它的文化意涵。在西方人和西方社会整体的观念之下，欧洲和美国之间曾经的对话变得愈发无足轻重。

　　1930 年代，欧洲失去了它的政治和道德权威。法西斯主义显露出一种超越了美国人认知范围的政治暴政，民主势力对法西斯主义的姑息展示了整个西方政治体系中的弊端。1939 年的《苏德互不侵犯条约》，最终昭示了布尔什维克的外交政策和德国的一样无情，就连最容易轻信的人都认清了现实，这打击了与其成为同路人的思维方式，于是，已主宰了近十年之久的民粹—自由主义和马克思主义信念之间的模糊地带再也无所遁形。指望从任何外国政治体系中谋求道德与意识形态的启迪也不再可能。当战争结束，死亡集中营的全部恐怖真相大白于天下时，即使是曾令美国人颜面尽失的最重大失误较之也黯然失色。与此同时，欧洲所遭受的沉痛打击使得美国肩负起了全新的责任。1947 年，当美国试图通过马歇尔计划拯救欧洲时，埃德蒙·威尔

① 比较近期查尔斯·斯诺爵士的论断："有多少英国人能理解或想要理解，在过去 20 年间，美国承担了整个西方世界大约 80% 的科学和学术研究？""On Magnanimity,"*Harper's*，Vol. CCXXV（July, 1962），p. 40。

逊这位最不本土主义的作家，发现自欧洲回国之后他可以表达的是，"当今的美国，在政治上比世界上任何地方都更先进"①，他认为我们在 20 世纪的文化"是在共和国诞生之际并直至内战前，蓬勃发展的民主创造力的重生"。他感到，20 世纪带来了"美国艺术和文学的伟大复兴"。

6

现在，我们再次回过来看《党派评论》专题讨论的时刻及其表达的情绪。对于那一代知识分子而言，疏离感主要关乎 1920 年代和 1930 年代的某些过当行为，这种想法早已渐行渐远。但是，在持异见的作家中，对避世的追求又卷土重来，并对新一代作家，尤其是其中最活跃、最具思辨性的头脑有着强大的吸引力。新的异见者有充分的理由指出，再没有比现今这一时刻更需要睿智的异见和自由的批判了，正是在这一点上，他们认为曾经的疏离依然是有意义的。这些作家不喜欢当今的文化语境和世界政治局面——谁能为此责怪他们呢？——从这种不喜欢的力量中，他们发展出了自己对思想家、艺术家和知识分子角色的理解。但我相信，这种理解把历史过度简化，并为智识生活的方式提出了一套虚妄的训诫。

这些作家提出的问题是，以独善其身为主导的道德准绳，究竟是助推还是削弱了社会启蒙的大任。不论如何，他们的论点所担负的，展示出了知识分子的怨怼自 30 年代以来发生的巨变。美国的学者或

① *Europe Without Baedeker*（New York, 1947），pp. 408 – 409.

文人担当的角色和职责被认为是不重要的，甚至不是合理的，以致他们缺少认可、鼓励和应得的收入，这样的陈年抱怨已经销声匿迹。过去20年间，一种持续性的新基调在文学作品中蔓延开来：我们越来越多地听到赢得了一定自由度和机会以及施加影响力的新方式的知识分子，被潜移默化地腐蚀了；获得认可之后，他们失去了独立性乃至知识分子的身份。他们买到了某种成功，付出了被认为是不可承受的代价。在大学、政府或大众媒体的岗位上，他们变得安逸，兴许甚而走向了小康，但随后他们做出了自我调整，以迎合这些机构的要求。他们丧失了那种宝贵的愤懑，于作家而言，那是一流的创作所不可或缺的；失去了坦率的社会批评家必须具备的谈判和叛逆的能力；失去了实现目标的主动性和独立性，这些对于杰出的科学研究是必不可少的。

如此一来，知识分子的宿命似乎不是痛恨自己被财富、成功和声名拒之门外，就是一旦克服了这种排斥又会陷入内疚之中。例如，他们会在权力弃智识的意见于不顾时感到不安，但因为惧怕腐败，当权力前来向智识寻求意见时他们愈发不安。借用豪教授的话说：资产阶级社会拒斥他们，只是为它的庸俗再添一笔；当它给予他们一个"尊敬的地位"时，就是在收买他们。知识分子不是被赶出去，就是被卖出去。

对于刻意不抱同情心之人，这些对立的抱怨可能看起来有悖常理或颇为有趣。但事实上，任何以某种方式存在于崇高理想与现实的抱负和志向的夹缝中的人，都处于这样一种悲惨的困境，而在此展现的只是知识分子这一特殊版本的缩影。持异见的作家所表达的不适感，源于美国社会似乎正在同化知识分子，而此时又恰好处于这样的历史时刻，即迫切需要他们成为一种自我批评的独立源头。我认为，他们应该受到批判，不是因为感受到这种不适，而是因为对造成这种不适的悲剧困境缺乏认识。

在西方世界的知识分子中间，美国人也许是最容易良心不安的，这或许是因为他们不断感受到将自身角色合理化的必要性。例如，英国和法国的知识分子通常想当然地认为他们所做的是有价值的，他们对社会的要求具有合法性。但今天，传统上困扰着美国知识分子的负疚感加重了，因为这个国家在世界上所拥有的权力，也因为他们对我们的政治话语中竟然已经被赋予了令人恼火的不用心和假装神圣而生出的合理警觉。（在我们的政客中，有多少人敢于像成人一样讨论红色中国的问题？）然而，也许和所有这些眼下的考量同等重要的问题是，疏离的传统转变成了强有力的道德准绳。老一代的知识分子最先适应了这样的准绳，试图保持言行一致；只是现在当他们意识到它的错误引导，便不再受其约束。20多年的幻灭体验后，他们争得了自我解脱。他们从不止一个角度看到了自身道德立场的问题，不再视之为一个简单的问题；一如任何投身于思考事物复杂性之人，他们不再坚持敌对的姿态。年轻一代的知识分子，尤其是那些直接或间接从马克思主义中获得灵感的人，视之为不可饶恕，他们发出谴责，所用的语言既带着年轻人生来的残酷无情，又有政治左派身上雕琢过的清教徒之风。

当今美国的年轻知识分子，几乎在职业生涯之初就经常感受到伴随成功而来的干扰和压力，以及文化生活中的新形势带来的后果，这既鼓舞人心，又让他们不胜其烦。活跃于1890年至1914年的那一代知识分子以一腔热忱掀起的征伐，早已胜券在握：他们已经完完全全地建立了一定的审美和政治自由，自然主义和现实主义的主张，应对性、暴力和腐败时不再有所顾忌的权利，以及反抗权威的力量。但是这一切成功已经变质了。在我们生活的时代，先锋派本身已被体制化，旧时那种与顽固和无理性对抗的激情已被剥夺。我们已然如此认真地学会了接受新事物，即"接受"本身业已成为一种传统——"新时期的传统"。昨日的先锋尝试，是今日的时髦和明日的老生常谈。在抽象派表现主义中探索艺术自由之外围界限的美国画家，数年后发现，他们的画能卖出五位数的价钱。大学校园里需要垮掉的一代，在那里，他们娱乐别人，亦成为老于世故之人专属的喜剧演员。社会批评方面，像万斯·帕卡德这样专业的耶利米[①]们成了畅销书作者；像 C. 赖特·米尔斯这样更为严肃的作家，不顾一切地断言美国人生活的各个方面都遭到了最彻底的否定，其作品被尊敬地评论和热切地拜读。大卫·理斯曼的《孤独的人群》（*The Lonely Crowd*）可以视为对美国人品格之演化的悲伤叙述，是社会学史上被最广泛阅读的书籍；各地身在组织之人，则会读威廉·H. 怀特在《组织人》（*The Organization Man*）中的犀利分析。

为何那么多严谨的头脑会对这些情形感到沮丧而不是充满希望，这并不难理解。失去了自身现实的成功似乎比失败更糟。一切认可皆源自广大自由的中产阶级受众，如今，他们对知识分子的工作表现出一种淡然的逆来顺受的宽容，截然不同于热情洋溢的回应。作家刚刚彻底放弃了自己的生活方式和对自我满足的妥协，读者们现在说着"真有意思！"或者甚至是"太对了！"。这种被动的接受，对于不只关注稿费，更希望对事态发展施加一些影响力或向同代人敲响道德警钟的作家而言，只会感到恼怒。他抗议严肃的思想仅被当作消遣而非挑战。他时常怀疑也许错在自己：是否他的妥协——他总是这么做——削弱了他传递的讯息，他的内心是否已经和他所鄙视的人极其相像。[②]

---

① 希伯来先知。——译者
② 我不愿提及这种趋势实际上是普世的；许多作家仅仅满足于这一情形所带来的益处。正如阿尔弗雷德·卡津所言："太多美国人现在想要完全依附于我们的社会体系，同时又想对它做出一些世俗的（且完全是外部的）批评，从而捞到一些好处。" *Contemporaries*（New York，1962），p. 439。

人们也许希望，这种诚实的自我检讨只会产生好的结果；不幸的是，它导致了一种绝望，其本身也许值得同情，但最终不过是在寻找一个"位置"或一种姿态。持异见的知识分子似乎常常认为，他们作为知识分子经受着道德审判，他们的道德责任因而被解读为一种主要是针对谴责和破坏的责任；对知识分子优劣的衡量并不在于其想象力或缜密性，而在于他是否能在最大程度上进行否定。知识分子的首要职责并不是为社会启蒙，而是反对它——这样的反对意见均被假设为富有启发性，且将重建作者的正直和勇气。

为左派代言的这种疏离感的标榜者，无疑想要为政治抗议创造一种负责任的基础。然而在考虑知识分子的境况时，他们的语气变得尖刻起来，随后人们被告知"盲目的不加思考的拒绝"要比做出道德上的让步好得多；其所谈论的是对"让抵抗变得容易的早期确定性"的怀念，是把知识分子所释放出的攻击性列为主要需求，是知识分子角色的基本义务有成为"妓女"或"叛徒"的危险，是关乎社会责任的对立不好、关乎知识分子责任的对立才好。此处的问题是，人们接受知识分子的疏离，并非因为这是追求真理或艺术理想的必然结果，而是因为对社会的负面立场或态度，被认定为唯一能催生艺术创造力、社会洞察力和道德正直感的立场。这种观点，并非基于知识分子对追求真理和创造性负有主要责任，或者当他为此与社会格格不入之时也必须坚持己见这类想法。相反，他的首要职责必须是谴责——用巴里茨教授的话说——他的社会。他的疏离，在别人看来不是一种他必须有勇气来经营的风险，而是一种义务，是他其它所有义务的前提。疏离已不再仅仅是生活的一种现实，而且成了一种塑造符合规则的知识分子样本的万灵药或良方。

一个人只需跟着这种对疏离感的推崇再往前走几步，便能触及其他有着更高要求的独善其身者，尽管政治上左倾的作家们不赞同这些人的中心观点，但他们同样把疏离作为一种首要原则——他们当中最好的是支持浪漫无政府主义，最糟的是支持垮掉派的青春期叛逆或诺曼·梅勒极其巧言善辩地表述的那种道德虚无主义。而此类释放疏离感的文字最突出的特点之一是，尽管作家们希望维护和平、推动民主、培育文化和释放个性，但他们对政治和文化的讨论是令人讶异的赤裸裸、毫无幽默感、固执己见，有时甚至是缺乏人性的。

政治异见者的声音表达出的疏离感至少有其政治意义，不论如何极端，他们和知识界的其他人保持着某种对话，并自认对其负有责任。在他们身后隐约可见的是垮掉派，如今，他们构成了不可小觑的自成一派的群体，并成为我们文化萎靡的一个可怕症状。垮掉派不能被视为持不同政见者的左派——用当下的隐语说，他们只是局外人。我曾用同样的言辞描绘知识分子的脾性，政治异见者常沉浸于自己的虔心，垮掉派则被玩心左右。他们思考社会时，倾向于在有关商业、大众文化、核武器和公民权利方面赞同异见者，但整体而言，他们已经不再和资产阶级世界针锋相对。垮掉派所代表的疏离，用他们自己的话说，是一种撤退。他们走出了方方正正的世界[①]，在很大程度上放弃了职业使命感，后者是严谨的智识成就和持续的社会抗争的必需品。

垮掉派已经以自己的方式谴责了智识之路，并让自己投身一种感官生活——劳伦斯·李普顿的作品《神圣的野蛮人》（*The Holy Barbarians*）对这类人洞若观火，他在其中以一种也许是过于同情的

---

① 在此，梭罗的先例站在了他们一方，他不在乎是否被任何他并未自愿加入的社团视为成员。（反机制的主题，在美国人的思维中经常反复重现，这是很有意思的。）差异当然在于梭罗对写作的职业感。

方式表示，这是一种倒置的圣人生活，其标志是接受贫穷，愿意放弃通常意义上的职业和定期收入所带来的满足感。毫不奇怪，垮掉的一代几乎没什么佳作问世，就连最同情他们的评论家也如此承认。最终，他们对我们文化最显著的贡献，也许只是有趣的隐语。他们的试验，似乎主要是一种松散的形式，并没有像达达主义者那样提供一种新的智慧或想象，也没有像作家格特鲁德·斯坦那样开创一种新的散文形式。这一运动似乎无法超越青春期的冲动。当杰克·凯鲁亚克提出"摒弃文学、语法和句法上的限制"，并建议"除修辞上的提升和劝诫性的陈述外别无规则"，这不免让人感觉他更接近于进步教育纵容儿童癖好的狂热递延，而不是文学表达上的早期尝试。正如诺曼·波德霍雷茨所言："垮掉派信奉的原始主义……所掩盖的是一种反智主义，它是如此尖刻，以至于让普通美国人对书呆子的厌恶似乎都变得正面和善意。"[1]

　　垮掉派撤退的方式承袭了波希米亚主义，但他们的幽默感和自我疏离远不及昔日的波希米亚主义者，对个人主义的追求更是难以望其项背。哈里·T. 摩尔说过，"有天分的人通常离群索居，确实如此，尤其在艺术上；然而，大规模遁世则是另一回事。大多数垮掉派不具备足够的正规历史或政治科学知识，因而无法从不同角度看待这些问题，他们也无意如此：他们不喜欢也不信任方正的世界，这已经足够……"[2]。大规模遁世和集体懈怠的矛盾信念，令人想起一位大学生在一篇有关现代文化的严肃论文中令人难以忘怀的言辞："除非个体全

---

[1] "The Know Nothing Bohemians," 见于 Seymour Krim, ed. : *The Beats* (Greenwich, Conn. , 1960), p. 119。
[2] 见于 Albert Parry 的 *Garrets and Pretenders*：*A History of Bohemianism in America* (New York; Dover ed. , 1960)1960 版，他为此文所作的有关垮掉派的后记，见 chapter 30。

部离开集体，否则世界永不可能得救。"在大众媒体和其它正规文学作品中，垮掉派如此易受嘲弄的品质之一是这样一种独特的一致性——它被垮掉派带到了自成一派的地步。他们创造了一组全新的矛盾：一种对独善其身的顺服。在这样做的过程中，他们以漫画讽刺的手法描述疏离的姿态，以至于其他人认为疏离是背叛，是不可原谅的。

如此便可理解，更为坚定的疏离者认为垮掉派代表了一种婴幼儿般的无序，谴责他们的不仅有愤怒的垮掉派运动先驱肯尼斯·雷克斯罗斯，也有持同情态度的批评家诺曼·梅勒，后者高度认同垮掉派对感官和性满足的追索，却对他们的被动和缺乏主张毫无耐性。一个真正与世无争的最直接示例，是数年前梅勒在《异见》（*Dissent*）上的著名文章《白肤的黑奴：有关嬉皮士的浅见》。梅勒把嬉皮士置于垮掉派之上，嬉皮士认为的对生活的终极恐惧类似且源自黑奴，"因为没有一个黑奴能在大街上闲庭信步并确信暴力不会降临到自己身上"。

这种准备与暴力和死亡共存的心态，如今是我们的核心美德，原因在于我们共同的处境，即要么在核战争中顷刻覆亡，要么"在俯首帖耳中慢慢死去"。梅勒说，嬉皮士让他钦佩的是愿意接收死亡的挑战，以及"与社会分道扬镳，像浮萍一样活着，走上未知的通往自我背叛的道路"的挑战。简言之，不论生活是否有罪，决意要鼓动内心的病态狂热，去探索那些安全感在其中是无聊、是疾病……的经验领域"。嬉皮士有自己"疯狂的天赋"，之所以不易延及他人，是因为"嬉皮士是由广袤丛林中智慧的原始人进化而来，他们的吸引力尚不能被文明人所理解"。嬉皮士的重要性不在于他们的数量——梅勒推测，自觉成为其一员者不超过 10 万人——而在于"他们是精英，有着精英的无穷潜力，[使用的是]大多数青少年天生就能理解的语言，因为嬉皮士对生存的强烈观感符合他们的经历和对叛逆的渴望"。

　　若这导致了生活中的犯罪，梅勒明确表示——假如一个糖果店主脑海里出现两个小流氓打砸的场景——这种行为虽不太可能属于"很有治愈效果"的英勇，但至少"需要某种勇气，因为这个人谋杀的不仅是一个 50 岁的弱者，而且谋杀了一种制度，他侵犯了私人财产，与警察形成了一种新的关系，在个人的人生中引入了一种危险因素。因此，这个流氓是在探索未知事物……"[①]。当然，在美国，遁世者早年的代言人从未有过这般的想象力。

7

　　垮掉派、嬉皮士和左派的代言人们争执不下的是恰当的撤退方式及其表达上的界限；但他们都怀着一种共通的信念，即有些合适的形式、立场或姿态是值得推荐的，这将在某种程度上释放艺术家的个性和创造力，或让社会批评家保持活力，免于被腐蚀。他们坚信，疏离本身是一种价值观，具有浪漫个人主义和马克思主义的双重历史根基。在超过一个半世纪的时间里，创造性人才在整个资产阶级世界的地位让我们意识到，在具有创造力的个人与社会需求之间存在着持续的张力。此外，西方世界的艺术和智识团体越是对自身地位有自我意识，他们就越明显地感觉到，社会不会自行接受天才的作品或者甚至是杰出天才的作品，只能是被动接受。我们越审视那些创造力的杰出范例，这种态势就越明显：创造性的头脑通常不太"优秀"或有适应性、随和温顺；天才通常都伴有某种个人的失常，社会想要从天才身

[①] *Voices of Dissent*（New York，1958），pp. 198 - 200，202，205；此文同时见于 *Advertisements for Myself*（New York，1959），pp. 337 - 358。

上获益，就必须接受这种失常——在我们的时代，对这一问题的探讨最让人记忆犹新的是埃德蒙·威尔逊在《伤与弓》（*The Wound and the Bow*）中所描述的帕特洛克勒斯神话。我们对艺术家的疏离的高度认知，在很大程度上被浪漫主义的传承所强化；思想家的疏离带来的社会价值则由马克思主义塑造，其观点是，在资本主义危机的关键时刻，资本主义体系会被众多知识分子抛弃，后者宁可与即将到来的历史大潮保持一致，也不会始终拥护一种日益腐朽的秩序。

疏离是表达某种艺术或政治价值观不可避免的后果，这样的观点一旦为人们所接受，就极易陷入一种预判，即疏离本身是有价值的，就像人们会推断，因为天才通常是"乖僻的"，所以通过培养乖僻的脾性就能有天才的表现。诚然，没有人会去认真地辩论，一个年轻的作家通过培养赌瘾，就能展现出陀思妥耶夫斯基般的天分。但只要这样的预判未被公之于众，就容易发展为一种信念，即除非知识分子培养合适的个人风格，否则就无法实现自我。正如脾性会被误解为获得才能的方式，与世界针锋相对的态度亦会被当作知识分子重要作品的替代物。独善其身的严肃作家不愿意反驳这样的观念，但它依然声称自己是他们最为冲动和极端的陈述的一种基本假设。

再者，美国生活中的文化禁锢，总是让美国的作家们想象力十足地探求一种社会秩序，这种秩序可以作为一种典范、一种理想的智识生活环境与他们自己的相对照。19世纪的美国学者仰望德国的大学，艺术家倾慕法国或意大利的艺术团体，作家则追求法国大家的地位。[1] 出

---

[1] 法国以外的知识分子仍将法国视为知识分子威望和影响力的理想范式，但法国知识分子也有理想的域外标杆。曾经，于司汤达是意大利。今天，于雷蒙·阿隆是英国："在所有西方国家中，大不列颠也许是唯一一个用最合理的方式对待知识分子的国家。"*The Opium of the Intellectuals*（London，1957），p. 234；比较他对法国知识分子地位的批判，pp. 220 - 221。

于各种缘由，这些理想已然变得黯淡，尽管它们曾在美国文化生活的自立和进步过程中扮演过真正重要的角色。豪教授在探求理想的社群时，遵照了一项十分陈旧的传统，他也许从中找到了他自己与社会斗争的避难所，抑或自信地抗争的支点。既然欧洲不再值得借鉴，普世的波希米亚国度依然存在，他视其为一种模式，虽然当下被抛诸脑后令人不快，但它掌握着通往自由和创造力的钥匙。然而，即使在这一点上，也有必要做出一些反驳。没有人会否认，波希米亚社群有着巨大的智识和政治价值——但这种价值，难道不就是主要在于为知识分子早期过渡性的人生阶段提供一个避风港吗？年轻的作家和艺术家人生中的某个时刻，是以实验主义为特征的时刻，是探索身份和风格、探索源自责任的自由的时刻，一种波希米亚式的生活会带来巨大的解放。然而，世上的重要文学作品，只有一小部分由过着波希米亚式生活的人写就，若认为它与许多知识分子的成熟而多产的人生阶段重合，这种观点是经不起历史检验的。我国的历史经验尤为如此。在这个国度，一流的作家比之略逊一筹的作家更为隐世。豪教授令人不快地将康科德村定义为一个超验主义波希米亚式的地方，这可能算得上一种可以接受的客套，但不是史实。康科德村的知识分子不喜波士顿，康科德是他们找到的乡村庇护所；但它并未如人们以为的那样由此产生了一个类似波希米亚的社团，也算不上知识分子团体。人们只需记住，譬如梭罗和爱默生、霍桑及其邻居们的大略关系，或布朗森·奥尔科特几乎与任何人都缺乏有机联系，这样就能意识到，康科德村尽管拉近了人与人的实际距离，但根本算不上一个知识分子社区。

它不单单缺乏波希米亚式的热忱，一如豪教授把康科德村的波希米亚主义描述为一种镇定剂时所急于指出的，而且它并非一个社会。

梭罗在日志里写道，当他和爱默生"对话或试图对话"时，他在一系列无意义的不敢苟同中"失去了时间概念——不，几乎是我的身份"；爱默生则抱怨梭罗"只有在反对时才能感受到他自己的存在"。（他是否知晓，打从"自然"以后，梭罗几乎停止了阅读他的作品？）对于超验主义者，爱默生写下了"他们的研究是孤芳自赏"①。

更常与创造性工作产生关联的，是一种苦修和毅然决然的与世隔绝，而非波希米亚式的干扰。知识分子的独善其身不容小觑，尤其是当他们身处外部的压力或者相互间的认可和鼓励之下；即使如此，也不该将其与波希米亚式生活那种标志性的和谐的面对面交往混为一谈。真正有创造力的头脑在试图社交时，无法保持独善其身。高产的知识分子并不依赖波希米亚主义作为一种与他人"共同面对世界"的方式，而是试着开发出能让其独自面对的资源。共同面对是一种政治韬略，而独自面对似乎是创造性姿态的特征。

对于关心政治异见是否有效的批评家而言，波希米亚主义的历史并不鼓舞人心。诚然，我们的历史在一战前有过一段辉煌时刻，那时，审美实验、无畏的社会批判和波希米亚式生活似乎齐聚一堂——例如，在马克斯·伊斯曼时代，这一点通过老的《群众》杂志呈现了出来。

---

① 马库斯·坎利夫在其《美国文学》（*The Literature of the United States*，London，1954）里的研究极富洞见，他对这一情形的评估十分中肯（pp. 80 - 81；比较 pp. 90 - 91）：

从爱伦·坡开始，美国作家就以孤独感和疏离感为特征。连精力最旺盛的美国人——如惠特曼——都只有屈指可数的朋友能在职业上互通有无，这出乎意料。在新英格兰尤其如此，除了波士顿人圈子之外……爱默生、梭罗和霍桑有段时间都住在康科德村；他们和其他人在各自的日记及信件中不断出现。然而，若说他们互相了解，不如说他们互相知晓。他们每个人都似乎站在边缘，对同伴们保持着一定的批判，也带有一些嘲弄，不愿投入其中。爱默生在日记中承认："我们所知道的所有人，是多么孤僻和可悲地避世！"他还表示，快乐的作家是忽视大众的意见，"总是写信给陌生朋友"的人。对于已知的朋友，他写道："我的朋友们和我各顾各的。要我拉着梭罗的手，还不如去拉一棵榆树。"在霍桑去世后，他悲伤地反思，自己为"可能有一天建立友谊"的希望而等待了太久。

然而，总体而言，波希米亚的特点更接近于个人的浮夸和私下的叛逆，在政治上并无相当规模的效用——至少在这方面，垮掉派继承了波希米亚传统。假如没有波希米亚风格，那会是悲哀的，但认为波希米亚式生活是为了严肃的创造性或政治目的，则超出了对它该有的预期。

8

疏离之人表现出对涉足"官方认可机构"的不赞同，昭示出对智识与权力之间关系的一种更深层的不满。当知识分子进入官方认可的机构（这一下子就把所有的大学教授从智识生活中剔除了出去）之后，就完全不再行使知识分子的职能——这种令人恐惧的观点，也许只是彰显出背后的真正问题：在视创作为理所当然的个人追求和创作发生的机构的要求之间，存在着某种不和谐。学者们早就意识到，在机构内工作的个人成本小于没有机构支撑的生活。他们确实没有选择：他们需要图书馆和实验室——也许甚至需要学生——这些只有机构能提供。

对于依靠想象力的作家而言，这一问题更为严峻。学术生涯的舒适便利和需要同想象力的天赋并不相与，前者让真正有创造力的个性变得不自在。再者，学术生涯的状态会让一个人的经验范围变得过于狭窄；难以想象如果由"文学创作"课的学术教员来写，我们的文学会变成什么样子，他们的主要经历只是让自己接受过这类课程的培训。还有另一种浪费，是让才华横溢的诗人加入什么委员会，把时间花在修改新人的作品上——让人不禁想到门肯创造的意象，即淹没在土豆汤里的蜂鸟。不过有证据表明，研究院所向作家和艺术家提供的部分或暂时的支持，仍然对许多人的人生有所助益，如果缺乏这样的支持将会造就出一个失意的文化流氓无产阶级。

　　然而，对于受专业问题影响的学科里的知识分子而言，大学不过象征着一个有关智识和权力之间关系的更大、更迫切的问题：我们几乎出于本能地反对知识和权力的背离，但出于现代化信念，我们也反对两者结盟。事情并非一贯如此：古代异教徒中的大知识分子、中世纪大学里的博士、文艺复兴时期的学者和启蒙运动的哲学家们曾探求知识与权力的兼容，同时并不盲目乐观或天真，而是接纳了相应的风险。他们希望知识能通过与权力的联手而得到实际的拓展，正如权力可以通过与知识的联结而走向文明。我已阐述过，在开国元勋时代，知识和权力的关系符合这样的理想：知识和权力，在同一社会圈子里能——且大多数情况下在相似的头脑中也能——或多或少平等相待。但这并非如一些现代评论家所想象的，只是因为国父们比我们优秀，尽管他们也许确实更优秀。这也不仅因为杰斐逊读亚当·斯密的书，而艾森豪威尔读的是西方小说。最根本的不同在于，18世纪的社会尚未专门化。在富兰克林的时代，一个人依然有可能在自家的树林里开展一些有科学价值的试验，有政治天赋的业余人士也有可能从种植园进入法律事务处或者外交部。今天，知识和权力是有区别的职能。当权力越来越必须求助于知识，它所寻求的并不是被视为一种自由思辨和批判的功能的智识，而是专门知识，是某种能满足其需要的东西。公正性对专家的正常工作至关重要，而权力经常不尊重这种公正性——某大州的州长曾召集数名显赫的社会学家商讨对于当时一个争议性事项如何开展民意调查，随后，又仔细地向他们描绘了这一调查应获得怎样的结果。

　　假如典型的权贵只想把知识当作一种工具，那么当今美国典型的知识人就是专家。之前我观察发现，知识分子在美国政治上的强势回归，很大程度上是靠专业知识的作用。但是一个相关问题是，作为专家的知识分子，是否可以称得上真正的知识分子——用 H. 斯图尔特·休斯的话说，他会不会只是变成一名脑力技工，听雇他的人的吩咐而工作。在此，就大学和其它官方认可机构的情形而言，我认为答案并不简单，亦非绝对，一个真实的答案几乎肯定不是天启那样的东西，能足以取悦现代知识分子的情感。事实是，美国教育的大部分目的显而易见是培养出根本称不上是知识分子或文化人的专家——当这些人进入政府服务机构、商界或大学，他们不会一夕之间成为知识分子。

真正在智识上成就斐然的人为权力服务的情况则要复杂得多。拥有杰出的思维头脑的人，是否仅仅因为成了印度或南斯拉夫大使，或总统幕僚中的一分子，就不再是知识分子了？毋庸置疑，从靠近权力的视角来看待世界的人以及为谋权而作出让步的人，不再有可能找到某些智识上的答案。然而，我认为这似乎是个人的选择，不该被强行纳入独善其身的道德范畴，不论一个人是否会牺牲一定的思辨自由度而寄希望于权力能更多地利用智识，还是出于一种浮士德式的渴望，想要更多地认识世界，以学校的定位而言是难以即刻学有所成的。

那些已经放弃了一切与权力有关的杂念的知识分子清醒地意识到——几乎过于清醒——他的无权无势，有助于带来一定的启迪。他倾向于忘记的是，接近权力并与其所带来的问题周旋，能提供其它方面的启迪。权力的批评者试图通过左右大众的意见而影响世界；与权力有关联者则试图直接让权力的行使更有利于知识分子团体的思想。这些职能并非必然是互相排斥和敌对的。两者都隐含着一定的个人风险和道德风险，即使在一个普世目标下，也不可能对这些风险按个人喜好做出选择。权力的批评者在智识上的谬误，在于对行使权力的局限性缺乏了解。这些人在道德上的失败，则在于对自身纯粹性的过度担忧；但若不承担责任，纯粹性极易获得。向当权者提供建议的专家，其标志性的失误在于，不愿意让自己独立思考的能力成为批判的源头。在牺牲其观点的同时，他也许会失去超然于权力之外的能力。对于美国知识分子而言，他们如此长时间地被权力和认可拒之门外，突然与权力搭上关系会感到与有荣焉，因而失去了智识上的判断力，这样的危险是始终存在的。

我认为，风险对于个人而言是一种选择；然而对于整个社会，重要的是知识分子团体不应无望地走向两极分化——一边是技工，他们只在乎权力，不动声色地接受了权力附带的瓜田李下，另一边是主动撤退的知识分子，他们注重的是维护自身的纯粹性而非让思想产生实效。那里的专家无疑将有足够的数量和充分的自由让自己获得关注，或许批评者亦是如此——只要他能在思想上走出自己的社会，无情地审视它的假设。也许两者之间的争论会继续存在，知识分子团体的内部会产生能在权力的世界和批评者的世界之间斡旋的头脑。若然如此，智识团体将免于被分割成互不沟通的敌对派系的风险。我们的社会有诸多痼疾，但这方面的健康在于构成它的元素的多元化及互动的自由。假如所有知识分子都志在为权力服务，那将是一种悲哀；而同样悲哀的是，所有与权力相关的知识分子都被迫相信他们不再和知识分子团体之间有关联；那么，他们将几乎不可避免地得出结论——自己只对权力负责。

9

数年前，马库斯·坎利夫在一篇富有洞见的历史论文中提出，我们的智识成就凸显了两种类型的思维方式：一是（柯勒律治最先使用的词）知识阶层（clerisy），它包括那些足够了解社会的基本设定并在某种程度上可充当其代言人的作家；二是先锋派，他们完全远离了这些设定。[①] 我们的智识传统中更为优秀的方面——即创造性才华和原创力——都来自先锋派，但知识阶层也有其声名赫赫的人物。富兰克林、杰斐逊和约翰·亚当斯都属于知识阶层；还有库珀、爱默生（至少在他的成熟期）、霍姆斯法官、威廉·詹姆斯、威廉·迪恩·豪威尔斯以及沃特·李普曼。先锋派的名单更为壮观，但有趣的头脑和杰出的才华是如此形形色色，以至于有了第三个人物列表，涵盖了那些动机各异、难以分类的人物，譬如：马克·吐温，在他分裂的头脑里同时体现了疏离与服从这两个极端；还有亨利·亚当斯，他的方式不同，结果却如出一辙。不：最终让我们印象深刻的正是杰出头脑的难以捉摸，而不是对他们的随意分类。诚然，这是一个关于疏离感的问题，但更是关于思想状态和生活方式的问题。在此，引人注目的不是一种单一的范式——不论是波希米亚主义还是资产阶级——而是范围和多样性：例如，我们会联想起艾米丽·狄金森在阿姆赫斯特的隐居、沃尔特·惠特曼多面而充实的人生、华莱士·史蒂文斯的保险事务工作、T. S. 艾略特曾在银行业和出版业、威廉·卡洛斯·威廉姆斯在医疗行业的经历。当人们将某人与某人进行比较时就会发现，试图设定一种范式是徒劳的：比如，约翰·杜威和查尔斯·S. 皮尔斯、托斯丹·凡勃伦和威廉·詹姆斯、威廉·迪恩·豪威尔斯和亨利·詹姆斯、奥利弗·温德尔·霍姆斯和路易斯·D. 布兰迪斯、马克·吐温和赫尔曼·梅尔维尔、爱默生和爱伦·坡、亨利·亚当斯和

[①] "The Intellectuals: The United States," *Encounter*, Vol. IV (May, 1955), pp. 23 – 33.

H. C. 李亚、亨利·米勒和威廉·福克纳、查尔斯·A. 比尔德和弗雷德里克·杰克逊·特纳、伊迪丝·华顿和厄内斯特·海明威、约翰·多斯·帕索斯和 F. 斯科特·菲茨杰拉德。

任何一位作家或思想家，在视自己的头脑为潜在的生产力之前，已然处于一种特殊的人生境况下，并被赋予了一种可塑性有限的人格和脾性。这是命运赐予他的领地，他必须受其制约。要理解它，我们可以比较如小奥利弗·温德尔·霍姆斯和托斯丹·凡勃伦的人生：他们是同代人，对智识的热情和涉猎之广以及置身事外的嘲讽天赋十分相似，但在其它方面毫无共性。两人之中的任何一个若是在职业生涯之初重塑自己，都会是徒劳的——对于霍尔姆斯，是进入某个波希米亚团体并丢弃自己名门贵族的传承，对于凡勃伦，则是做个好人并努力成为美国经济协会的主席。霍姆斯看待人生的视角，自然源于一个有历史根基和社会安全感的阶级，并最终进入了我们所谓的"官方认可机构"之一，一般的观点是，在这个机构他从未停止发挥知识分子的作用或为世界做出切实的贡献。凡勃伦长于北方佬文化和挪威移民文化的交界地带，他从未把前者的价值观当回事，也没把后者真的当作自己的文化，成为永远的边缘人是他的宿命，在美国人的普遍信仰面前他始终是个异类。作为一名学者，假如凡勃伦想要有职业生涯，就必须在官方认可机构中孜孜以求，但他在自己工作过的每所大学都成功地成为极其惹人厌的对象。我认为，是某种本能的智慧让他始终和世界保持距离，哪怕是在它向他示好之时。他一定是感到自己的特殊天分一部分正是源于经常为他制造个人麻烦的乖僻。他作品中的脆弱，也许亦是发端于此，但那样的乖僻保住了一种犀利，让他稳健地成为社会学领域的斯威夫特，并且是同时代人中最具创造力的头脑之一。

昔日自由社会的主要美德之一，是让智识生活中如此多样化的风格成为可能——有些人以热情和叛逆著称，有些人或优雅华丽、或朴实内敛、或聪敏复杂、或耐心睿智，有些人则敏于观察和忍耐。重要的是，开明与宽容，是理解不同类型的卓越所必备的，即使对于一个单一的狭隘型社会而言亦是如此。自由文化的崩解、高层文化的消逝，这些教条式的预警也许正确，或许有误；但有一件事是明确的：它们更可能引发自我怜悯和绝望，而不是抗争的意愿或将创造力最大化的自信。诚然，在当今的条件下，选择的路径可能不再通畅，非黑即白的头脑简单之人将成为未来文化的统率——这当然是有可能的。但是，当人将意志的砝码置于历史的天平之上，他就有了未必会如此的信念。

致　谢

　　1953 年 4 月 27 日，我受邀于密歇根大学进行首次海沃德·卡尼斯顿讲座，随即萌生了写作此书的想法。那次讲座内容的扩充版，后来以《美国民主和反智主义》为题，登载在 1953 年 8 月 8 日的《密歇根大学校友季评》上。我意识到我所提出的一系列问题尚未得到解答，想要继续下去的念头难以抗拒。以讲座方式谈论书的内容大有裨益：最初，我面向的是剑桥大学本科生中的几个历史社团，那是在我担任"美国历史及建制"课题的皮特教授讲席的 1958—1959 学年；其后是 1961—1962 学年在俄亥俄州海拉姆学院的斯佩里-哈钦森讲座、南加州大学海恩斯基金会讲座以及史密斯学院的希斯金德讲座；最后是 1962—1963 秋季学期，当时我是普林斯顿大学"人文学科委员会及 1932 级学生讲师"的高级访问学者。这些机构里很多人对我热情相待，对此我铭感五内。

　　这项研究的某些特殊方面的开展，得到了哥伦比亚大学社会科学研究委员会以及教育促进基金项目下"美国历史上教育之职能"委员会项目的资助。卡内基公司的赞助让我能在一整年的假期里全心投入，提早完成这项工作，并且还得到了极为充分的研究协助，这些原本是十分难得的。哥伦比亚大学在我的时间安排方面相当慷慨，在我就读研究生期间和在历史系任教的 25 年时间里，我与这所大学之间的关系所带来的无数智识上的裨益，在此书不尽言、言不尽意。

在文字和内容上，贝翠丝·霍夫施塔特一如既往地给予我极具价值的指正。我的同僚彼得·盖伊和弗利茨·斯特恩阅读了整本原稿，并提供了非常重要的建议。在写作的几年中，我的研究助理小菲利普·葛莱温、卡罗尔·格鲁伯，内尔·哈里斯和安·莱恩收集了大量的一手材料。数年里，我的多位朋友通过和我探讨观点、提出建议、引荐新材料或是阅读初稿对我提供了帮助，我想要致谢的有丹尼尔·艾伦、丹尼尔·贝尔、李·本森、约翰·M. 布鲁姆、卡尔·布莱登堡、保罗·卡特、劳伦斯·克莱明、芭芭拉·克罗斯、罗伯特·D. 克罗斯、马库斯·坎利夫、斯坦利·埃尔金斯、朱利安·富兰克林、亨利·F. 格拉夫、罗伯特·汉迪、H. 斯图尔特·休斯、爱德华·C. 柯克兰、威廉·E. 洛伊希滕贝格、埃里克·麦基特里克、亨利·梅、沃尔特·P. 梅茨格、威廉·米勒、厄内斯特·纳吉尔、大卫·理斯曼、亨利·罗宾斯、多萝西·R. 罗斯、艾文·塞恩斯、威尔逊·史密斯、杰拉德·斯蒂恩、约翰·威廉·华德、C. 范伍德沃德以及厄文·怀利。既然由我的思想催生的大多数争议尚未盖棺论定，那么以为上述这些人中的任何一个本就与我意见一致，那将是特别讽刺的。

一个涉猎如此广泛的课题带来的满足感，未必能超越作者所要依靠的那些专项研究。我希望我的注释阐明了主要的借鉴出处，但毫无疑问的是，它们并不能充分表达当代美国历史学界给予我的全部助益。在对我大量参阅的书籍和文章进行思考之时，我注意到它们几乎全都成书于过去的 15 到 20 年间，集结起来便是体量非凡的作品大全。这个国家的智识大业正经受试炼，也许它们也该被置于天平之上。

Richard Hofstadter

Anti-intellectualism in American Life

copyright © 2021 *by Shanghai Translation Publishing House*

图书在版编目(CIP)数据

美国的反智主义/(美)理查德•霍夫施塔特
(Richard Hofstadter)著;张晨译. —上海:上海译
文出版社,2021.1
　(历史学堂)
　书名原文:Anti-intellectualism in American
Life
　ISBN 978-7-5327-8607-7

　Ⅰ.①美…　Ⅱ.①理…②张…　Ⅲ.①文化研究—美
国　Ⅳ.①G171.2

中国版本图书馆 CIP 数据核字(2020)第 261017 号

美国的反智主义

[美]理查德•霍夫施塔特　著　张晨　译
责任编辑/钟　瑾　封面设计　宋　涛

上海译文出版社有限公司出版、发行
网址:www.yiwen.com.cn
200001　上海福建中路 193 号
上海新华印刷有限公司印刷

开本 890×1240　1/32　印张 14.75　插页 2　字数 339,000
2021 年 2 月第 1 版　2021 年 2 月第 1 次印刷
印数:0,001—8,000 册

ISBN 978-7-5327-8607-7/K•283
定价:78.00 元